新聞連載小説の挿絵でみる近代日本の身《しん》装《そう》文化

著◉大丸 弘　高橋晴子

三元社

まえがき

本書は、明治・大正・昭和前期、第二次世界大戦の終わりまでの日本人の「身装——身体と装い」、そしてそれをとりまく情景・景観・環境の様相を、同時代の新聞連載小説に描かれた挿絵をもちいて再現したものです。

当時の連載小説の挿絵には、丁髷《ちょんまげ》から散髪《ざんぎり》にかわるスピードの速さ、女性の日本髪から束髪への移り変わり、人妻の眉剃りや曳裾の消滅の過程、また、当時の高価な写真機では被写体になることなどなかった病人の様態や着替えの様子、加えて、そのときの人々の美人観や年齢観まで、日常生活のさまざまな場面を背景としながら、生活そのものが活写されています。

風俗の観点からすると、開国後の文明開化、すなわち西欧模倣の時期から、そのあとに来る反省期、あるいは反動期を経た一八九〇年代（ほぼ明治二〇年代）までは、興味深い期間であるにもかかわらず、それらの推移を具体的に跡づける同時代情報、とりわけビジュアル情報が意外に乏しいのです。このことがきっかけとなり、私たちは、いままで比較的見すごされてきた新聞連載小説の挿絵に注目してきました。

当時は衣裳そのものの価値の高いことから、作家は、きものの柄行きなどについての詳細な説明による、それぞれの登場人物にふさわしい衣裳付けに執着し、それを忠実に再現しようとする絵師によって、身装をめぐるとりどりの生活が描写され、読者の納得のいく挿絵に仕上がっているものが少なくありません。詳しくは、このあとの解説「身装資料としての新聞連載小説の挿絵」にゆずりますが、このような傾向は、とくに一八八〇年代の後半から一八九〇年代の後半（ほぼ明治一〇年代後半から明治三〇年代初め）に見られ、描かれたモノやコトガラの信憑性が十分に察せられるのです。

明治期の日刊新聞には連載読み物が何種類かあり、そのなかでも、読者たちにとくに好まれたのが、同時代におきた事件・実話を題材とした現実味のある連載小説です。毎朝、新聞の配達されるのを待ち受けて、欠かさずその物語をよみついでいく熱心な愛読者の忠実さが、一方でまた、書かれていることの内容についての、かなりやかましい評価を生んだことも事実です。この読者からの評価がよく新聞紙上でも紹介されていますが、読者の意見は挿絵についても多く寄せられています。このような読者の熱心さも、小説と挿絵の信憑性をより確かなものにしたと言えるでしょう。

また、連載小説の挿絵は、主となる物語をささえる従の性質をもちながら、ときには、物語より一歩進んだ挿絵により、つぎの日の筋立てを推測する「絵解き」の面白さも備えていて、読者の楽しみのひとつになっていたのです。

本書の構成は、解説のあと、「主題別にみる日本人のすがたと暮らし」と「年代順にみる日本人のすがたと暮らし」の二部にわかれています。

主題別では、当時の人々の装いにとっての必需品や、和装文化になじんだ身体の態様、洋装文化に感化された、とくに女性の肢体としぐさなどの変容をテーマとして、挿絵を解説しています。

年代順では、明治維新から終戦までの各年について、身装を中心としながら、日常生活の各場面を切り取って解説しています。大正の半ばから昭和にさしかかる頃には、背景の描写の略筆が定着しますが、それに代わって、登場人物の表情がゆたかになっていく様子をご覧いただけるのも、年代順の面白味のひとつです。また、それぞれの挿絵にタイトルをつけ、挿絵だけを見ながらページをめくる楽しさも味わっていただけるよう配慮しました。

巻末には、資料として「初期の新聞小説挿絵画家一覧」「身装資料としての挿絵つき主要新聞小説年表（1888～1945年）」を用意しています。

なお、挿絵の芸術性については、挿絵を専門とした井川洗涯や富岡永洗の、和装への理解のゆきとどいた筆づかいや、日本画の大家である鏑木清方、伊東深水をはじめ、洋画の若い美術家たち――石井鶴三、宮本三郎らのするどい人間観察の描写力が、白黒の小さな世界で、その精彩をはなっています。画家たちの千差万別の落款の解明も、かくれた楽しみになるはずです。

小説挿絵は、所詮は「絵空事」ですが、多くの挿絵をご覧いただくことによって、当時の広範囲の庶民階級における日常生活の標準をご理解いただけるのではないかと考えています。

以上のような観点から挿絵を選択しましたが、当時の印刷が不鮮明であるなど、諸々の事情により、計画的に挿絵を選ぶことが適わなかったことを、ご容赦いただけると幸いです。

読者の皆様には、ご自身を挿絵のなかの人物に投影していただき、当時のさまざまな生活をご体験いただければ、望外の喜びです。

もくじ

年代順にみる日本人のすがたと暮らし

資料

＊本文中、現代では不適切とされる表現が用いられている場合があるが、資料性を考慮してそのままとした。

新聞連載小説の挿絵でみる近代日本の身装文化

【解説】身装資料としての新聞連載小説の挿絵――明治・大正・昭和前期

明治の新聞連載小説に描かれた挿絵（以下、新聞小説挿絵）は、情報のとぼしいその時代の生活文化、風俗を知るための、貴重な情報源のひとつである。くわしくは後述するが、風俗の一環である「身装――身体と装い」についても、新聞小説挿絵がなによりの価値をもつのは、「年代のたしかな、解説つき、ヴィジュアル情報である」、という点だろう。

おなじ重要な情報源である写真は、写されている人物も、ものも、見る人の知識や思いこみ以外に、解釈の手がかりをもっていないことが多い。また写された人やシーンのほとんどが「写真むき」のすがた、情景になっていることも、その時代のカメラの普及度を考えればやむをえないことだった。

本書では新聞小説、とくに連載小説の挿絵から近代の日本人のすがたや、日常の暮らしのさまを見ていくが、その前にまず、近代初期の新聞挿絵を成り立たせていた環境と、さまざまの条件、ならびに連載小説挿絵のもつ信憑性について理解しておきたい。

一、新聞小説挿絵の誕生

江戸時代の瓦版はべつとして、明治維新以前にもすでにいくつかの新聞が、日本人や外国人の手で発行されていた。したがって、それらを見れば最初の新聞挿絵というものがいつ生まれたかは容易にわかりそうだが、それはそれほど簡単ではない。紙面に「絵」あるいは「図」を入れることは、日本でも外国でも新聞の歴史のごく初めからあったが、新聞挿絵の起源説に相違が生じるのは、挿絵の条件や定義の違いのためだろう。

挿絵というより付図のはじめのうちのものは、その日のニュース記事や雑報に添えられた簡単な一片の絵で、編集者の中で絵心のある人間が、ときには紙面を見やすくするための配慮から添えたものだったかもしれない。そういった絵はコマ絵（小間絵、駒絵）とよばれ、そのころは狂画といわれた戯画、つまりマンガ風のものもあった。それには名のある画人が、名を隠して腕を振るうこともあったようだ。

その日かぎりの事件記事がやがて続きものになり、虚実ないまぜの連載小説に発展する。それはだいたい一八八〇年代、ほぼ明治一〇年代半ば以後、とみていいだろう。そのつぎの段階が連載小説に絵が添えられる、絵入小説である。

ただし、近代の日本人の暮らしのさまを知るという目的にとっては、単に連載小説に絵が添えられたというばかりではなく、小説がある程度以上の長さをもち、それによって作家の想いえがく人物像がよりたしかに、具体的になることが必要である。また、遠く隔たった過去の事件、いわゆる時代物は除外しなければならない。このような観点から、身装資料としての挿絵つき連載小説の初出を**表1**に示した。この表からもわかるように、多くの読者をもつこれらの新聞に、挿絵入り連載小説の掲載が主流となるのは、一八八〇年代（ほぼ明治一〇年代）末以後のことである。

二、新聞小説挿絵はどのようにつくられていたか

初期の新聞は創刊の時点では木版がほとんどだったが、一八八〇年代（ほぼ明治一〇年代）までにはほぼ活版印刷となっている。しかし挿絵についてはその後も木版刷りがつづき、紙面の活版の部分にはめ込まれた。新聞に網目版印刷の写真が導入されたのは、日露戦争当時の一九〇〇年代半ば（ほぼ明治三〇年代後半）、全体として木版印刷の時代が終わるのは一九一〇年代（ほぼ大正前半期）以後である。一九〇〇年代から一九一〇年代にかけては、印刷技術の進歩と呼応するように新聞挿絵には大きな変化があった。進歩といういい方もできよう。しかしその一方で、身装資料としての役目は失いはじめていく。そのもっとも大きな理由は、各種の情報、とくに写真情報が洪水のように増えたことであり、また一方で小説作家と挿絵画家たちが、彼等の意図する

表１　身装資料としての挿絵つき新聞連載小説初出一覧*

新聞名 （創刊年順、→は改題）	創刊年	挿絵つき連載小説の初出 （年／月／日）	身装資料としての挿絵つき連載小説の初出			
			年／月／日*	作家*	題名	挿絵画家*
東京日日新聞	1872/2 〜	1897/2/8（真龍斎貞水「赤穂義士外伝」）	1904/2/21	暮雪楼	「日本海」	伊東英泰
郵便報知新聞 →報知新聞	1872/6 〜 1894/12 〜	右欄とおなじ	1895/1/2	弦斎居士	「旭日桜」	鈴木華邨
朝野新聞	1874/9 〜	1895/11/27（蹴天生他「黄海海戦譚」）	1900/7/20	青葉山人	「鬼門借家」 ※翻案ものだが、風俗は執筆時の日本	名和永年
読売新聞	1874/11 〜	右欄とおなじ	1895/5/1	なにがし／紅葉山人	「笛吹川」 ※ただしカット風コマ絵	原貫之助／山中古洞／中江とき／武内桂舟
平仮名絵入新聞 →東京平仮名絵入新聞 →東京絵入新聞	1875/4 〜 1875/6 〜 1876/3 〜	1878/8/21（前田香雪「金之助之話」、落合芳幾画）	1879/6/8	魁蕾子	「田舎裁縫鯉染衣」	落合芳幾
大阪朝日新聞	1879/1 〜	右欄とおなじ	1888/1/3	岡野半牧	「花洛の風雪」	武部芳峰
有喜世新聞 →開花新聞 →改進新聞	1878/1 〜 1883/3 〜 1884/8 〜	1880/10/23（「翠濃色松島」、歌川国松画）	1883/3/10	—	「翠の若松」 ※同時代風俗は最後の数回のみ	橋本周延
時事新報	1882/3 〜	右欄とおなじ	1896/3/18	ふたば	「馴合婿」	筒井年峰
絵入自由新聞	1882/9 〜	右欄とおなじ	1883/9/1	文京	「吹雪の花笠」	月岡芳年
絵入朝野新聞	1882/11 〜	1883/1/22（操竹女史訳「因縁奇遇・雨梨加春史」）	1883/1/31	—	「栄枯得失」	—
自由燈 →燈新聞 →めさまし新聞 →東京朝日新聞	1884/5 〜 1886/1 〜 1887/4 〜 1888/7 〜	右欄とおなじ	1884/5/11	幻々道人	「今浄海六波羅譚」	—
今日新聞 →みやこ新聞 →都新聞	1884/9 〜 1888/11 〜 1889/2 〜	1884/9/25（妙妙道人「高野長英諭迷物語」）	1884/10/9	鼠辺	「蔦楓赤縄柵」	—
やまと新聞	1886/10 〜	右欄とおなじ	1886/10/7	渋柿園主人	「何事も金ずく慾情新話」	水野年方
大阪日報 →立憲政党新聞 →大阪毎日新聞	1876/2 〜 1882/2 〜 1888/11 〜	右欄とおなじ	1888/11/20	宮崎三昧	「乱菊叢談」	田口年信
国民新聞	1890/2 〜	右欄とおなじ	1898/9/1	松林伯鶴	「可児大尉」	久保田米僊
萬朝報	1892/11 〜	1892/11/1（一筆庵「金狐」）	1893/2/18	春濤散史	「輪回」	藤原信一

＊1890 年代（ほぼ明治 20 年代）までの東京・大阪の主要 16 紙を対象とし、創刊年順に記した。
＊年月日の欄には、連載小説の第 1 回目の日付を記した。
＊作家名は新聞掲載のままとした。たとえば、「渋柿園主人」とあれば当然塚原渋柿園であるが、あえてそれを訂正しないで紙面のままに置いた。
＊挿絵画家の名は、この時期、日々のタイトルのもとには示されないばかりでなく、まったく署名をしない人、ときおり添える人、毎日律儀にだす人、ただし判読困難な変体で書く人、落款を記す人などさまざまである。一社が複数の画家を抱えている場合は、ひとつの作品を交互に描くこともめずらしくなかったようで、途中交代も頻繁だった。連載中一回でも氏名、あるいはその手がかりとなる落款等が認められた場合は、その氏名を記した。新聞社と画家の関係については、巻末「初期の新聞小説挿絵画家一覧」を参照されたい。
＊作家名および挿絵画家名が記載されておらず、その手がかりもない場合には「—」で示した。

しないにかかわらず、律儀な風俗描写に情熱を失いはじめていたためである。

結果として、身装資料としての有益な新聞小説挿絵は、その多くが木版印刷時代のもの、とくに一八八〇年代の後半から一八九〇年代の後半（ほぼ明治一〇年代後半から明治三〇年代初め）と言えるだろう。

木版印刷による新聞小説挿絵の制作には、作家、画家、彫師という三者の緊密な連携が必要だ。明治期には作家と画家とは新聞社のお抱え社員であるのがふつうで、彫師は社員ではないが特約関係をもっていたから、この連携は概してうまくいったようだ。ということは、画家や彫師の地位が低く、追廻しの職人並に見られていたからでもあろう。

作家は画家に原稿をわたすとともに絵柄の注文を出すが、新聞小説草創期の作家は簡単な下絵を描いてわたすのが習慣だった。これはもちろん彫師用の版下ではない。たとえば新聞小説ではないが、『当世書生気質』(1885-86)の挿絵のために坪内逍遙の描いた下絵が残っている。絵心のある作家の中には、画家の体調の悪いときにはじぶんで版下絵まで描いてしまう人もあった。一例をあげると、『都新聞』では一八九七年九月八日をはさんで数回、「鼬小僧」の挿絵を、画家の富岡永洗が病気のため、作家が代わって描いている（**図1**）。そのくらいだから挿絵に対する眼も行きとどいていて、挿絵の間違いについての謝罪や弁解はきわめて多く、作家と画家がふざけて罪をなすりあっている例もあるし、逆に作家が画家の誤りをかばっている例もある（たとえば、前者は『大阪毎日新聞』の「乱菊叢談」第四回(1888/11/23)、後者は『都新聞』の「後のお梅」第四回(1903/3/24)。また、饗庭《あえば》篁村は、挿絵つき小説が書けない理由のひとつとして、じぶんは下絵が描けないから、と言っている（「字入小説の前口上」朝日新聞 1890/3/16: 2)。

作家が下絵を描いてわたす習慣は、明治の新聞人・野崎左文によれば、当時の画家は時代の研究がたらず、きものの着付けにしても、舞台上の俳優ぐらいを手本とするので、その風俗服装などにとんでもない誤りが起こるため、と言っている（「明治初期の新聞小説」『私の見た明治文壇』春陽堂、1927, pp.19-20）。左文が仮名垣魯文の引きで『仮名読新聞』に入社したのは一八七八年（明治一一年）で、それから『都新聞』の前身である『今日新聞』に入社した一八八四年（明治一七年）といった時期は、連載小説というより続き読物の時代だった。画家たちのなかにはまだ、いわゆるおんなこども相手の草双紙で稼いでいた前代の町絵師のレベルから、抜け出せていなかったひともあったのだろう。維新前後の浮世絵師といえば、どてら三尺帯すがたの親方、その弟子は印半天にくわえ楊枝で朝湯に行く、といった風で、春画ばかりを描いていたと、『漫談明治初年』（同好史談会編、春陽堂、1927, p.390）に記されている。しかしその一方で、おなじ町絵師ながら、『月の百姿』（一八〇〇年代）を著した月岡芳年のような篤学者もいるので、もちろん一概に言うことはできない。

図 1

「探偵実話 鼬小僧（17）」
『都新聞』1897（明治30）年9月10日

「編者曰く、この二、三回の挿絵は、画家永洗氏病気のため、編者自ら描きしが為に甚だ見苦しかりしも、もはや全快に及びたるを以て、次回よりは同氏筆をとるはずなり（……）」と、この連載17回目の最後に断っている。

なお、新聞社所属の画家は小説の挿絵ばかりを描いていたのではない。組閣があれば新大臣の似顔を描き、災害があればその現場まで飛んでいってスケッチし、大相撲の春夏の場所がはじまれば毎日の勝負の組み手を描いた。こうしたコマ絵にサインがないように、一九世紀末まで、毎日の連載小説の題字に作家名はあっても、画家の名はない。画家が挿絵画家として紹介され、作家名と並ぶのは、新聞によってちがうが、一八九七年（明治三〇年）以後のことになる。山中古洞によれば、一八九七年（明治三〇年）の『読売新聞』に連載された鴎水生訳、山中古洞画「恋衣」が最初とされるが（山中古洞「挿絵節用」藝艸堂、1941, p.214）、『朝日新聞』の場合であると、一九一七年（大正六年）の渡辺霞亭作、名取春仙画「黒水晶」以後である。

こんな環境だったから、対象とする時代では、日々の挿絵には、サインをする人もありしない人もある。たまに思いだしたようにする人もある。したとしても、別号を使ったり、とても他人には読めないような変体字であったりする。落款も、言うまでもなくひとりにひとつではなかった。

画家名のわかりにくさは、師匠が顔や主な人物だけを描くと、着物の柄や背景は弟子たちが描くとか、徒弟たちによる合作、あるいは代作や、匿名といったことが頻繁に行われたためもあるだろう。

ズボラな作家からの原稿の遅いのは画家の悩みだが、それ以上に困らせられるのは彫師だった。軟らかい桜の板に、画家の版下絵を水張りしてから火にあぶって乾かし、それから彫るのだが、あすの新聞に出す五時締め切りの下絵を二時、三時頃になって画家から渡される。もちろん一人でできる仕事ではなく、板を何枚かに割り、三人役、五人役などとして彫ってから接ぎ合わせる。挿絵の隅に「山本刀」とサインのあるのが、この時代いちばん信用のあった、京橋の悌興堂（山本信司）のしるしだった（宮武外骨編「新聞小説の挿絵　彫刻談」『明治奇聞　第3編』半狂堂、1925, pp.18-19）。

こんなやり方では画家も彫師もまともな仕事はできないから、連載のはじまる前に作家が画家にだいたいの筋書きを説明し、それにしたがって画家が前もってたくさんの挿絵のストックを作り、そのストックにしたがって作家が話を展開する、ということもあったようだ（野崎左文「明治初期の新聞小説」前出、p.19）。画家にとって木版のありがたいところは、丹念に描いたらよほどの時間を必要としたはずの、女の髪の毛筋や、細かい絣柄などは、それと指示しておけば彫師がやってくれたことだそうだ。

挿絵の木版はしばしば使い回しが行われた。画家の描いた版下絵が新聞社に買い取られたあとはだれのものなのかについては、かなりあとあとまで議論があった（たとえば「使用済みの画稿　挿絵家協会員座談会4」読売新聞 1929/2/27:4）。とりわけ著作権意識がとぼしかった、というよりないに等しかった明治時代、できのいい挿絵の版木は、主に地方新聞に転売されたという。

連載小説の挿絵が写真製版になったのは一九一一年（明治四四年）の一一月に始まる『二六新報』の本山荻舟作「美人系」からということになっているが、大《おお》新聞でもその翌年の一九一二年八月から始まる『大阪毎日新聞』に連載された柳川春葉作、鰭崎《ひれざき》英朋画「生さぬ仲」では、写真製版と従来の凸版とを併用している。また、おなじ方法による次の年の一九一三年四月からの菊池幽芳「百合子」における鏑木清方の挿絵は、伝統的な浮世絵の筆法と、新しい製版技術の融合として評価されたようである。そしてそれは清方ひとりにかぎらなかった。濃淡の中間階調を生かすことのできる網目版によって、一九一〇年代（ほぼ大正前半期）の浮世絵系の挿絵画家達による新聞小説挿絵の多くには、それまでと比較して表現技法のハッキリとした差異、あるいは広がりが見られ、従来の線描だけによるのとはちがった、陰影感のあるリアルな姿態や、表情の描写が増している。

その理由の一つの例にすぎないが、すでに画家の地位もかなり向上した一九一二年（大正元年）のあたりでは、東西の代表的な新聞社で挿絵を継続的に担当していたのは次の画家たちであり、大部分の浮世絵系日本画家に交じって、二、三人、西洋画畑の人の名が見られる。年末年始の社員連名の挨拶広告等によると、そのほとんどの画家は常雇い契約であったと考えられる。

大阪毎日新聞	山本英春、多田北嶺
東京朝日新聞	右田年英、名取春仙
大阪朝日新聞	右田年英、幡恒春、野田九浦
読売新聞	梶田半古、石井滴水
都新聞	井川洗厓
国民新聞	川端龍子、平福百穂
報知新聞	鏑木清方
時事新報	渡部審也
やまと新聞	武内桂舟

三、新聞小説挿絵とはどんなものと考えられてきたか

挿絵は美術の側からも、文芸の側からも、まま子扱いにされる宿命だった。

挿絵に対して、展覧会場の壁面に飾られ、高い値段で取引される絵は本絵、とよばれた。画家にとって挿絵は余技であり、小遣い取りのためともいえた。初期の新聞挿絵の名手といわれる人の中でも、水野年方が挿絵の注

文に追われながら、本絵を描くことに憧れていたことはよく知られている。しかしその年方は、『東京朝日新聞』の前身である『自由燈』や『めさまし新聞』、そしてとりわけ、『やまと新聞』の挿絵によって、その時代の人気画家だったのだ。その後も新聞小説挿絵によって世間的知名度を上げた画家は、鏑木清方、名取春仙、石井鶴三、鰭崎英朋、伊東深水、竹久夢二、木村荘八などなどけっして少なくないが、彼等にとって新聞小説挿絵は、レパートリーの中のひとつにすぎなかったはずだ。挿絵を専門とする画家はおそらく、一九一〇年代末（大正半ば）の岩田専太郎あたりからだろう。また、その時代になると、新聞は、作家名と同じ大きさの文字を並べて挿絵画家の名を宣伝するようにもなっている。

連載小説のおもしろさで売れる新聞があったように、挿絵の人気で売れるといわれる新聞もあった。もちろん画家は挿絵に対してそれなりの自負はあった。月岡芳年が『自由燈』に入社したときは、おれの絵で一番、この新聞を売ってみせると豪語し、実際、小説が挿絵の添え物のようになってしまったともいわれている（野崎左文「明治初期の新聞小説」前出、p.73)。

しかしそんな人気をかちえてさえ、描く人にも見る人にも、新聞小説挿絵が余技とみられるのは、その絵が白黒の線だけでできた略筆のためもあるだろう。毎日の新聞にモノクロの挿絵を描いている画家たちも、上野の展覧会に出品とまでゆかずとも、数は少ないがさまざまの雑誌に彩色の口絵や、表紙絵の美女を描いて息を吐くことはあった。その華やかな風姿を嘆賞する読者は、新聞で見る、おなじ画家の、筆数の少ない黒ひと色の絵の方を、かなり気を抜いたもののように受けとるとしてもしかたがない。

一方、小説作家の側から見ての挿絵は、なにやらうさんくさいものだった。絵入新聞と銘打つ新聞がややレベルの低い読者層を狙っていたのとおなじ理由が、記事や小説に絵を添えることにはあるように考えられていたかもしれない。

> 毎紙に一箇所ずつ画を入れますのも、只形容にするのではなく、子ども衆が見ても善い事をすれば斯《こ》うだ、悪い事をすれば又こんな目に会うと、早解りをさせる為であります（「雑報」平仮名絵入新聞 1876/2/4: 1）

この時代、絵入の大衆紙を小《こ》新聞とよんだ。一八九四年（明治二七年）暮れに、それまで『東京日日新聞』と並んで絵入小説を載せなかった代表的な大新聞の『郵便報知新聞』が、紙名も『報知新聞』と短縮改題して、つぎのような社告を載せた。

> 報知新聞は高等なる絵入新聞となれり、従来の大新聞と称するものは多く主義偏僻にして文字佶屈、小新聞と称するものは多く主義卑野にして文字猥褻、前者は俗人に解し易からず、後者は士君子の家庭に入るべからず（報知新聞 1894/12/26: 1）

図2

夏目漱石「明暗（188）」、名取春仙画

『東京朝日新聞』1916（大正5）年12月14日

それに対して新しい『報知新聞』はその中庸を行き、平易にしてもっとも高尚、と宣伝している。

新聞が絵入りとなるのはよしとしても、小説に絵をなぜ添えなければならないのか。画の力を借りる程なら、筆でもってそれだけの事をやって見せるのが小説家の技倆だ、という尾崎紅葉の主張にみられるように（「紅葉氏の新聞小説論」読売新聞 月曜付録 1899/2/13: 2）、レベルの高い読者であれば、挿絵の力を借りて想像力を補う必要はないことと、レベルの高い文学作品であれば、表現の不足を補うための挿絵は必要ない、ということとは対応するらしい。

『朝日新聞』の社員だった夏目漱石の諸作品が、挿絵入りで新聞紙上に発表されたのは一九一〇年代（ほぼ大正前半期）だったが（**図2**）、あたかもその頃からいわゆる純文学は、主として挿絵のない文芸雑誌が発表の場となる。

一方、新聞に連載される挿絵つき小説は、大衆文学というジャンルに含まれるという漠然とした了解が生まれたようだ。ここで言う「大衆」とは、レベルの低い読者という意味ではなく、毎あさ新聞を手にとる数十万、あるいはそれ以上の数の購読者、そして顔の見えない読者の共感と支持、という絶対の条件のうえにたつ大衆なのである。

一九二〇年代（大正末~昭和初め）に入ると、新聞連載小説や、大衆雑誌、婦人雑誌の人気小説の映画化がはじまった。映画化は作品が読者に受けたことが前提なのだから、小説作家にとっては勲章のようなものだろう。もっとも映画としてのできばえについては、満足しない作家も少なくなかったようだ。大部分の作家の感想をきくと、じぶんには映画のことはわからない、映画は映画、あれはじぶんの作品とはべつのもの、という口ぶりのひとが多い。

このこととの関連で考えると、挿絵つき小説もまた、小説作家の構想し、書き上げた世界とは、ある意味でべつのもの、新しい大衆の支えるべつの芸術ジャンル、といえるのではないだろうか。とりわけそれは石井鶴三（上司小剣作「東京」『朝日新聞』1921/2～、中里介山作「大菩薩峠」『東京日日新聞』・『大阪毎日新聞』1925/1～）、木村荘八（舟橋聖一作「白い蛇赤い蛇」『都新聞』1932/11～、永井荷風作「墨東綺譚」『朝日新聞』1937/4～）、佐野繁次郎（横光利一作「家族会議」『東京日日新聞』・『大阪毎日新聞』1935/8～）などの手がけた、すぐれた挿絵をもつ連載小説を見るとき、その感が深い。

このような見方をおしすすめれば、およそ明治中期までの、人物と背景とが念入り

明《めい》暗《あん》　漱石

百八十八

に描き込まれた時代の木版の新聞小説挿絵は、草双紙や世話狂言の舞台が眼の底に擦り込まれていた人々にとっては、私たちには理解の及ばないような、リアリティのあるイメージ世界を提供する、大人の絵本だったのかもしれない。

四、新聞小説挿絵の身装資料としての有益性

新聞小説挿絵が、当時の身装を知るうえで有益と考えられる理由は、とくに次の二点である。

最初の一点は冒頭でも述べたが、新聞小説挿絵が、具体的な説明つきの、指示性の高い画像であるという点である。それはその時代の小説作家、挿絵画家たちの、人物の装いへの、現代作家とは比較にならない執心を前提とすることによって、その重みを倍加する。

長編小説のヒロインが紹介される、連載初回の「衣裳付け」などになると、新聞一段の行数の四分の一にも達することがめずらしくなかった。

また、一八九〇年代（ほぼ明治二〇年代）の『家庭雑誌』（民友社）、ほぼ一九〇〇年代（ほぼ明治三〇年代）の『新小説』、『文芸雑誌』、『文芸界』の流行欄の担当者はすべて若手の作家だった。『現代作家美人画全集　日本画篇　下』（新潮社、1931-32）の風俗解説は、画家の鏑木清方と並んで、きめの細かい風俗描写を得意とする作家の田口掬汀《きくてい》が担当した。菊池幽芳のような老巧の作家でも大作の筆をとるについては、有名呉服店の老練な番頭を参謀として、読者の納得を得る努力をしていたことは、よく知られている。

しかし着ているものへの執心は小説のなかだけではない。たとえば、一九〇五年（明治三八年）に菊池幽芳の人気小説「乳姉妹」が東京座と本郷座で競演されたとき、『都新聞』の劇評は東京座の中村芝翫の扮したヒロイン君江について、序、二、三、四、五幕目、大詰めのそれぞれの衣裳を、一〇行にわたって詳細に紹介している（都新聞 1905/1/14: 3〜）。これも当時、小説や劇中人物の衣裳に対する世間の関心が、いかに高かったかをうかがわせるものだ。

この時代の人が、それほどまでに衣裳付けに執着した理由のひとつは、現代とくらべると、着衣、髪型による人間の類型化——枠付けに、かなりの妥当性があったためもあろう。やや突飛な事例であるが、新聞紙面の片隅に散見する行き倒れの人、自殺者など、すべて身元不明

図3
右：広津柳浪「三都走馬燈（2）：隧道《トンネル》の掏摸《すり》」
『都新聞』1897（明治30）年2月23日の挿絵（部分）

中：広津柳浪「三都走馬燈（3）：名刺」
『都新聞』1897（明治30）年2月24日の挿絵（部分）

左：広津柳浪「三都走馬燈（30）」
『都新聞』1897（明治30）年4月2日の挿絵（部分）

者の記事には、たとえば「商人体の男」などとあって、そのあとにときには褌《ふんどし》の色までの、詳しい衣裳付けのあることがふつうだった。

衣裳付けへの執心のもうひとつの理由は、着るものの資産評価が、江戸時代につづいてまだまだ高かったためだろう。人並みの暮らしをしている勤め人や、小商人の家庭であっても、持っている衣類の種類も数も、現代と比べるとはるかに少なかった。一枚のきものを繰り回すことは、美徳というより必要からだった。気に入ったふだん着は、縞模様がまるで着る人そのものに見えるくらい、ひざが抜けるまで着ることもめずらしくはなかった。不時の入用があったときは、何枚かのよそ行きを質屋に持ち込むことによって、急場をしのいだ。押し入った泥棒が狙うのもたいていは衣類だった。新年が近づく頃の新聞には、各地の華街における人気芸者たちの春着の噂が連載された。そのやりくりのために、苦しい算段を強いられる芸者も多かったろうが。

衣裳と髪型――身装についての、作家や画家の執心も知識も、一般読者たちのこのような熱い視線によって、つよく支持されていたのである。

有益性の二点目は、ものがたりの挿絵として描かれる身装は、情景の一部としての、具体的な生活の裏づけをもつというところにある。

『衣服と流行』（日用百科全書　第六編、博文館、1895）や『東京風俗志』（平出鏗二郎、冨山房、1899-1902）のような専門書では、各アイテムを、たいていは背景や環境から切りはなして提示する。髪型であれば、小さな、首から上だけの髪型を、一種類一点ずつ例示する。本来髪型は、前方から、うしろから、側面から、また斜め方向から見たかたちがまったく違うのだから、これでは不十分である。ましてその髪に結って、家事をしたり、あるいは晴着でカルタ遊びをする娘や人妻のイメージをつかむことはむずかしい。

また仮に、ある情景全体を示すにしても、そのほとんどは行事やよそ行き、晴れの場所の、きまりきった状態を描くことにならざるをえないだろう。

それにひきかえ、連載小説の挿絵の場合は、あるアイテムが、ものがたりの展開にともなって、多様なシチュエーションにおいて捉えられることが大きな利点である。一例をあげれば、これは広津柳浪《りゅうろう》が途中で筆を投げだした作品「三都走馬燈」（都新聞 1897/2/21～）の場合である。ヒロインの友子は第一回の本文中にある通り、挿絵では夜会結びに結っている**（図3）**。東京の中級官吏の妻である彼女が、大阪までの夜汽車の客となるのが冒頭だが、それからつぎつぎと不運に見舞われて、惨めな境遇に陥りながらも、その五〇余回の挿絵中で、彼女の髪はつねに夜会結びだった。その間、友子の登場しない日ももちろんあるにしても、二十代半ばの女性のひとつの髪型を、いろいろな角度から――乱れた状態、おそらくじぶんの手でまとめたいい加減な状態などの様子を、さまざまなポーズ、表情、着衣の状態と環境の移り変わりとの関連のなかで捉えることができる。

衣服の、人物の動きにともなう描写と、着こなしのヴァラエティ、また着重ね方は、流行案内や商品カタログに提示される絵や写真では、知ることのできる情報はごく狭い範囲でしかない。たとえばこの時代、男女ともに、肌に接して着込む内衣類については、流行を追う『都の華』(都新聞の付録)のたぐいでは、むしろ詳しくふれることを避けるような態度がある。われわれの家庭に残っている古写真で、明治の書生たちの木綿絣のきものの、襟もとや袖口からのぞくワイシャツ風の下着を、ふしぎに思った経験をもつひとは少なくないだろう。こうした、いわば半端な種類のアイテムの着重ねかたなどについての情報は『都の華』の領分ではなく、広告を含めた新聞記事と小説、そしてその挿絵に豊富に見いだすことができる。

また、連載小説が大衆読者の共感に訴えるような、社会の現実に根ざしているのであれば、呉服店の上得意であるような階級に偏らない、広い範囲の庶民の日常のすがたと、その環境とが、断片的であるにせよ映し出されるはずである。同工異曲といってよいこの時代の、多くはいわゆる家庭小説の世界では、芸者や、華族家のお姫様、昔気質の父親と放蕩息子、といった人々ばかりが常連なのではない。写真の被写体にはなりにくい裏長屋住まいのひとびとの日々、煎餅布団で枕を抱える病人、姑の嫁いじめ、子どもへの折檻、女の針しごとや水しごと、人の家の門口ですごむゆすり、あるいはまた吉原の奥座敷での花魁《おいらん》と客の密かな姿——というふうに、リアルタイムの風俗の隅々までが活写されている。

五、新聞小説挿絵の身装資料としての信憑性

新聞小説挿絵に描かれた風俗の信憑性ならびに信頼度を支えるのは、なによりもまず画家の知識によるところが大きい。歴史を画題とするのとちがって、同時代を正確に写しとるために必要なのは、幅広い生活経験と知識に裏打ちされた、日々の注意深い観察だろう。

その点からいえば『東京風俗志』(前掲)の全部の挿入図を描いた松本洗耳、『新撰東京名所図会』(東陽堂、1896-1909)を描いた山本松谷はじめ『風俗画報』(東陽堂 1889-1916)に関わった小林永濯、富岡永洗一門のひとびとなどには、一定以上の信頼をおくことができる。

ただし、描かれた人物、風景、器物について、そのちいさな誤りを指摘することは非常にむずかしい。それは

ひとであれものであれ、風俗は許容度が広く、あるいは緩いためである。

　とりわけ許容度が広いのは時系列、とくに流行に関する事象だろう。たとえば、明治時代に売られた時計が昭和の家庭の壁に掛かっていたとしても、問題にはならない。またたとえば大正初めに流行したあの廂髪を、戦時中の銀座の女性に描いたとしても、それはかならずしも誤りだとはいえない。

　このような前置きをしたうえで、しかし明治という時代は、近代一五〇年のうちでは風俗の変化のピッチが速く、ドラスチックで、その一方で、人のみなりや行状に咎めだてをする眼のどちらかといえば小うるさい、風俗についてはきしみの多い時代だった。

　新聞の連載小説についていえば、時代が遡るほど、読者からの激励やクレームの投書が多かった。その中には少なからず、筋立てや風俗、また挿絵についての助言、苦情、批判が含まれている。人の間違いを、見て見ぬ振りをできなかった人情の時代、というべきなのだろうか。読者のそのお節介ごころや、ときには重箱の隅をほじくるような詮索心は、作家や画家を悩ましたにちがいないが、風俗・身装資料として、連載小説とその挿絵を見る際には、それらの記録が貴重な情報の一部分となる。そのひとつふたつの例を紹介しよう。

　伊原青々園作、富岡永洗画「吉原心中：新比翼塚」（都新聞 1900/4/22～）は、時は一八七一年（明治四年）頃の物語で、吉原の遊女と警視庁警視・谷栄との心中事件を扱っている。この中で谷の経歴中のほんの一挿話として、第六八回目に外交官・丸山作楽《さくら》（一八四〇～九九）の逮捕にふれ、その囚人姿の作楽を描いている（図4）。その作楽の囚人衣の襟が左前だという指摘が読者からあり、作家がそれに答えて、作楽は神代の風を慕い、日頃から古風な左衽の習慣があったため、と、七月一四日の連載のあとがきとして答えている（都新聞 1900/7/14: 1）。読者の観察もさることながら、作家の用意と、その指示によって挿絵を描いた富岡永洗との連携は周到というべきだろう。

　おなじ作品中で、花魁と客との対話に関しての注意が、ある古老からあった。「雲井（花魁の名）の対話に〝主《ぬし》〟ということばあれど、それは大時代の里（郭《さと》）言葉にて、解放前（芸娼妓解放令、一八七二年一〇月二日）には客に対して専ら〝おまはん〟と呼びたり」とある（都新聞 1900/5/12: 1）。明治大正が舞台とおもわれる落語の廓ばなしに、むやみにぬしとか、わちきとかいう里（郭《さと》）言葉が出てくるのは、だから疑問があることになる。

　この投書の半月ほど後に、作家はつぎのようなあとがきを書いている。「落合芳幾翁より、解放前後里（郭《さと》）言葉の変遷につき、綿密なる報導を賜りたり、全文は長ければここには載せねど（……）」（都新聞 1900/6/1: 1）。

　芳幾は、当時はすでに画家としては忘れられた存在だったが、『都新聞』が、まだ『今日新聞』だった一八八〇年代半ば（ほぼ明治一〇年代後半）には、匿名ではあったが挿絵を担当するひとりだった。吉原の茶屋

図4
伊原青々園「吉原心中：新比翼塚(68)」、富岡永洗画
『都新聞』1900(明治33)年7月10日の挿絵(部分)

のせがれで、画人である以上に江戸時代生き残りの大通だった芳幾は、三〇歳代半ばで文明開化を経験している。最晩年の芳幾が、『都新聞』の有益な読者であったことは、青々園の書いたその助言に対する謝辞からもうかがえる。

新聞小説とその挿絵の風俗描写における作家と画家の用心ぶかさと、対する読者からのきびしい反応は、どんな新聞にも共通するものであるが、さきに引用した事例がいずれも『都新聞』であったことは偶然ではない。

一方、この時代、作家によって「絵解き」ということばがしばしば使われている。その多くは、物語の本文に対して挿絵の情景が先行しているような場合、「今日の挿絵の絵解きは明日に」という約束のかたちで現れる。このこと自体は、本文と絵柄の食い違いに対しての弁明にすぎないともいえるが、絵解きといういいかたのなかには、単に文章の説明として挿絵があるのではなく、絵物語の系列に立つ自覚が感じられるのである。したがってこと挿絵の休載については、念入りな謝罪や、いろいろな理由を挙げての釈明がなされている。

挿絵が詳細に描かれ、絵解きとしての親切さをもっていただろうことは、べつの視点からも考えられる。すでにのべたように、作家も画家もふつうは新聞社からきまった俸給をもらっている社員の身分であって、いわば社の業務として小説を書き、挿絵を描くという建前のもとにあった。ニュース記事がときとして数回の続き物として扱われ、それが連載小説に発展する、という新聞小説史のひとつの流れからすれば、それは当然のことであり、実際、明治期の新聞小説作家の中には、社のデスクで執筆する人も少なくはなかった。この事情は挿絵画家の場合もほぼ同様であり、版下制作の事情から考えれば、拘束はよりつよかったかもしれない。こうした立場にある作家、画家が、作品の一般読者受けを気にしない、自分勝手な態度をとることは、むずかしかったはずである。

このような環境の中から生まれる挿絵が、素朴な読者を当惑させるような絵柄ではなく、基本的には、本文の内容と読者の日常の知見に忠実な絵解きとなるのは、自然なことだろう。

野崎左文は、当時の挿絵画家について、「他の画家中には記者の下絵に対して人物の甲乙の位置を転倒したり、或いは全くその姿勢を変えたりして、下絵とは殆ど別物の図様に書き上げる人の多かったのに、独り（小林）永濯氏のみは魯文翁や私の下絵通りに筆を着けて少しも其の趣きを変えなかった」（野崎左文「私の見た明治文壇」『明治文学全集98』明治文学回顧録集1、1980, p.26）と回顧している。野崎はここで、掲載される挿絵は作家の下絵とは違うものが多かった、と言っているが、それはむしろ逆に、一般的にその時代の挿絵に対する、作家のコントロールのつよさを示している。たしかにそのころの連載小説には、作家の画家への注文の間違いや、下絵の行き違いによる挿絵の部分的誤りのお詫びを、けっこう目にするのである。鏑木清方は作家と画家の関係を、太夫と三味線弾きにたとえている。このような密接した関係も、本文に対しての挿絵の内容の信頼性を支える、ひとつの要素だろう。

それでも明治も終わりに近づく頃には、作家と画家の個人的関係によっては、挿絵が作家のイメージに添うものになるとはかぎらなかった。一九〇八年（明治四一年）四月から七月にかけて『読売新聞』に連載された、田山花袋の「生」につけられた清方の挿絵について、花袋はつよい不満をもっていたが、結局どうにもならなかった（田山花袋『東京の三十年』1917）。

六、新聞小説挿絵を身装資料とするにあたっての留意点

身装資料として有益な新聞小説挿絵だが、いくつかの留意点もある。その第一は絵の表現様式に関することだ。

新聞挿絵の画家は、筆が速く、かつケレン味のない、写実力の練達なひとが適していることになる。したがって絵としては高度の技術をもっていても、いわゆる「表現主義的な」画風は、連載小説には向かなかったのである。

その時代の読者は、新奇な西洋画風の陰影表現より、毛彫りによる細密な線描に慣れていて、かつそれを求めたと考えられる。この方法はたいていの場合、モノのかたちを精確にわからせる図鑑の目的には適していて、とりわけ複雑な髷の結い様での、毛の扱われ方などの理解には、黒く塗りつぶしたようになる当時の写真よりもすぐれている。

しかしそれと同時に、絵画的表現技巧としての、さまざまな様式化、ないしデフォルマシオンが存在する。このこと自体は、絵画が絵画である以上は、当然べつのかたちでは、その価値が認められよう。

そのひとつは、「美人」を描くにあたっての、旧来の浮世絵風美人顔への固執だろう。同工異曲の通俗的筋立てをもっている新聞の続きもののほとんどには、絶世の美人のヒロインが登場する。初期の挿絵画家の大部分が浮世絵出身の町絵師だったから、その顔はほとんど同一表現であり、とりわけその時代の挿絵画家の多くは、前時代からのきまりきった美人顔から抜けきることができなかった。例の、瓜実顔で狭い富士額、一重瞼の狐目におちょぼ口——という風に描かれたのである（図５）。また、ひとりの画家の描く顔は大体似ることが多く、都新聞で二八年間挿絵を担当した井川洗崖は、晩年になっても、じぶんの描く美人はみんな明治の芸者の顔になる

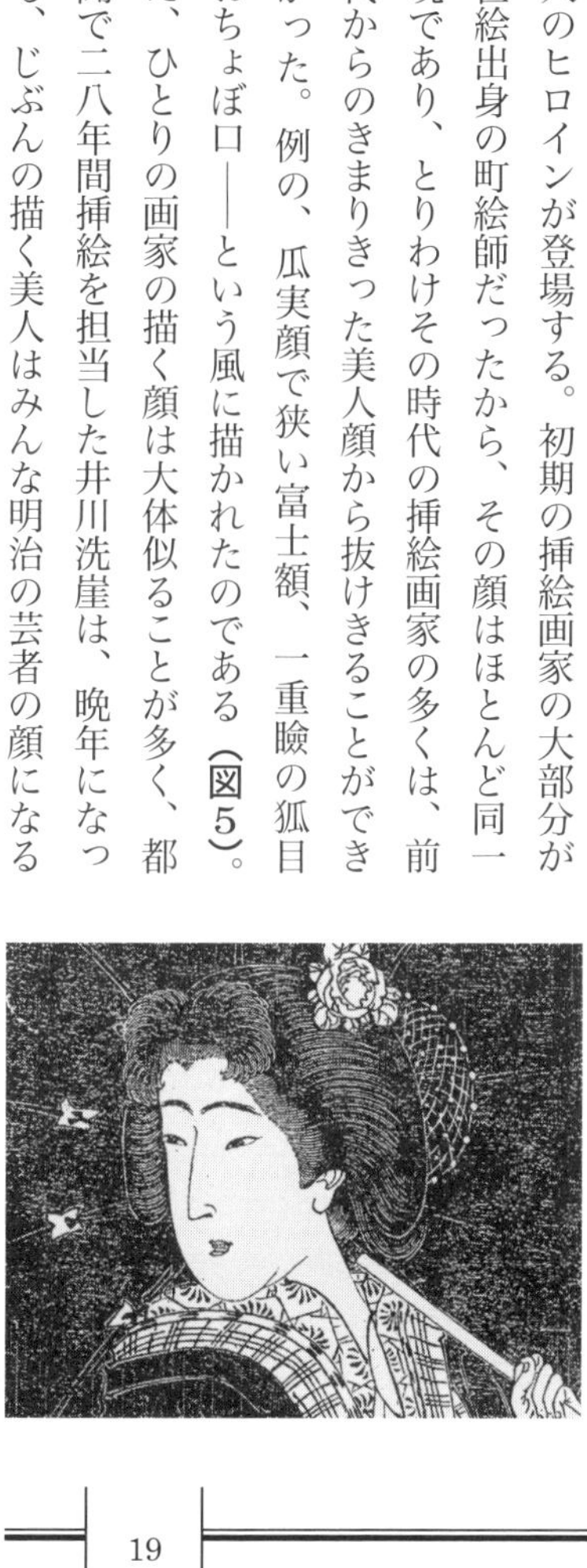

図５
菊酔山人（羽山尚徳）編「百花苑（10）」、田口年信画
『大阪毎日新聞』1889（明治22）年6月29日の挿絵（部分）

……、と述懐している（「挿絵座談会」『東陽』1936/9, p.39）。

多少時代が下がると、本文中では「現代風の丸顔美人」といった表現も見られるようになるが、すくなくとも挿絵画家のあたまの中では、丸顔は女中顔――という固定観念が、容易に破られることはなかった。

また様式的表現としてそれにもまして目につくのは、舞台見立て、あるいは役者見立ての挿絵である。登場人物の顔が、ある日突然、当時人気の團十郎、菊五郎の顔になっている。現代人の目には幼稚にうつるが、そのころの新聞読者には受けたのだろう。犯人逮捕の挿絵が、舞台の見得風のかたちで描かれ（**図6**）、また登場する人物すべてが、こちらを、つまり観客の方に顔を向けて描かれるなど。こうした作画態度をみれば、その時代の民衆の舞台に対するつよい執着と、「お子供衆のお慰み」といった戯作気分が、挿絵画家の中にも十分浸透していることが感じられる。

古風な美人顔に代わって、人物に表情や性格表現が現れるようになる時期は、同時に画家たちの、個性的な造形表現がめだってくる時期でもあった。油絵風な陰影表現、といったものはよいとして、身装資料としてもっとも不都合なのは、概して筆致が粗く、省筆気味になってきたことである。本文の内容に即した、従来の丹念な描き様をする画家がいなくなったわけではないが、その人たちの多くは時代物――当時人気のあった講談速記物の方で活躍していた。現代物の一部は挿絵を失ったり、ほとんどカットといってよいような小さなスペースのなかに、本文の内容からいえばかなり抽象的な、あるいはシンボリックな絵を描くひともあった。あるいは変化のない標題カットとなるものもあった。

もうひとつの留意点は、挿絵を身装資料として利用するための新聞小説は、原則として、掲載とほぼおなじ時代を扱った現代小説に限定しなければならないことである。それは画像資料採択の目的があくまでも、現在進行中の同時代風俗の入手のためである（ただし開国期以後の十余年中については次節で述べる）。

新聞連載小説のジャンルとしてはそのほかに、西洋ものの翻訳ないし翻案小説がある。これらについては、原則として除外する方が安全である。ただし、単に筋書きのアイデアを借用したにすぎず、細部や風俗は全く同時代のわが国に換骨奪胎されている、たとえば、多くの三遊亭圓朝や岡本綺堂作品のような場合は、例外として日本の現代物に含めることが許されよう。

図6
古川魁蕾子「卯の花垣（15）」
『都新聞』1889（明治22）年5月28日

七、遡及資料としての新聞小説挿絵の信憑性

前節では、新聞小説挿絵の身装資料としての有効性を、現代小説に限定し、その理由を説明した。ただし同時代主義の原則の例外として、明治初頭の十余年間については小説挿絵の絶対数がとぼしいため、描かれた内容にある程度以上の信頼が置けそうな条件を充たしているなら、年月を隔てて描かれた作品も、遡及資料という断りを示したうえで、対象年の価値のある情報となり得るだろう。本節ではその、ある程度以上の信頼のための条件をのべる。

ストーリーがフィクションであるかないかにかかわらず、現代小説作家が固執した真実味は、ひとつには人間についてであり、もうひとつは世相の現実についてであったろう。前者はそれが文芸の範囲に入るものであれば当然のことだろうし、後者は多数不特定の読者を相手にする新聞読物としての、もっとも基本的な要請だった。のぞましい新聞連載小説として、家庭でだれもが読めるものということとならんで、いま現在の人情風俗のありのままをとりいれるということが、新聞小説誕生の時期からの欠かせない条件だったし、その後もくりかえし指摘されている。

元来小説は、別して新聞紙に掲載する小説は努めてその新聞所在の地の言語風俗習慣等を其の儘に写し出さなければ嘘です、此の事が作家に取って最も徳用の方法です（「乱菊叢談」大阪毎日新聞 1888/11/20: 3）

当世の事情を報道するの意を含ませ、なるべく当世を本尊とし、現在の人情、風俗、又は傾き等を示すべし（坪内逍遙「新聞紙の小説」読売新聞付録 1890/1/18: 1）

こうした条件に即するかたちで、作家は小説の紹介中で、世相の現実を強調することがきわめて多かった。したがって女学生が話題になれば女学生を主人公とする作品が現れ、女優が評判になればヒロインに女優が多くなる。また身分ある人の情死や、話題の労働争議がすぐに似たようなプロットとして登場するといった風にニュース性を追うことも、新聞小説の大きな特色であったし、当たる連載のひとつの条件でもあったようだ。一般的に、新聞小説挿絵の身装のリアリティの保証は、この点からも支えられていると言える。具体的な例については、巻末の「身装資料としての挿絵つき主要新聞小説年表」を参照されたい。

とりわけ明治中期（一八九〇年代とその前後）の新聞小説では、テーマやストーリーのリアリティのための努力が、挿絵のリアリティを牽引するかたちになっているケースが多い。小説がこれはありのままの事実だということを強調し、微視的な事実までも苦労して調べ上げることによって、読者も真剣になれば、挿絵を描く画家にもその意気込みが伝わるというかたちである。

そのよい例が一八九三年（明治二六年）にはじまって約一〇年引き継がれた『都新聞』の、過去の事件をあつかった実録探偵ものである**（表2）**。

題名	作家*	挿絵画家*	掲載期間 （ ）内は回数	対象時期	
				発端・生い立ち	主要な経過期間
「探偵叢話 20*　清水定吉」	—	山田年貞	1893/4/14 ～ 7/2（69）	1869	1885, 1889
「探偵叢話 21　三週間の大探偵」	無名氏	山田年貞	1893/7/4 ～ 9/30（76）		1882 名古屋監獄破獄～ 1883 逮捕
「探偵叢話 22　中川吉之助」	—	山田年貞	1893/10/1 ～ 1894/1/21（90）		1870 ～ 1889 処刑
「探偵叢話 23　国事探偵」	—	山田年貞	1894/1/23 ～ 5/10（86）		1885
「探偵叢話 24　山田実玄」	—	山田年貞	1894/6/5 ～ 8/24（70）		1890
「探偵実話 侠客木曽富五郎」	—	山田年貞	1894/10/16 ～ 1895/2/24（93）		1882 殺人～ 1887 逮捕
「探偵実話 娘義太夫」	—	富岡永洗	1895/4/7 ～ 8/23（108）		1881 ～ 1883 逮捕
「探偵実話 法衣屋お熊」	—	富岡永洗	1895/9/14 ～ 1896/2/8（104）		1874 ～ 1882 犯人処刑
「菅屋お婦美」	—	富岡永洗／松本洗耳	1896/1/2 ～ 3/19（60）		1875 ～ 1883 おふみ殺害
「探偵実話 侠芸者」	—	松本洗耳	1896/3/20 ～ 8/22（108）		1884 ～ 1890 犯行
「大悪僧」	橋本埋木庵	松本洗耳	1896/8/23 ～ 11/16（41）		1872, 1873
「探偵実話 蒲鉾屋殺し」	高谷為之	［富岡永洗］*	1896/10/17 ～ 1897/2/19（93）		1888 ～ 1890 処刑
「近世実話 岩井松三郎」	橋本埋木庵	富岡永洗	1897/1/21 ～ 4/11（63）		1869, 1870 ～ 1873？
「探偵実話 笠森団子」	—	松本洗耳	1897/4/13 ～ 8/17（100）		1887 ～ 1891 お梅殺害
「探偵実話 鼬小僧」	—	富岡永洗	1897/8/20 ～ 1898/2/9（120）		1884 ～ 1887
「軍事探偵 南京松」	—	—	1898/2/16 ～ 7/5（97）		1889 ～ 1894 日清戦役勃発
「探偵実話 蝮のお政」	—	［富岡永洗］／松本洗耳	1898/7/6 ～ 1899/1/22（159）		～ 1889 ～ 1896 捕縛、逃走
「近世実話 海賊房次郎」	伊原青々園	富岡永洗	1898/7/8 ～ 11/13（100）	1872 ～	1881 ～ 1883
「近世実話 五寸釘寅吉」	伊原青々園	富岡永洗／［松本洗耳］	1899/1/2 ～ 7/6（142）	1871	1874 駆落～ 1882 出獄～ 1893 処刑
「村正勘次」	有髯無髯	富岡永洗／松本洗耳	1899/7/11 ～？原紙欠損		～ 1886 ～
「探偵実話 後の村正」	有髯無髯	松本洗耳	1899/11/2 ～ 1900/3/3（75）		～ 1891 処刑
「実譚 江戸さくら」	渡辺黙禅	松本洗耳	1900/3/6 ～ 8/17（129）		1868 ～ 1876 秋月、佐賀の乱
「吉原心中：新比翼塚」	伊原青々園	富岡永洗	1900/4/22 ～ 12/6（178）		1872 ～ 1880 心中
「探偵実話 剃刀おきん」	高谷為之	松本洗耳	1900/8/19 ～ 1901/5/15（197）	1868, 1869	1882 帰国～ 1890
「近世実話 閻魔の彦」	埋木庵編、黙禅閲	［富岡永洗］	1900/12/8 ～ 1901/5/22（135）		1887 ～ 1892 逮捕
「実譚 堀のお梅」	渡辺黙禅	松本洗耳	1901/5/17 ～ 1902/4/26（273）	1863	1869 和三郎東下り～
「中山霊験：九寸五分」	伊藤厭花編	［富岡永洗］	1901/12/21 ～ 1902/3/16（69）		1875 ～ 1882 判決
「探偵実話 女警部」	森林黒猿	松本洗耳	1902/4/27 ～ 1903/2/17（241）		1881 ～ 1898 逮捕
「近世実話 まよひ子」	伊原青々園	富岡永洗	1902/12/19 ～ 1903/9/20（224）	1880 誘拐	1885 ～ 1895
「実譚 後のお梅」	渡辺黙禅	松本洗耳	1903/2/19 ～ 11/7（210）		1869
「善悪梳分髪」	—	松本洗耳	1903/9/22 ～ 1904/2/27（132）		年月記述ほとんど欠
「実話 悪縁塚」	橋本埋木庵	富岡永洗／松本洗耳	1903/11/8 ～ 1904/4/18（146）		1870 ～ 1880 次郎の失踪
「大和撫子」	渡辺黙禅	松本洗耳／二代目歌川芳宗	1904/7/1 ～ 1905/2/19（219）		1858 ～ 1868 明治以前のみ
「探偵実話 雷巳代治」	—	富岡永洗	1904/8/25 ～ 12/17（108）		1902 ～同時代
「歌吉心中」	埋木庵	富岡永洗	1904/12/20 ～ 1905/5/22（146）		1869 ～ 1877 ～ 1882 ～ 1883 心中
「影法師」	伊原青々園	松本洗耳	1905/2/21 ～ 4/30（60）	1877	1889 ～ 1893 逮捕

一八九二年（明治二五年）八月、黒岩涙香《るいこう》が社長と対立して都新聞を退社した。フォルチュネ・デュ・ボアゴベイ作『鉄仮面』の翻訳は、涙香の代表作のひとつだが、都新聞時代でも、彼の翻訳探偵ものは人気が高かったから、彼を失ったことは、『都新聞』にとって大きな痛手で、販売数も相当な落ち込みだったらしい。

　この窮状を救ったのが、もと警視庁刑事だった高谷為之の入社である。高谷は社の事情を知ると、後輩のつてで警察資料を入手し、「探偵叢話」というシリーズの読物としたのである（土方正巳『都新聞史』日本図書センター、1991, pp.68-70）。高谷自身は文章の専門家ではなかったので、実際の執筆は社内のだれかだったから、さいしょは無署名がつづいた。シリーズの評判がよいのを見て、社内でやがて似たような実録探偵ものを書きだす人が現れるようになり、のちの著名な劇評家である伊原青々園などもそのひとりだった。シリーズ名そのものは早く消えてしまったが、身装資料として採録の対象とするにたる価値をもつ作品は一〇年あまり継続している。

　この実録シリーズも高谷の持ち込む警察資料を用いての前半期と、伊原青々園、渡辺黙禅等の個人的調査に基づく後半期とではやや性格が違っているのだが、共通するのは徹底的に、細かな点までも事実にもとづこうとしたことだった。「事実小説は我が［都］の専売物と誇らば誇れる」と、後になって黙禅は自賛している（都新聞1907/5/15: 3）。

　青々園、黙禅等の後半期の作品では、筋立てには通俗小説的工夫も点綴されているだけに、読者に本当と信じさせるための布石も執拗だった。たとえば渡辺黙禅の「江戸さくら」（1900/3/6 ~ 8/17）では、ものがたりの展開の中のそこここに背景となるそのときそのときの風俗の詳しい紹介がある。五二回では、一八七一年（明治四年）当時の店賃、髪結い賃の説明のあと、さまざまの半髪から散髪へと変わって行く男性の風儀の状況をこまかくのべている。翌翌日の五四回では一八七〇年（明治三年）の人力車の発明に関して書き、五八回では、ものがたりの中に登場する板新道の売れっ妓芸者柏屋の小稲について、「此の妓は後年故陸奥伯に根引きされて玉の輿に乗れり」と書き、七三回では犯罪捜査の場面で当時の組子、「すなわち今の巡査にて、一般に之を羅卒と称したり。此の羅卒を東京府下に造りたるは実に明治四年にして」と、以下その服装や組織・任務を詳細にのべている、といった調子である。

　素朴な読者は、小説作品に「事実」であることを求めるようだ。この時期の『都新聞』はこの事実譚シリーズによって窮地を脱し、売上げを回復したのだったが、読者の声援も半端ではなかった。全二七三回という異例の長編になった渡辺黙禅の「堀のお梅」（1901/5/17 ~）の連載のときには、読者からのこの作品に対する投稿を、「愛読者の声」という欄を設けて紹介し、この欄の方も百回を超えている。

　このような投稿の内容は、かならずしも単純な拍手だ

表２　都新聞・明治中期の実録探偵ものシリーズ一覧

＊探偵叢話の1から19までは一日に一、二話、ほとんどが十数行の掌篇で、挿絵はもたないので、対象外とした。
＊作家名は新聞掲載のままとした。
＊挿絵画家の名は、連載中一回でも氏名、あるいはその手がかりとなる落款等が認められた場合は、その氏名を記した。［　］は、落款等がなく確定的なものではないが、その当時に都新聞社の専属であったため、描いた可能性の高い画家名である。新聞社と画家の関係については、巻末「初期の新聞小説挿絵画家一覧」を参照されたい。
＊作家名および挿絵画家名が記載されておらず、その手がかりもない場合には「―」で示した。

けではない。それが事実譚であるだけに、その事実についての疑義、誤りの指摘も少なくない。お梅の物語は戊辰戦争を挟んだ期間だが、世間にはまだ上野の戦争を実見した人間が、それほどの老人でなくても幾らもいた時代である。また作家の側も積極的に読者の古老の知識を待つ姿勢があった。

猶読者の中にて本編の事実（一八六八年・明治元年の頃）に就きお心附かれし事あらば御遠慮なく作者に御忠告ありたし、誤謬あらば直ちに之を訂し正確なる事実譚として世に伝えたきは作者本来の希望なり（渡辺黙禅「実譚 江戸さくら」47回、都新聞 1900/5/4: 3）

編者曰く、麻布の松伴翁より刀剣についての指教、千金の賜物よりも忝《かた》じけなし、次に浅草天保老人より（……）猶読者の中にて、本編の事実は勿論、明治初年の風俗地理等に就き、心づかれたる事あらば、御遠慮なく御示しありたし（渡辺黙禅「実譚 後のお梅」63回、都新聞 1903/5/8: 3）

というような作者からの呼びかけは、新聞社の政策上からもこの二つの作品にかぎらないのである。

ある程度以上の注目を浴びた事実譚は、作家を拘束しはじめるともいえるだろう。それは挿絵画家の身にとってもおなじことである。画家は作家による指示・拘束と、読者からのものとの、二重の拘束のもとにあった。挿絵の場合にはものの見方の差や、好みの違いということもあるから、描く人には当惑するような、また不愉快な指摘もあったに違いない。伊原青々園の「吉原心中：新比翼塚」の一八回目で、画家の描いた市川猿之助について、長く猿之助を贔屓にしていた深川辺の老婆から、猿之助は品行方正であんな人間ではなかった、という内容の抗議があったとか（都新聞 1900/5/12: 1）、「堀のお梅」の二一〇回目で松本洗耳の描いた菊野という娘について、「菊野が雪中に戻って来る所は、まるでお妾が目見えに来たようだ、画工さん、チと気を利かせ」とか（都新聞 1902/2/14: 3）、同じく一九四回目では「さしえにては非常の美人なり、本文と違うは如何」（都新聞 1902/2/2: 3）とか、これでは画家もやりきれないだろうと同情するほどである。

以上のべたような恵まれた、刺激に富んだ環境が、この期間の都新聞・実録シリーズ中の挿絵の信憑性を裏づけている。遡及資料を信頼する条件の第一は、その作品を生みだしてゆく作家、あるいは作家を中心としたひとびとの、事実に対するいい加減のなさ、あるいは執着のつよさである。第二の条件は、対象とする時代が隔たりすぎていないことである。それが何年までという具体的な数字をいえるものではないが、近代の風俗の体験者が、その体験を皮膚感覚として覚えている間、というふうに考える。むろん画家自身がそのひとりであればそれに越したことはない。その時代のきものの柄や髪型の多くは文字情報と、単純な図形などでこと足りる。しかしその時代の、〝お妾が目見えに来たような〟姿とは、あまり時を重ねると理解がおよばなくなるだろう。この種の情報が、その時代の風を知っている有能な画人の手でしか表現することのできない、身装情報の中の最もデリケートな核心部分ではないだろうか。

八、一九〇〇年代（ほぼ明治三〇年代）以後の身装の情態表現への展開

これまで述べてきたように、一八九〇年代末（明治三〇年代はじめ）以後の新聞小説とその挿絵が、身装情報としてのそれまでのような重要さをもたなくなった、というのは事実だが、その後の挿絵には、別の視点による有益な情報が存在する。それは私たちが、「情態」とよんでいる身装情報についてである。

一九〇〇年代（ほぼ明治三〇年代）以後の新聞小説挿絵がもつ身装情報の価値とは、単に画家の顔ぶれが多彩になり、描かれる女性の顔や着衣のヴァラエティが量的にひろがった、というだけではない。そのひろがりの中に、それまではなかったような、新鮮で、ハイ・レベルと言ってもいいような身装表現が認められるのである。

一九一〇年代（ほぼ大正前半期）以後になると、小説作家たちは、舞台衣裳の指示めいた登場人物描写をともなう小説作法に興味を失いだし、他方で挿絵画家たちは、地の文章をなぞるような、挿絵のあり方に不満をもつようになってゆく。

画家を選ぶ立場のジャーナリストの中にも「小説の挿絵は、作品の説明に終わった時、すでに無意味になっている。しかも画家が作品から一歩踏み出そうとすれば、大抵失敗している。ここに編集者と挿図画家の悩みがある」（水谷準「雑誌屋のメモ」時事新報 1934/7/30: 5）と言い切る人があったし、作家と画家の両刀遣いであるうえ、雑誌編集者でもあった富沢有為男は「文章と絵が同じなのは愚（……）」と、ある座談会の席で発言している（「挿絵座談会」『東陽』前出、p.37）。

もっとも、挿絵の小説の内容からの離陸が、「画家が自分の技量を見せようとして小説とは一向かかわりのない絵をかいていることです」（坂崎坦「新聞小説の挿絵」『美術新論』1932/6, p.16）というほどの極端に走ることもなかったとはいえないようだが。

結局挿絵のあり方は、ものがたりを読みすすんでいる大勢の読者が、平均的に想い描いているような登場人物と環境から、あまり大きな距離を置かず、その想像をなんらかの意味で支援するようなあり方が、望ましいので

はないだろうか。

　地の文章に従って、また作家の下絵に忠実に、文字に書かれたことの視覚化につとめるだけではなく、「それを聞いた雪子はたまらずに嗚咽したのだった……」といった文章を土台にして、作家の想い描く若い男女の身に起こった悲劇の情感、ないし感動を、どのように違和感なく読者に伝達するか、それが挿絵画家の個性と工夫にかかってくるのである。

　そしてそのような情感をつたえるシーンの全体が、身装情報にとっても新たな意味をもつ。なぜなら「身装」という概念は、呉服のカタログのような、単に着ているきものの地質や色・柄行きばかりに関心をもつのではなく、あるシーンの中における、情意をもった人間の、眼に見える存在のしかたの全体を指しているからだ。具体的なポーズ、顔とからだの表情、着衣や持ちものの扱い、部屋の中での物と人との関係、人と人との距離などなど、それは単なる光景ではなく、情景であり、姿態ではなく、情態という言い方をしなければならない（**図7**）。

　このような情態表現はもちろんこれまでも、新聞挿絵、またひろく風俗画において、鋭い目と筆力をもつ画人の手によって、そこかしこに残されてきたことは言うまでもないが、新進の、とりわけ洋画畑の若い美術家たち――石井鶴三、宮本三郎、小磯良平らの人間観察と描写力が、それをより豊かに展開させたということだろう。

　世が昭和に近づいても、手慣れた筆先で、呉服売場のマネキンのような顔を描きつづけている人気挿絵画家もいた。他方で、より現実味のある情感を挿絵から求めようとする読者にとって、うれしいときも哀しいときもさして表情に変わりばえのない、様式的な浮世絵顔は、すでに飽き足りないものだったはずだ。人の表現についてのそのような要望があったとすれば、それは近代小説における内面描写の深まりに対応するものであるといえるのではないだろうか。被布とはどんなきもので、どんなときに着るのか、という質問には容易に答えられるが、一九二〇年代のモダンガールのソファへの腰の掛けようには、物語の背景と登場人物にたいする、もうすこしの深読みが必要になるにちがいない。そのための手がかりが必要な場合には、巻末の「身装資料としての挿絵つき主要新聞小説年表」を参照されたい。

　情感表現を含めた、より現実感をもった新聞小説挿絵への注文は、絵の代わりに写真を用いる方法、そのための写真小説の登場、という方向にも展開した。挿絵として写真も使用したのは、一九〇四年（明治三七年）一〇月から連載のはじまった『大阪毎日新聞』の「妙な男」が最初とされ、道頓堀の朝日座の俳優が演技している（高木健夫「第二章　大正後期　挿絵の変遷　俳優をモデルにして」『新聞小説史 大正編』国書刊行会、1976, pp.192-193）。そのあと各紙ともにその試みはあって、一九三三年（昭和八年）の『都新聞』「南地の女」あたりまで飛びとびにたどることができる。写真挿絵が常態的なものになり得なかった大きな理由は、経費がかかりすぎるためだったろう。

図7
山本有三「風（29）：最大の侮辱（6）」、川端龍子画
『東京朝日新聞』1930（昭和5）年11月23日

掻巻《かいまき》につつまれているはずの女の肢体。

単純な筆づかいによる哀しみの情態表現。

しかし、かならずしも俳優の演技によらないでも、近代の挿絵画家の多くは、人間のあり方のダイナミクスの描写には、それぞれにすぐれた手腕を見せるようになった。同時に製版技術の向上にも目をみはるものがあった。

挿絵がもっとも平板な意味での「絵解き」以上のものではなかった時代と比較すると、浮世絵様式の緊縛から解き放たれた一九〇〇年代（ほぼ明治三〇年代）以後の新聞挿絵は、人間観察のひとつの観点について、なお多くの貴重な身装情報を提供してくれるのである。

＊本稿は、『近代日本の身装文化――「身体と装い」の文化変容』（高橋晴子著、三元社、二〇〇五年）の第二章「明治中期の新聞小説挿絵」に加筆・訂正を施したものである。

*作家名は、原則として新聞掲載のままとした。ペンネームなどの場合で、明らかに作家名が判明している場合には、（　）に入れて補足した。

*挿絵画家名は、該当回における記名、あるいは画中の署名や落款を根拠とし、その氏名を記した。また、その当時に各新聞社の専属であり、その画風からも限りなく可能性が高いと判断した場合にもその氏名を記し、不明の場合は空欄とした。

　画家名はひとりに複数ある場合もあるが、読者の混乱を避けるため、いずれかに統一して示した。

*〈遡及資料〉とある挿絵は、過去を題材とする小説に描かれた作品である。明治初頭の十余年間は小説挿絵の絶対数が少ないため、描かれた内容に信頼がおけると判断した場合は、同時代小説に限らず年月を隔てて描かれた作品も採録の対象とした。詳しくは、解説「身装資料としての新聞連載小説の挿絵」参照。

*図版は、見やすさを考慮して一部加工した。

主題別にみる日本人のすがたと暮らし

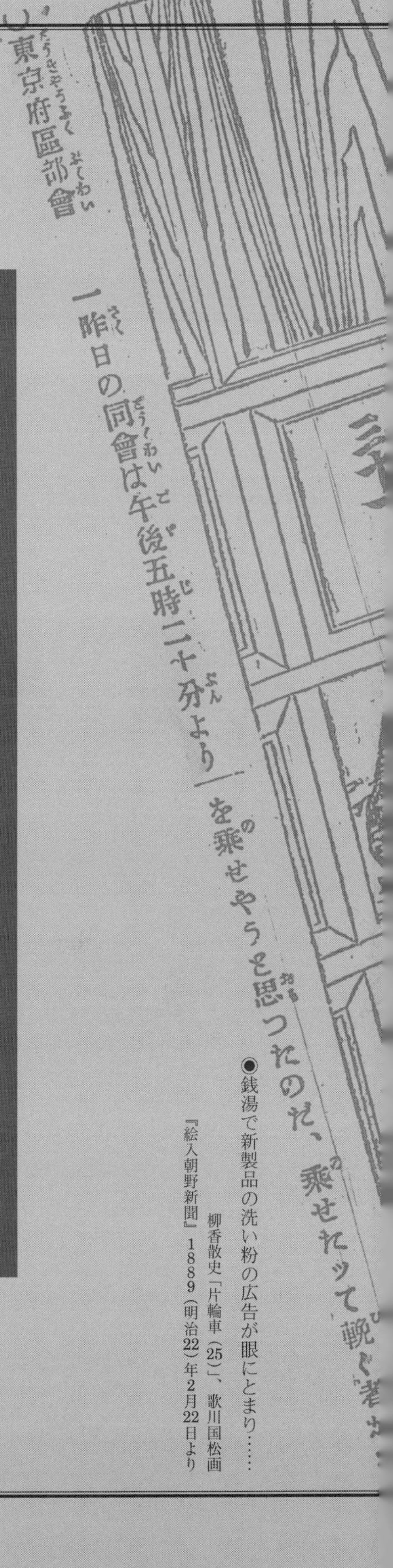

●銭湯で新製品の洗い粉の広告が眼にとまり……
柳香散史「片輪車（25）」、歌川国松画
『絵入朝野新聞』1889（明治22）年2月22日より

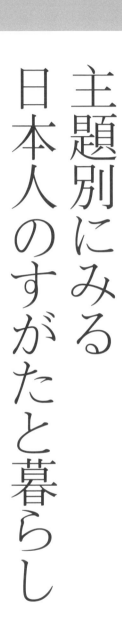

書生羽織

書生羽織といわれる男羽織の、一八八〇年代（ほぼ明治一〇年代）あたりまでの本来のものは、綿の入った防寒用の長羽織であり、表だったところへ着て行けるものではなかった。

【イ】の右端の髭男は警視庁の刑事で、刑事はこの時代、捜査にあたってはかならず袴をはくよう求められていて、これは職務上の恰好になる。【ロ】は大阪の西洋小間物商の一人息子、東京銀座に支店を出すにあたってその責任者となった。父親の東京滞在中は、前垂れかけて帳場にすわり、さも商売熱心そうだが、父親を新橋駅に送って別れると、それまでの薩摩飛白の長羽織に引き代えて、糸織づくめの打扮《いでたち》になるとある。これから羽を伸ばそうという構え。

【イ】の刑事もそうだが、本来の書生羽織は無骨な薩摩飛白が多かった。帯が幅の広い兵児帯《へこおび》で、羽織の紐がその帯の下まであるのも書生羽織の特色。刑事の方は、はいている下駄までまな板のような薩摩下駄。和服には洋服のような外套というものがない。寒ければ綿入れきものの重ね着をするだけ。トンビとか二重回しとよばれた二重外套は、洋服屋に注文して作る洋服の一種で、この時代、だれにも手の届くというものではなかった。

【ハ】は、ほぼおなじころの、若い女の着ている書生羽織。男性にとっての羽織は、紋をつければ礼装となる。しかし女性にとってはもともと羽織は礼装ではなく、家の中でも外出の折でも寒ければひっかけて着るものだった。きもので学校に通う明治時代の女学生に綿入れの長羽織は、寒い時期には欠かせないも

【イ】
菊酔山人（羽山尚徳）「懸賞美人（14）：真か贋か」
『都新聞』1895（明治28）年3月15日

【ロ】
半井桃水「蓑虫（13）」、二代目歌川貞広画
『大阪朝日新聞』1899（明治32）年10月30日

【ハ】
「東京娘子着　書生羽織図」
『国民新聞』1890（明治23）年2月10日

【ニ】
老霞（渡辺霞亭）「彗星《ほうきぼし》（3）」、稲野年恒画
『大阪朝日新聞』1899（明治32）年10月28日

のだったろう。羽織といっても羽の如く軽いわけでもなく、裾は長いし、袂《たもと》にまで綿の入っているきものは重くて「行くに宜しからず」と戯れ詩がそえてある。

　おそらくは女学生はじめ、女性の冬の常着でもあったために、書生羽織はだんだんとぜいたくなものになっていった。一九〇〇年代（ほぼ明治三〇年代）に入ったころの書生羽織の生地はそれまでの木綿ばかりではなく、銘仙のほか、京糸織、縞市楽、東華織、大島紬、結城紬――といった絹物材も使われていたようだ。

　【ニ】は囲い者の女、つまりお妾。「二一、三とおぼしき美形なり。縞あらき書生羽織のあだなる姿（……）」とあって、名前こそまだ変わっていないらしいが、書生羽織の変容のさまがうかがえる。書生羽織の名は時代が昭和になっても散見され、このころになるともう、すっかり女もの羽織となっている。

　里見弴が一九二七年（昭和二年）後半に報知新聞に連載した「蛇咬毒」中のある若妻の描写に、つぎのようなくだりがある。「縞お召の普段着に、あらい大島の書生羽織、（……）その、いかにも若奥様らしい、温かみのある落ちつきと、今夜の招待に、特に念入りに結びあげさせたでこでこに大きい耳隠しとが（……）」（報知新聞 1927/12/5）。♣

必需の数々

顔、襟、胸を覆う

【イ】
渡辺黙禅「実譚 江戸さくら（100）」、松本洗耳画
『都新聞』1900（明治33）年7月11日
〈遡及資料〉1876（明治9）年

江戸時代には、場所柄などで、"身分を隠す"という必要のある人が多かったようだ。またそれほどの必要もないのに、なにかのとき顔を隠そうとする風習があった。維新後はそういう風習も廃れたが、明治の前半期にはまだ、町中で頬かぶりの人をけっこう見かけたらしい。【イ】はそんな情景を示したもの。四人のうち左端の男がやや気どった頬かぶり。右から二番目の後ろ向きの男は、屑屋や物売りなどのよくしている載せ手拭。

【ロ】は福島の盆踊りのありさま。一八八八年（明治二一年）七月の磐梯山噴火を背景にした、殺人事件の物語の冒頭。盆踊りはこの時代は田舎の鄙びた行事だった。むかしは侍は頬かぶりをして踊りに加わったも

【ロ】
「虚無僧富士磐梯《こむそうふじいわおのかけはし》（1）」、右田年英画
『東京朝日新聞』1888（明治21）年7月29日

のだが、もうこの時代になると男の頬かぶりは、派手な祭り衣裳のひとつになっている。

女性は男ほど頬かぶりということはしないかわりに、下町のお上さんなどは黒襟付ききものの後ろ襟に、手拭を挟むということをよくした。大体がきものの襟を汚さないための襟付ききものなのだから、その襟にまた覆いをするというのは貧乏くさい習慣。

一八八〇年代末に入ったころ（明治二〇年前後）から、女学生など若者のなかに、おなじことをハンカチーフを使ってする習慣がはじまり、これはまったくのお洒落で、新聞、雑誌の投書でも賛否両論あったようだが、一九〇〇年代（ほぼ明治三〇年代）を迎えるころには、「官吏の奥方までも頚にハンカチーフを施している」といわれるような、一種の流行となっている。

【ハ】は、これから人を襲おうという悪書生が、襟巻で顔を隠しているありさま。ふたりとも律儀に半山高帽をかぶり、後ろの着流しの男は、その帽子と顎にかけて襟巻を手拭風に頬かぶりしている。一昔前なら頭巾で顔を隠す、というところだが、この時代は女のお高祖《こそ》頭巾に比べて、男の頭巾はすっかり廃れ、老人や、お坊さんや、赤ん坊が、大黒頭巾をかぶるくらいになる。半天着の連中が俄雨にあって、その半天を頭からひっかぶって駆けだすという光景は、似たことなら現代でもないではないだろう。

【ニ】は日露戦争後に、三越のキャンペーンで若い女性に人気のあったヴェール。日常的なお洒落としてはそれほど長続きしなかったが、婚礼衣裳としては一九二〇年代末（昭和初期）まで続き、セピア色の古い婚礼写真などに残っている。♣

【ハ】
彩幻道人（須藤南翠）「うつし絵（15）」、橋本周延画
『改進新聞』1888（明治21）年2月10日

【ニ】
井口迷外「悪縁（5）」、井川洗厓画
『都新聞』1912（明治45）年1月28日

必需の数々

ケット

毛布は開国当初から、蝙蝠傘とおなじようにわが国への普及のもっとも早く、また広かった舶来品だ。たいていの舶来品は沿岸地帯の大都会はともかく、地方の辺鄙な土地への浸透には時間がかかるものだが、毛布《ケット》が明治初年にはもう、田舎者のすがたのシンボルのように考えられていたというのだから、はじめから便利なものとして、よほどよろこばれていたのだろう。

【イ】は一八七四年（明治七年）春先、地方出の学生が、東京の学校を受験するための下宿の一間での猛勉強ぶりを描いている。これは地方人であろうと東京人であろうとおなじ恰好になるだろうが、下宿はとりわけ寒かったにちがいない。

【ロ】は毛布をかぶる以前の田舎者の旅すがた。じつはこれは警視庁の巡査が犯人探索のため、たまたま知り合いの家に預けられていた、田舎から来た人の衣裳を借りての扮装だ。「着莫蓙菅笠を打ち被り、近在の百姓然と扮装《いでたち》して」と説明がある。この着莫蓙が舶来の毛布――ブランケットに代わったのだ。ふつうはケットとよんでいたが、響きのいいせいかブランケットのままでもよく口の端に上っていたようだ。

ケットが田舎者の恰好として見られたのは一九世紀に入る直前くらいの明治三〇年頃までで（【ハ】）、一九一〇年代の初め、大正に入るころには廃絶した、といっている資料もある。ただし今も尚はじめて洋行することを赤ゲット旅行などという、と。

もっとも明治の中頃までも、都

【イ】
散花天人「双結床《ふたむすびとこ》の芽柳《めやなぎ》（5）」、水野年方画
『やまと新聞』1887（明治20）年1月18日
〈遡及資料〉1874（明治7）年

【ロ】
「探偵実話 雷巳代治（7）」、富岡永洗画
『都新聞』1904（明治37）年8月31日

【ハ】
「地方人」
『国民新聞』1890（明治23年）4月21日

会の中でふだんケットがいちばん目についたのは、人力車夫の使っている膝掛毛布だったろう。人力車に乗ると向かい風を受けてきものの前が乱れやすく、とりわけ女性は難渋するから、備え付けの赤い毛布で膝を巻いた。女性にはとくに必要なものではあったが、すこし神経質な女性は、この膝掛を使いたがらなかった。というのも、寒い時期には客待ちのあいだ、車夫はたいていこの膝掛にくるまっていたから。

【ニ】
三遊亭圓朝（口演）、酒井昇造（速記）
「雨後の残月（2）（2）」
『読売新聞』1897（明治30）年9月9日

【ニ】はそうした車夫のひとりが、図々しくもその恰好のまま人の家に入ってきたありさま。呆れたこの家の主婦が、「お前さんのなりは何だい」「どうも誠に面目ない」「そのブランケットというものは、人の脚に巻きつける膝掛じゃありませんか。それをお前さんは首っ玉へ巻きつけて、本当に呆れてものが言えない」と言っている。じつはこの主婦はこの落ちぶれた車夫の妹、という筋書き。

　毛布はもちろん寝具としての本来の使われ方もあったはずだ。しかしそれはホテルや病院、またとりわけ兵営での使われ方が知られているわりに、一般家庭での状況の情報は乏しい。時代はずいぶん後のことで一九三〇年代後半（ほぼ昭和一〇年代）になると、夏毛布という工夫が現れているが、これは現代のような綿毛布ではないらしい。「(毛布は)むかしは冬だけと決まっていたようだが、最近では夏毛布といって、毛布にカバーを付けた奴が出ている」（村上正雄『買物読本』1937）。♣

必需の数々

猿股／パンツ

明治大正昭和前期を通じて男性が股間を覆う衣料には、褌《ふんどし》とパンツという、大きなふたつの種別があった。特別な目的以外の一般的な褌は、六尺褌、越中褌、畚《もっこう》褌の三種。パンツは構造上、二、三種類に分けることもできるが、それぞれの名称には不確かな点もある。

男性には褌派とパンツ派とがあって、褌派の人の方が古い日本の男らしく、明治の男といえばほとんどがまだ褌だった、というふうに考える人があるかもしれないが、挿絵の中で見るかぎり、もう一八八〇年代（ほぼ明治一〇年代）ぐらいでもたいていの男はパンツ系のものをはき、褌は稀である。

【イ】は那須野が原の開拓地の普請場、東京からはるばる訪ねてきたのは東京青山で大家の別丁《べっとう》（馬番）をしている男、土地のならず者と、鄙《ひな》には稀な美女を操って金にしようとよからぬ相談をしている。

きものの場合、前の割れるのはある程度しかたがないが、膝を割ることに慣れている男どもは、人前でもなにかというと大股開きになる。もちろんあまり育ちのいい連中ではないが。そのため下にはいているものは丸見えだ。歌舞伎の浜松屋の場面での、新しい晒を六尺切って巻くという弁天小僧の台詞や、落語の「錦の袈裟」など、誇張はあるにせよ、褌に思い切って上等のきれを使おうという気持ちの根拠はそこにあった。

【イ】
柳香散史「当世小町娘（9）」、二代目歌川芳宗画
『改進新聞』1888（明治21）年5月11日

この別丁の男のはいているのは、現代ならパンツとよぶだろうが、この時代では猿股、あるいは半股引とよぶ。もっとも大家の別丁という身分からすると、はいている靴や上等そうな靴下との整合から、もうこの時代なら洋品店で手に入った舶来物のトランクスであるかもしれない。

女性は和装の場合は原則として、股間だけを覆うことはしなかった。洋装の女性や、西洋風の生活様式がふえるにつれ、男性とおなじように股間を覆う習慣がひろがった。それをいつから、ということはできないが、婦人用の既製股引の広告は、一九〇〇年代に入る明治の末頃にははじまっている。あまり品のよくない連中の会話などには、女房の褌、などということばが出てくるが、これは腰巻のことを指している。

【ロ】はかなり特殊な事例で、この下ばきは水練のためのもの、一種の男装になるのかもしれない。下ばきの柄の横段も明治期を通じて、ほかのものはめずらしいくらい、ごくふつうのデザインだった。

【ハ】は【ロ】とはちがい、ふつうの下着として下ばきをはいている女性。洋服を誂える女性のだれもがこんな恰好で仕立屋に採寸させたとは考えられないが、それまでの和服の仕立てにはなかった採寸という作業に対する、この時代の人の想像、とみるべきだろうか。下ばきをはかせたのは、この女性が外国生活の長かった帰朝者であるためかもしれない。

半股引風の下ばきを猿股とよぶことは江戸時代からで、語源には諸説がある。女性の下ばきも猿股とよぶことは、明治の後半にはめずらしくなかったようで、一九〇八年（明治四一年）発行の『ミシン裁縫独習案内――婦女教育』（木村鶴吉著）に

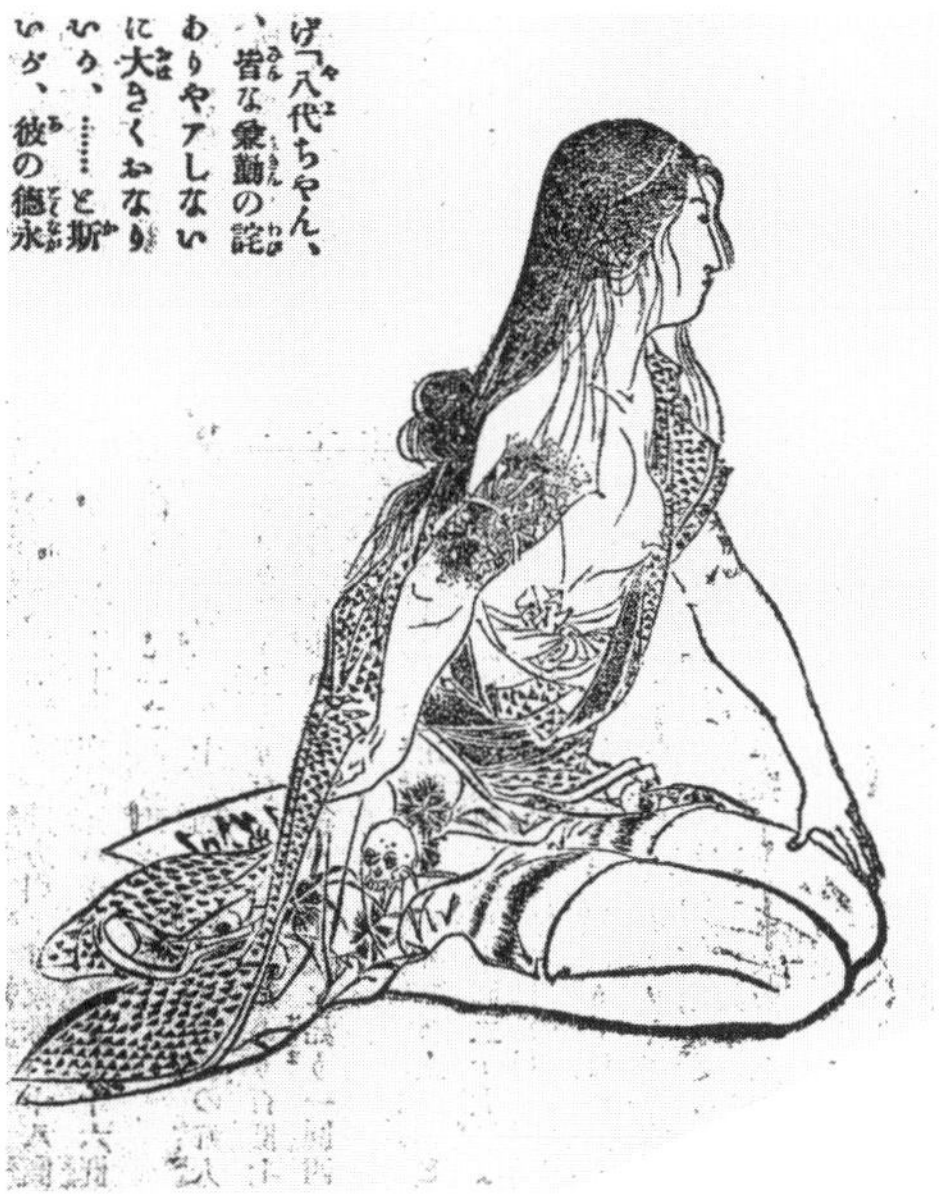

【ロ】
「探偵実話 侠芸者《だてげいしゃ》（98）」、松本洗耳画
『都新聞』1896（明治29）年8月9日
〈遡及資料〉1891（明治24）年

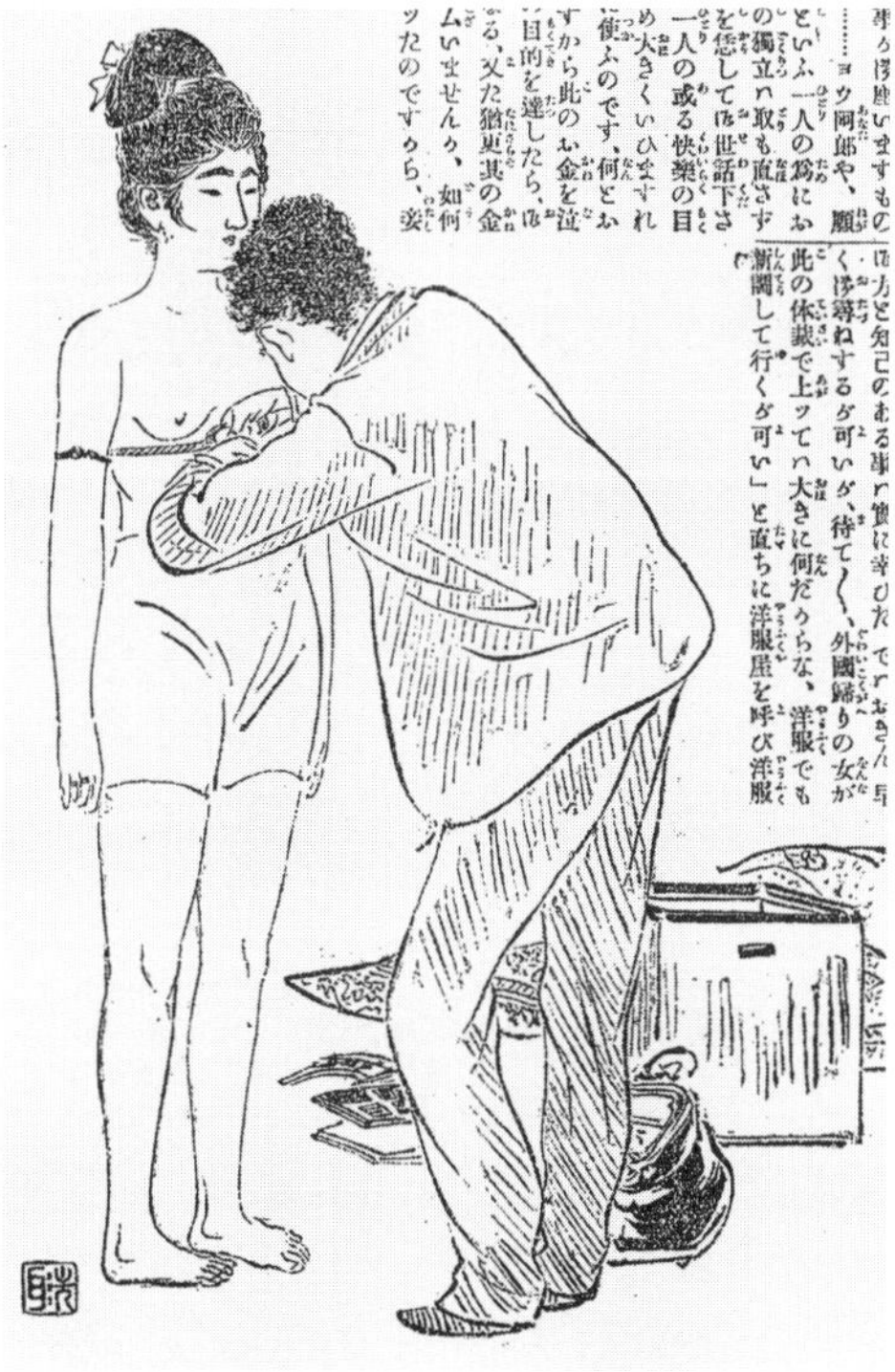

【ハ】
高谷為之「探偵実話 剃刀《あたりや》おきん（144）」、松本洗耳画
『都新聞』1901（明治34）年3月2日
〈遡及資料〉1882（明治15）年

は、「婦人用猿股の裁縫」という章が設けられている。女性の下ばきを一般にズロースというようになるのは、たぶん昭和に入ってからのことだろう。

男の猿股と、暑いときに車夫などがはいている半股引とは紛らわしいが、【ニ】の事例では、脚にゆるみの少ない半股引と、この猿股とのちがいは明らかだ。ただし、この老人は御前とよばれる身分の男爵で、浮き輪までもって海に入っているのだから、水着の一部というべきかもしれない。どちらにせよこの種の衣料の名称は、ほんの少しの時代の違い、土地の違い、あるいは家庭の違いで変わってくるものだ。

【ホ】は大戦以前、男性のはいていたもっともふつうの猿股で、すでにパンツとよぶ人が多かったはず。このころになるとデパートでも、ゴム入りの、西洋風のブリーフは安く手に入ったが、大人は紐で結ぶもので、ゴム入りは子ども向き、と考えている家庭もあったようだ。♣

【ニ】
遅塚麗水「黒髪（31）：潮浴（4）」、井川洗厓画
『都新聞』1912（大正元）年8月7日

【ホ】
佐藤紅緑「新たに芽ぐむもの（3）：友達（3）」、吉邨二郎画
『報知新聞』1931（昭和6）年10月16日

必需の数々

お高祖《こそ》頭巾

しばしばお高祖《こそ》頭巾は、明治の女のすがたへの郷愁として語られる。時が移って一九三〇年（昭和五年）にもなれば、「この節のお高祖頭巾はめずらしいと思います。東京なぞでは絶無と云ってよいでしょうね。私の故郷でなくても田舎へ行けば、猶その風俗が残っています」といわれた（且原浩爾「お高祖頭巾」『資生堂月報』1930/2）。お高祖頭巾というより、お高祖頭巾風の防寒かぶりものは、寒い地方へ行けばはやり廃りのない必要品だから、そのひろがりについては民俗学畑の方々がくわしい。

江戸時代から受け継いで、印象的な明治風俗となったお高祖頭巾は、また袖頭巾ともよばれた。日清戦争ごろの一八九四年（明治二七年）一〇月一〇日号の『家庭雑誌』（民友社）には単に「女頭巾の仕立方」とだけあって、「追々寒気に向かえば女頭巾入り用の時節に趣きぬ、但し女頭巾は一一月末方よりぼつぼつ着用せらるるが、今より裁縫し置きても必ずしも早計にあらざるべし」とある。

ちょうど女の着物の片袖位の大きさ、一尺に四尺くらいのきれの二辺を縫い合わせて、すっぽりとかぶり、後ろの下の方はすこし縫わずにおいてぐるぐると首に巻く。冬の寒さしのぎの道具なので、これと大きなショールとを組み合わせると（【ハ】）、一八八〇、九〇年代（およそ明治一〇、二〇年代）の女性の防寒用として、それ以前の羽織に頭巾（【イ】）、半天に頭巾（【ロ】）、と

【イ】
「新案蒔絵文筥《まきえふばこ》（38）」、武部芳峰画
『大阪朝日新聞』1887（明治20）年9月22日

いう組み合わせと比べて、これ以上のあたたかい恰好はなかった。「冬のあいだはお高祖頭巾大流行にして、いやしくも婦人外出の折には、頭巾と肩掛を着用せねば、世上へ慚色（恥ずかしい思い）あるが如し」とまでいわれている（「帽子、履物類」『衣服と流行』1895）。

【ニ】は一八八〇年代初め（明治一〇年代半ば）、ひいきの男とひとつ傘の娘義太夫の太夫の、長合羽にお高祖頭巾というすがた。この日は雨降りなので雨合羽だが、このころからほぼおなじかたちの吾妻コートが流行しはじめて、ショールでなければ、お高祖頭巾にコート、というすがたが、お高祖頭巾の廃れるまで拮抗した。

　義太夫語りの娘は、相合傘の下で仲よくしゃべっているので口元をみせているが、お高祖頭巾はほかの三例がそうであるように、口元を隠しているのがふつうだ。

　さきの『資生堂月報』で且原がつづけて、「あまり美人でない彼女も

【ロ】

菊池幽芳「若紫（1）」、稲野年恒画
『大阪毎日新聞』1892（明治25）年9月5日

大変に美しく見えます。眼から来る感じが非常に悪い人でない限り、一〇人が一〇人とも美しい人のように私には思われます」と言っているのは間違いでなく、あの「眼病み男（サングラス）に風邪女（マスク）」とおなじ効果にちがいない。

一般に女性は口を、人によってはついでに鼻も隠すと美しく見えるもの。その代わりお高祖頭巾にショールの人をさして、「酸漿《ほおずき》のお化け」という悪口もあった。しかし現代では、ほおずきなど知っている人は少ないだろう。都会の人間は口が悪い。お高祖頭巾とは関係ないが、戦後に、真っ赤なレインコートを着て街を歩くお嬢さんを、「トンガラシのお化け」と笑ったのを連想する。

【ニ】の若い太夫の頭巾の下はあきらかに高い娘島田で、一般に頭巾や手拭かぶりは、女でも男でも髪型が大きくないと恰好がつきにくいもの。頭にものをかぶるのが廃れた理由のひとつは、洋髪の上では頭巾も姐さんかぶりも恰好がつかない、ということもあるはず。

お高祖頭巾の語源——意味ははっきりしない。坊さんの御高祖とか苧屑《おくそ》とかいう説はこじつけくさい。

時代はすこし遡るが幕末に刊行された『守貞謾稿《もりさだまんこう》』（1837~）には、武家は山岡頭巾とか宗十郎頭巾とかいうものをよくかぶっているとある。

しかし時代劇映画に出てくる侍の頭巾といえば、両側にすこし廂が出ていて、前に折り返しのある屋根風のものにきまっており、こういうデザインの頭巾は『謾稿』を書いた喜田川守貞も知らないらしい。これをかぶって一世を風靡した「鞍馬天狗」のスター嵐寛寿郎は、アレはじぶんの工夫したもの、と言っていたようだが、本当だろうか。♣

【ハ】
中村花痩「おこそ頭巾（7）：女の後影」、水野年方画
『やまと新聞』1895（明治28）年2月28日

【ニ】
「探偵実話 娘義太夫（77）」
『都新聞』1895（明治28）年7月16日
〈遡及資料〉1881（明治14）年

【イ】
菊池幽芳「小簾《こす》の戸《と》(68)」、坂田耕雪画
『大阪毎日新聞』1896（明治29）年8月5日

去。跡ハ養子の何
とやらが代となつ
て、まだ一度も逢
たこともなけれバ
來たこともない。
昔と違て、今ハ王
政復古とやらの御
時勢で、足輕風情
が高位高官。徳川
樣の歷々衆ハ、却つて昔の足輕
に頭を下る悪い世の中。昔なら
バ孫先祖から、子々孫々に至る
まで、家に附た高祿で、豐に暮せ
る身分ながら、扶持に離れし今の有樣、ほんとう
に悪い浮時勢に成つたもの。併し彼の銀三郎ハ、毎

【ロ】
遅塚麗水「金屏風（6）：洋肝色の羽織」、松本洗耳画
『都新聞』1896（明治29）年11月25日
〈遡及資料〉1872（明治5）年、1873（明治6）年頃

必需の数々

被布

石川啄木に、「大形の被布の模様の赤き花　今も目に見ゆ六歳《むつ》の日の恋」という歌がある。一八八六年（明治一九年）生まれの啄木が数え六つといえば一八九一年（明治二四年）、その時代、被布を着た少女に恋心を抱いていたのは啄木ばかりではなかったようだ。

若手作家で雑誌の流行欄も担当していた金子春夢は、一八九三年（明治二六年）の初冬に、「被布は近来、男女に係わらず専ら流行するに至れり」と書いている（「被布の製法」『家庭雑誌』民友社、1893/11/25）。

春夢は被布を着た少女の可愛らしさに眼がなかったらしい。この年の正月にも「予はかねて新年には美麗なる被布が可憐なる少女の身に着けらるるならむと期したりしが、果然被布は新年の大流行となりたり（……）予が飯倉片町を通行したる時、乳母に連れられし美麗なる被布着たる三人の少女を見たり（……）」と、ひとりひとりの衣裳をくわしく述べ、「蓋し新年第一の美観なりし」とむすんでいる（「新年市中雑感記」『家庭雑誌』民友社、1893/1/1）。

さらに二年後にも、「被布の流行は益々盛んなり、五、六歳より一〇歳内外の小女が、友禅縮緬を着たる姿の可憐なるは言語に絶す」（「都の春（明治二八年新春の所観）」『衣服と流行』1895）と、手放しの賞賛のありさまだ。

被布は着物の上から寒さしのぎに用いられる衣服で、その点では羽織と同様、家の内外を問わない。和服ではめずらしく前の塞がっている構造なので、防寒という点では羽織より勝っている。似たような構造の東コートが外出着としてしか用いられないのは、基本的にコートは合羽の系統のもので、羅紗など地厚の素材が使われるため。それに比べて被布は少女の祝い着にもなったように、ずっと装飾的につくられている。背中から肩にかけてのよく目立つ小襟、胸の両側の飾り結びなどは、老人でも男性のものでもおなじようにつけられる（【ニ】）。

素材も上等で、少女の祝い着は当然としても、【イ】【ロ】【ハ】の女の被布が、ふだんの衣料でありながら、凝った柄物の使われていることがわかる。【イ】【ロ】はどちらもあたまを短い切髪にした女のご隠居様で、被布は仏間などの厚い座布団の上に端座した、こういう身分の女性によく用いられて、けっこう威のあるものにもなる。もっとも【ロ】の方は、いまはすっかり零落した、旧士族の老女だが。【ハ】は子爵家のお嬢様で、弟たちの遊び相手をしながらつれづれに読書をしているらしい。

羽織とおなじように寒さしのぎに羽折られるとはいえ、やや大仰な印象のものだ。もちろん庶民的な感覚のものとは受けとりにくい。それだけに小さい女の子に着せて、可愛らしく見えるのだろう。それに対して娘盛りの女性の被布には疑問を投げかける、女流作家の大塚楠緒子のような意見もあった。「あれは幼女《おこども》か、老婦《おとしより》の方にはよく映りがよろしいようなものの、処女《としごろ》の方には不向きで、折角の御召が見えなくなって、まア粉飾《かざり》も何も甲斐が無くなりますからネ、（……）左様な訳で被布も流行はしますまい」（「室内に於ける衣裳」『流行』白木屋、1908/1）。

それにしても羽織も同様だが、外出着としても室内着としても用いられたということは、この時代の家の中の寒さが思いやられる。♣

【ハ】
小笠原白也「懸賞小説第一等当選 嫁ヶ淵（7）」、坂田耕雪画
『大阪毎日新聞』1907（明治40）年1月7日

【ニ】
須藤南翠「間一髪（26）」、右田年英画
『東京朝日新聞』1905（明治38）年4月2日

ハンカチーフ

ハンカチーフは維新後わりあい早い時期から日本人の生活習慣の中にとりいれられているが、今日眼にする文字情報としては、一八八〇、九〇年代（ほぼ明治一〇、二〇年代）の重要輸出品としての記録が多い。日本の絹製ハンカチーフを歓迎したのは米国市場で、それまでの清国製品の独占を大きく侵していった。ただし品質においてはまだ清国製品に劣っているとして、とりわけ染色については研究の余地があるとの指摘を受けている（『中外物価新報』1887/1/13:1）。

おなじころに絹織物の本場フランスに向けても輸出が試みられ、桐生産の綾織の新型ハンカチーフを送ったところすこぶる好評だったので、三〇〇〇枚を輸出することになった、など。こうした輸出品としてのハンカチーフはもちろん羽二重などの絹製にかぎられているから、われわれの身近なハンカチの日常性とはすこし隔たりがある。

【イ】【ロ】で人々が涙を拭いているハンカチは、必ずしも絹製である必要はない。【イ】ではそれまでの、襦袢の袖口を引き出して涙を拭く習慣が、ハンカチにとって代わられたさまがわかる。

英語の「handkerchief」は文字通り手巾で、本来多目的であり、その点手拭に近いが、フランス語の「mouchoir」は口巾で、口を拭ったり、また鼻水を大きな音をたててかんだりするイメージがつよい。べつに原語の字義にこだわる必要はないが、要するにハンカチはそんな気どった、装飾的用途だけのものでないことはだれでも経験上知っている。しかし仮に鼻をかむためのものにしろ、用便後のお手拭きに使うにしろ、いつも人の目につきやすい存在であるし、またちょっと人に使わせたりもする、という点がハンカチーフの存在態様の難しさだ。

【ハ】は出船の見送りにハンカチを振るという、もっともハンカチのハンカチらしい、晴れの場面で、このハンカチにはまわりに刺繍らしい縁取りが見てとれる。男性用のハンカチには稀だが、女持ちのハンカチには手の込んだ刺繍やレースの縁取りのあるものが多い。これが絹製でもあれば定めし高価だろうから、女性はこれで鼻をかんだりできるのだろうか。一般に日本人はハンカチで鼻をかむことをしない。それを知った西洋人の中には、日本人の清潔さを褒める人もあるそうだ。たしかに西洋人は一枚のハンカチをまるで本の頁のように開いて、何回も鼻をかむことがある。ふつう日本人は鼻をかむのはちり紙を用いて、いちいち捨ててしまうが、ただし中には一枚のちり紙で何回もかむ節約家もいるのを、西洋人は知らないのかもしれない。

当然のことながら、胸ポケットからちょっと覗かせる、香水の香り漂うお洒落なハンカチと、汗や用便後の手を拭くためのハンカチとは、使い分けが必要だ。やや厚地で大形の木綿のハンカチーフや、タオル地のやや小形のもの、あるいはガーゼ地のものなども、わりあい早くから市場に出回っている。ただし昭和戦前の段階では、男性、とりわけ学生などは手拭を腰から下げることに執着していて、ハンカチをもつなどは、なにか柔弱のようにさえ考えていた。じっさい、健康な若者のかく大量の汗は、とてもハンカチなどでは役にたたないだろう。だから若い男子学生の頭には、ハンカチーフといえば、鼻のあたまの汗をそっと抑えている、女学生のイメージに結びつきやすい。その思いは何も男子学生の側だけではない。

明治の女学生雑誌『以良都女《いらつめ》』にこんな記事があった。「ハンケチで会話をする法（……）唇へ当てて引っ張るのはお近づきになりたい、との意味。両方の手でぐるぐる回すのは、構わない、の意味。畳むのは、話したいことがある、の意味。目に当てるのは、気の毒、という意味。落とすのは、交際しようという意味。頬へ当てるのは、私はあなたを好む、という意味。手へ当てるのは、私はあなたを好まぬ、という意味。肩へかけるのは、あとからお出で」という意味などなど（『以良都女』第16号 1888/10）。

ともあれハンカチーフ使用のひろがりは、それまでの手拭の領域をだんだんに侵したにちがいない。志賀直哉の短編「網走まで」（1908）のなかで、宇都宮行きの列車の向かい合わせの座席に乗った若い母親が、赤ん坊に乳をやる場面がある。胸をはだけた女性は、喉のところにハンカチーフを挟んで、乳房の見えるのを隠した、と。手拭ほど大きくないハンカチーフでは、かなりむずかしい芸当のようだ。♣

【イ】
「菅屋お婦美（59）」
『都新聞』1896（明治29）年3月18日

【ロ】
井上笠園「殺人罪（34）」、稲野年恒画
『大阪毎日新聞』1895（明治28）年7月4日

【ハ】
渡辺黙禅
「実譚 江戸さくら（82）」、
松本洗耳画
『都新聞』
1900（明治33）年6月17日
〈遡及資料〉1871（明治4）年

必需の数々

寝間着

ひろく民俗的な視野からみれば、人が夜、床に入って寝るときのすがたは、日中外に着ている硬めの衣服を脱いで、下着の恰好になるのがふつう。べつに寝間着という服種をもたないところも多い。とくに寒冷地では裸か、裸に近い恰好で暖かい夜具にもぐりこむ習慣の土地が、外国にもわが国にもある。土地の習慣などではなく、褌《ふんどし》一つで夜具にもぐりこむのが好きな男性はよくある。酔って火照ったからだで、柔らかい冷たい布団に入る気持ちのよさはまた格別という。

まえの時代から寝間着として男女ともに普通に用いられてきたのは、袂《たもと》のない木綿の単衣もので、それに細帯をしめる。

【イ】では長い袂のあるものを着ているが、洗いざらした浴衣を寝間着にする場合が多かったから、袂もあるし、けっこう派手な柄物を身に着けて布団に入ることもあったろう。日中に着たものを脱いで下着になる、という意味では、女性だったら腰きりの襦袢に腰巻、男性だったらアンダーシャツとパンツ、あるいは褌という恰好でもいいわけで、この場合はとくに寝間着といえるものは必要としないのだが、布団の中とはいえ夜間は冷え込む日本家屋では、そのうえに古浴衣の一枚でもなければ頼りないだろう。

寝間着は、夜がじぶんひとりの休息の時間であるか、傍らにパートナーがいる年齢、また場合か、によっていくぶんかちがう。そしてしばしばそのふたつの場合のあいだに、小さな矛盾が生じる。

昭和の初めに、女性の寝間着についてのこんな言い分がある。「かなり大家の奥様だって、伊太利ネルの腰巻きに洗い晒しの浴衣に相場が決まっていやがるからね」（寺尾幸夫「きもの」『女性』プラトン社、1927/7）。一九二〇年代後半以後に女性に愛用されたネルの都腰巻くらい、繊細な男性の、ある種の意欲を減退させたものはなかった、といわれる。さきに引用した文章にはさらにこうした一句がつづく。「男と生まれた甲斐にゃ偶には緋縮緬の長襦袢が見たくなるさ」、ちょうど【ロ】のように。

明治に入ったころにはまだ、女性であってもだれもが長襦袢を着る習慣はなかった。大正昭和と推移するあいだに長襦袢は男女ともに一般化

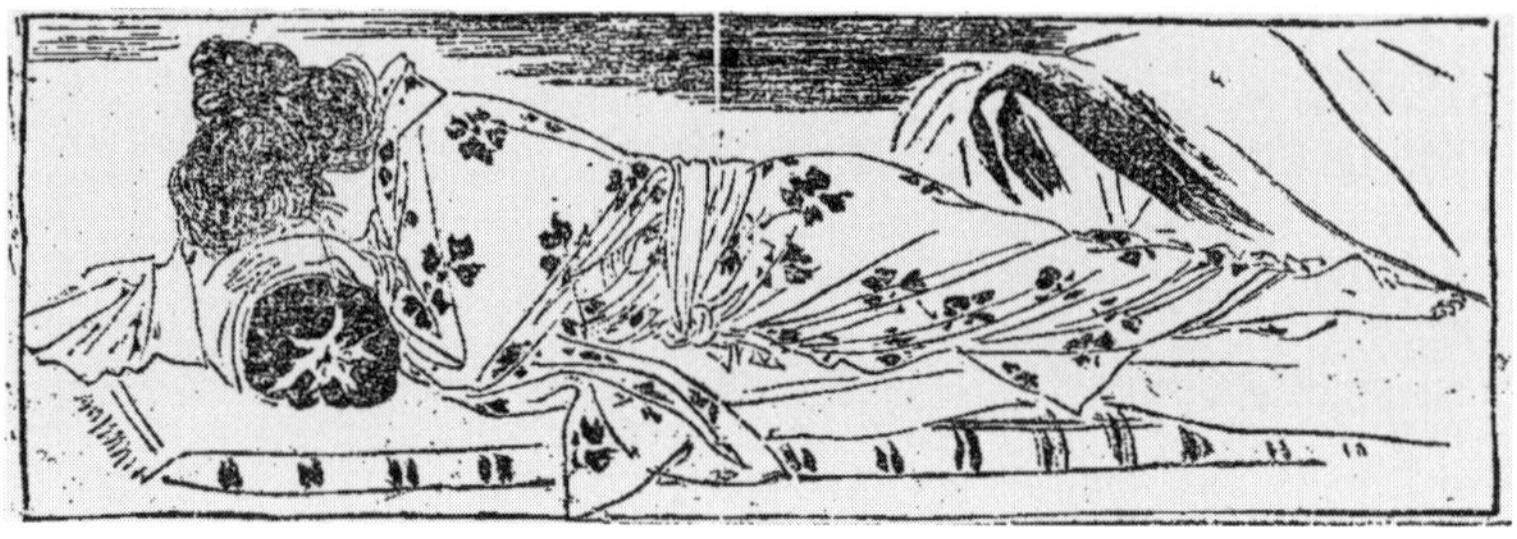

【イ】
小栗風葉「青春：夏之巻（15）（1）」
『読売新聞』1905（明治38）年12月16日

【ロ】
上司小剣「月のゆくへ（57）：木瓜の花（7）」、
清水三重三画
『読売新聞』1925（大正14）年2月15日

【ハ】
春海宏「都会の子たち（13）：恋愛猟人（6）」、
井川洗厓画
『都新聞』1931（昭和6）年2月13日

【ニ】
岸田国士「泉（25）：斎木元楠寡婦、住江の職業（3）」、
松野一夫画
『東京朝日新聞』1939（昭和14）年11月1日

するが、とりわけ若い女性の長襦袢はむやみに赤っぽいけばけばしいものが多く、そのすがたで布団に入るのは一般家庭だったらいくぶん異常だろう。母親などがすこし赤みのつよい寝間着を着ると、お女郎さんのようだねと、川の字の真ん中に寝る小さい子どもの前で笑ったりした。

またすこし赤っぽい布団はお女郎さんの布団のよう、白いカバーを掛けた布団は病院の布団のようだ、などと言っていた。

【ハ】は夜の遅い時間に男性をじぶんの部屋に招き入れた女性で、職業婦人であり、断髪の、いわゆるモダンガールだ。この女性の着ている寝間着は、井川洗厓のあまりリアルとはいえない描写からも、例のラシャメン風キモノであるらしいことがわかる。このキモノは和服の仕立てに多い縫込み類を一切省いて、襟も薄い別ぎれをかぶせただけ、帯ではなく紐付きで、着てごくらくな構造になっている。横浜の、外国船員相手のチャブ屋の女のあいだからはじまったともいわれる。

ホテルの寝間着によく見かけるが、病院の入院患者むけ貸しガウンもこの種のものだ。既製品として似たものがデパートでも売られていたはずだが、古浴衣がいくらでもある日本の家庭では、子供用以外にはあまりひろがらなかった。

一九三〇年代（昭和五年〜）に入ると、既婚女性以外の寝間着は、だんだんとパジャマのような洋風の時代に入る（【ニ】）。♣

必需の数々

ワイシャツ

【イ】
南新二「再度花小春陽炎《かえりくるこはるのかげろう》（1）」、
水野年方画
『やまと新聞』1889（明治22）年9月29日

身の回りの品物には、正しい名称といえるものがはっきりしないことが多い。ワイシャツもそのひとつ。このいい方が、ホワイトシャツの転化だろうということまではだれにも想像できるが。

日清戦捷後（一八六九年〜・明治二九年〜）の好景気時代に、大呉服店がカタログ誌を競争で刊行しだした。カタログには顧客によくわかる商品名が要る。そのころから一九〇〇年代（ほぼ明治三〇年代）にかけての三越の『時好』、白木屋の『流行』、高島屋の『新衣裳』などには共通して、紳士洋服の項目中にホワイトシャツ、洋品下着類の項目中にメリヤスシャツという品目がかならず入っている。ホワイトシャツといっても縞柄も色物もある。それがワイシャツといい慣わされるようになったのは大正時代、一九一〇年代に入ってからのようだ。その中間期にワイトシャツ、といういい方

【ロ】
「小簾《おす》の月（6）」、尾形月耕画
『絵入朝野新聞』1885（明治18）年3月21日

をしているカタログもあるのは、途中の段階として納得できる。

　カタログ以外の例では、服下シャツ（大阪朝日新聞 1908/6/28: 12、欧米雑貨類輸入商の広告）とか、本シャツとかいういい方もされていて、どちらも肌着の薄地シャツと区別している。もっと前の時期には、下シャツに対して堅き上シャツ、といっている家庭雑誌の例もある（「ミシンと経済」『家庭雑誌』家庭雑誌社、1892/12/15）。ドレスシャツというい方もあったが、ホワイトシャツぜんたいをこう言い変えるのは、日常の衣料にはそぐわない。

　第二次世界大戦後になると、洗濯屋などではカッターシャツとよぶのがふつうになる。カッターボート（短艇）は単純にいえばボートのことで、ボート乗りがみんなこのスタイルをしているはずはないのだが、口調がいいせいかほぼ定着しているようだ。

　【イ】は旅姿の書生。きものの内側に着ているシャツの襟元、袖口を見るとこれはワイシャツだ。袴をはくような場合には【ロ】の若者のように、これにネクタイをすることがあった。この、和装で台襟、袖口にカフスのあるワイシャツ、靴ばき、という恰好はいかにも明治的で、ただし明治も一八九〇年代の末（明治二〇年代の末）になると滅多に見られなくなる。

　和服下に着るシャツはそのほか、【ハ】の袴を捲り上げている書生の着ている前開き、立襟、カフスつき、といったものや、【ニ】の帽子をもってたっている書生のような丸首等々、といったヴァラエティを経て、昭和期に至ったようだ。

　肌着のシャツはメリヤスに限っているわけではなく、【イ】の本文中にも、東京の大店の娘お春が「八丈の袷の下へフラネルの肌着《シャツ》を着て絹張の洋傘を杖に（……）」とある。しかし大呉服店や洋品店で売っているような品は、まず舶来のメリヤス製品だったろう。大震災（一九二三年・大正一二年）に遭遇した芥川龍之介の、「メリヤスのシャツに蚤が一匹いたら、詩なんか考えられるものか」という発言が、新聞で紹介されたことがある。♣

【ハ】
「池の萍《うきくさ》（2）：他人《ひと》の譏謗《さかしら》（1）」
『絵入朝野新聞』1885（明治18）年8月1日

【ニ】
桃南子（本吉欠伸）「人命犯《ひとごろし》（1）」、二代目歌川貞広画
『大阪朝日新聞』1892（明治25）年8月6日

身繕い

鏡の前の女

文明開化の恩恵のひとつは、どんな貧乏人の家にでも、柱時計と手鏡のひとつくらいはあるようになったことだろう。鏡を必要としたのは女性ばかりではない。アラブ人とちがって、髭を伸ばす習慣のなかった日本の男は、それまで指先の感覚だけを頼りに毎朝剃刀を使うか、銭湯の、人の顔もはっきり見えにくい暗い流しの隅を利用するしかなかった。

明治・大正期を通じて、上等の大型ガラス鏡はイギリス、アメリカ、ベルギーからの輸入品に頼らざるをえなかったが、ガラス窓の普及が急速だったように板ガラスの国内生産は順調だったから、小型、中型のガラス鏡は明治の中頃、一八九〇年代にはすでに多くの家庭で、めずらしいものではなくなっていた。

鏡の前の女、あるいは化粧室の女といった画題で西洋ではたくさんの絵が描かれ、またそんな情景の写真も撮影されている。その中には、絵の隅に粋な恰好の紳士のすがたの見えるものが少なくない。そのときに女性の着る「peignoir（ペニョワール）」は、仏語の辞書を見ると部屋着、あるいは化粧着とある。ベッドから起き抜けに鏡の前にすわって、乱れた髪に櫛を入れる時にはおる軽いガウンで、サイドテーブルには香りの高いコーヒーが湯気をたてている。ベッドに入るときのネグリジェではない。

【イ】
「月下氷翁《むすぶのかみ》（15）」、田口年信画
『大阪毎日新聞』1889（明治22）年4月27日

【ロ】
なしのやつぶて「相合傘（38）」、山田敬中画
『江戸新聞』1890（明治23）年3月13日

明治から昭和へと、一生懸命に西洋人の習慣を吸収しつづけた日本人だったが、ペニョワール風のガウンはあまり普及しなかった。もちろん西洋でも、起き抜けに化粧着を着て、鏡の前にすわってゆっくりコーヒーを飲む、などという身分の人がそうたくさんいるわけではないが、おなじように余裕のある階級であっても、女の朝の時間のパターンの違いが、着るものの違いに現れる例のひとつだろう。

【イ】は京都の聖護院という、当時としては街はずれ住まいながら、華族家のお嬢様。傍仕えふたりが朝の身仕舞いを手伝っている。襟足の白さをなにより気にした明治の女性は、化粧といえば冬でも諸肌脱《もろはだぬ》ぎ、あるいは大肌脱ぎになって背中まで白粉《おしろい》を塗る。たいていは縁先や窓際に鏡を据えたから寒かったことだろう。襟を深く抜く芸者などの中には、肩の辺りに皹《ひび》の切れる人があったという。背後の傍仕えが牡丹刷毛をつかっている。この大きさの鏡であると散髪屋のものとおなじだが、この時代の散髪屋にとっては、店の壁の大鏡がなによりの財産だった。

【ロ】はまだ女学校へ通っている、ふだんは白粉けもない娘。これから結納の相談で人に会うための身繕い。「わが居間と定まる奥座敷に入り、鏡に向かいて髪を直し、姿を飾《つく》るも女のたしなみ（……）」。いま緋縮緬の帯揚げを締め、帯の恰好を見るために、からだをひねって後ろの姿見をふりかえる。これもひとつのすがた。構造はややちがうが、姿見の大きさは【イ】の鏡と変わらない。散髪屋の鏡ともほぼおなじ大きさだから、一種の規格があったのだろうか。

【ハ】は女のいる家にはたいていは備えていた姫鏡台の前で、出がけの髪を直す女。和服の袖はこういう恰好をすると、二の腕の奥まで顕れることになる。妻の支度のすむのをそばで待っている若い夫の目には、ドキッとするほど艶めかしくみえることがあったろう。

【ニ】はすでに立ち机の鏡台の時代に入っており、若い女性の中には鏡台が机も兼ねていて、そこがじぶんだけの密かな城になっているような人もあった。

「眉は細く、口紅は濃く、思いきり派手な化粧を楽しみながら（……）この顔で、紅子のように一二人の男から一二個の宝石を取ってやろうか、それも生き方だと、鏡の中でニッと笑って見た（……）」。

♣

【ハ】
「お出かけの前か」
『おふどうタイムス』
1926（大正15）年11月

【ニ】
林房雄「衣裳花嫁（140）：埋れ木の歌（2）」、吉邨二郎画
『時事新報』1936（昭和11）年7月28日

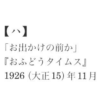

身繕い

束ね髪

束ね髪というのは髪を結んで髷をつくるのではなく、ざっとまとめておく状態をいう。

まとめていない状態は髪を洗ったあとの散らし髪だ。現代でも若い女性の中には、長い髪を背中まで垂らしている人があるが、たいていは紐かなにかで括っている。髷、というほどのものをつくらず、一、二度巻いたりして簡単に括ってまとめておくのが束ね髪だ。

各戸に水道の水が来ていなかった時代には、髪を洗うのは大しごとだった。頭がかゆくなると、女は髪を洗うのではなく、結ってある髷をほどいて念入りに梳く。そのために歯の細かい梳き櫛というものがあった。商売人が髪を結うときには、結う前にかならず熱湯を使って下梳きをする。これがこたえられないくらい気持ちがよかったそうだ。お湯はまだたぎっているような熱いのを使うので、髪結いの手の指は熱湯に耐えられるように訓練されていた。

しかし、ほぼ一九一〇年代の明治の末頃でも、商売人に髪を結わせる人は女の半分もいなかったろうと推測されている。とりわけ裏店《うらだな》を歩けば、じぶんの家の門口で、隣近所の女とおしゃべりしながら、ほどいた髪を時間構わずに梳いている女をいくらでも見ることができたろう。

【イ】と【ロ】は、そんな髪をあまりうるさくないように、仮に束ね

【イ】
「月旦小夜譚鬼怒河原《しなさだめさよものがたりきぬがわら》の夢痕《ゆめのなごり》(2)」、尾形月耕画
『絵入朝野新聞』1885(明治18)年4月24日

た状態だ。仮に、とはいうものの、じつはこのままの状態にしているのが、こうした生活をしている人々では当たり前だった。幕末に書かれた『守貞謾稿《もりさだまんこう》』（1837～）ではこの種の束ね髪を、じれった結び、馬の尾、達磨返しなどという名称で説明しようとしているが、むだと言っていいだろう。強いて言えば、いちばん簡単で、うるさくない方法が自然にいくつかのゆるい定型をつくったにすぎない。

幕末維新期に撮影された写真の女の髪型を見て、明治生まれの老練な髪結いさんがその半分にも名を付けられず、要するに素人が気ままに結った不器用な髪、と言い捨てた例がある。

【ハ】はそういう、じぶんの手でまとめた簡単な束ね髪の中でも、いちばん多く見られたスタイルで、後頭部に突き立てた玉つきの簪《かんざし》に髪をぐるぐる巻きつけた疣尻《いぼじり》巻。よく言う、うちの婢なんか割り箸をおっぺしょって髪を巻きつけている、というのとおなじ構造。いわゆる櫛巻もこの手の髪。

袖で顔を抑えているのは、房総のこの土地で姐御といわれる身分の中年の女性。商売人の手に任せること

【ロ】

三遊亭圓朝（口述）、小相英太郎（速記）
「蝦夷錦古郷《えぞにしきこきょう》の家土産《いえづと》（22）」、月岡芳年画
『やまと新聞』1886（明治19）年12月28日

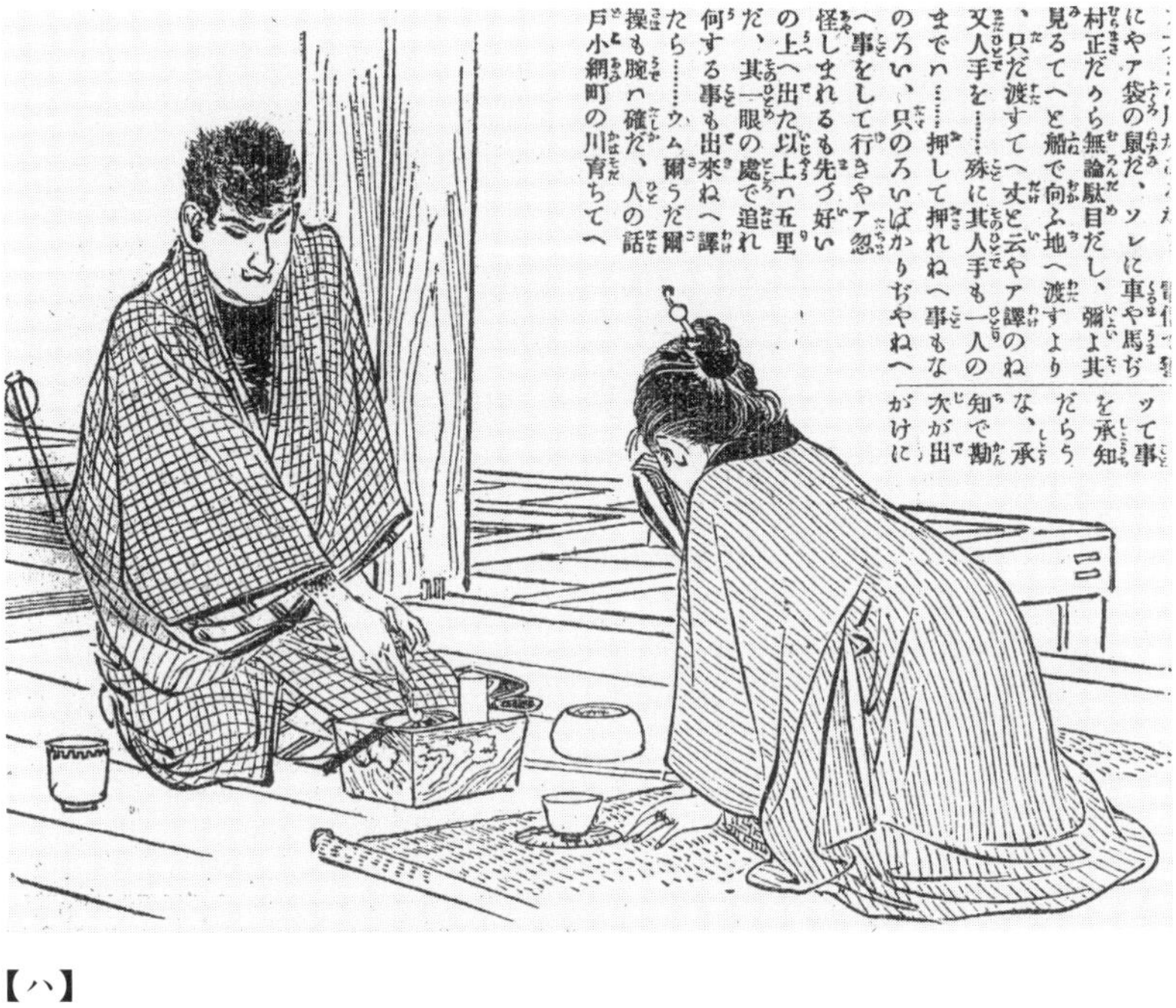

【ハ】

有髯無髯（編）「村正拗次（20）」、松本洗耳画
『都新聞』1899（明治32）年8月2日
〈遡及資料〉1886（明治19）年

はもちろんできるが、こんな無造作な髪が、気っぷの荒い漁師町の姐さんには似合っている。

【二】は廂髪がもっとも大きくなり、また分け前髪がはじまった時期。左のふたりはそんな流行の髪を結っているいい暮らしの奥様。向こう側の貧しい女は、じぶんでぐるぐるといぼじり巻にして簪でとめ、髷の根に安物の櫛を挿している。

明治中期の一八八二年頃の束髪フィーバーの指導書、案内書が口をそろえて、西洋の束髪をここに紹介するが、以前からあるわが国の束髪については説明を省く、といっている束髪とは、このようないぼじり巻のようなものを指したはず。このとき流行に遅れまいと吉原の花魁《おいらん》たちがした束髪は、さすがにこの種の和風束髪だったようだ。「娼妓羽衣その外ともすべて髪は当時流行のイボジリ結びに仕立て（……）」（「洋装の娼妓」読売新聞 1885/10/1）。♣

【二】
「時事漫画　六億と七おく」、北澤楽天画
『時事新報』1916（大正5）年7月9日

身繕い

島田と丸髷

維新以後の二、三〇年間に、女性の結う日本髪の種類はごくかぎられたものになった。既婚者の髪型は丸髷か銀杏返しで、とりわけ奥様といわれるような身分の人は、束髪でなければ丸髷以外の髪を結うことはまずなかったろう。一〇代の娘さんの髪はそれでもまだ、多少のヴァラエティがあった。お稚児に結っているような時期が過ぎると、桃割れ、結綿、唐人髷、蝶々など、本人より親の好みで短い時期の花を飾った。

袴をはいて女学校に通う少女は、お下げや束髪でなければ桃割れの子が多く、東京の下町ではとりわけそうだった。明治も末になってくるとさすがにお下げの少女が多くなって、芸者の多く住んでいる下町では、ふだん日本髪を結っている少女は雛妓《おしゃく》と間違われるので、雛妓がよく結う髪を避けたという。雛妓が唐人髷を結うと桃割れを結い、雛妓のあいだに桃割れがはやると結綿にする、というふうに。そんな少女たちも年頃になると、島田よりほかのものは結わなかった。

【イ】は東京の下町で、人の家を訪ねてきた姉妹。人妻である姉が左側の丸髷、未婚の妹が島田だから、この時代は女性が未婚か既婚かは、指輪などよりもはっきりとわかった。

掃き溜めに降りてきた鶴を後ろから窺ってのぼせ上がっているのは、この貧乏長屋に住む若者。日本髪は前方より、この角度から見たかたちが

【イ】
村上浪六「八軒長屋（後篇）(16)」、公文菊僊画
『国民新聞』1907（明治40）年8月25日

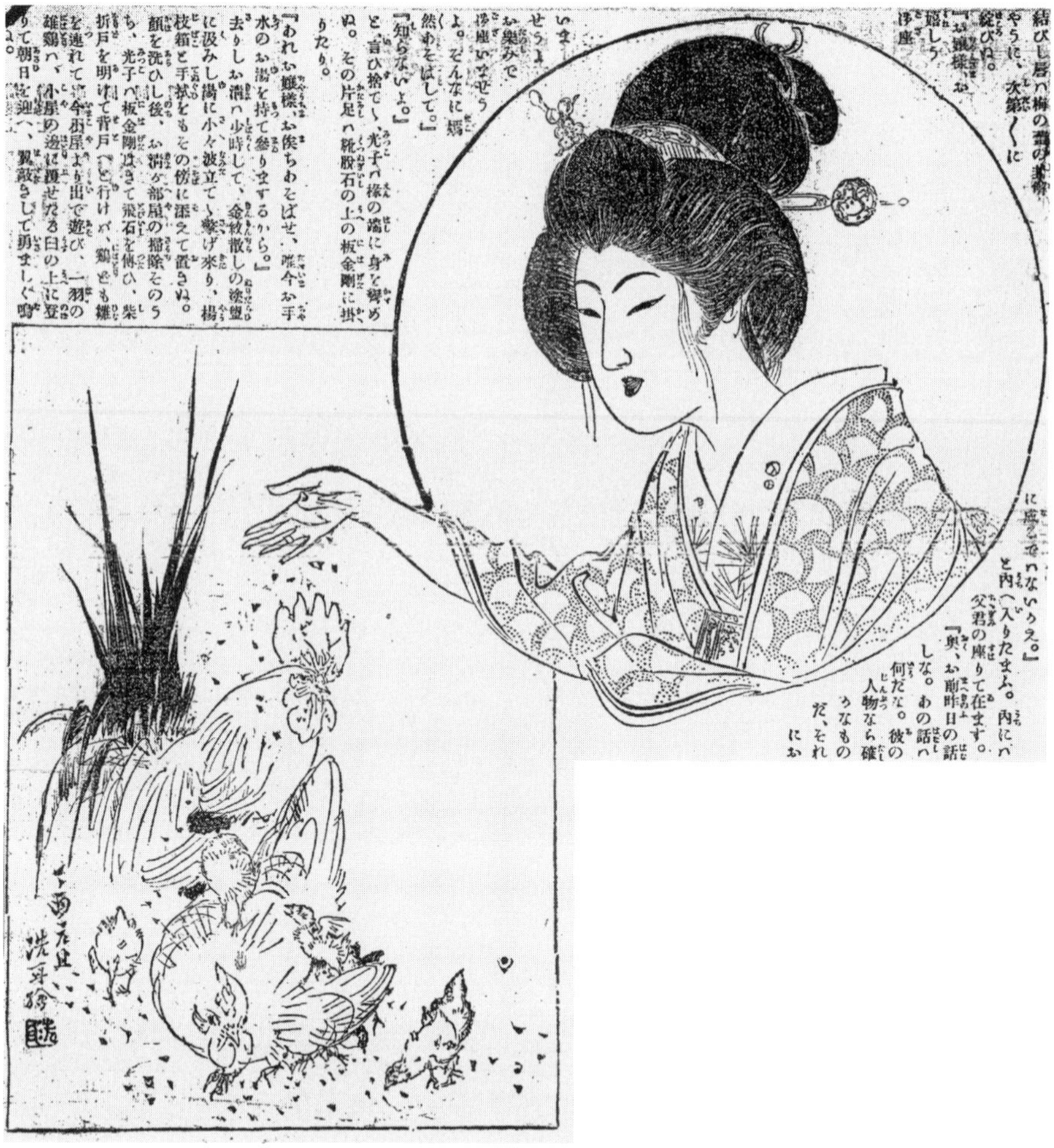

結びし唇ハ梅の蕾の□□やうに、次第〳〵に綻びぬ。
『お嬢様、お嬉しう御座
□□いませうよ
お楽みで御座いませうよ。そんなに嬲然わそばして。』

『知らないよ。』

と言ひ捨てゝ、光子ハ椽の端に身を竦めぬ。その片足ハ沓脱石の上の板金剛に掛りたり。

『われお嬢様、お侯ちあそばせ、唯今お手水のお湯を持て参りますから。』

去りしお澗ハ少時して、金紋散しの塗盥に汲みし湯に小々波立てゝ擎げ来り、楊枝箱と手拭をもその傍に添えて置きぬ。

顔を洗ひし後、お澗が部屋の掃除そのうち、光子ハ板金剛突きて飛石を傳ひ、柴折戸を明けて背戸へと行けバ、鶏ども雛を連れて今雨屋より出で遊び、一羽の雄鶏ハ、小屋の邊に伏せたる臼の上に登りて朝日を迎へ、翼敲きして勇ましく鳴りぬ。

に座ぞされないわえ。』

と内へ入りたまふ。内にハ父君の座りて在ます。

『奥、お前昨日の話しな。あの話ハ何だな。彼の人物なら確かなものだ、それにお

【ロ】

遅塚麗水「金屏風（33）：花婿の詮議」、松本洗耳画
『都新聞』1897（明治30）年1月2日

よいとされていて、女性たちもいつもそれを気遣っていたもの。

島田の髷の高さはいろいろで、嫁入りの日の文金高島田など、晴れの日にはずいぶん高く盛り上げて結う。**【ロ】**はそんな例で、文金というのは、江戸中期に大流行した文金風に近いもので、横の鬢《びん》もやや張り出した華やかなスタイル。

芸者がお座敷に出るときは、原則として島田以外の髪は結わない。しかしこの高髷では踊りもおどれないから、芸者の結う島田は髷の低い芸者島田（**【ハ】**）か、中の窪んだつぶし島田だ（**【ニ】**）。もっとも現代ではお酌をするだけの芸者が多いので、お嬢さんの高島田のようなカツラをかぶっているようだ。

芸者が髷の根を下げ低くするのは、その方が仇っぽいためでもある。日本髪の髪型が限られてきたために、その髪型の中での変形が増えたということだろう。だからおなじ芸者島田でも上方と東京ではちがうし、お

【ハ】
橋本埋木庵「実話 悪縁塚（107）」
『都新聞』1904（明治37）年3月6日
〈遡及資料〉1878（明治11）年

【ニ】
「菅屋お婦美（4）」
『都新聞』1896（明治29）年1月8日
〈遡及資料〉1875（明治8）年

なじ東京でも見る人が見れば、新橋と柳橋、また吉原の芸者はちがっていたという。それは帯のお太鼓のかたちでもおなじこと。

これと同様なことは丸髷でもいえた。丸髷はまず、結う人の年齢をはっきりと示している。幕末維新のころは女の髪は概して小さかった。とりわけ前髪がそうで、ほとんどあるかなしの人もあった。それが二〇世紀に入っての一〇年から二〇年（明治の末から大正にかけて）までに、極大になった。もっとも目立つのが丸髷の〝髷〟だ。髷は中に張り子の紙製の髷型を入れてかたちをつくる。大中小とあった髷型のその上に、特大とか大一番とか司とかいう名の超弩級ができた。主婦がよくする手拭の姐さんかぶりは、日本髪だからしやすいはずだったが、果たしてこの髷のうえにかぶれるだろうか。

この時代には、丸髷くらい色っぽいものはない、といわれていた。しかし丸髷くらい、年齢に比例して残酷に縮まってゆく髪はない。【ハ】の左の小柄な女性は、この時代では老婆のうちに入る五〇歳過ぎの女、この髪もまた丸髷なのだ。♣

身繕い

世紀末の束髪

いわゆる束髪は大きく分けて三つの時期になる。第一期は一八八五年（明治一八年）の婦人束髪会にはじまる短いフィーバーと、それにつづく約二〇年の縦型のスタイル。第二期は日露戦争（一九〇四〜〇五年・明治三七〜三八年）をはさんだ数年に、二百三高地、花月巻等のヴァラエティの短い流行があったあと、周囲、とくに前方を張り出した廂髪の時代。第三期はそののち一九一五、一六年（大正四、五年）頃以後、廂は心持ちふくらむ程度になり、名前こそハイカラと変わったが、むしろ中年むきの大人しい髪として、大戦をまたぎ昭和中期までつづく。

　束髪すなわち廂髪と誤解している人にとっては、ここに紹介する第一期の縦型束髪は、異様なものに見えるかもしれない。よく引用、紹介されている束髪導入期の西洋束髪絵図、たとえば『洋式婦人束髪法』（村野徳三郎編発行、1885）を見ると、〝西洋上げ巻〟以外、髷あるいは見せどころは後頭部であって、また上げ巻（揚巻）にしてもドーナツ風にひと巻きした髷は平べったく、縦型とは言いにくいかもしれない。

　しかしそれから約一〇年を経たのちの小説挿絵で見る束髪は、うえに高く盛り上がっているのがふつうで、それは【イ】のイギリス巻、フランス巻、S巻でも同様だ。一八九七年（明治三〇年）七月の『家庭雑誌』（民友社）では、「今やただわずかに教会、若しくは女学校に於いて其の跡を見るまでに至りたり」とまで人気を失ってはいたというが、筆者は同時に「フランス巻は恰も銀杏

【イ】
渡辺霞亭「束髪女（1）」、二代目歌川貞広画
『大阪朝日新聞』1896（明治29）年10月7日

返しの如きかたちにて、頭上に結び俗に所謂眼鏡と称し、最も高等なる髷にして、白襟、紋付等を着せる時、之を結び、最も似合わしきものなり」とも書いている。

一八九〇年代半ば（ほぼ明治三〇年前後）までいくぶんか雌伏の時期を経た束髪は、日清戦争（一八九四～九五年・明治二七～二八年）後の戦捷気分に乗って、一〇年前よりは一段とハデなスタイルに変容し、時好に投じた。

【ロ】
渡辺霞亭「束髪女（6）」、二代目歌川貞広画
『大阪朝日新聞』1896（明治29）年10月13日

渡辺霞亭が『大阪朝日新聞』に「束髪女」の連載をはじめたのが戦後の一八九六年（明治二九年）、当時の新聞小説のあり方からすれば、まさにその束髪復活を裏付けている、とみてよい。【イ】と【ロ】はそのヒロイン。「年のころは一八、九、色白う細面にして愛嬌こぼるる如く、緑の黒髪を揚巻とか云う束髪に結うて、昔様の米沢縞の袷、古代織物の幅広帯といういでたちなり」という美人。この美人を狙って、その家を訪れた近所の寺の好色な住職が【ロ】のシーン。【ロ】で見ると、この揚巻では髱《たぼ》（後ろ髪）がかなりふくらんでいる。この、後ろ髪、ときには鬢《びん》（横髪）のふくらむ点が、一八八五年（明治一八

【ハ】
渡辺霞亭「神楽獅子（1）」、
右田年英画
『東京朝日新聞』
1901（明治34）年1月1日

年）に刊行された『洋式婦人束髪法』時代の束髪との違いで、いくぶんか日本髪のかたちに近づいた、といえる点だ。

【ハ】の女性は大阪に住む二三、四歳の人妻、「英吉利風の束髪に取り上げたる髪の艶やかなるは、雨に濡れたる烏の羽色にも比ぶべし」という美人。プロテスタント教会の夜の新年礼拝への出席のすがたで、羽織のうえに大きなショールで全身を覆っている。女教師など、教育を受けた女性とならんで、クリスチャン女性と束髪のイメージが結びついていたようだ。

おなじ時期の【ニ】（右から二人目）によって見ると、このイギリス巻にもあるかなしかの髷があるようだが、それよりも後頭部が絶壁状であるのが目を惹く。西洋風のヘアスタイルを真似ても、短頭の日本人は側面観が、後頭部をそぎ落としたようなビリケン頭になる。一八九〇年代後半（明治三〇年前後）の束髪の特色といってよいだろう。♣

【ニ】
菊池幽芳「己が罪（前編）(2)」、坂田耕雪画
『大阪毎日新聞』1899（明治32）年8月18日

身繕い

夜会巻

夜会巻のひとつのタイプをわれわれに印象づけるのは、鏑木清方《かぶらききよかた》の作品「築地明石町」(1927)だろう。夜会巻は、一八九〇年(明治二三年)前後の初期束髪のなかにその名はふくまれているが、これがのちの、ふつうにいわれるところの夜会巻とおなじかどうかは、はっきりしない。夜会巻といっても実際はずいぶんヴァラエティのあるもので、一八九〇年代(ほぼ明治二〇年代)には、一六、七歳の娘から老人まで結っていたという。

初期束髪はだいたい帽子をかぶるのに適した、頭頂が平らに近い髷の単純な縦型の束髪であるため、夜会巻はこれと同系統のものといえるだろう。現代の夜会巻は、キャビンアテンダントの髪型として活躍しているようだ。

【イ】の吾妻コートを着ている客の女(右)は夜会巻。鹿鳴館時代をすぎ、一八九〇年代(ほぼ明治二〇年代)に入ると束髪へのフィーバーも沈静化するが、この時期の束髪はイギリス巻など、前髪も鬢《びん》も張らない縦型だった。

やがて一八九〇年代終わり(明治

【イ】
小栗風葉「白無垢鉄火(17)」、坂田耕雪画
『大阪毎日新聞』1902(明治35)年1月18日

三〇年代初め）になって復活した束髪もまた縦型で、夜会は中でも人気があり、粋筋の人にとくに好まれたが、側面観はあまり良いものではない。

【ロ】は新橋発、神戸行きの夜行列車に乗り合わせた人々。先の戦役で夫を喪った女性はまだ二四、五の若さ。三、四歳の男の子を連れて身動きもできない状態の三等の旅。「秋田織の黒の一つ紋の羽織の羊羹色になったのに、秩父銘仙の格子縞の、これも申の時過ぎたのを着て居る。海老茶色の毛糸の手織の肩掛に、白ケットの随分汚れたのを一枚、子供の肩から掛けてやり（……）」とあって、質素というより苦しい生活が窺われる。申の時というのは江戸時代の時刻法の、午後四時頃の日盛りを過ぎた時刻で、くたびれた衣服をいう常套語。束髪はふつうじぶんの手で結えるのだが、夜会巻は時流のやや技巧的なスタイルなので、大阪へ行くために髪結賃をはずんだのかもしれない。

【ロ】
広津柳浪「三都走馬燈（2）：隧道《トンネル》の掏摸《すり》」
『都新聞』1897（明治30）年2月23日

　隣に座っている二重外套のフードを深々とかぶった八字髭を生やした紳士、話してみると共通の知人のいることがわかり、再会を約束して別れる。

【ハ】の左の雪輪型の中の娘は、「髪は麗しく夜会結びに束ねて、白茶地縦縞の八重織の上衣に、おなじ乱縦縞の下着を重ね古代模様繻珍の帯に、紅玉入りの帯留めを締めて、白の塩瀬の襟上品に似合わしく」という着付けの美人。もうひとりは「浜縮緬の縹色地に、雪持笹の裾模様あるを三枚襲とし、房々としたる髪は高島田に結び上げて、バラの銀水引と、金台に白金の青海波ある根掛けとを掛けたり」という、いずれも今日元日の装い。

【ハ】
河野鶴浦「玉葛（7）」、
稲野年恒画
『大阪朝日新聞』1901（明治34）年1月1日
〈遡及資料〉1900（明治33）年

【ニ】
加藤眠柳「下闇《くだりやみ》（79）」、右田年英画
『朝日新聞』1901（明治34）年1月30日

小説中でふたりの女性を対比的に描くときは、この時代であれば一方を日本髪、片方を束髪とするのは常套手段。ただその束髪がこの年あたり夜会結びというのが多くなっている。いわゆる夜会巻は前期の縦型束髪の終着点のような存在。この時代はふつう夜会結びといい、大正・昭和期の夜会巻とはややちがうスタイルで、頭頂が目立って高い。この作品は河野鶴浦（巳之助）の遺した、数少ない作品のひとつの探偵もの。

【ニ】は右のヒロインが、結い慣れない束髪に結い変えて、かつての恋仇の女性とともに家を出るすがた。身なりは、黒縮緬の羽織に細嶋のきものを着付けている。この束髪は、前の日髪を洗ったばかりというヒロインに、「束髪になさるとちょうどいいじゃありませんか」と言って「きのどくがるを強いて夜会に結び了りぬ」とある。相手の女の束髪についてはなにも言っていないが、この時代の揚巻の束髪は、一般に髪を捻って揚げる傾向がつよいようだ。♣

花月巻／二百三高地

二〇世紀に入って間のないころから、日露戦争後にかけては、日本の国運にとってはただならないときだったが、それとはなんの関係もない女の髪型という微視的な世界も、大きく揺れうごいた時期だった。

ほぼ一八九〇年代にあたる明治二〇年代を通じての束髪は、縦長だった。鬢《びん》（横髪）も髱《たぼ》（後ろ髪）もあまり張りださず、短頭で、絶壁型の後頭部をもつ人の多い日本女性が結うと、慈姑《くわい》のようにも見える。

世紀が改まって一九〇二、〇三年（明治三五、六年）頃から、この縦型の前髪が大きくなりはじめ、貞奴風とか、下田式とかいわれるようになる。たぶんそれには根拠があるにちがいない。この時代欧米のヘアスタイルの流行はまさにそんな風で、川上貞奴は世紀末のロンドン、パリを芸人として訪れ、一九〇三年（明治三六年）に帰朝土産として明治座で西洋流の変わった芝居を披露し（都新聞 1903/1/28: 3）、下田歌子もほぼおなじころ、数年にわたってイギリスを中心に女子教育の視察をしているから。

【イ】
遅塚麗水「鷹丸（74）」
『都新聞』1904（明治37）年7月4日

一九〇三年（明治三六年）頃から大流行したといわれている花月巻は、この欧米風をまねた高い前髪の時期の髷の結び様のひとつ。【イ】は前日の本文中で、「髪は手づから結い上げたる花月巻、白のリボンに止めしなど、艶なる姿愁いを含んで（……）」と説明されているが、一般に高い前髪に隠れてしまうので髷の結び方は具体的にはよくわからず、【ロ】の『婦人界』の説明がひとつの手がかりになる。ほかの束髪とおなじように、じぶんの手で結えるような簡単なものではあったようだ。

【ハ】は「夕方の沐浴《ユアミ》を終えて、柏の葉の大形を模様にした縮緬の浴衣に、茶と白の博多織の伊達巻、薄う化粧をして」という一八歳で、まだ肩揚げがある。東京から来た避暑地の宿の泊まり客で、都心の堅い家庭の娘。髪は前髪が極端に大きく取られているが、確かにこの時期の下田歌子式や花月巻の影響だろう。こういった束髪はたいていはじぶんで結ってしまうので、ぞんざいで、なんとも名前のつけようのないものが多かったはず。いつも崩れかかったように、後れ毛が下がっているのも束髪の特色で、油をほとんど用いないため。

【ニ】は一九〇六年（明治三九年）のこと。ここでは花月巻とは言っていないが、「当時流行の極に達している束髪の一婦人」とある。これは既婚婦人の例であり、髷は花月ではないかもしれない。前髪を高くして花月であっても、後ろの髷は花月巻以外のヴァリエーションもいくつか知られている。

この女性の髷はかなりうずたかく突きだしていて、おなじ時期に流行った二百三高地を思わせる。名前としてよく知られている二百三高地は、平型束髪の真ん中の盛り上がった、花月巻などよりもうすこし単純なスタイルで、これは当然日露戦役

【ロ】
観風子「花月巻」
『婦人界』、1904（明治37）年9月

【ハ】
黒法師（渡辺霞亭）「毒饅頭（4）」、梶田半古画
『読売新聞』1903（明治36）年9月13日

後（一九〇五年～）やや間を置いての、廂髪流行の時期のものだろう。

いわゆる〝間がいいソング〞の、「酒は正宗、芸者は萬龍、（……）いやだよいやだよハイカラさんはイヤだよ、頭の真ん中にサザエの壺焼き、なんて間がいいんでしょう」の中の、廂は心持ちふくらむ程度のハイカラも、萬龍も、みんなもう少しあとの明治末、一九一〇年前後（ほぼ大正前半期）のもの。♣

【二】
江見水蔭「新空気（1）」
『国民新聞』1906（明治39）年1月1日

剪《きり》前《まえ》髪《がみ》

額の上の髪を短く切ってスダレのように前に垂らすことを剪前髪《きりまえがみ》という。剪前髪は髪のスタイルの一部分で、小さな部分だから、さまざまなヘアスタイルと組み合わされていつの時代にもある。しかし本式の日本髪と組み合わされている例はごく少ない。剪前髪が多く見られるようになったのは、一八八五年（明治一八年）頃にはじまった束髪、とくに西洋風束髪と組み合わさってのこと。【イ】【ロ】【ハ】に見るように、一八八〇年代後半（明治二〇年前後）の西洋束髪ブームでは、推奨された何種類かのスタイル――イギリス巻、フランス巻、揚巻、マーガレットなどの眼目は大体背面から頭頂にかけての髷の取りようであって、とくに前髪についての言及はないようだ。そのためか、その時代、新聞小説挿絵に登場する若い束髪の女性に、剪前髪がかなりの比率で認められる。

前髪を短く切って前に垂らす髪型は西洋ではめずらしくない。当然日本娘の剪前髪もそれを真似たにちがいない。髪を前に垂らす理由は広すぎる額や、面長な顔を嫌っての場合もある。女賊三日月お仙のように、向こう傷を隠す目的もあった。前髪を垂らした顔には人によっては幼さや、また一種の愛嬌の出るものらしく、英米ではこのスタイルを「kiss me quickly（キス・ミー・クイックリー）」などとよぶ。

【ニ】は、幕末にアメリカで育った日本人娘の、開国後まもなくの日

【イ】
三世風来山人（河原風来）「半両阿桂巧圏套《はんきんおけいたくみのかけわな》（21）」、稲野年恒画
『今日新聞』1885（明治18）年11月21日

本に帰国してからの物語である。画家はその娘の髪を剪前髪に描いている。この剪前髪は明治初頭の、いわゆるラシャメンスタイルでもあった。

【イ】はほぼおなじ時代の横浜在住のアメリカ人貿易商と、その日本人妻。夫が商用でしばらく長崎への旅行をしなければならないため、その寂しさに涙を流している、束髪に剪前髪の女。夫の後ろで荷を背負っているのが女の隠し男。

開港地の横浜では、清国人を含めて異人の妾はいい商売だったようだ。油でべたべたした日本髪を嫌う西洋人は少なくなかっただろうから、明治中頃の束髪が結われるよりもはるか以前に、変わり日本髪や崩れ日本髪、またハマ風束髪が開港地を中心に盛っていた可能性は大きい。

【ロ】と【ハ】はそれから時代はすこし下がって明治二〇年頃、華族さんと見まがうような暮らしをしている人々。【ロ】はそんな家の一四、五歳のひとり娘、「緑の黒髪は

【ロ】
松の屋みどり（木下尚江）、古川魁蕾子（古川精一）（校）
「うしの春（17）：築地の春（1）」
『東西新聞』1889（明治22）年3月22日

【ハ】
南翠外史（須藤南翠）「曦《あさひ》の旗風《はたかぜ》（1）：天長節（中）」、橋本周延画
『改進新聞』1887（明治20）年7月10日

【ニ】
村松梢風「雨降り峠（192）：流星（3）」、志村立美画
『東京日日新聞』1938（昭和13）年7月20日

軽やかに束ねて、牡丹の造り花一輪をさしはさみ、房々としたる前髪を切り下げたるは一段愛らしき風情あり」とある。【ハ】も同様な家庭の二〇歳ばかりの娘。「濡烏の羽色恥ずかしき翠の黒髪を今様の束髪に束ね、（……）広き前額を包むまでに剪下げたる髪の房やかなるは、美人にのみ供うのものなるべし」とあって、前者はまだ少女らしい可愛らしさを言っているが、いずれも剪前髪が顔の美しさを際立てる効果を強調しているようだ。

剪前髪はこの後さまざまのヘアスタイルと組み合わされてゆくが、もっともつよい自己主張をしたのはいうまでもなく断髪――ショートヘアの時代にちがいない。女の子のオカッパ頭に、赤いベレーの前から下げた髪の愛らしさも含めて。また一九三〇年代（昭和戦前期）には中国風の断髪美女が、上海の魔窟――などという噂を交えて、ある種怖いような印象を日本人に与えた時代もあったらしい。♣

身繕い

髪に手をやる

【イ】
森林黒猿「探偵実話 女警部 (92)」、松本洗耳画
『都新聞』1902 (明治35) 年8月12日

女性がじぶんの髪に手をやる、というしぐさは、結っている髪の形や大きさとも関係があるに違いない。マナーという点からいえば、人前でじぶんのからだのどこにしろ、触るのは好ましいことではない。しかし洋の東西を問わず、女性のヘアスタイルの中には、どうやってあれが支えられているのか不思議にさえ思えるものがある。そういう構造物をあたまに載せている女性が、その重さや、かたちのくずれが気にならないはずはあるまい。

【ロ】
「探偵実話 笠森団子 (2)」、松本洗耳画
『都新聞』1897 (明治30) 年4月14日

結い上げるのに手間のかかる大きなヘアスタイルで不都合なことのひとつは、毛髪やあたまの地が不潔になりやすいことだ。女性が島田や丸髷を結っていた時代は、髪をほどいて結い直すのには手間も費用もかかり、また洗髪も滅多にはできなかった。その時代に頭痛持ちの女の多かったことはたしかで、額に頭痛膏を貼ったり、きつく鉢巻をして一日中不機嫌そうな顔をした主婦をよく見かけたものだ。

【ハ】
「探偵実話 笠森団子(3)」、松本洗耳画
『都新聞』1897(明治30)年4月15日

また毛虱《けじらみ》の多かったことも当然で、一度結った髪をひと月近く保たすような倹約家のお上さんのあたまには、それをほどいて目の細かい梳き櫛を入れる髪結いが呆れるほど、毛虱の巣喰っていることがあった。櫛の種類も多種多様だったが、かゆいところを掻くためには、本来の目的はべつにして、きれいに結い上げた髪を壊さぬように、そして深いあたまの地に届くように、幅が狭くて、歯の長い、毛筋とよぶ櫛が愛用された。

もちろん裏店《うらだな》へ回れば、割り箸の先でガリガリあたまを掻いているお上さんもいたはずだが、こういう女たちの髪は、髷などという厄介なものを載せないのがふつうだから、目の粗いふつうの平櫛でじゅうぶん役にたったのだ。

不潔さに比べると、髪型の大きさや重さは慣れてしまえばそれほど気にならないものだろうか。ルイ一五世時代の巨大なシニョン(chignon)の例を思いだすまでもなく、一九〇〇年代(ほぼ明治三〇年代)の丸髷や、そのつぎの時代の廂髪、また女優髷の一種には、華奢な女性の首の細さを危惧するようなものがあった。

また中国でも、一九二〇、三〇年代の断髪流行のひとつの反動でか、つぎの時代にはおどろくほど大きなヘアスタイルを、一部の女性は競いあった。

李香蘭が主演した一九四〇年(昭和一五年)封切りの日支合作映画「熱砂の誓い」の中で、李香蘭の妹役の若いクーニャンが「あたまが重いの」とつぶやく場面がある。それを聞いた恋人の若者がクーニャンのあたまに目をやって、そっとうなずくジョークがあった。

【イ】は破戒の僧侶と茶屋女との密かな出逢い場面。女はうるさい女親のいる家を出にくく、車を急がせて駆けつけたが六時という約束に三〇分近くも遅れ、言い訳をしながら乱れた鬢《びん》を櫛を使って撫でつけている。男の前でこんなしぐさができるのも相手に気を許している証拠。部屋は三囲神社近くの桜餅屋の奥の間、この辺は出逢茶屋としてよく利用されたようだ。

【ロ】【ハ】はあるものがたりの連続する場面。若い朋輩の馴染みである工面のいい男を、朋輩の留守のあいだに誘惑しようとする茶屋女。畳にごろ寝していた男に、いま脱いだきものを掛けておき、じぶんが湯から上がってから、さぞお気味が悪かったでしょうね、などと言い訳しながら、目覚めた男の前で髪を直しているのが【ロ】。
　前褄が割れ、袖先を口でくわえて二の腕を見せ、からだをひねっているのもひとつのすがた。このあと女は、「己が使いし香水と白粉《おしろい》の匂いの混ぜし上に、口紅のつきたる濡手拭と石鹸箱を突きつけ（……）」男に風呂を勧める。男の方も内心この女に下心があり、言いなりにそれを持って湯殿へ向かう。

【ニ】
「探偵実話 娘義太夫（94）」、富岡永洗画
『都新聞』1895（明治28）年8月7日

　【ハ】は外出から戻った朋輩との廊下の立ち話。妹分である朋輩が掃除の手を休めて、男とじぶんのあいだのむずかしい関係をいろいろと訴えるのを空とぼけて、しかし親身らしく聴いている女。首をひねってそっぽを向き、五分玉の玉簪《かんざし》を後鬢に挿しているのも、女の心のあり様の巧みな表現。もっとも日本髪は一般に、鬢（横髪）の乱れがいちばん気になるものであるし、櫛や簪などを挿すのも手を横から後ろに回すので、すこし首を曲げるこうしたポーズをとることは多く、そこに女らしい優しさや、媚態などの表現の可能性がある。

　【ニ】は犯罪事件に巻き込まれた娘義太夫の太夫が、思い悩んでいる場面。太夫の娘島田はずいぶん乱れている。束髪とちがって、油をじゅうぶん用いる日本髪からこれだけ落ち毛があるのは、袖に手を隠し、小首を傾げて横鬢の簪に手をやっているのと同様、太夫のいまの心の状態をよく表している。

　やがて洋髪が主流となり、一般にヘアスタイルが小さくなった一九三〇年代（昭和戦前期）以後には、女性が人前で髪に手をやるしぐさは目立たなくなった、といえるだろう。しかし小首を傾けて、髪に手をやるコケットリーがなくなったわけではない。【ホ】の眼目はむしろ、文字どおり流し目のつかい様かもしれないが。♣

【ホ】
林芙美子「川歌（135）：北の国（6）」、松野一夫画
『都新聞』1941（昭和16）年6月26日

身繕い

洋髪

【イ】
長田幹彦「永遠の謎（11）」、幡恒春画
『大阪朝日新聞』1922（大正11）年7月3日

【ロ】
長田幹彦「永遠の謎（159）」、幡恒春画
『大阪朝日新聞』1922（大正11）年11月29日

洋髪は、洋風束髪あるいは欧風束髪を省略したよび方。その大きな特徴は、日本髪を結うときにはかかせない癖直しはせず、ブラシを使用し逆毛をたてることのほかに、アイロンを使ってウェーブをつくること。洋髪のうち、とくに耳隠しは、女性の顔を前からも横からも美しく見せるということで、人気のある髪型だった。

また、身体全体をスラリと見せるように、洋髪はなるべくこぢんまりとという意見もあった。すでに現代の装いの感覚が芽生えていたようだ。

【イ】と【ロ】のヒロインである姉妹は、髪をいつも耳隠しにしている。【イ】は未婚の妹。【ロ】は結婚している姉。年齢はどちらも二〇歳を過ぎたばかり。挿絵からも推察されるとおり、軍人の家に育って、躾の行きとどいた心優しい女性達だ。このふたりの耳隠しに、なにひとつエキセントリックなものは感じられない。ふたりの髪にはアイロンできれいにウェーブが作られている。

耳隠しはウェーブをつけた洋髪のひとつのスタイルで、日本髪や束髪が髪を上げて結うのに対し、首筋に向かって髪を下ろす、という点にそれまでになかった斬新さがある。耳隠しがひどく嫌われ、攻撃されたこともあったが、これは片方の耳だけを隠すスタイルの奇抜さのためだった。髪で両耳を覆う顔立ちには、なんの風変わりの印象もない。♣

女優髷

女優髷は、七三《しちさん》女優髷ともいわれるように、前髪をふたつにわけるのだが、中央から割るのではなく、六四とか、七三とか、左右非対称のスタイルを指した。前髪をふたつにわけるということ自体がそれまでのわが国には滅多になかった方法で、斬新なイメージを与えた。そのためにか、一九一三、一四年（大正二、三年）頃までは、女優でなければ結わない割前髪の髪型だったのである。七三の七の側がバルーン状に巨大化していくため、その派手さが反感を買ったこともあったようだ。

【イ】は舞台の人気女優。一九一二年（大正元年）のこのころ、束髪は七三など分け髪や、女優髷を派生させはじめていた。単純に前方に突きだす庇髪はもう古くなって、全体に大きくふくらんだ束髪が、人により場合によってスタイルを変える多様化の時代に入った。

日本髪のように決まりきった形ではなく、今日はどこをどうしようかと、鏡の前で考えることができるのは、ヘアスタイルの歴史の上での新しい段階であり、それが女優という職業人によって切り拓かれたのも意味深い。

【ロ】の女は日本橋芳町の芸者。「黒い髪を女優髷に結って、群青地に光琳の秋草模様を胸高に染出した衣裳」を着た二四、五の美人。こういった大胆な柄のおしゃれ着は、芸者のお客との遠出や、奥様の訪問着などに好まれ、着尺の中でもいちばん贅沢な品でもちろん御召。髪は芸者がじぶんでも「こんな女優髷なんか結っている」と言っている。その女優髷といわれるヘアスタイルは、割前髪以外は、具体的にはそれほど

【イ】
柳川春葉「女一代：霜の声 (2)」、鏑木清方画
『報知新聞』1912（大正元）年12月8日

【ロ】
伊原青々園「新椿姫（6）」、井川洗厓画
『都新聞』1915（大正4）年9月9日

【ハ】
黒法師（渡辺霞亭）「獅子頭（64）：雲の往来（15）」、
川瀬巴水画
『読売新聞』1917（大正6）年8月6日

はっきりしていない。
【ハ】は女優風の髷、あるいははっきりと女優髷と言っている。結っているのは表向き女絵師だが、その実、「私の身は穢れています、私は無垢じゃありません、私は罪の深い身です」と最後に告白するような、美貌を種に世渡りをしてきた女。年齢は二三、四。

ここでは、「例の女優風の髪、美顔術師の手にかかったらしい華麗《はで》な化粧を施して」とあるが、この稀代の最先端のおしゃれをしているらしい。ただし、世の中には美顔術イコール派手な化粧、という認識が横行していたかもしれないが、それはかならずしも正しくないだろう。

この女絵師と一緒の男は資産家の御曹司、「ふっくりとした鳥打帽に、獺《カワウソ》の毛の付いた重そうな外套を着て、黒籐の洋杖《ステッキ》を持っている」という身分にふさわしい恰好。挿絵で外套が二重外套であることがわかるが、本文では単に重そうな外套とだけ言っている。♣

身繕い

西洋人の顔のように

【イ】
外ヶ浜人「春の海 (2)」、岡田九郎画
『時事新報』1916 (大正5) 年1月15日

外国映画を見慣れた大衆にとって、西洋風な生活をする、西洋人のように装う、このことはおそらく一九二〇年代から三〇年代（大正末〜昭和戦前期）にかけての、日本女性のひとつの目標でもあり、憧れでもあったろう。

　この時代の日本人のそうした想いをかいまみせるのは、谷崎潤一郎のいくつかの小説作品だが、とりわけ『痴人の愛』(1924)はその見事なあらわれといえる。主人公のナオミの身体的な意味での西洋人くささは、その彫りの深い顔立ちとメイキャップを指すことになるだろう。

西洋人のような女性のすがたと容貌について、当時の人は次のようなイメージをいだいていたようだ。

【イ】は、真夏の海岸で海水浴をする姉妹。大きな廂のお揃いの麦藁帽をかぶり、だんだら模様の、この時代までいちばん多かった柄のワンピース水着を着ている。じつはこの姉妹は母親が違い、手前の姉には西洋人の血が半分入っている。筆者はそのハーフの娘の肉体を、「背がすらりと高く、（……）日本人離れして自由に延びた手や脚の薔薇色の肌膚《ヒフ》」等々と書いてもいるが、もっとも強調しているのは二重瞼だ。

　維新当初から日本の画家が西洋人を描く場合、鼻筋の通っていることと、二重瞼を強調してきた。【ロ】の右側の女性では、はっきりとそれが表現されている。西洋人が強い眼の表情をもっているのは二重瞼であること以上に、眼窩が深く眼の周りに濃い影を生じること、長い睫毛をもつことによるのだが、線画ではその表現がむずかしかった。♣

【ロ】
外ヶ浜人「春の海 (64)」、岡田九郎画
『時事新報』1916 (大正5) 年3月17日

日々の情景

針しごと

ふつう、女の家事しごとといえば、掃除、洗濯、炊事、裁縫ということになるが、明治大正期のすこし女手のある家だと、内外の掃除や水しごとに主婦が直接手を出すことは滅多になかった。それにくらべると家族の着るものに関しては、主婦の具体的な責任がずっと重かった。身分や職業の都合から、じぶんでは針を持たない主婦ももちろんあったにちがいないが、裁縫の心得のあるなしで、おなじ他人にさせるにしてもよほど損得の差があるものと考えられた。

「裁縫のできない女は、女としての価値のない人と申されても致し方なかろうと思います」と、明治の教育者棚橋絢子は言っている。

洋服と和服とどちらが経済的か、という議論も半世紀にわたって重ねられたが、手がかかるという点についていうならば、近代後半に既製服の発展という利点の波に乗った洋服とくらべて、明治大正期の和服ぐらしは、女たちを家庭の檻の中に閉じ込めてはなさない元凶だった。

和服賛美者のよく言うことばに、日本の衣服くらい経済的で重宝なも

【イ】
一転南柯史、魁蕾士（古川精一）（聞）「雛鶴艶話《ひなづるえんわ》（11）」
『東京絵入新聞』1887（明治20）年10月4日

のはない、というのがある。解いて洗って縫えば何十度でも仕立て下ろしにできるし、ちょっとした工夫で親のものを子どもに、また子どものものも親に間に合わせることができる、という。

　けれどたとえば夫の冬のきものだけでも、ふだん着とよそ行きとで羽織二枚ときもの三枚、長襦袢一枚としても袷と綿入れの六枚のきものが、六〇日着つづければもうくたびれてくる。晩秋から春先にかけて三回の手入れが必要だ。おなじように春秋の合着と、夏着の数を加えて、これに家族の人数を掛け、ほかに寝具や寝巻、丹前、帯やら袴やらまで入れたら、家庭はまるで仕立屋と洗張り屋の様相になるはずだ。

【イ】は縫い上げた晴着に火熨斗《ひのし》をしている姑と嫁。ふたりの年齢の差は三〇くらいだろうが、おなじ丸髷の髷の大きさにずいぶんの違いがある。この時代はまだふだん家事をするときも裾を曳いている。

　二〇歳にもならない年でこの家に来た嫁には、腕に覚えの姑がそのあと長いあいだ、一日中さし向かいで、必要な技術を教え込むことが多かった。大家族ではそれだけの縫い物の量があったのだ。歯医者へ行く日だけが自由な、楽しい時間だったと、歳をとってから思い出を語る老女もあった。所帯の人数が多ければもちろん、みんなの着るものの世話が主婦だけの手に負えるものではない。主婦が直接手をかけるのは夫のものだけで、これとこれとは腕達者な奥女中のしごと、などと役割が分担され、晴着など外に出すものもあったろう。

【ロ】は干し上がった洗濯物に霧吹きをしている老女中と、病の床にあるこの屋の主人を見舞いにきた許婚、机の上の写真の女が誰かと尋ねている。家中の衣類の世話が、長年いる女中の手ひとつに委ねられているケースもままあったようだ。

　この物語の場合はやもめ男だからそれもしかたがないし、女中の負担

【ロ】
老霞（渡辺霞亭）「魚釣（44）」、二代目歌川貞広画
『大阪朝日新聞』1898（明治31）年9月4日

【ハ】
渡辺霞亭「二人女房（1）」、二代目歌川貞広画
『大阪朝日新聞』1900（明治33）年5月11日

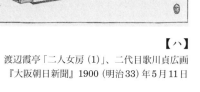

もそれほど重くはないはず。しかし一般には女中の裁縫の腕前のよしあしは、雇った家庭にとっては重要なことだったから、すこしの空いた時間も裁縫の修行を求められたし、またそれにじぶんから励む娘さんも少なくなかった。

女中奉公という考え方がふつうだった時代は、一通り家事が済んで、家の者が布団に入ったころから、二畳か三畳の女中部屋では、眠い盛りの歳の女中の、夜鍋しごとがはじまるのだった。

【ハ】は庭に面した明るい部屋で、匹田鹿の子の長襦袢へ好みの半襟を掛けている姉に、それはお嫁に行くときのお襦袢かと無邪気に尋ねて、恥ずかしがらせている妹。針しごとはときには、女にものを想う時間を与えてくれる。一九二〇年代（大正末～昭和初め）に入ると、家庭でミシンを踏んで、小物や子どもの下着などを縫う主婦や娘さんが増えはじめる。

【ニ】
原田玉桂、南翠外史（須藤南翠）「経帷子（上）（続）」、富岡永洗画
『改進新聞』1891（明治24）年7月21日

【ホ】
山本有三「波（48）：子（1）（3）」、田辺至画
『東京朝日新聞』1928（昭和3）年9月5日

【ニ】は一人娘のもとに婿養子に入り、すでにその家で生活しているのだが、式を挙げるまでのひと月足らずの間は兄と妹として暮らす、という状態の男と女。その娘が彼のために毛糸の靴下を編んでいるが、一八九一年（明治二四年）の編物は早い例。

毛糸編物は、一八九〇年代（ほぼ明治二〇年代）に在留外国夫人から伝えられたという。以後、針しごとの仲間入りをすることになるが、趣味的な要素も多分にあったにちがいない。

ちなみに、娘のきものには黒襟が掛かっていて、帯のすぐ上から前を開き、襦袢を幅広く見せて頸を包んでいる下町風の着付け。

【ホ】は初期の卓上の手回しミシンだったのが、一般家庭に普及しはじめたころには、ほとんど立机の足踏み式になっていた情景。狭い借家住まいやアパートでは、壁を通して響く騒音とともに、けっこう目をむいたような存在だったろう。♣

日々の情景

掃除と水しごと

近代、とくに明治の女性は、一日をだいたい家事に費やし、家のなかで暮らしていた。掃きそうじ以外は、【イ】の挿絵のように、台所の水しごとにしても膝をついてやる場合が多く、当時の女性の一五〇センチたらずの平均身長を考えると、彼女たちの室内の日常の景観は、床からせいぜい一〇五センチから一一〇センチのあたりということになる。膝をついて移動することも多く、きものの居敷当て以外に、膝部分の強化は当然必要だったろう。そのうえに前掛け（前垂れ）、袂《たもと》を処理するための襷《たすき》、そして姉さんかぶりに用いる手拭などは必需品だったはず。

前垂れにかわって割烹着が活躍しだすのは、大正に入るか入らないかくらいだが、ちょうど、女性の略服としての外出着である訪問着の需要も大きくなってくる。彼女たちの日常生活が外へのひろがりを見せるようになるにつれて、女性の目線も高くなり、身体全体の態様もかわっていく。

【ロ】は 大家の下女たちの台所評定。家のお嬢様、お客様の誰彼の縁談やら身の上の噂。東京では江戸時代から坐り流しが多く、洗いものも大根を刻むのも膝をついてのしごとがふつうだった。調理済みの皿や鉢を床に置くことは気にならなかっただろう。茶の間での配膳と併せて、女たちの立ったりすわったりははげしいものになる。きものの膝の部分

【イ】
南翠外史（須藤南翠）「試金石（20）：咲更てまた暴風雨（続）」
『改進新聞』1891（明治24）年11月22日

が擦り切れる——膝が抜ける、という女たちの嘆きは、お勝手など覗いたこともないお嬢様や、男たちには理解しにくい。ただしおなじ流し台を、土間の側に立って使うこともできる構造のお勝手も多かった。

【ハ】は仕立職人の夫の仕事場を見返りながら、これから掃除にかかるため手拭をかぶろうとしている女房。職人の左に物差しと、大きな包丁の柄の部分とが見える。この時代は布地の裁断には鋏でなく裁ち包丁を使うのがふつう。仕立職人のいちばん腕のいい連中は、たいていは名のある呉服屋の抱え職人だったらしい。

職人の女房だが、一八八〇年代（ほぼ明治一〇年代から二〇年代にかけて）のこの時代、まだ掃除でも裾を曳いている。家庭でのふつうの家事、というより家にいるときは、右袖の袂だけを引き上げる片襷がふつう。帯はおそらく下げ結びで、その下に前垂れをしている。

♣

【ロ】
弦斎居士（村井弦斎）「日の出島：曙の巻 媒酌役」、鈴木華邨画
『報知新聞』1900（明治33）年10月4日

【ハ】
聴香楼主人（高畠藍泉）「櫛笥《くしげ》の露《つゆ》（19）」、尾形月耕画
『絵入朝野新聞』1886（明治19）年1月10日

日々の情景

手水《ちょうず》をつかう

明治時代の関東では、便所は雪隠《せっちん》とよぶのがふつう。すこし気どったいい方では後架。家族三、四人で三間か四間の借家暮らしをしている庶民の家では、玄関からはいちばん奥、小さな庭に面して縁側の廊下があり、廊下の端の突き当たりに半畳の広さの雪隠のある間取りが多かった。洗面所や小便所の附属するのはだいぶ後のことになる。だから便所を出たところには手を清めるための手水《ちょうず》のいろいろな工夫があった。猫の額ほど——ときまりきったいい方をされる小庭に向いた座敷と廊下は、ほとんど窓というもののない家の中ではいちばん明るい、気の晴れるところだったから、女たちは一日の大部分をここで過ごして、針しごとをしていたことだろう。

【イ】のものがたりの主人公は神奈川県庁勤めの中級官吏で、住まっているこの家も官舎なので、この時代としては豊かな暮らしぶりが家の構造、建具などにもうかがえる。玄関ではなく、庭から入ってきた娘は主人公の上司のひとり娘で、日頃仕立物をすべて、いま縫い物をひろげている主人公の母親に頼んでいる親しい仲。ふだん結いつけない島田を結ったので、顔が引っつれるようだと笑っている。娘のその島田はまるで芸者のように髷が低くて下町風。

雪隠脇の小庭は汲み取りのためにもぜひ必要なのだが、気心の知れた人は庭から回って上がりこむことがあるので、そのあたりには目隠しと匂い消しのため金木犀や千両など、常緑灌木を植え込むことが多い。

【ロ】は長いものがたりの発端、帯地問屋の若旦那の、放蕩のきっかけとなった一場面。慣れない商売仲間の大一座をのがれて、手水に立った男の後を追ってきた芸者。宿屋で

【イ】
朝霞隠士（渡辺霞亭）「初卯の花（下）：可憐娘（2）」、
山田敬中画
『江戸新聞』1890（明治23）年4月23日

は雪隠まで女中が案内して来て、用を足したあと、手水鉢の水で手を清めた客に手拭きをさしだすことはよくあったが、芸者がついてくるのはおそらく只ごとではない。

芸者の手渡ししているのは流行りはじめたハンカチーフかもしれない。雪隠の入り口には、大きな台石の上にすり鉢型の手水鉢が置いてあるが、手拭きは下がっていない。若旦那のからだの向きからすれば、女のさし出しているのは束ねたちり紙とも考えられる。八代目文楽の演目「つるつる」のなかに、おなじ芸者屋に住んでいる幇間が、惚れた芸者の雪隠に行くときは、紙を揉んでついて行きます——と言っていやがられる場面がある。

【ロ】
「昼夜帯好染色《ちゅうやおびこのみのそめいろ》（17）」、歌川国松画
『絵入朝野新聞』1886（明治19）年10月3日

落とし紙に使うのはふつう浅草紙だが、一口に浅草紙といってもさまざまだから、なかにはかなり黒ずんだ硬めの安物があり、その時代は、紙はよく揉んで使いなさいと母親が教えたものだ。浅草紙どころか、便所の落とし紙といえば、新聞紙を適当な大きさに切りそろえたものを常用している家庭は、第二次世界大戦後でもけっこうあったようだ。子どもが皇族の写真の載っている部分を便所に入れてしまい、父親から大目玉を食ったりした。そんな家でも母親は、娘がお手洗いに行くときは抽斗《ひきだし》からそっと、自分用のやわらかい紙をとりだして手渡したりした。それは桜紙とか小菊とかよんでいたようだが、名称はかなり不正確だろう。京花は薄すぎて落とし紙には使いにくく、一部の人がお事紙などといって房事に用いたらしい。

【ハ】は、大勢の家族や弟子を抱えた女役者お満のせわしい朝の場面。老いた母親はじめ、みんなに気をつかいつつ朝餉の支度と、じぶんの身仕舞いを手早くすませている。お満は寝巻きのままの細帯すがた、裏庭に面した縁先でいま手水を使っている。

縁側の廊下を突き当たっての左側は雪隠の戸があるはず。その戸の先に大きな自然石を彫窪めた手水鉢が据えられ、上から芸人の家らしい派手な手拭きが下がっているのはお約束。

お手水《ちょうず》というと便所を意味する場合と、本来の意味に近く手を洗うこと、あるいはその場所を指す場合とがあり、その点はいまのお手洗いとおなじ。水場が台所だけだったこの時代、洗面や化粧などは縁端を利用するしかなかった。本文中に、外の井戸から手桶一杯の水を提げてきて、手水鉢の水を替えた――と言っているから、台所の水瓶の外に、洗面等に使う水はこの庭先の手水鉢を利用していたのだろう。便所の手洗いにも使う手水で洗面や口すすぎをするのは、いまの人には考えられないが、神社に詣でるときの、鳥居の傍らの手洗いも手水といっているから、この時代の人には抵抗はなかったにちがいない。

お満は手水鉢から平べったい金盥に汲みとった水に、差し湯をして使っている。両側に置かれているのは、歯磨きの房楊枝と楊枝入れと思われる。父親は片方の足が義足。わが国で継ぎ足などとよんだ義足は、外来技術に独自の工夫を加えて外国人を驚かすような発達をみせ、中でも富士登山の成功で気を吐いた小柳義足は有名。

♣

【ハ】

南翠外史（須藤南翠）「江戸小町（2）：家族快《かぞくかい》（中）」、橋本周延画

『改進新聞』1892（明治25）年1月29日

日々の情景

花魁《おいらん》部屋

吉原は開国当時から海外まで有名だったから、花魁《おいらん》道中などの彩色絵はがきや、廓《くるわ》内の家並みや張見世を写した写真はけっこう多い。また廓の女性を縁故者にもつという斎藤真一さんの『明治吉原細見記』（1985）のような鬼気迫るドキュメントもある。ここではそうした記録では拾いにくい部分を、作家と画家の実体験の記憶によって描かれた挿絵から紹介する。

【イ】は張見世の花魁と遊客のやりとりを、格子の内側からとらえている。遊客は目深にかぶった中折帽と襟巻で顔を隠しているが、むかしは吉原かぶりという、手拭の独特のかぶり方をした。もっともこのかぶり方は、なにも吉原の客しかしなかったわけではなく、屑屋がよくこの恰好をしている。右側の男は冷やかしだろう。明治時代の吉原では仲ノ町の両側の大籬《おおまがき》ではぜんぶ花魁が張見世をしていたから、その華やかさ、明るさはたとえようもなく、女性でも子どもでも、お女郎さんを見に行こうといって遊びに来たもの。

花魁がいちばん外に着ているのは上から放り着る打掛。花嫁さんの着る打掛（裲襠《うちかけ》）とおなじ古風な衣裳。因みにこの時代は、婚礼に打掛を着ることは民間では稀だった。明治の中頃には、どの格子を見てもおなじすがたの花魁では遊客の目を惹きにくいというので、洋装させてみたり、山形県で抱えた十数人の花魁に、土地の恰好そのままで——たっつけ袴に鯉口の袖という——張見世させたり（「北廓だより」都新聞 1897/3/11:3）などなど、けっこうイノベーション志向の歴史はあった。

【イ】
「探偵叢話 山田実玄（50）」
『都新聞』1894（明治27）年8月1日
〈遡及資料〉1890（明治23）年

花魁は手に長ぎせるをもっている。吸付煙草で格子の外のお客を誘うことはだいじなテクニックだったから、一九〇〇年（明治三三年）に「未成年者喫煙禁止法」ができたとき貸座敷業者は、花魁は別扱いにしてくれと運動している。彼女たちはお客の指名があるまで煙草を吸う以外のことはできず、読書など以ての外だった。ただ日露戦争がはじまった一九〇四年の夏、張見世の花魁たちに編物をさせて、できた毛糸のセーターを戦地に送ったのはめずらしい例（「戦時の洲崎」都新聞 1904/7/9:3）。

張見世が人権蹂躙であることは間違いないので、やがて禁じられて写真に代わった。

【ロ】は上がった客が指名した花魁とさいしょに座敷で会う引きつけ。このあたりまでは僅かながら写真が残っている。客が初めての花魁と遊ぶのを初会といい、二度目に会うのを裏を返すといい、三度目を馴染みといって、はじめてお床入りが許される、もし初会からそれを望むので

【ロ】
「遠音かぐら（8）」、田口年信画
『灯新聞』1887（明治20）年1月11日

あれば初会馴染みという特別の料金を支払わねばならない――など、この時代の廓、とりわけ吉原は、単なる売春をできるだけ仰々しいものにし、そのうえ吉原情調などというBGMで煽って、遊客によけいな支出を求めた。

【ロ】の画面手前の座敷から、客のいる奥座敷に入ろうとしている花魁は芸者風のつぶし島田に結っているのはめずらしい。しかし花魁がいつでも、だれでも、役髪といわれる巨大な兵庫髷であったわけではなく、さきで述べた洋装や田舎衣裳の例でわかるように、目新しさで遊客の心を惹く工夫もしていたのだ。

【ハ】は床の中の花魁。ただしこれは吉原ではなく、根津の廓が一八八九年（明治二二年）に移転した洲崎の廓のひと部屋。すでに仕掛（打掛）は脱ぎ、長襦袢に帯をゆるく巻いた花魁が身体を横たえている。

粋人で通っている富岡永洗の経験豊かな眼と、かゆいところに手のとどくような筆者の記述が、ときには骨の硬い読者の眉を顰めさせることがあったにちがいない。この種の連載小説が、廓と遊びの一種の手引書の役割を果たしている、と。

「毎日毎日大きなしゃぐまの髷に、裲襠《うちかけ》を着た娼妓を挿絵に掲げる新聞は、内務省で注意しそうなものだ」（「某新聞の挿画」朝日新聞 1900/9/14:3）という批判の出てくるのは当然だった。

【ニ】はおなじく永洗の描いたきぬぎぬの別れ。見世の式台まで送りに出た馴染みの花魁が、牛太郎とよばれる見世の若い者の前もかまわずに、仕掛（裲襠《うちかけ》）で相手の身体を包んで、背中に顔を伏せている。この客は、警察に追われて明日の身が知れぬ男だから格別だろうが、こんな場面でも、うぬぼれ客の心をくすぐったにちがいない。♣

【ハ】
伊原青々園「近世実話 五寸釘寅吉 (96)」、富岡永洗画
『都新聞』1899 (明治32) 年5月11日
〈遡及資料〉1892 (明治25) 年頃

【ニ】
「探偵実話 雷巳代治 (66)」、富岡永洗画
『都新聞』1904 (明治37) 年11月1日

日々の情景

下宿暮らし

昭和戦前までの大都会では、結構ゆとりのある月給取りの家庭でも、借家住まいというのがふつうだった。また、アパートが急激に増えた一九三〇年代（昭和戦前期）以前には、所帯をもつ前の都会の職業人には、間借りや、下宿住まいという人が男女とも多かった。下宿暮らしをする人が減少してきたのは、ガス、水道、電気などというインフラの整備のおかげだろう。とりわけガスと水道が行き渡っていなかった明治時代には、独り者が自炊生活をするのはむずかしかったし、惨めったらしかったのだ。東京は地方出の稼ぎ人や、とりわけ学生が多かったので、彼等を相手の下宿屋が繁昌し、学生の多い神田、本郷、牛込、早稲田辺では、ちょっとした産業といってもよかった。

【イ】はもっとも一般的な下宿屋の玄関で、上がり口で履き物を脱ぎ、正面の階段を上がると中廊下になっていて、両側に部屋が並ぶ、というプラン。都会にはいくらもあった安宿と変わることはなく、後にアパートが増えはじめるとやっぱりこのプランが引き継がれる。

履き物をはいたまま家に上がるという考えは、この時代の人にはなかった。ただしこれはさいしょから旅館、あるいは下宿屋として建てられた場合で、多かった素人下宿の場合は、もちろん部屋数も少ないし、主人たちの住む母屋との関係もさまざま、賄い付きの部屋貸し、といえるだろう。

小金を持った未亡人などが、学生さん相手なら堅いから、という理由でこの商売に手を出したもの。下宿むきの売家などという広告を新聞で見かけることがある。下宿で保証されるのは住と食だ。部屋の広さは三畳から六畳がふつうで、八畳、一〇畳はごく少ない。ふつうは三尺でも押入はついているものだが、むりに部屋を小さく仕切った場合には押入れがなくて、布団や行李は狭い部屋の隅の方に重ねておくしかない。布団は貸布団屋から借りれば、下宿屋の煎餅布団よりはましなものにくるまって寝ることができる。その他

【イ】
欠伸居士（本吉欠伸）「女喰ひ（18）」
『都新聞』1895（明治28）年8月7日

下宿人に必要なものはランプと小机、学生なら本箱、手焙り火鉢くらいのものだろう。

【ロ】はそういう学生の引っ越し。下宿全盛期の一九一〇年代（ほぼ大正前半期）までは簡単な運搬はまだ大八車の時代だった。しかしそんな荷車を頼まなくても、学生の引っ越しぐらいなら、ここに描かれているように二人乗りの人力車でじゅうぶんだった。

【ハ】【ニ】にある机はいずれも粗い木目の浮いた安机だが、軽さという点では一閑張りの机も愛用された。一閑張りは和紙に漆を塗って固めたもの。

【ロ】で学生が抱えているランプは、この時代ではだいじな財産。車にはほかに本箱と本、手焙りと、代えの衣類が入った小行李があるはず。

【ハ】の火鉢は木製の角火鉢。陶製の丸火鉢は手触りはよいが、移動の多い生活では重いし、割る怖れがあるのと、火の上でものを焼いたり干したりするのに、角火鉢の方が便利なため。但し火鉢は下宿屋で貸すことが多い。

小行李の中の衣類は、書生さんの身分なら、綿入れと袷と単衣もの、それに書生羽織と兵児帯《へこおび》一筋、シャツと下ばき、足袋に靴足袋、靴——のうち、いま身に着けているもの以外、それで十分だろう。下宿暮らしで不自由なのは洗濯ものだったが、明治時代の人はまめに湯には入っても、現代人と比べておどろくほど、衣類を洗う頻度が低かったようだ。修養書などにも、シャツの襟、袖口の垢汚れがよく指摘されている。家庭的で親切な下宿屋というの

【ロ】
暗香生「栄枯盛衰 転宅十二徙（中編）(8)」、歌川国松画
『絵入朝野新聞』1886（明治19）年11月3日

は、そういう洗濯ものにまで気をつかってくれる家らしい。それはふつう朝晩の膳を運ぶ女中に頼むことだが、素人下宿などでは細かいところに目の届く主婦もいたし、賄い、娘つきなどといって気の回る看板娘のいる下宿屋もあったようだ。もちろんなにかにつけてよぶんの金は出た。

　下宿全盛期の一九〇〇年（明治三三年）頃の一カ月の下宿代は、部屋代が三畳で一円八〇銭、四畳半で三円、六畳で三円六〇銭――但し六畳以上はふたりの合宿が多い。賄い料は一人三円五〇銭――という例がある（『如何にして生活すべき乎』1900）。しかしもちろんこれだけではすまない。一年に何回というような袷や綿入れの洗い張りなどは、郷里へ送るのがふつうだったろうし、汚れた下着を行李に一杯、結婚まで溜めておいた、という豪傑のはなしもよく聞く。♣

【ハ】
欠伸居士（本吉欠伸）「女喰ひ（19）」
『都新聞』1895（明治28）年8月8日

【ニ】
小杉天外「新学士（75）」、坂田耕雪画
『大阪毎日新聞』1901（明治34）年3月16日

日々の情景

遊芸のお稽古

江戸時代、商人の子はたいていは寺子屋に通って筆算のわざを身につけた。都会では女の子は遊芸の師匠のもとにも通う子が多かった。明治になっても東京や大阪など大きな都会のとりわけ下町では、女の子には相変わらず、三味線や踊りのお稽古に通わせる親がけっこういた。子どもが女学校に上がる年になると、もう三味線でもないだろうと、本人も親も考えるようになる場合が多かっただろうが、それでも幼いときに〝糸道をあけておけば――〟、それも将来の生活のひとつの慰めになる、というふうに考える親もあった。もっとも貧しい親の中には、もうすこし野心をもっている者もいたはずだ。いわゆる芸が身を助けるほどの不幸せ――というやつである。

【イ】は、いまは吉原金瓶楼の花魁《おいらん》の身だが、幼いときにあなたから、手をとって三味線の稽古をしてもらったことがあるという、その想い出ばなしの中の一齣。画面の右端の敷居際に立って、恥ずかしそうに口元を抑えているのが一三、四歳のときのその女性。お師匠さんと向き合っていまお稽古中の小さな子は、髪を子どもらしい結綿風に結い、帯は矢の字に結んでいる。明治時代の東京や大阪の下町の横丁には、小さな看板を上げた三味線や踊りのお師匠さんが一町内に一人ぐらいはかならずいた。一九二五年（大正一四年）でも東京には常磐津の芸人が三〇八人、清元が二二六人、長唄が一三九人いたそうだが（「東京諸芸人

【イ】
採菊散人（条野採菊）「八重桜奈良の古跡（25）」、水野年方画
『やまと新聞』1887（明治20）年7月10日

人数表」『新旧時代』1925/5: 18）、その数には入らないおっしょさん（お師匠さん）の方が多かったろう。

少女の様子には、幼いながらすでに情を知る娘の風がある。子弟、とりわけ小さな娘に芸事を学ばせることへの批判はこの点にあった。長唄や常磐津の稽古に使われる曲は、舞台で演じられるのとおなじものであるため、大人になりかけた娘だったら、顔を赤らめるような詞章が少なくない。「長年の習慣なれども、遊芸をもって身を立てんと欲する者のほかは、宜しく児女の師匠の家に出入することを止むべし、良家の児女をして遊芸の道に入らしむるは、修身のうえに弊害あるのみならず、たとえ熟練の境に至るも、生活上にはもっとも不必要にして（……）」（金子春夢『東京新繁昌記』1897）。

銀座裏の長屋育ちの画家、二代目歌川芳宗（新井芳宗、一八六三年生）は、三味線を仕込まれていた姉が、いつの間にか芸者になってしまったと語っている。一八七七年（明治

【ロ】
「遠音かぐら (6)」、田口年信画
『灯新聞』1887 (明治20) 年1月9日

一〇年）頃のことだ。その時代は町内の頭かなにかに話せば、簡単に芸者屋の仕込みになれた（三須裕『銀座』1921）。また実際、じぶんから芸者に憧れる女の子もけっこういた。

【ロ】はそうした芸者屋の仕込みっ子の稽古。器量のいい少女を子飼いから養って、将来の〝米櫃〟にするために特訓する。日々の稽古は本職の師匠のところへ通わせるが、家に帰っても女中とおなじ仕事をさせる暇には、からだより大きな三味線を抱えさせる。芸者屋の主人は、いまも座敷に出ているいないは別としてこの世界で生きてきた女。はでな半天を着て長火鉢に片肘をもたせ、長ぎせるを斜に構える、という威厳。稽古屋の師匠とちがい、女の子の身体の構え方、きものの着様、髪の結いぶりまでに細かく目が届いて口うるさい。一〇代の少女でも、三カ月も芸者屋にいると歩き方から変わってくる、といわれた。

この子の髪はお稚児で、この年の女の子の髪型としてはもっともふつうだったが、一八八七年（明治二〇年）というこの時代では、少し古くなっていたかもしれない。あと三、四年たてばこの子にも雛妓《おしゃく》としてのお座敷が待っている。

【ハ】
広津柳浪「家と児（41）」
『都新聞』1892（明治25）年11月19日

【ニ】
渡辺霞亭「寒笴（23）」、稲野年恒画
『大阪朝日新聞』1897（明治30）年12月4日

【ハ】はもうすこし幼い子どもの踊りのお稽古。幼い子女のあどけない踊りは愛らしいものだから、親の意図の中には、祭り屋台の上での晴姿のわが子があるのかもしれない。

【ニ】はそれらとは大違いで、旦那衆や町内の兄イの稽古場入り。芸事の好きな人は男でもいたろうが、付き合いの多い稼業では、端唄のひとつもできないようでは幅がきかない。

落語ではこうした連中のことを蚊弟子――蚊が出て夜なべがしにくいときだけの稽古だから――、狼弟子――師匠を喰おう喰おうと狙っているから――、などとからかっている。下町の遊芸の師匠には事実、芸者あがりの小粋な女が多かった。いま師匠と向き合って、清元『落人《おちうど》』の稽古をつけてもらっているのは某銀行の出納係という。本文では田舎銘仙のきものに、おなじ茶縞の羽織――とあって挿絵とちがっているが、柄物のワイシャツの上に丹前をひっかけたこの絵の恰好も、独り者のサラリーマンらしい身なりだ。 ♣

日々の情景

座敷の洋装

文明開化とともに、日本家屋に洋装が入ってくるが、とくに女性はそのつくりが大きく、御神輿のような印象を与えたものだ。男性の洋装は、座敷に正座をすれば、ズボンが皺でヨレヨレになり、立ったときには、上着とアンバランスな取り合わせの様子を見せる。これが、昭和の時代に入っても長く続き、背広の基本的な美しさを欠いていた。

【イ】は、無理に座敷に上げられた客が遠慮しながらご馳走に与っている情景。客のシルクハットとフロックコートはかたわらの壁に掛けてある。待合茶屋にしてはぞんざいな扱い。シャツとチョッキでは寒いというのか、丹前を羽織らせているのはかなり内輪な様子。男の礼装も年賀のためだが、供応されている二の膳はお屠蘇とお重とで、お正月のご馳走であることがわかる。

客の着ているベストの胸に大きく懐中時計の鎖が見えている。この時代にはまだ腕時計は一般的でなく、時計は男女とも胸の隠しに入れていて、懐時計とも言っていた。

【ロ】は、長いこと行方の知れな

【イ】
東洋太郎「東風の朝凪：新富町鷲の家の場（2）」、二代目歌川芳宗画
『改進新聞』1886（明治19）年10月9日

かった妹が立派な教育を受けて成人し、姉の前に現れる場面。座敷に立つ洋装の妹は、西洋風の風俗を身につけたとはいえ、数え一三歳にしてはバッスル・ドレスが大人っぽすぎる。挿絵の水野年方は、ほぼリアルタイムの西洋の絵か写真を見て、そのまま描いたのだろうが、一二、三歳の少女の資料は、あいにくなかったのだろう。

　また、妹は帽子をかぶったままだが、日本座敷と女性の被りものの問題は後々まで課題として残る。それは個人宅だけでなく、だいたい和風の構造をもっていた紅葉館での女性の帽子も、鹿鳴館とちがい異様な印象を与えた。紅葉館は鹿鳴館ができるまでは東京一の宴会場で、この時代も公私に広く利用されていた。

【ハ】は、下町の銘酒屋の娘が教育を受け洋行し、生まれ変わったような貴婦人になる物語。向かい合っているのは華族の若君。娘は一度はこの若君と密かに結婚したが、周囲のはげしい反対にあって諦めようとしている。洋装の男性の正座は、冠婚葬祭の座敷では、戦後になっても、よく見られるすがただった。

　ついでに、娘の結っている髪型は、縦型の束髪。いわゆる上げ巻の系統で、束髪はふつう結う人自身の手づくねが多いので、形も一定していないし、いちいち名称のあるものでもない。

♣

【ロ】
一筆庵主人（富田一郎）「姨捨山（39）」、水野年方画
『やまと新聞』1890（明治23）年1月23日
〈遡及資料〉1889（明治22）年

【ハ】
加藤眠柳「水彩色《みずさいしき》（52）」
『東京朝日新聞』1901（明治34）年10月6日

情態

ひるがえるきもの

和装は一般に帯一本で身体に固定しているにすぎないため、からだから離れて動く部分が多く、それが弱点とも、また扱いようでは利点ともなることがある。近代西洋服の場合はガウンのたぐいを除けば、前を開いた状態の衣服も少ないし、からだを包むための構造が優先し、使われる布地、皮革などの素材はからだの形にほぼ添っていて、それ自体がふくらんだり大きく動いたりすることは、女性のスカート部分以外は少ない。一八世紀初めのフランスの画家ワトーの作品によく出てくるワトー・サックとよばれている日本の裲《うちかけ》風のガウンなどは、西洋ではめずらしい例になっている。

　近現代の和装の固定具はけっして帯一本ではないのだが、締めつける部分が胴だけであるため、とりわけ帯下の裾の部分、そして広口の袖、女の袂《たもと》、またふところ（胸のうち合わせ）までも、動いて、ふくらんで、ひるがえる可能性をもつ。明治の教育者などはその点を日本きものの不作法として改善を望んでいるが、着ている人が実際に、それで困るような場合は滅多にあるものではない。

【イ】は東京の女学校を出た地方の豪農の総領娘、じぶんの意に添わぬ縁談を嫌って、近隣に住む尊敬する言論人のもとに身を投じようと、雨の夜の家出。本文では「雨のそぼ降るに蛙の声のかしましきに紛れ（……）傘深く姿を覆うて友禅染の蹴出し優に床しく高足駄に露を砕

【イ】
渡辺霞亭「五月鏡（12）：不見恋《みぬこい》」、右田年英画
『東京朝日新聞』1890（明治23）年5月8日

きて（……）」とあって、それほどの吹降りではないようだが、挿絵の方は雨風の中を徒歩する女性を描く場合、袂や裾を思いきってひるがえさせて描くのが、近世錦絵以来のこの種の画題の常道だった。

【ロ】は門徒坊主にすがたを変えて逃亡を続けている重罪犯が、東京の本郷春木町で、探していた一味の女に偶然出逢った場面。洗耳のデッサンの技倆はすぐれているが、ときに演技的にすぎ、オーバーと感じることがある。この挿絵もそんな例のひとつ。男の身構えもそうだが、ブラ提灯をふりかざした女のからだの驚きの表情と、袖や袂、裾前の、突風にでも出逢ったような動きの表現がやや非現実的。

【ハ】は家において下女しごとをさせている身寄りの娘が、夜鍋にじぶんの部屋で手洋灯（ランプ）を灯して学習することが気に入らず、こう明かりを点けられては眠れないと文句を言い、娘のランプを裏口で叩き割る女。薄袷の古い寝間着らしいふところや裾の乱れ、袂のひるがえる様はこんなものだろう。

【ニ】は芸者屋の二階で、抱え芸者の足抜きの相談をしている席に、最前から襖の蔭で、はなしの様子を

【ロ】
「探偵実話 侠芸者《だてげいしゃ》（56）」、松本洗耳画
『都新聞』1896（明治29）年6月4日
〈遡及資料〉1887（明治20）年

【ハ】
「水仙花（6）」、二代目歌川芳宗画
『絵入自由新聞』1886（明治19）年11月28日

【ニ】
橋本埋木庵「実話 悪縁塚（119）」
『都新聞』1904（明治37）年3月19日
〈遡及資料〉1878（明治11）年

聞いていたこの家の女房が、突然襖を押しあけて入ってきた——という場面。女房の手には証文が持たれているらしいので、はなしの帰趨はあきらか。ここではわたしがいちばんに良い役回り、という誇らしさが女房のすがたを、まるで踊りの振付のようなしぐさにし、そしてそのしぐさは袖や袂、また敷居をまたいだ裾の襞《ひだ》の表現になっている。

和装のひろい袖や長い袂、ひろがる裾は、それ自体はなやかな動きの自由さ、あるいはその可能性をもっている、身近な洋服にはない部分だ。もちろん日本舞踊の振りならともかく、日常きものを身に着けて生活しているときには、それほど動きのあるものではないだろう。しかしその可能性は人々の想像力と愛情のなかでなら、キモノ・ファンタジーと言ってもいい奔放なイメージをつくっているかもしれない。【ホ】はそういう想像の世界のなかのもの。♣

【ホ】
野村愛正「暁の空へ捧ぐ（172）」、斎藤五百枝画
『万朝報』1923（大正12）年8月14日

情態

ゆるみと襞《ひだ》で包む

方形の布をほとんどそのまま縫い合わせただけの和服の構造では、それを身に着けたとき、たくさんのゆるみや襞《ひだ》、しわを生じるのは当たり前のこと。現代和服はそれに対して部分的に洋服の技術を応用したり、体型の補正や着つけの技術で対処している。その結果としてぜんたいが壁面のような、小包式とかロボット風といわれる昭和和服が生まれた。

現代の、とりわけ着付けの専門家の目から見れば、近代前期――明治時代の和服の着付けは一般に下手で、だらしがないという。それは当然で、セピア色の古写真の中の人々は、ごく特別な場合を除けば、日々のきものをみんな楽々と、じぶん流儀に着ていた。いまの男の子が、空き地でサッカーをしにゆくのに、Tシャツを一枚着てはしりだすのとおなじこと。和装は日常のもので、生活のどんな動作も、喜びも怒りも哀しみも楽しみも、それに包まれていたのだ。だからきものを着るのを人に頼もうなどというあたまのあるはずもなかった。嫁入衣裳でさえ母親か知り合いのおばさん、あるいは裁縫のお師匠さんなどが手を出すくらいで、たまには町内の芸者などの頼まれることがあっただろう。

和装が銀座に遊びに行くときのよそいきになりはじめたのは、一九二〇年代後半(大正末)からあと昭和初年のことだ。新聞や婦人雑誌に、上手な着付けについての記事の載りはじめたのもその頃から。

日常生活を拘束しない衣服とは、基本的には必要なゆとりをもった、ゆるみのじゅうぶんあることがのぞましい。それに対してもともと開口部の小さいチュニック型を基本としている西洋服は、それとわかるゆるみや襞に乏しく、またそれを嫌い、あるいは無視しようとした。たまたま一九三〇年代初め(昭和五

【イ】
渡部乙羽「人鬼(7)」、富岡永洗画
『都新聞』1894(明治27)年12月1日

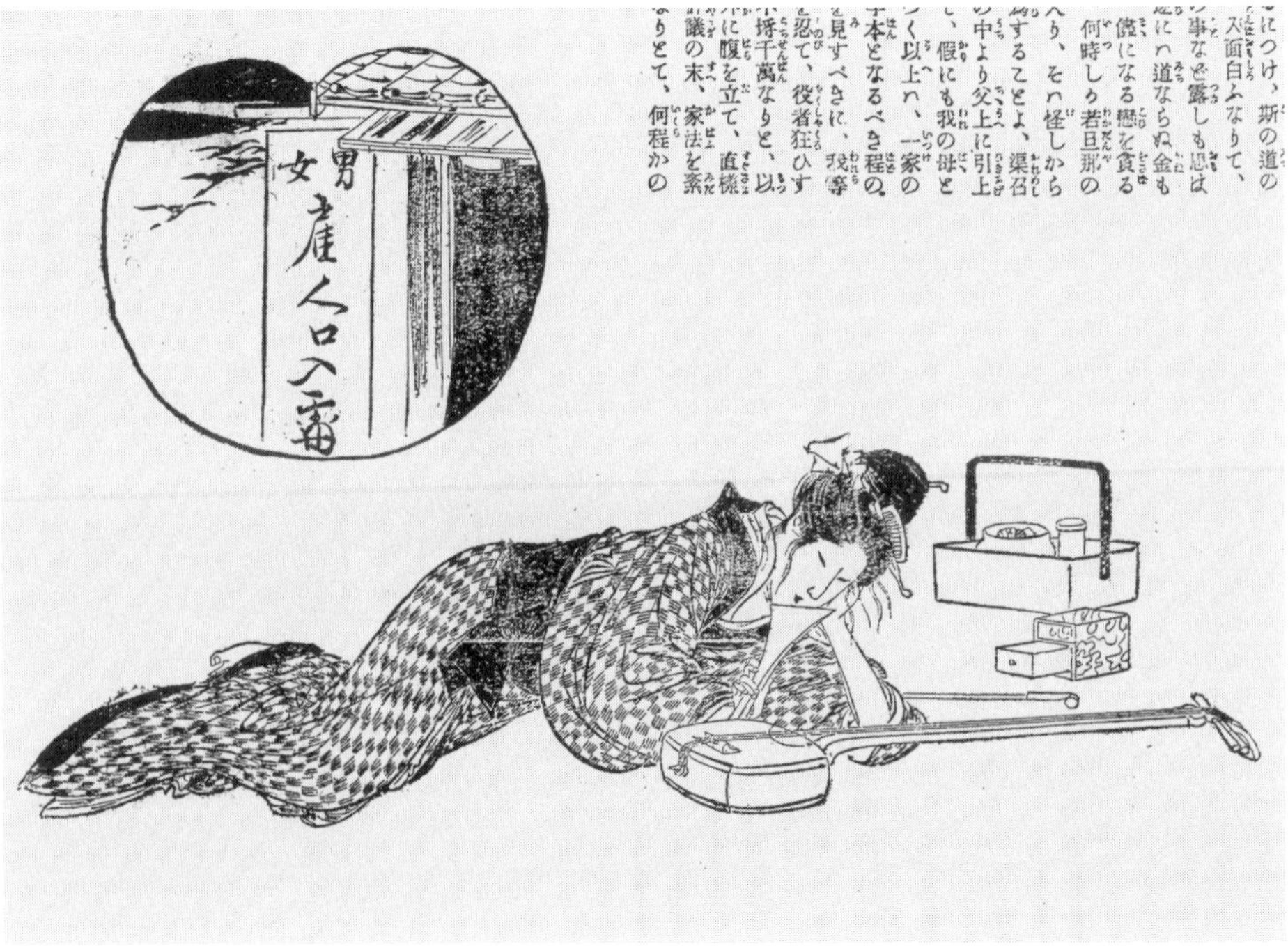

【ロ】
渡部乙羽「人鬼（8）」、富岡永洗画
『都新聞』1894（明治27）年12月2日

年頃〜）に、パリのオートクチュールのマドレーヌ・ヴィオネによるドゥルーピング・ボーンレス・スタイル（drooping boneless style）が一世を風靡した。布面の一種のゆるみを味わいとしてデザインに生かそうとしたデザイナーには、そのほか、一九六〇年代（昭和三〇年代後半〜四〇年代前半）のマリ・クワントなどもいる。しかしこれらは表面的な布地の扱いについてのアイデアであり、和服におけるような、衣服の構造や、とりわけ着装上のゆるみやゆとりとは、まったく別のことになる。

【イ】と【ロ】の「人鬼」は時代物だが、参考として紹介しよう。富岡永洗が都新聞社に入社してから三年目、先輩の山田年貞をしのいで読者の大きな支持を得はじめた時期の新聞挿絵の傑作。【イ】の床から離れていま房楊枝をつかっているのは若手の女形。歌舞伎役者でも女形は常時眉を剃っていて、髪は鬘下《かづらした》の一種。しだらなく着た寝間着の襞の線描はみごと。永洗はこの「人鬼」の好評のあとをうけて、三年後、『都の華』の挿絵の担当がはじまる。

【ロ】は後添いの後家の身分で役者買いに身を入れすぎ、婚家を離別された人妻。横たえた三味線の撥をなぶりつつ身の行く末を思い悩んでいる。家着の元禄袖の綿入れきものに黒繻子の細帯、裾を曳いた和服の布の量の大きさが、ワンピースで転がっているのとは違う、女のからだの想いを表している。和装は畳の上にこうして身を横たえて、ひとつのすがたになりうる。この女はやがて葭町の比丘尼屋に身を売った。

【ハ】は本文とはかなり違う挿絵になっているが、見知らぬ男につきまとわれている娘の不安を表現している。和服はこれ以上はないくらい単純な構造だが、おとなものには付紐もボタンもないから、着るのに多少の手間や工夫が要る。とりわけ女物は、はしょりをもつようになったため、腰紐を締めながら、たっぷりした襞をかかえこむプロセスがある。着上がる前の、たいていはじぶんひ

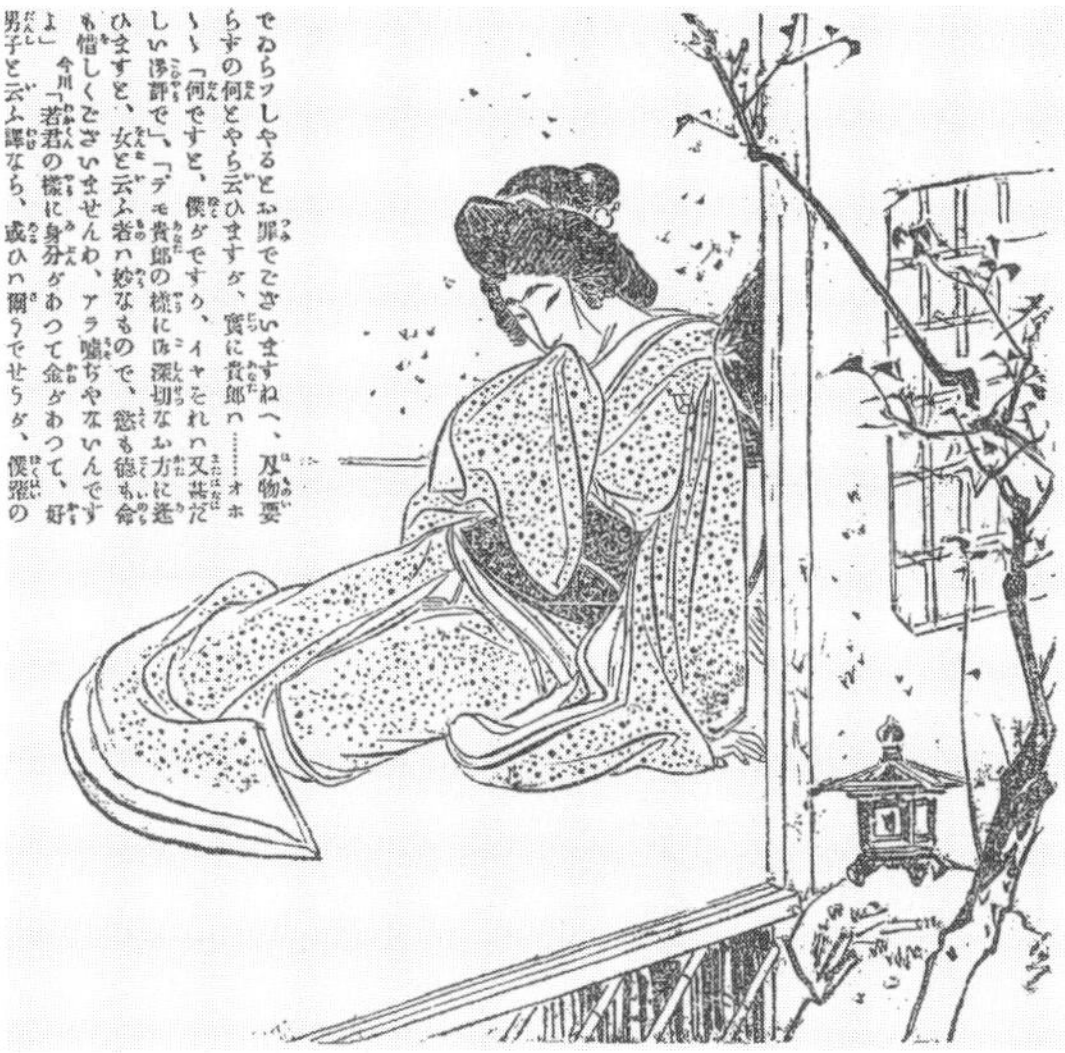

【ニ】

橋本埋木庵（編）、渡辺黙禅（閲）「近世実話 閻魔の彦（9）」、富岡永洗画
『都新聞』1900（明治33）年12月18日

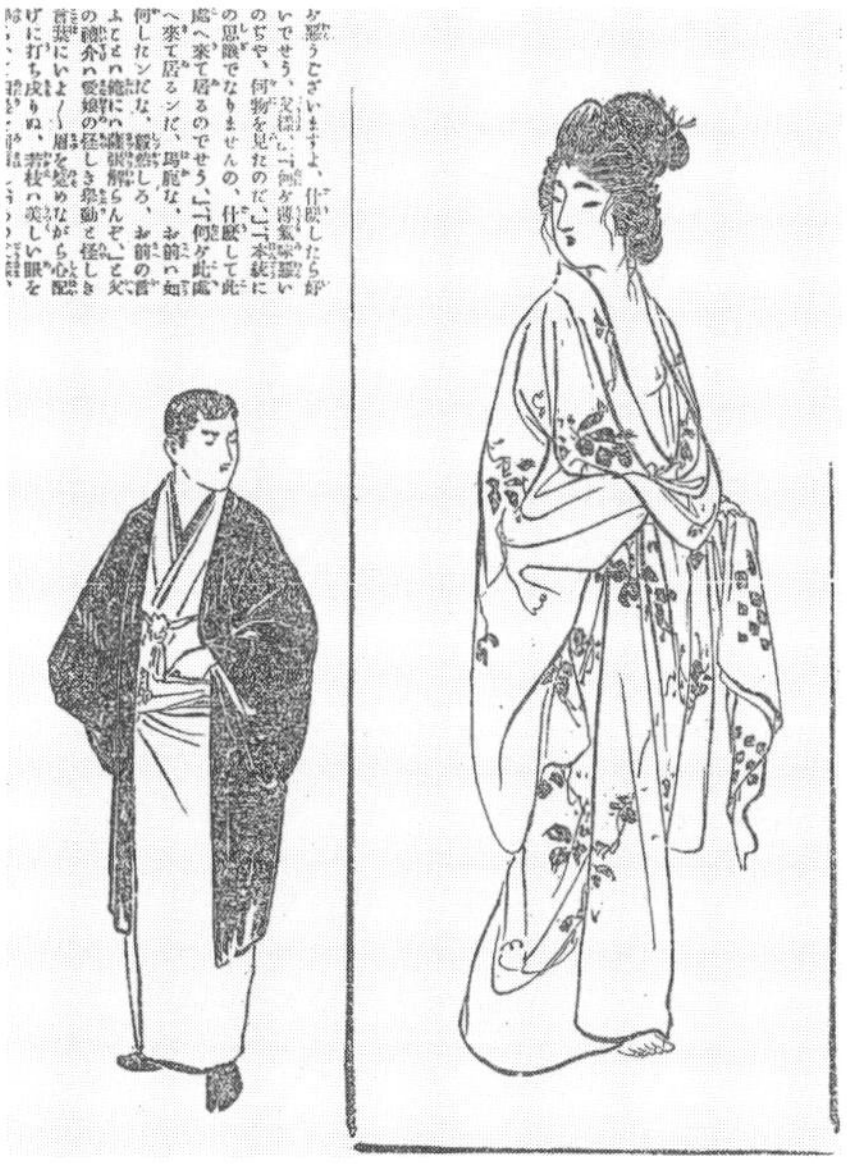

【ハ】

遅塚麗水「鷹丸（22）」
『都新聞』1904（明治37）年5月12日

【ホ】

橋本埋木庵「実話 悪縁塚（100）」、富岡永洗画
『都新聞』1904（明治37）年2月28日
〈遡及資料〉1877（明治10）年

とりの姿見の前の時間にすぎないが、一般に狭く、プライヴァシーも気にしなかったそのころの家や、夫婦ふたりの暮らしであれば、それも人目にさらされるだろう。美しいきものを身にまとうことの喜びと、人の目を意識している小さな羞じらいとを、このすがたは表現している。

【ニ】と【ホ】の足を伸ばし、片手を後ろについて身を横たえるこの恰好は、女性が嗚咽し、あるいは哀しみに耐えるようなとき。【ニ】は芸者島田、裾を曳いた柳橋の売れっ子芸者で、身分ある若様がじぶんのためお家が不首尾になったと聞いての不安、【ホ】の女は拐かされて、宇都宮の町から二里ほども離れた場所の一軒家に押し込められた酌婦。柳橋芸者の小紋のきものに繻子地の帯、長く足にまといつく裾、酌婦の黒襟を掛けた絣風の安きもの——ふたりの女の身分と身なりには大きな違いがあるが、哀しみの姿態は、ゆたかな襞づけによって、ほぼおなじように表現されている。♣

情態

腕まくり／肩脱ぎ

袖の扱いの中でも袖をまくることは、もっとも頻繁に、また自然になされてきた。それは和服も洋服も変わりない。和服の場合、袖がうるさいようなときには、片肌を脱いでしまうというような芸当もあったが、洋服ではそれはしない、というよりできないだろう。洋服類——セーターやシャツで腕まくりするのは暑いときか、袖口を濡らしたり汚したりしないためで、和服でそれに近いのは襷《たすき》を使うことだが、襷の場合は袖先や振りがひらついてうるさいため、という理由の方が大きい。

ことに臨んで武士が、刀の提げ緒を使って早襷、というような時代ではなくなったから、明治に入ってからの襷といえば、家の女が肘のあたりまで見せて、掃除、洗濯などをするすがたの印象がつよく、それと姐さんかぶりとがよく似合っただろう。

一九一〇年代以後（大正前半〜）になって割烹着が家庭に普及しだすと、日本髪の衰退にともなってあまり見られなくなってゆく姐さんかぶりといっしょに、襷をする女性も少なくなる。たしかに大掃除か引っ越しのようで大仰すぎるし、それ以上に、たとえ軽労働であっても和服を着て肉体労働する時代ではなくなったのだ。

【イ】は昭和の初めのカフェーの女給。バーやカフェーの女給さんはこの時代、真っ白なエプロン姿で売った。そのエプロンの紐をうまく利用して、たすき代わりに袂《たもと》を絡げている。一九三〇年代に入るころのほぼ昭和五年以後から、事務や販売、軽作業の職場での女性は、一般にコート風の上っ張りを着るようになる。家庭では割烹着、職場ではコートということで、女性の戦前スタイルは解決したようにみえたが、じつは和服の大きな袖は、割烹着でもコートでも細い袖の中に押し込まれて、荷物でもぶら下げているようだったという。その点、【ロ】の女の袖のなんと軽快だったことか。その風通しのいい軽い袖を、すこしだけ捲り上げてみたり、また手をさし入れたり、腕をさすったりする。

これは和服を着た男がだれでも何

【イ】
岡田三郎「肉体の秋（179）：最後の夜（2）」、須藤重画
『国民新聞』1928（昭和3）年9月13日

げなくする癖で、はなしの接ぎ穂にもなったろう。腕を捲り上げるようなことはふつう女はしないものだが、【ハ】では車夫の男と吸付け煙草をしている草餅売りの女は、男並みに二の腕まで袖を捲って、肩にたくし上げている。その二の腕に彫物のあるのを見れば、この女の素性がどうせ堅気でないことは察しがつく。和服の袖は開放的なので、物堅い奥様でも、うっかりすると二の腕まで見せてしまうことがある。いちばん用心しなければいけないのは、市電の吊革で、奥様やお嬢さんの腋毛が見えやしないかと、目を三角にしてすわっている紳士もいたそうだから、和装の女性が吊革を持つときはそれなりの心得が必要、といわれた。

　二の腕はふつう日焼けしにくいために白いし、また隠れて見えないものは美しくみえるらしい。その、袖に隠れている女の腕が、腕まくりなどというおそろしさもなく、あからさまに男性の目に曝されるようになったのは、一九二〇、三〇年代（大正末～昭和初め）以後の、女性洋装からだった。

【ニ】は大きな化粧鏡の前の、暮らしに不自由のないモダンガール。あたまは今風の、かけっ放しのパーマネントの断髪だ。肩口からむき出しの肉付きのよい腕は、鏡の奥から叱言を言おうとしている祖父の目にも、生き生きと見えたにちがいない。♣

【ロ】
「霹靂一声（18）」、二代目歌川芳宗画
『絵入自由新聞』1887（明治20）年9月20日

【ハ】
「探偵実話 侠芸者《だてげいしゃ》（91）」、松本洗耳画
『都新聞』1896（明治29）年7月31日　〈遡及資料〉1891（明治24）年

【ニ】
藤沢桓夫「花粉（30）」、林重義画
『東京朝日新聞』1936（昭和11）年12月24日（夕刊）

情態

袖と袂《たもと》

衣服の中でも袖はディスプレイの重要な部分だから、袖が大きく、装飾化した例はさまざまな国の服装の歴史の中にある。そのなかで近世以降の和服の袖は、用布に斜めの切り込みを入れることを極力避けたため、袖と袂《たもと》が織・染の美しさの中心になった。だからといって和服の袖と袂の魅力が二次元的、というのは誤っている。それは布地を呉服屋の店先や、展覧・展示のかたちでしかイメージしないための誤解だ。

服装の魅力は織・染の美しさとはまたべつのものであり、人のあたたかみと、柔らかさと、危うさがそれに包まれて、生きて動く身の装いとなったとき、はじめて私たちはそれを理解し、感じとる。

身装の魅力は身にまとっているものの美しさばかりでなく、それ以上に、着ている人の身ごなし、ふるまい、という視点からも捉えられなければならない。そういう意味での身装の見どころの中心は、和服の場合であると、袖と袂を中心にした、と言っていいだろう。

【イ】は元は京都祇園町の娼妓だった女、東京に流れてきていまは西洋人の妾になっている。昔の知り人と、芝公園で思いがけない出逢いの場面。女は袖の中に手を隠して突き袖し、袖先を蝶の羽のように動かしているらしい。心がうきうきしたようなときによくやるしぐさ。ただし袖はどちらかといえば、悲しみの表現に使われることの方が多いようだ。袖口で涙を拭ったり、うち敷いた袂のうえに顔を伏せて嗚咽するなど。

【ロ】は主人の供をして人の家を訪問した女中が、持参の包みものを手札代わりに届けるため、勝手口へ通じる潜り戸を通ったところで、この家の主人と出会う。女中はだいじなおつかい物を、素手では持たず、袖に載せて胸に抱えている。

【ハ】はよくする袖屏風。内緒話

【イ】
魁蕾史（古川精一）「色かえぬ峰の松錦なす岸の楓　新編旅日記（51）：公園の再会」
『東京絵入新聞』1886（明治19）年12月22日

【ロ】
伊原青々園「近世実話 まよひ子 (62)」、
富岡永洗画
『都新聞』1903 (明治36) 年3月6日
〈遡及資料〉1887 (明治20) 年頃

【ハ】
黒潮子「大秘密 (19)」、山中古洞画
『下野新聞』1912 (大正元) 年7月31日

【ニ】
須藤南翠「間一髪 (21)」、右田年英画
『東京朝日新聞』1905 (明治38) 年3月28日

【ホ】
半痴居士 (宇田川文海) (編)「人情小説 小琅玕《わかたけ》 (1) :
死去―愁嘆――種の愛からの恋慕 (下)」
『大阪朝日新聞』1889 (明治22) 年4月3日

をするときには、心持ちだけでも袖先がこんな風になる。もっとも女の人の場合、じぶんの口元を隠すためにこんな小屏風を立てることの方が多いだろう。

【ニ】は大振袖の若い女性が畳にすわったときの花やかなすがた。袂を膝の両側に羽のようにひろげる。花嫁が椅子にすわって写真撮影する時代になるとまた工夫が新しくなり、写真師や着付けの髪結いさんが汗を掻いたもの。日本舞踊の中には長い袂を打ち振るしぐさもあるが、相手を叩く真似をする元気な娘もある。逆に袖の振りが相手に掴まれて、身動きできなくなる場面もある。

【ホ】は妻の死後、召使いの女に恋慕して言い寄っている主人だが、掴まれた袂の袖先で胸を押さえる女のしぐさも、ひとつの決まったポーズで、やがてこの女がこの家の実権を握ることになる。♣

情態

羽織落し

羽織落しというのは、着ている羽織がうっかり肩からずり落ちることをいい、歌舞伎の舞台の上での与三郎の羽織落しが有名だ。【イ】はまさにそんな場面だが、【ロ】ではずり落ちているのは羽織でなくきもの。【ハ】は酒の席でのいさかいに腹を立て、席を蹴って帰る女性。腹立ちのあまり身を震わし、片袖がずり落ちたものだろう。これらはいずれも着る人の放心や、荒い身のこなしの結果で、着ているご当人は気づいていないはず。

世話物の人気作『与話情浮名横櫛《よわなさけうきなのよこぐし》』は、いまでは「イヤさお富」の源氏店《だな》の場ばかりがよく知られている。その一幕目では、江戸の紺屋の倅与三郎が不行跡のため勘当され、身を寄せた木更津の浜辺で、赤間源左衛門の妾お富に出逢う。お富の仇姿に見とれた与三郎は、羽織が脱げ落ちたことにも気づかない。実際そんなことがあるものかどうかわからないが、歌舞伎では、羽折って着ている羽織や打掛を、肩から滑らせるという演出があるらしい（伊原青々園「明治座の二の替わり」都新聞 1904/10/22: 3）。

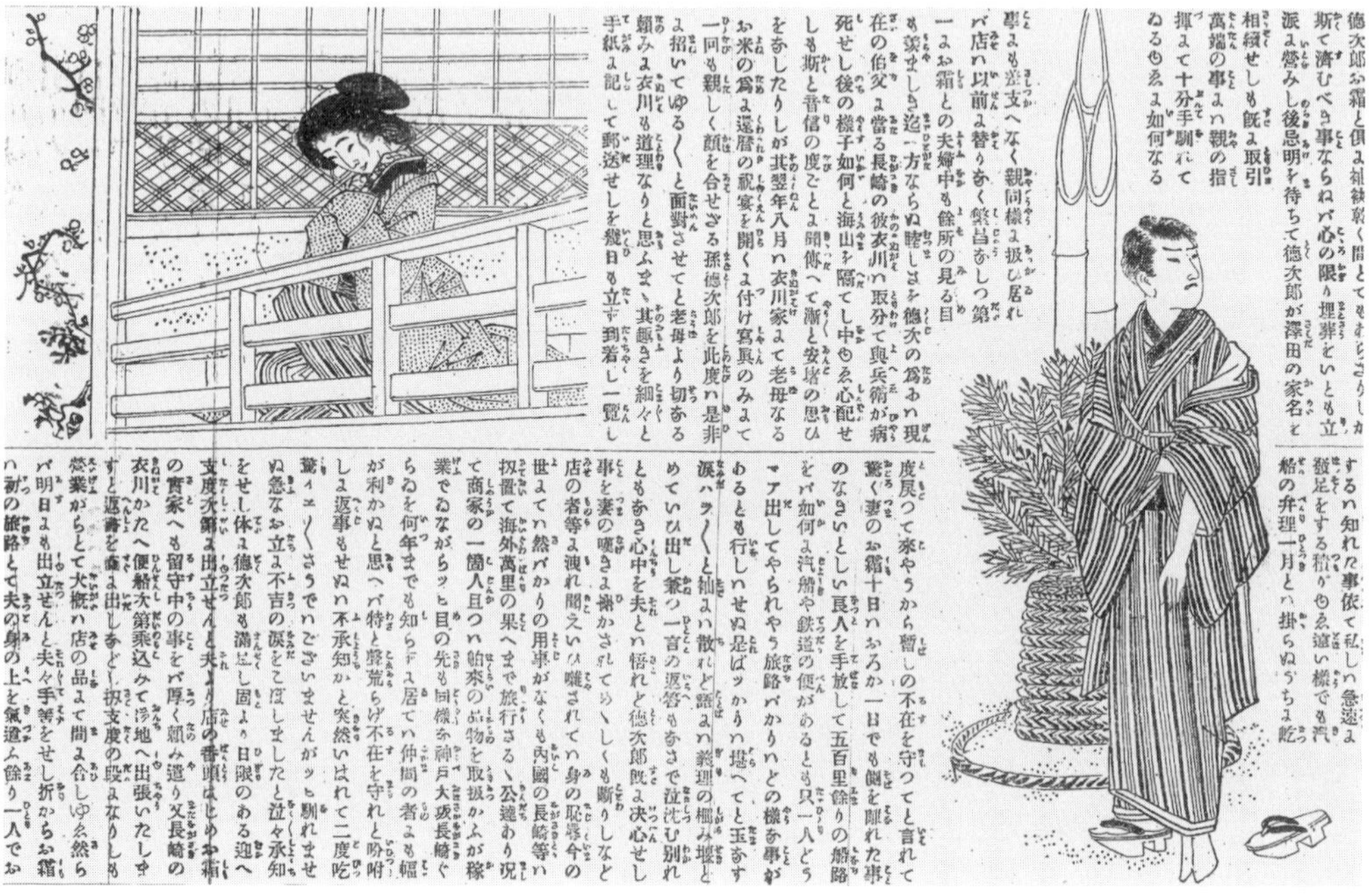
徳次郎お霜と倶に袖袂乾く間とてもあらざりしが斯て済むべき事ならねバ心の限り埋葬をいとも立派に営みし後忌明を待ちて徳次郎が澤田の家名を相續せしも既に取引萬端の事に親の指揮にて十分手馴れてゐるもなに如何なる事にも差支へなく親同様に扱ひ居れバ店ハ以前に替りなく繁昌なしつ第一にお霜との夫婦中も餘所の見る目も羨ましき迄に方ならぬ睦しさに徳次の爲ハ現在の伯父に當る長崎の彼衣川ハ取分て與兵衛が病死せし後の様子如何と海山を隔てし中もなに心配せしも斯と音信の度ごとに聞傳へて漸と安堵の思ひをなしたりしが其翌年八月ハ衣川家にて老母なるお米の爲に還暦の祝宴を開くに付け寫眞のみにて一回も親しく顔を合せざる孫徳次郎を此度ハ是非に招いてゆる/\と面對させてと老母より切なる頼みに衣川も道理なりと思ふまゝ其趣きを細々と手紙に記して郵送せしを幾日も立ず到着し一覧し

度戻つて來やうから暫しの不在を守つてと言れて驚く妻のお霜十日ハおろか一日でも側を離れた事のなきいとしい良人を手放して五百里餘りの船路をバ如何に汽船や鐵道の便があるとも只一人どうマア出してやられやう旅路バかりハどの様な事があるとも行しハせぬ是ばッかりハ堪へてと玉なす涙ハラ/\と袖に散れど流石ハ義理の柵み堰とめていひ出し兼つ一言の返答もなさで泣沈む別れともなき心中を夫とハ悟れど徳次郎既に決心せし事を妻の嘆きに挫かされてめゝしくも斷りしなど店の者等に洩れ聞えいひ囃されてハ身の恥辱今の世にてハ然バかりの用事がなくも内國の長崎等ハ扨置て海外萬里の果へまで旅行さるゝ公違あり況て商家の一箇人且つハ舶來の品物を取扱かふが稼業でゐながらチッと目の先も同様な神戸大坂長崎ぐらゐを何年までも知らずに居てハ仲間の者にも幅が利かぬと思へバ特と聲荒らげ不在を守れと吩咐しに返事もせぬハ不承知かと突然いはれて二度吃驚イエ/\さうでハございませんがッい馴れませぬ急なお立に不吉の涙をこぼしましたと泣々承知をせし体に徳次郎も満足し固より日限のある迎へ支度次第に出立せんと夫より店の番頭はじめお霜の實家へも留守中の事をバ厚く頼み遣り又長崎の衣川かたへ便船次第乘込みて彼地へ出張いたしますと返書を直に出しあとハ扨支度の段になりしも營業がらとて大概ハ店の品にて間に合しゆゑ然らバ明日にも出立せんと夫々手筈をせし折からお霜ハ初の旅路とて夫の身の上を氣遣ふ餘り一人でお

するハ知れた事依て私しハ急速に發足をする積りもなき様でも汽船の弁理一月とハ掛らぬうちに

【イ】
魁蕾史（古川精一）「色かえぬ峰の松錦なす岸の楓 新編旅日記（5）：出発のなみだ」
『東京絵入新聞』1886（明治19）年10月24日

【ロ】
魁蕾史(古川精一)「色かえぬ峰の松錦なす岸の楓
新編旅日記(19):別れのおもかげ」
『東京絵入新聞』1886(明治19)年11月12日

【ハ】
「近世実話 海賊房次郎(41)」、富岡永洗画
『都新聞』1898(明治31)年8月27日
〈遡及資料〉1880(明治13)年頃

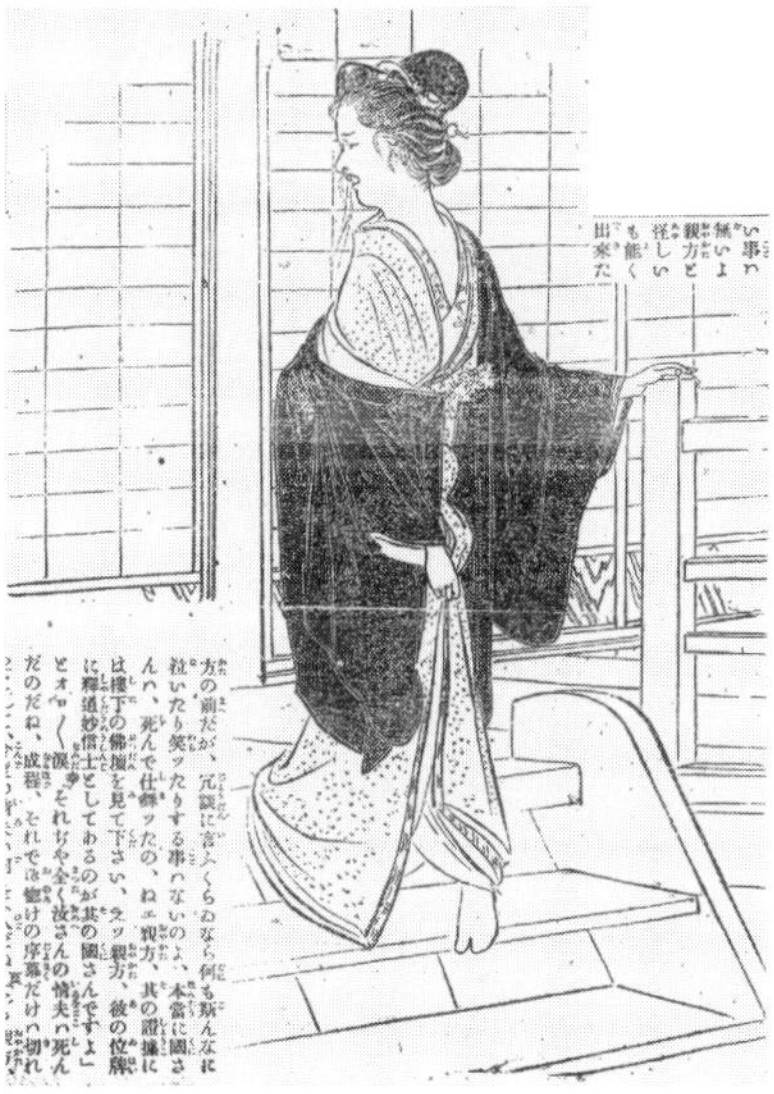

【ニ】
伊原青々園
「吉原心中:新比翼塚(20)」
『都新聞』1900(明治33)年5月15日
〈遡及資料〉1872(明治5)年

本来、身体のかたちをなぞるようには仕立てられていない日本の衣服、しかも帯や固定具を用いずにふわりとかぶせて着る、あるいは重ねる伝統が、女房装束の時代からうけ継がれてきた。羽織の語源はたしかにはわからないが、「放り着」の変化したものという説もある。この種の衣服、また着装法は西洋にもあるが——たとえば一八世紀のロブ・ボラント(robe volante)のような——、ごく特殊な事例。

【ニ】は心づかずにずり落ちたのではなく、うえに羽織ったものの襟を肩から滑らせて纏う着方。この事例のように花魁《おいらん》の仕掛(裲襠《うちかけ》)がよくそんな着方をする。しかし西川祐信の有名な作品「柱時計美人図」の二幅のうち一幅にもあるように、江戸時代には、身分ある女性は多くそのような着方をしていた。♣

情態

ふところ

【イ】
「探偵実話 法衣屋《ころもや》お熊 (89)」
『都新聞』1896 (明治29) 年1月19日
〈遡及資料〉1874 (明治7) 年

【ロ】
渡辺霞亭「幽霊婿 (56)」、稲野年恒画
『大阪朝日新聞』1900 (明治33) 年2月5日

手を袖から抜きだして、胸や腹のあたりに置いている状態をふところ手という。袖はぶらりと下がっている。和服独特のしぐさで、洋服ではまずありえない。フーテンの寅さん風にジャケットの袖を通さず、肩にひっかけておくことはできるが、前が開いているのでふところ手にはならない。

たいていは【イ】の新聞の呼売人のように、寒い時期に手先を温めるのが目的だから、そんな恰好で往来を歩いていて知人、とりわけ目上の人に出逢ったりすれば、慌てて袖を通して挨拶することになる。相手が目下であれば、家の中でもこんな恰好で人と対座することもある。この場合は向かい合っている相手に対して大きな態度、ということになるだろう。
【ロ】は夜更けにあたりに気を配りながら、悪事の相談をしている男女。男は職人のみなりで、脚さばきのいいように片裾をまくりあげ、受けとった報酬の「二百円の紙幣を内懐《うちぶところ》へ納めたり」というところ。財布など大事なものは内懐、つまり帯下の、へそのあたりにしっかりと挟む。これによって胸のあたりにしまりができて、ふところのかたちができるという。だからその財布の出し入れはふところ手になる。

【ハ】の女は、訪れた家で、「金包みをそっと取り、内懐中へ入れると共にしずしずと立ち上がり（……）跡をも見ずに門の外へ辿り出で、内懐中へ両手を入れて紙幣の数を数え終わり（……）」という場面。

女性のふところ手は見よいものではないが、ふところに手を入れて金勘定をするという図は、腹巻や腹掛けの前袋に、巾着や小銭を放り込んでいる職人など半天着の連中が、よく見せるしぐさだった。

【ニ】ではふところに入れた手で、ゆるんだ腹帯を締め直している女。某伯爵さまのお妾で西洋小間物店を出させてもらっている女。旦那の伯爵さまから不貞の疑いを受け、里に帰されてから妊娠していることを知って悩んでいる。岩田帯を巻くのはふつう四、五カ月だから少し早すぎるようだが。恰好は丸髷の女房風でも、お妾さんらしいくずれた仇っぽさがある。♣

【ハ】
三品藺渓「夏虫（16）」、橋本周延画
『改進新聞』1891（明治24）年5月20日

【ニ】
菊酔山人（羽山尚徳）「落穂草紙（26）」、歌川国峰画
『大阪毎日新聞』1889（明治22）年12月27日

情態

裾を曳く

衣服の裾を曳く習慣は文明社会ではめずらしいことではない。曳く裾の長さは一般に身分との関係が深く、ヨーロッパの王侯では儀礼的には四、五メートルに達するトレーンを曳くことがある。曳裾のうちでも、わが国の有職装束のうちである裾《きょ》は特異なものだった。これは装束の内側に着込む下襲《したがさね》の裾に、必要に応じて取り付ける七、八〇センチ幅の長大な布で、天皇のものは一〇メートル近くもあった。ここまで形式化したものでなく、身につけた衣服の裾の余りを後ろに曳く習慣は、女性の装束としては中世近世を通じて廃れることなく、着る人の身分のひとつの証でもあった。

明治維新から現代和服にいたる六、七〇年のあいだに、とくに女性のきものの着装上のもっとも大きな変容であり、また問題を残したのは、この裾の処理についてだろう。幕末に書かれた『守貞謾稿《もりさだまんこう》』(1837〜)に「江戸は小民の婦女も、褻《け》に絹裏を用い、裾を引く者多く、これを用いざるは困民に似たり」などとあり、裏店《うらだな》住まいでもなければ、たいていの女性は家では裾を曳いていたようだ。

家で裾を曳き、外出の折にはそれを簡単に絡げる——という風習が廃れ、いまのようなきちんと畳んだはしょりに代わったのがいつごろだったかについては、『東京風俗志』(1899-1902)や『衣服と流行』など同時代の資料はぜんぜん触れていない。

明治生まれの京都の装束商井筒雅風さんは、京都で家の中での曳裾がなくなったのは一八九〇年代(ほぼ明治二〇年代)と言っていた。それは女性の日々の暮らし方と深い関係のあることだから、地域や身分、暮らしぶりの差によっても、ずいぶんのちがいがあるはずだ。よく耳にした、あそこの奥さんはお引きずりだ、という悪口も、もともとは時代的背景があったのかもしれない。

【イ】は一八八九年(明治二二年)の物語、【ロ】は一八九二年(明治二五年)の物語だが、衣裳の設定はやや古い。概して言えば、新聞小説挿絵の一八九〇年代を対象とした作品では、すでに家庭での曳裾はめずらしくなっている。

ただし例外は正月行事などの祝

【イ】
霞亭主人(渡辺霞亭)「えにしの糸(4)」、右田年英画
『東京朝日新聞』1889(明治22)年2月17日

い事、また芸者の風俗である。お祝い事であると、時代が大正となったころでも、古風な家では、年寄りが裾を曳いて現れるようなことがあったそうだ。芸者の場合は黒の裾模様で白襟、曳裾のいわゆる出の衣裳が、はたして宴席にふさわしかったかどうかは疑問だが、一九〇〇年（明治三三年）以後になると、花柳界自体がむしろ古風さを売りものにするようになった。

【ハ】は出の衣裳ではないが、小さな宴席で舞をまう芸妓。踊りや舞をまう場合の曳裾は、心得が必要だろう。

【ニ】はならず者ふたりが、わずかのことを言いがかりにして小料理店に押借りに来た。気丈な女将がすげなく突っ放して立ち去ろうとすると、その曳いた裾を、男のひとりが鉈豆《なたまめ》ぎせるでがっちりと押さえた、という場面。もっと大仰には短刀で畳までぶすりと刺す、という手もあった。曳裾、引っかけ帯、この時代の女性のきものがいかに緩かったかがわかる。♣

【ロ】
柳香散史「雲霧（1）：昔語（下）」、
山田年貞画
『大阪朝日新聞』
1892（明治25）年5月6日

【ハ】
「新編 雪間の草（32）」、尾形月耕画
『絵入朝野新聞』1885（明治18）年4月5日

【ニ】
橋本埋木庵「大悪僧（44）」、松本洗耳画
『都新聞』1896（明治29）年10月15日
〈遡及資料〉1872（明治5）年

情態

裾の扱い

明治時代の識者が和服の欠点として第一にあげたのは、きまって裾前の打ち合わせのあやうさだった。もっともそれを言う人の多くが女性の教育者だった、ということも考慮に入れていいかもしれない。

江戸時代の浮世絵に、つよい風に悩む女性がひるがえる裾を抑える、という画題があった。女性の白い脛《はぎ》が顕れて、その時代の人には艶めかしいものだったのだろう。じつは江戸時代には、きものの前の割れた状態を、多くの女性は家の中では常のすがたとしていたのだ。座敷では裾を曳くことがふつうだったためだ。

和服の前裾を褄《つま》とよぶが、そのためにとりわけ襲《かさね》着の、割れた褄の美しい見せかたには、裾裏の仕立を含めて、さまざまの工夫や、作法があったほどだ。蹴出し褄、返し褄、掻取《かいどり》褄、小褄、褄絡げ、褄投げだし、揺《ゆり》上げ褄などなど――もちろんその多くは分厚い裾綿の入った襲着をする身分の女性や、花魁《おいらん》のしぐさだったが。明治時代に入っても婚礼衣裳などにはそんな式正の、また華やかな褄のあしらいが残った。

【イ】の高島田の娘のように、なじみの薄い目上のひとの家を訪問したときなどには、こうした古風な褄の扱いが美しくも、また礼儀にかなっていたとも思える。褄外れということばもあって、本来はこうした前裾の扱い様を言ったのが、やがて立ち居ふるまい全般を意味するように変わっていった。それもこの時代の人にとって、立ち居の際の褄のあしらい方がいかに重んじられたかを暗示している。

【ロ】の娘は、家では曳いている裾の前褄を、片一方の手で荒っぽく掴んで引きあげている。蛎殻町の日の出の商人の養女でなに不自由ないお嬢さまだが、取引先の毛唐人の妾にしようという養父の意図がわかって驚愕し、夜更けに育ての親の老夫婦の元に逃げ出してきた。

この一八八六年（明治一九年）という時期は、東京あたりでは和服のはしょりの固定化がひろがった時期と考えられる。お嬢さんのすがたはねまき風の浴衣の上に半天、というあられもない恰好だが、近間のカジュアルな外出には、家では曳いている裾を、片手で引きあげていることも多かった。

きものの裾を捲るのは、もちろん裾が脚に絡んでうるさいようなときや、雨のしぶきやぬかるみから、きものを護るためだから、べつに方式

【イ】
幸堂得知「文塚（8）」、
右田年英画
『東京朝日新聞』
1894（明治27）年6月24日

があるわけではなかったろうが、お店《たな》者の中でもまだ子どもの丁稚などは、外出にはかならず尻はしょりし、堅い大店《おおだな》などではそれもだらしなく見えないよう、帯の結び目にきちんと三角に挟むよう教えられたそうだ。

【ハ】は女性の裾のはしょり方としては最も大人しい方法。寺の境内でお百度参りをする若い女。紋附の小紋のきものに下は白の湯もじ。お百度はふつうふだんの恰好のままでもするが、この女は行《ぎょう》のためにいくぶん改まったすがた。裾前を二カ所で引きあげるか、裾ぜんたいを平らに引きあげて帯の下に挟む、あるいは細紐で括る、というのがふつう女のやり方で、井戸端でしゃがんで大盥に向かうときや、潮干狩りの海岸などでは昭和に入るころまで、よく見ることのあった風景だ。

【ニ】では男女とも一般的なはしょり方だが、やりようではけっこう荒っぽい勇み風になる。

【ホ】は家の中の様子を窺うふたりの探偵（刑事巡査）。ふたりとも脚さばきのよいように片裾だけを帯に挟み、左の靴ばきの男は羽織の裾をすこし捲っている。あまり上品なしぐさではないが、夏羽織などではなんという意味もなくよくやったもの。♣

【ロ】
「善悪妙々車（11）」、二代目歌川芳宗画
『絵入自由新聞』1886（明治19）年9月28日

【ニ】
柳香散史「小松曳（12）」
『江戸新聞』1890（明治23）年1月16日

【ハ】
森林黒猿「探偵実話 女警部（202）」、
松本洗耳画
『都新聞』1902（明治35）年12月25日

【ホ】
伊原青々園
「近世実話 まよひ子（220）」、富岡永洗画
『都新聞』1903（明治36）年9月13日
〈遡及資料〉1890（明治23）年頃

情態

帯結び

近代八〇年、帯の結び様のめだった変化といえば、第一に結ぶ位置の高くなったこと、第二がお太鼓がほとんどすべてになったことだ。【イ】はたまたま、明治の下町風の帯（手前）と、昭和和服に近い帯（奥）との対比が見てとれる例。ということは、昭和和服風の高めの帯結びも、明治時代にすでにされていたということで、結び様のちがいは、その時代には身分や、人柄のちがいということだった。

手前の、髪を荒っぽく達磨返し風に束ねている草履ばきの女の帯は、ごく低いところでザッと結んで、端を垂らしている。片袖を捲り上げて彫物を見せ、男を脅しているさまを見ても、堅気の人間には見えない。責められて閉口している男の向こうにいるのは「妻君と覚しき二〇歳前後の中年増」ということで、立派な身なりという男に釣り合った奥様風。手前の女よりたぶん四、五寸も高く、胴中に締めた帯はお太鼓。帯も髷同様に、低くすると意気に見えるが、だらしなく、下品にも見える。

近代の女帯の高さが上がったのは、下半身を長く見せたいという欲求と、上品な着付けが志向されたためだろう。腰骨のあたりに締めるのと比べて、腹部に締める帯は苦しく、また緩みやすいもの。ただし時代が下がっても、帯の高さには流行もあり、ひとの体型や好みもあるから、かならずしも一概にはいえない。

【ロ】は女の背後から、男がその帯際を掴んで行かせまいとするところ。明治の半ばごろのやや前屈みの姿勢の女が、腰骨の辺に帯を締めると、こうして後ろから帯を引き寄せられ、身もだえするすがたも絵になるようだ。

結び方が若い人の特別な飾り結び以外、お太鼓一辺倒になったのは、一九一〇年代(大正初め)に入ってから、と考えられるひとつの根拠は、

【イ】
「探偵実話 侠芸者《だてげいしゃ》（96）」、松本洗耳画
『都新聞』1896（明治29）年8月7日
〈遡及資料〉1891（明治24）年

【ハ】
渡辺霞亭「夫婦池（71）」、右田年英画
『東京朝日新聞』1901（明治34）年8月4日

【ロ】
桃水痴史（半井桃水）「くされ縁（44）」、右田年英画
『東京朝日新聞』1889（明治22）年8月6日

【ニ】
森林黒猿「探偵実話 女警部（226）」、松本洗耳画
『都新聞』1903（明治36）年1月28日

【ホ】
江戸児（編）「女捩男捩《めねじおねじ》（17）」、松本洗耳画
『都新聞』1906（明治39）年2月16日

それ以前の時代を背景にした小説挿絵の中の庶民の女性、とりわけ既婚女性は、ほぼ例外なく引っかけ結びで描かれていることだ。東京下町を商売人の目で体験してきた理容館の遠藤波津子の、明治時代の下町のお上さんは、大体が家では手軽な引っかけ結びで、裾を曳いている人もまだ多かった（読売新聞 1930/7/26: 5）という思い出も、だいじな証言になる。

庶民の女性のふだんの帯は長さが二尺ほど短い八尺で、引っかけ結びの結びあまりの一方は、斜め横に角のように突き出ているのが特色。【ハ】【ニ】【ホ】の三例はいずれも引っかけ結びのほどけかかった状態で、引っかけ、といわれるザツな結びようがよくわかる。♣

情態

すわる／うずくまる

【イ】
採菊散人（条野採菊）（補綴）「折枝の梅が香（29）」、水野年方画
『やまと新聞』1887（明治20）年4月28日
〈遡及資料〉1883（明治16）年

欧米人はわが国を訪れたさいしょのころから、日本人、とりわけ女性たちの姿勢の悪さを指摘している。えび腰、ということばも使っている。江戸時代の日本人の前屈み気味の姿勢は、ひとつには身分社会に生きてゆく知恵だったともいえよう。おなじ日本人といっても武士はけっして姿勢が悪くない。それにくらべると商人はお辞儀商売であり、腰が低いということは、暮らしてゆく上でだいじな心がけなのだ。

おじぎとは違うがたいていの職人も、また農民も、前屈みの作業が多い。もうひとつは畳にすわる習慣から生みだされたものだろう。明治大正の日本人といまの日本の若者とでは、膝を折ってすわるという能力にたいへんな開きがある。男の居職

【ロ】
やまと新聞記者「東京古跡の話：
於はつ磯五郎墓の由来（1）」、水野年方画
『やまと新聞』1888（明治21）年6月6日

は、立ちしごとでなければたいていはあぐらだったろうが、女のしごとのほとんどは、手内職であれ家事であれ、膝を折って、あるいは突いてしたものだ。針しごとがそうであるのはだれもわかるが、とりわけ関東では台所が立ち流しでなかったから、水しごとの多くも膝を折ってした。

家族がひとつのちゃぶ台を囲む、という風景は、一九世紀の末（明治の半ばすぎ）には一般化したようだが、それまでの習慣だった独り膳は、すわった大人の膝の高さほどしかないのがふつうだった。それだけでなく鍋や土瓶、湯飲みやどんぶりの類でも、畳の上に置くことは当たり前のことだった。

畳は現代の日本人にとってのような目から遠いフロアーではなく、もっと目にも手にも近い存在であり、また清浄な場所でもあった。この感覚はいまでも茶道にはうけつがれている。

【イ】ではふたりの娘が母親の墓に手を合わせているが、明治時代の人間は人のお墓でも、路傍の祠でも、手を合わせるときはうずくまってするのがふつうだった。【ロ】はその習慣を、もちろん日本人だが、洋装の女性も守っている例だ。

【ハ】は庭の木陰で、訪れた愛人に寄り添う娘。男の機嫌とりのおせじに恥ずかしげな娘は、しかし大胆に、ベンチの上に膝を折って上がってしまっている。この場合は堅い木のベンチなのではなしは違うが、膝を折ってすわることに慣れ、また前屈みの癖がついていたこの時代の女性は、電車のシートでも、窓の方に向いて正座する人がよくあった。女性、とりわけ年配の女性は前に屈んだ姿勢で長時間針しごとをすると、後ろの襟が頸に被さってきてうるさい。それをときどき後ろへぐいと突き上げる。それが孫の目にも懐かしいおばあさんのしぐさだった。

背を凭れる、という習慣があまりなかったため、第二次世界大戦以前にも宣伝はずいぶん見られるが、座椅子が広く売れだしたのは戦後のことだった、といわれる。

【ニ】は硯を畳の上に置いて、膝の上にひろげた巻紙に手紙をしたためる人。巻紙に毛筆でサラサラと文字を書くことに、いまの人なら感心するかもしれない。しかし明治時代には、女中など使用人の部屋に机などまずなかった。

♣

【ハ】
菊池幽芳「夏木立（31）」、稲野年恒画
『大阪毎日新聞』1893（明治26）年8月20日

【ニ】
伊原青々園「近世実話 まよひ子（80）」、富岡永洗画
『都新聞』1903（明治36）年3月29日
〈遡及資料〉1887（明治20）年

情態

寝そべる／腹這う

畳のうえにごろ寝するのはもちろん行儀のいいことではないが、青畳の感触は快い。男性であれば家庭や旅先の宿などで、また酒の席のあとなどでも、そうめずらしいことではない。ごろ寝用の薄敷や枕も市販されていた。男性や子どもばかりでなく、昼、家族がみな外出しているときなどには、主婦でもそんな時間を持っていた人は少なくなかったろう。

【イ】は、訪れた家の奥座敷の縁端で、横になって一服しているうちに、すこしとろとろしてきたという男のあたまに、髪油の移り香のある小枕をかい、これも女物の袷小袖をそっと掛けてやる女。女は男の女房ではない微妙な関係。鼻の先に手洗いが見えるのは日本家屋の構造上しかたがない。

【ロ】は稼ぎ盛りの芸者が、客からの長い手紙を母親の前でひろげて、出る金入る金の算段をしている。食べこぼしや焼け焦げにはひどく神経質だったが、こんな恰好が平気でできるのがきものの楽なところ。とはいえこの女のだらしなさと、相好崩している母親との関係がわかる。女の髪は芸者島田。

【ハ】はひととおりの学問があり、学校の助教までした若者だが、いまはこれという職もなく、寺の侘しいひと部屋を借りて住まっているうちに、身持ちのよくない所帯崩れの、「一寸垢抜けした年増といつしか妙な仲となり（……）」という雑報記事

【イ】
梅亭蕩人（梅亭金鵞）「春色花暦（14）」
『団団珍聞 第78号付録』1878（明治11）年9月14日

の挿絵。これは文字通り膝にすがって、身を横たえている。布団の上でこそないが、畳にじかに寝る習慣の日本人の場合、この状態でもベッドシーンに近いといえそうだ。【ニ】は吉原の貸座敷。花魁《おいらん》のひざをひざ枕に、居続けの昼遊びをしている大尽客。店の男衆（牛太郎）になにかいいつけている。男衆が畳に突いている手のかたちに注意。お殿様といわれている身分だが、御屋敷ではたとえお側女相手でもこんな恰好はできないだろう。花魁の髪は役髪といわれるしゃぐま。♣

【ロ】
南翠外史（須藤南翠）「闇夜烏（15）（3）」、
二代目歌川貞広画
『大阪朝日新聞』
1896（明治29）年12月1日

【ハ】
「小田為義の件」
『東京絵入新聞』
1881（明治14）年4月1日
〈遡及資料〉1879（明治12）年

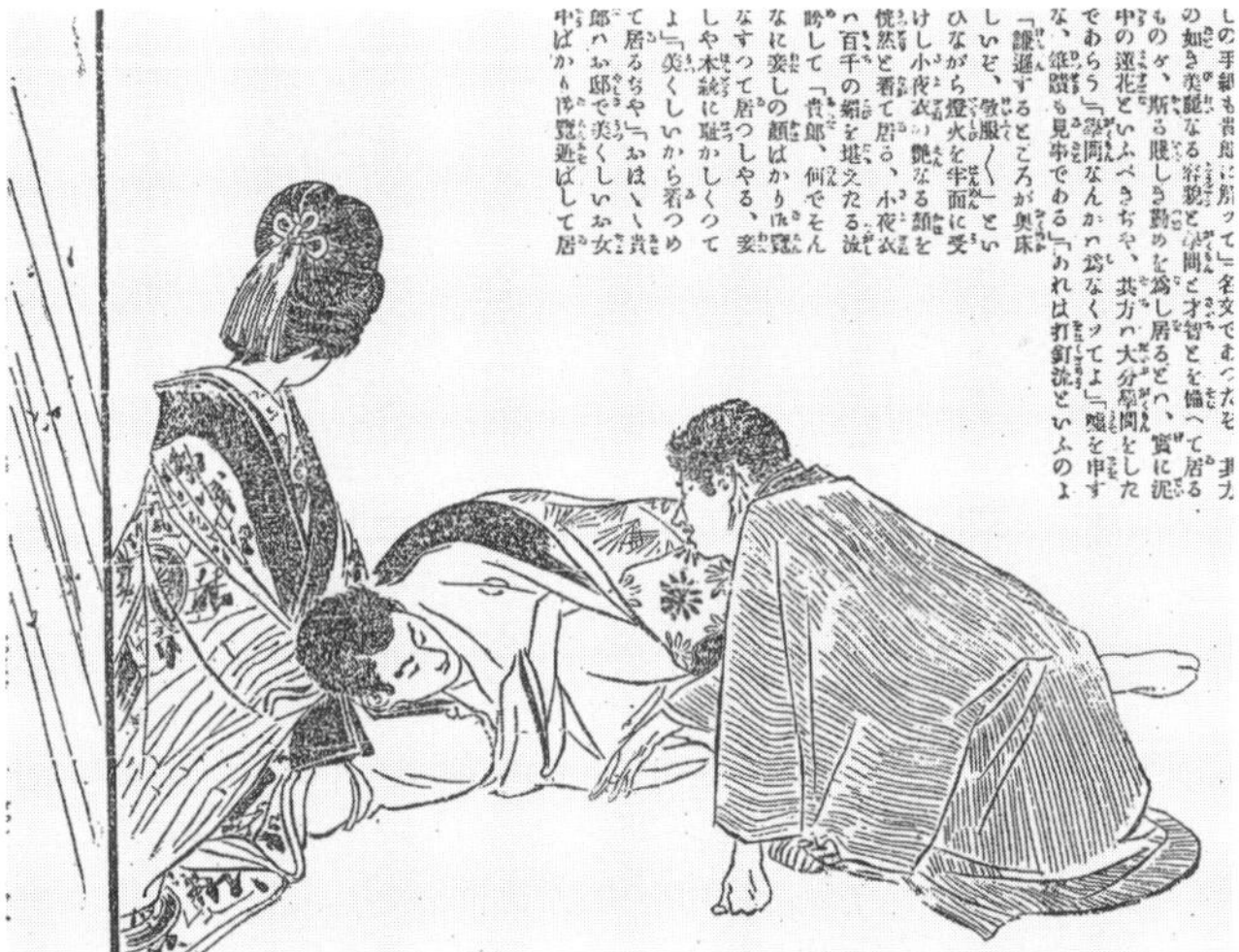

【ニ】
遅塚麗水「白菊御殿（45）」
『都新聞』1900（明治33）年1月4日

情態

寝倒れる

【イ】
黒男「憂みの笠（21）」、水野年方画
『やまと新聞』1892（明治25）年1月14日

【ロ】
「虚無僧富士磐梯《こむそうふじいわおのかけはし》（10）」、右田年英画
『東京朝日新聞』1888（明治21）年8月9日

女性の号泣のありさま【イ】。この恰好の例はきわめて多い。もちろん袖や袂《たもと》を下に敷く。明治期の女性は、目上の人間と対座するとき、くの字といわれるような、前屈みに崩れるような恰好をよくした。それは深いお辞儀のかたちにも近く、そういう姿勢の癖も、泣く場合のこのような大仰な恰好のもとになっているのだろう。またこの時代の女帯は、腰骨のあたりに締めるのがふつうだったため、こんな恰好をすると幅広の大きな帯が山のようにそり立つことになる。

【ロ】は泣いている母娘。娘は母親の膝に取りすがっている。女性が泣くときはあふれる涙や鼻水を受けるために、ふつうは襦袢の袖口を引き出した。ハンカチを使うようになるのはもうすこし後の時代で、それも女学生など若い女性から。男は外出の折にはたいていふところに手拭をもっているので、これを使うが、女性が【ロ】のように手拭を使う例はめずらしい。

【ハ】の女性は、じぶんの部屋でひとり悲しみにもだえているため、身をよじり、【イ】のような大仰な滑稽感はなくなって、美しいすがたになっている。もしこの部屋に小机でもあれば畳に打ち倒れなどせず、机に顔をそっと伏せたにちがいない。

郵　便　は　が　き

料金受取人払郵便

本郷局承認

3464

差出有効期限
2021年6月30日
まで
（切手不要）

113-8790

（受取人）
文京区本郷1—28—36
鳳明ビル1階
株式会社 三元社 行

1138790　17

お名前（ふりがな）	年齢
ご住所（ふりがな） 〒 （電話　　）	
Email（一字ずつ正確にご記入ください）	
ご職業（勤務先・学校名）	所属学会など
お買上書店　市 区・町　書店	

20190522/10000

愛読者カード

ご購読ありがとうございました。今後、出版の参考にさせていただきますので、各欄にご記入の上、お送り下さい。

書名

▶本書を何でお知りになりましたか

□書店で　□広告で（　　　　　　　　）　□書評で（　　　　　　　　）

□人からすすめられて　□本に入っていた（広告文・出版案内のチラシ）を見て

□小社から（送られてきた・取り寄せた）出版案内を見て　□教科書・参考書

□その他（　　　　　　　　）

▶新刊案内メールをお送りします　□ 要　□ 不要

▶本書へのご意見および今後の出版希望（テーマ、著者名）など、お聞かせ下さい

●ご注文の書籍がありましたらご記入の上お送り下さい。

（送料500円／国内のみ）

●ゆうメールにて発送し、代金は郵便振替でお支払いいただきます。

書　名	本体価格	注文冊数
		冊
		冊

しかし明治時代の日本座敷には、顔を伏せて泣くのに都合のよいような家具はなかったのだ。

【ニ】の場合は、目前の人物との関係が【イ】と【ロ】に比べると、もうすこし微妙になっている。男性が示した手紙の文面についての悲しみであるが、それを直接男に訴えているのではなく、悲しみがじぶんだけの問題であること、しかし目前の男性が無関係ではないことが、横向きに打ち倒れて、横にさしだされた手の表情にも見てとれる。するどい本文解釈にもとづいた、優れた小説挿絵の一例だろう。♣

【ハ】
採菊散人（条野採菊）（補綴）「夜半《とは》の嵐（67）」、水野年方画
『やまと新聞』1892（明治25）年2月17日

【ニ】
△△生「前代未聞 かくれ簑（101）：晴れやかな微笑」
『都新聞』1906（明治39）年5月30日

情態

いすに腰かける、凭れる

明治以前のわが国では地面に置いて使う床几のたぐいはあったが、仏堂の曲録など特殊なものを除けば、畳や床の上で使う腰掛類は必要なかった。文明開化の時代に入ると、役所や会社、病院、学校など、洋風の建物には立ち机と椅子が使われて、「職務をば　尽くせる人は皆椅子に係り係りのある役所哉」(『風俗画報』1898/9/10)などといわれているから、日本人の目に椅子はかなり眼あたらしいものに映り、またそれが、お役所と官員さんのイメージに結びついていた時期があったらしい。

しかしこの椅子もまた大抵は靴ばきの床の椅子であり、和風の住まい、とりわけ畳の部屋に椅子を置くということはだいぶあとのことになる。むしろ富裕階層が邸の一部を洋風とし、その一間、あるいは一棟は、輸入家具や丸テーブル、ソファなどをもつ、まったく西洋風のしつらえとする、ということの方が先行したろう。

華族さんの登場することの多い明治大正期の小説作品には、そんな洋風の一間が、ものがたりの舞台としてしばしば設定される。安楽椅子に身を沈めて煙草をくゆらす主人のまえに、女中が手を突いて頭を下げているというような情景も、過渡的な時にはあった。目上の人間の前で突っ立って用をきく、ということはそれまでの作法ではあり得なかったのである。

一九一〇年代(ほぼ大正前半期)以降になれば、洋風の舞台は、かなり幅広い国民の階層にまでひろがってゆく。一方、日本座敷への立ち机と椅子の普及は、おそらく子どもの勉強机からはじまったのだろう。それにつづくのは主人の書斎の回転椅子、縁先に置かれる籐製の安楽椅子などらしいことが、この時代の新聞雑誌の宣伝コピーからも推測される。

ところが椅子が小説挿絵のなかで、ひとの情態表現の道具に使われる例は、時代がかなり下がって一九二七年の昭和に入ってから、にわかに多くなる。この点で注目されるのは洋装化のひろがり、とりわけ女性のスカートの普及だろう。

女性の日常洋装のひろがりは、子ども洋服の普及のあとをうけたかたちで、一九二〇年代(大正末~昭和初め)からめだってくる。ちょうどそれは欧米での筒型ドレス(sheath dress)、ショートスカート流行の時期にあたっていた。女性にとってショートスカートはある意味で膝から下の解放だった。わが国の場合、家庭での、また社会生活のさまざまのシーンでの椅子の普及は、それを強調したといえるだろう。

男性はといえば、明治以来、家に帰れば和服に着替えてくつろぐ、というのがきまりのように考えられているが、洋服がすっかり身についた男の中には、家庭でも寝るまで洋服のまま過ごす人がでてくる。とりわけ独身男性や、家でも机の前にすわる時間の多い男性にはそうする人が多く、そういう人のうちから立ち机と椅子、という男の書斎のスタイルがうまれたのだろう。

【イ】は籐椅子から、むき出しの脚を夫の鼻先に突きだしている妻。

一九二〇年代（大正末～昭和初め）、わが国の家庭での椅子の普及と、世界的なショートスカートの流行の時期が見事に一致したことに、なんの意味ももちろんないが。

【ロ】のような布張りの安楽椅子を置ける家庭は、戦前では少なかった。まして【ハ】のようなソファとなると一層のこと。この種の家具の存在が家庭でのマナーや、あるいは家族関係までも、いくぶんか変えてゆくのは戦後のことになる。

西洋の椅子の歴史はある意味で権威の歴史といわれるが、戦前のわが国での家庭の椅子も、それにいくらか似たステイタス・シンボルを担っていた。

【ロ】は安楽椅子に身を沈めて片

【イ】
服部直人「緑の反射（66）：恋及恋（8）」、小島善太郎画
『時事新報』1930（昭和5）年10月24日

【ロ】
牧逸馬
「暁の猟人（6）：美濃部多穂子」、
富永謙太郎画
『東京朝日新聞』
1934（昭和9）年8月26日

【ハ】
群司次郎正「恋の金字塔（16）：林芙美子の会（4）（1）」、
寺本忠雄画
『読売新聞』1931（昭和6）年11月23日

膝を抱えた女性。女性はくつろぎを示しているにすぎないが、しかしその気持ちを積極的に、向かい合った人に伝えようとしている。

【ニ】はいくぶん特殊なデザインの椅子に身をもたせかけて、相手を下目に窺っている娘。一〇代の娘の幼いコケットリーが、桃の花の花弁に似た凭れにマッチしているといえそうだ。

【ホ】は、デパートの販売員をしているヒロイン（手前）に、豊かそうな令嬢が近づき、共通の知人――一人の男性について聞き質している。

休憩室のソファの令嬢は足を組んでいて、短いスカートが膝より上に吊り上がり、下のシュミーズの縁レースがかなりのぞいていて、お行儀が悪い。これは二人の関係、とくに令嬢の感情を暗示している。このころは洋装の下に着るものは、すべてシミーズ、という呼び方をするのがふつう。だからこういうのをシミチョロと言った。

いずれにせよ、それまでの日本座敷と和装では不可能だった、あたらしい情態表現と言えよう。♣

【ニ】
宇野千代「罌粟《けし》はなぜ紅い（70）：第二の殺人（2）」、足立源一郎画
『報知新聞』1930（昭和5）年3月2日

【ホ】
畑耕一「嘆きの扉（81）：行路（4）」、須藤重画
『国民新聞』1929（昭和4）年7月4日

＊作家名は、原則として新聞掲載のままとした。ペンネームなどの場合で、明らかに作家名が判明している場合には、（　）に入れて補足した。

＊挿絵画家名は、該当回における記名、あるいは画中の署名や落款を根拠とし、その氏名を記した。また、その当時に各新聞社の専属であり、その画風からも限りなく可能性が高いと判断した場合にもその氏名を記し、不明の場合は空欄とした。

　画家名はひとりに複数ある場合もあるが、読者の混乱を避けるため、いずれかに統一して示した。

＊〈遡及資料〉とある挿絵は、過去を題材とする小説に描かれた作品である。明治初頭の十余年間は小説挿絵の絶対数が少ないため、描かれた内容に信頼がおけると判断した場合は、同時代小説に限らず年月を隔てて描かれた作品も採録の対象とした。詳しくは、解説「身装資料としての新聞連載小説の挿絵」参照。

＊図版は、見やすさを考慮して一部加工した。

年代順にみる日本人のすがたと暮らし

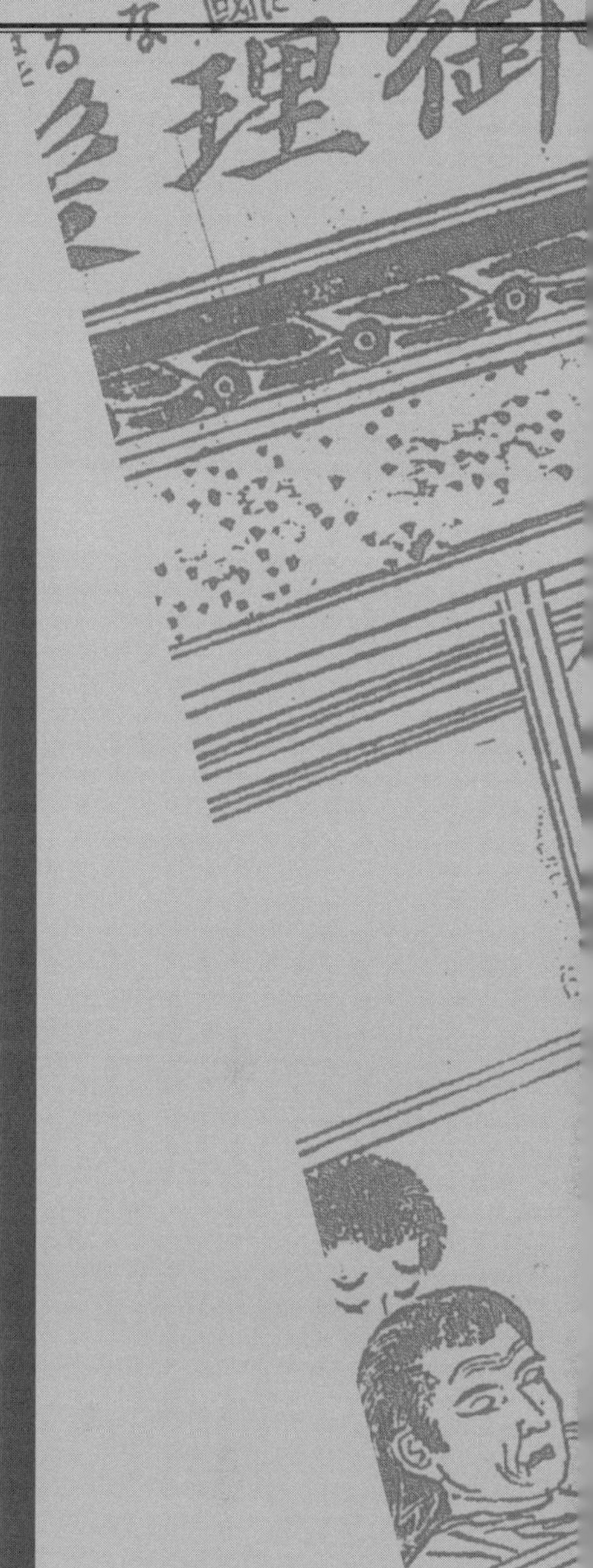

●西洋《せいよう》御理髪所《おんりはつどころ》もすでにガラス張り
「月の暈（24）：鏡裏に父を認む」
『大阪朝日新聞』1886（明治19）年10月27日より

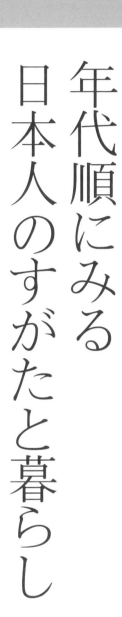

【明治】

一八六八〜一九一一年

一八六八／慶応四・明治一年（九月八日改元）

【旅装束】

「三人娘開花彩色（６）」
『改進新聞』１８８４（明治17）年８月31日

旅

〈遡及資料〉河内国枚方《ひらかた》に大水害のあとの仮住まいをする一家のものがたり。一八六八年（明治元年）のこととはっきり断っているとはいえ、地方の、小商人の生活には江戸の時代となんの変化も生じていないだろう。この場面の具体的な説明は本文のなかにはないが、片方の草鞋《わらじ》が式台の上に置いてあるので、これから旅に出るところかと思われる。芥子坊主の子どもふたりが父親にまといつき、眉を落とした女房が脇差《わきざし》を手渡そうとしている。武士でなくても、長旅には用心の道中差《どうちゅうざし》は許されていた。

土間の土壁には番傘が二本吊してある。股引に紺の脚絆《きゃはん》と刺子の足袋、草鞋ばき、という旅、もしくは山登り装束は、明治期を通じ、けっこう長く続くことになるが、紙張り竹製の和傘だけは早くにすがたを消し、軽くて細身の持ちやすい蝙蝠傘にとって代わられる。

【貧乏暮らし】

佐倉叟春江「梅花名誉（1）」、歌川豊宣画
『改進新聞』1885（明治18）年4月15日

貧

〈遡及資料〉明治の御代と文中にあるけれど、貧家の有様は維新もなにもない。枕屏風のかげで伏せっている病気の夫は車夫をしているというから、正確にいえば人力車が現れた一八六九、七〇年（明治二、三年）以後のことになる。

今年九歳になる娘は、父親の薬代どころかその日の食べるのにも事欠いている家の様子をおもんぱかり、まとまった金を手に入れてふたりの親を救うために、近所の内藤新宿の廓《くるわ》に身を売ることを母親に申し出ている。

歌川豊宣の絵は人物の顔を除けばリアリズムで、九尺二間の長屋の室内を細かく描写している。左手の、火吹き竹や消し壺まで描き込まれた竈《かまど》のある空間は土間の台所。出入りはここだけしかできない。右手に娘の手を握り、左の手で襦袢の袖を引きだして涙を拭いている母親の髪は馬の尾結び。

お

佐倉叟春江「梅花名誉（2）」、歌川豊宣画
『改進新聞』1885（明治18）年4月16日

〈遡及資料〉勧農局という役所に勤める元士族の男。四谷辺を通りかかると、料理屋の門口で女に声をかけられる。女は芸者上がりで今はこの家の女中。男とは芸者時代の昔なじみ。男はこのとき勤め帰りではなかったが恰好はおなじだろう。黒紋附の羽織袴にのめりの下駄をはき、山高帽子をかぶってステッキを突いている。

【お役人】

【鳶《とび》の者】

設定の一八六八年（明治元年）では勧農局はおろか新政府の体制自体がまだできあがっていなかったから、御役人様のこのすがたはもう数年後のことになる。料理屋の軒灯もすこし早すぎる。

明治初年の紳士がステッキを好んだいちばんの理由は、当時、来朝の欧米人のほとんどが、髭を蓄えていたのとおなじくらいステッキを突いていたためだろう。「前屈みがちの日本人に比べ異人の背中のピンとしているのはステッキを突く習慣のせいだ」（「日本人の姿勢」新聞雑誌 1872/9・5）という論評さえあった。料理屋の女中は前垂れがけで、塗りの駒下駄をはいている。

鳶

渡辺黙禅「実譚 江戸さくら（31）」
『都新聞』１９００（明治33）年４月12日

〈遡及資料〉神田で前夜四軒半を焼いたという火事の焼け跡、鳶口《とびぐち》を持っている仕事師に、近所の武家の中間《ちゅうげん》が様子を尋ねている。江戸時代の火事では風下の家を引き倒して延焼を防ぐのがもっとも有効な消火法だったから、町火消しはその破壊の道具である鳶口から「鳶の者」とよばれた。しかし鳶口を持ってこちらに背中を見せている男は、ここの文中では仕事師とよばれている。

この時代までは火消しと仕事師はおなじものと考えられるが、明治以後、官営の消防署ができてからは、土木建設工事の手伝い、とくに足場の組み立てなどを主にする職種として、「トビさん」という愛称とともに現在まで残っている。鳶職は公的な報酬がなかったから、町内の大店《おおだな》の出入りという形になり、着ている法被も御出入りのお店《たな》から盆暮れにもらう、店の屋号の

【塾生たち】

入ったもの。

「新編教訓 三都面（8）」、二代目歌川芳宗画
『絵入自由新聞』１８８６（明治19）年7月15日

塾

〈遡及資料〉京都寺町の私塾の一部屋で、塾生たちが買ってきた駄菓子を囲んで芸者の噂ばなし。三人のうちふたりはまだ髷を結っている。散髪脱刀が勝手たるべしとなるのはまだだいぶ先（一八七一年・明治四年）のことなので、左の青年のようなざんぎりすがたは東京以外ではめずらしかったはず。

髷のふたりは月代《さかやき》を剃っていない。この髪風は幕末の流行のいわゆる講武所風で、それに倣っているひとが多い。丁髷《ちょんまげ》はこの時代ふつうには半髪とよんでいるが、半髪、すなわち頭髪の半分くらいをきれいに剃っておくのはけっこう手数がかかったから、幕末の多事に奔走する若者はこういうふうを好んだのだろう。ざんぎりは江戸時代にはもっぱら囚人の髪だった。したがってスタイルもきまったものがなく、この青年もまるで囚人のように見える。理髪業者もまだ不慣れで、ときにはずいぶん滑稽な失敗もあったらしい（「東海道大磯宿の髪結床」横浜毎日新聞1872/4/17:3）。

三昧道人（宮崎三昧）「峯の白雲（7）」
『東京朝日新聞』１８９４（明治27）年9月27日

柳

〈遡及資料〉東京両国橋に近い、柳橋の袂に佇んでいるふたりの芸者と、提灯を手にした箱屋と思われる男。この日の本文の内容とこの挿絵とは関係ない。

【柳橋】

東京市中の主要な橋は維新後つぎつぎと木橋から鋼鉄橋に架け替えられたので、年代判定のよい手がかりになる。柳橋が鉄橋になったのは一八八七年（明治二〇年）のことだったから、この絵の時代の一八六八年（明治元年）からはまだ遠い先。ただし橋の半ばでこちらを窺っている警官風の男はすこし問題。東京府内警備のため三千人のポリスが任命されたのは一八六九年（明治二年）のことだが、邏卒《らそつ》という名称を与えられ、三尺の警棒や、ナポレオン帽風の紺羅紗の山型帽等が制定されたのはさらに数年後のことになる（「巡査の制服制帽制定」郵便報知新聞1874/2/13: 1）。

右側の白っぽい衣裳の芸者の髪はつぶし島田のように見える。この女の着付けはずいぶんゆるく、胸元に今だったらとても許されないようなたるみ皺が見える。小さな絵ではあり、右田年英あるいはその門人はそう念入りに描いているというわけでもないが、当時のきものの着方がよくとらえられている。

一八六九／明治二年

【惣髪】

【世界のちがう男達】

惣

「探偵叢話（20）：清水定吉（26）」
『都新聞』１８９３（明治26）年５月13日

〈遡及資料〉数奇な人生を辿った大盗の清水定吉が、一八六九年（明治二年）には一時医術修行をはじめた。挿絵はその三三歳の定吉と、妾のお八重と思われる。この絵には開化に関係するようなものはなにひとつない。画風もまた意図的に草双紙風にと心がけているのは画家の遊びだろう。

男の髪は月代《さかやき》を剃らない惣髪で、後ろに切り下げているのは、医者や易者、講釈師などのしるし。女の方は大丸髷の女房風だが、眉毛を剃らず歯も染めていないのは半元服という。この時代、若い女が旦那とりをするのはめずらしいことではなく、おなじ境涯の女が多く住んでいるお妾新道のようなところさえあった。そういう女性は娘の風のままでいるか、半元服のすがたがふつうだったようだ。

丸髷は当時の男にはずいぶん色っぽいものに見えたらしい。維新前後のこの時代の丸髷は前髪の小さいのが特色。後ろに突き出した髷のなかに赤い手柄が見え、そのそばへ後挿しの簪《かんざし》を挿しているのはおきまり。額の生え際は富士額。

世

「雲間月（23）：夏木立」
『大阪朝日新聞』１８８４（明治17）年８月３日

【維新直後の巷の様子】

〈遡及資料〉この辺りの農夫、通りがかりの商人、旅人、それに木陰に佇んでいる武士。ここにはまだ新しい時代を告げるような風俗はなにもない。月代《さかやき》を剃らない惣髪の侍を除くと、この時代の男の髪は、一体に鬢《びん》の毛が少なく髷も後ろの方に後退して、前から見ると髷の刷毛先が申し訳ほどに小さく頭頂に見える、というふうだった。

『守貞謾稿《もりさだまんこう》』（1837〜）に「貴人は髪多く月代少なく、鬢高く髷大なり、下輩は之に反する者多し」とあり、後ろの武士のように髷の根を高く結ぶのは、古風でもあり、あるいは身分の高いしるしでもある。

「探偵実話 鼬小僧（19）」
『都新聞』1897（明治30）年9月12日

維

〈遡及資料〉文中に上野の戦争に奥州の戦争云々とあって、維新直後の思い出ばなしであることがわかる。魚屋の店先で、小鮪の切身の施しをねだっている子ども。きものの片肌を脱ぎ、首の絞まるような紺の腹掛の魚屋は、手拭を「うさぎ」に巻いている。職人や威勢のいい物売りの男は、女とちがってあまり襷《たすき》を使わずに肌脱ぎになる。これはひとつには腹掛をしている者が多かったせいだろう。腹掛の腹部にはカンガルーのお腹のように物入れのどんぶりが縫いつけてあるので、小銭の出し入れには便利。手前のおかみさんはねんねこ半天の下は裸らしい。乳幼児を裸にして負ぶうのは「はだこ」といって北日本には一般的な風習だが、母親も裸である方が母も子も暖かいに違いない。

【理髪店】

【きびしいお稽古】

理

渡辺黙禅「実譚 江戸さくら（51）」、松本洗耳画
『都新聞』１９００（明治33）年５月10日

〈遡及資料〉この日の本文は挿絵と関係ない。挿絵は髪結床の店内。崩れかかった髷の男も待っているように、まだこの時代では散髪と結髪の両方の客を相手にしていたはず。「髪結新三《かみゆいしんざ》」でもわかるように江戸時代、男も女も出髪結いに頼るひとが多かった。それが鋏で髪を切る時代になると、男の理髪は店を構える居職だけになる。切った細かい毛が辺りに散るし、洗髪の必要が生じたためでもある。

　この絵では職人は上っ張りもせず、視野のなかには洗髪の設備もない。近代理髪業への転換期のはじまりというべきだろう。仕事をしている職人が、腰に煙草入れを下げているのも彼らの気っ風のあらわれか。

き

高谷為之「探偵実話 剃刀《あたりや》おきん（44）」
『都新聞』１９００（明治33）年10月９日

〈遡及資料〉養母に伴われて上海に渡った、武家の生まれの九歳の娘おきん。この娘を食い物にしようという養い親からきびしく遊芸を仕込まれる。いまは皿回しの皿を落として三味線のばちで叩かれているところ。背景を描いていない挿絵のなかで、教え手の女が椅子に腰かけているのが異国を匂わせている。

　娘の髪は稚児輪。七、八歳からローティーンの少女がよく結っている髪。幼いおきんがここでかなり内股であるのは、身を守るためのしぐさのひとつだろうが、女の子は物心がつくこ

【いまだに古風な武士姿】

【吉原】

ろから、膝を離さないように立ち居することを仕込まれた。

渡辺黙禅「実譚 後のお梅（8）」、松本洗耳画
『都新聞』1903（明治36）年2月18日

い

〈遡及資料〉いったんは新政府の兵部省に出仕したが、いまは職を辞して政府転覆を画策している武士に、以前の顔見知りが近づいている。武士の衣裳づけは「黒羽二重の羽織に縞縮緬の小袖、白茶献上の帯へ長刀を落とし差し」ということで、身分ある武士のきまったスタイル。あたまにかぶっている宗十郎頭巾は、寒さ避けにする円筒形の袋状のかぶりものだが、『守貞《もりさだ》謾稿《まんこう》』(1837〜)では、「江戸の武士はあまり用いず、もっぱら山岡頭巾を用いる」とある。山岡頭巾の方は、映画・テレビで「鞍馬天狗」以降、盛んにそれらしいものを見ることができる。

一八六九年（明治二年）といえば、「現在の日本人が伝統的衣服を投げ捨てて外国風の衣服を用いたことはひとつの奇観である」（「ひとつの奇観」もしほ草 1869/9）などと書いている新聞があるくらいの時期だから、この武士のすがたはすでにかなり古風に見えたかもしれない。

吉

渡辺黙禅「実譚 後のお梅（22）」
『都新聞』1903（明治36）年3月17日

〈遡及資料〉吉原の遊女の部屋。この日の冒頭に、一八七二年（明治五年）一〇月の〈娼妓解放令〉以前は旧幕時代の風を残していた、との説明があるので、花魁《おいらん》の身なり、本部屋の様子も努めて古い時代のままに描いたものと考えられる。花魁の髪

【新妻と下女】

型は江戸時代には竪兵庫横兵庫が有名。

この時代になると一種の島田髷が多く、髷は極端に大きい。髷を膨らますために赭熊《しゃぐま》という熊の毛を入れたので、この髪を「赭熊」というようになる。髪の横に突き出ているのは笄《こうがい》。

笄は素人の女性も用いるが、遊女のものは特別大きい。ふつうは鬢《びん》の上に櫛を左右二枚挿すので、花魁の二枚櫛として知られるが、この絵の花魁は挿していないようだ。花魁はいまじぶんの部屋で実の弟とひそかに逢っているところなので、大仰な櫛や簪《かんざし》のたぐいはすべて省いているのだろう。

新

「乱咲真垣菊（1）」
『大阪毎日新聞』1883（明治26）年10月15日

〈遡及資料〉「頃は明治二年の事なるが」と冒頭にはっきり断っているが、豊後国岡藩という地方ではまだ江戸時代そのまま。大阪からはるばるこの地の武家の次男坊のもとに嫁いできた嫁と、付き添ってきた下女。八幡宮で催される撃剣会に集う若侍たちを見やっている。

新妻の髪はまだ文金高島田。嫁が年若な場合、当分のあいだ高島田のままでいることは、嫁ぎ先の舅姑に異存さえなければよくあることだった。その場合は眉も剃らず歯も染めないままなので、娘のすがたと変わりない。丸髷を結い、縞のきものの下女に対して、きものの柄も派手派手しい友禅風とは、田舎の武士の家風としてはめずらしい。

彼方、撃剣道具を肩にした若侍たちは、袴の股立ちを高く引きあげ、高足駄を踏み鳴らしている。

一八七〇／明治三年

【左褄】

渡辺黙禅「実譚 江戸さくら（55）」、松本洗耳画
『都新聞』１９００（明治33）年5月16日

左

〈遡及資料〉挿絵はこの日の本文とは関係ない。左褄を取った芸者が、三味線を抱えた箱屋を連れて橋にかかったところ。芸者の髷はつぶし島田。芸者は年の老若にかかわらず出の衣裳にはかならず島田に結うが、髷の根を低くするところに、お嬢さんの島田とは違う粋な感じがある。これからお座敷なので黒の裾模様の出の衣裳。襟を抜いて肩を落としているので粋に見える。帯は柳。台付きの高下駄をはいているのは背を高く見せるためかもしれない。

箱屋はぴったりした紺の股引で尻端折り、のめりの駒下駄。右手に持っているのは三味線でなく月琴《げっきん》のように見える。すでに一八七二年（明治五年）に洋服すがたで月琴を弾く芸者が現れているが（「雛妓のお座敷すがた」日要新聞 1872/1: 5-6）、月琴や大正琴などはお座敷でも人気のある楽器だったようだ。

橋の欄干の親柱には、腐食避けのための冠せもののあるのがふつうで、この柳橋の冠せものは銅製の将棋の駒形だが、大きな橋にはよく知られているように唐金擬宝珠《からかねぎぼし》というものもある。

【女形に恋する娘】

【役者の私室】

女

橋本埋木庵、菊酔山人（羽山尚徳）（刪定）
「近世実話 岩井松三郎（1）」、富岡永洗画
『都新聞』1897（明治30）年1月21日

〈遡及資料〉木場の大店《おおだな》のひとり娘と若手女形の色模様。娘の高島田の髷は思いきって高い。島田は芸者もかならず結う髪だが、娘の場合は根を高くする点に特色がある。髪飾りは髷の根に深く挿した櫛と鹿の子の根掛しか見えない。ふつうはあるはずの前挿し後挿しの簪《かんざし》を省いていることと、頰にかかる鬢《びん》の後れ毛は、この娘の思い詰めた心情を示すものとも受けとれる。「生得《しょうとく》の美人」という顔は例によっての狐目おちょぼ口の定型ながら、さすがに富岡永洗の描く女性らしい魅力もあらわれている。

若手女形の髪はいわゆる鬘下《かづらした》。鬘下の楽屋銀杏というと各種資料ではもっと鬢の張った髪型のように紹介されているのがふつうだが、新聞挿絵に出てくる女形の髪は、楽屋にいるときも茶屋遊びしているときも、まずこのスタイル。ただし眉毛は剃り落としている。

役

橋本埋木庵、菊酔山人（羽山尚徳）（刪定）
「近世実話 岩井松三郎（5）」
『都新聞』1897（明治30）年1月26日

〈遡及資料〉歌舞伎役者の師匠と弟子。弟子の頭はふつうに見る鬘下《かづらした》だが師匠の方はすこし変わっている。派手な羽織をたっぷりめに着て襟を抜き、ふだんでも女らしい様態で過ごした、この時代の女形役者のふうがよく描かれている。大切な贔屓の旦那のひとり娘を傷物にした、ということで、怒り心頭に発し

【緞帳《どんちょう》芝居の様子】

た師匠が、「有合う煙管《きせる》を笞《しもと》に代え、（……）アワヤ打下ろさんとする一刹那」というシーン。

有合う煙管というが、家にいると、会話するのにも長ぎせるを放さないひとが多く、腹を立てて畳を叩いたり、相手を指して難詰したりする、あまりよくないことには欠かせない小道具。

緞

橋本埋木庵、菊酔山人（羽山尚徳）（刪定）
「近世実話 岩井松三郎（7）」
『都新聞』1897（明治30）年1月29日

〈遡及資料〉一段格の落ちる緞帳《どんちょう》芝居の高土間で見物している三人連れ。「記者申す本日の挿絵は松三郎と勇吉とが物語り居る見物人の図とおぼし玉え」とわざわざ断っているにもかかわらず、文中の衣裳づけとまるで違うこともある、という例のひとつ。

左は久松町の清元の師匠で、眉を落とした女房風にし、つぶし島田。真んなかが「本場の八丈に黒縮緬の羽織を着て、高島田に結った極品の好い、一七、八ばかりな色の白い娘」という説明だが、髪はどう見ても島田には見えず、羽織を着ていないことも確かで、きものは本場の八丈というが、ふつう娘の着る黄八丈の縞物は、このような白っぽい絵柄にはならない。

右手前の少女はお稚児に結って、帯をお竪矢に結んでいる。お竪矢は一二、三までの子のいちばんふつうの晴れすがたで、左隅の、髪を禿《かむろ》に切り下げた少女もおなじ。

【清元の師匠の私室】

橋本埋木庵、菊酔山人（羽山尚徳）（刪定）
「近世実話 岩井松三郎（10）」、富岡永洗画
『都新聞』1897（明治30）年2月4日

清

〈遡及資料〉稽古に通っている清元の女師匠にそそのかされ、緞帳《どんちょう》役者とわりない仲になった娘が、親からべつの男との結婚を強要されて師匠に訴えている。娘の髪は高島田。大きなお太鼓に結んで袖で顔を覆っている。袖ということばをふくんだ熟語成句は多いが、そのなかでも涙に関するものが特別多い。女性が哀しみを表現するとき、ふつうは襦袢の袖を引き出してそっと目を押さえるが、高価なきものの袖で顔を覆う、というのは大泣きに泣くようなとき。

師匠はつぶし風の髷で眉を落としている。着ているのは綿入半天で、下に着ているきものの袂が袖口からはみ出ているのは、広袖であるため。放ち着の綿入半天は土地によって「丹前」とか「どてら」とかいって、冬の室内着に男女とも愛用されたが、職人などは外出のさいにも着た。たいていは茶色っぽい太縞の柄だが、師匠はさすがに何か小紋風のものらしい。

伊原青々園「近世実話 五寸釘寅吉（2）」
『都新聞』1899（明治32）年1月4日

雪

〈遡及資料〉逮捕と逃走を繰り返した凶賊の実話談「五寸釘寅吉」。あるとき誤って五寸釘を踏み抜いて捕らわれたため、この二つ名がつけられた。この場面では彼はまだ前髪のある一六歳で、堅気の雪駄直し。

左は大店《おおだな》のお嬢さんと下女。お嬢さんは寅吉があまりじろじ

【雪駄直しの少年】

【姐御と少年】

ろ見つめるので恥ずかしがってもいるが、ひとつにはかたわらに置いてある編み笠で、彼が被差別民であることを知って気味悪がってもいる。被差別民の地位を平民同様とする太政官布告が出たのは一八七一年（明治四年）八月二八日だった。寅吉はいっぱしの職人風に、太い格子縞の半天の下は紺の腹掛に、おなじ手甲脚絆《てこうきゃはん》、紺の足袋に草履ばき。

姐

伊原青々園「近世実話 五寸釘寅吉（8）」、富岡永洗画
『都新聞』1899（明治32）年1月12日

〈遡及資料〉雪駄直しの一六歳の少年が初めて賭場に足を踏み入れたが、盗んできた元手の二五両をたちまち巻き上げられ、着ているきものまで脱いだところを、親分の姐御にたしなめられる。

まだ前髪のある寅吉は紺の腹掛と手甲《てこう》だけ。手甲は左右が紐でつながってそれを首にかけるようにできている。姐御の髪はいわゆる達磨返し風。この種の髪にあまりきまったかたちを求めるのは間違いだろう。『守貞謾稿《もりさだまんこう》』（1837〜）の達磨返しではこれほど髱《たぼ》（後ろ髪）が突き出ていないが、それはもちろん髪の多いか少ないか次第。眉を落としているのは、この時代では当然。

『新聞雑誌』に初めて、既婚女性の眉剃りお歯黒を禁ぜよとの意見が現れたのは次の年（「既婚女性のお歯黒・眉剃り」新聞雑誌6号 1871/7）。また眉剃りお歯黒を批判した福沢諭吉の『かたわ娘』は三年後。

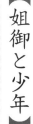

【門付《かどづ》けの親子】

渡辺黙禅「実譚 後のお梅（26）」、松本洗耳画『都新聞』1903（明治36）年3月21日

門

〈遡及資料〉編み笠の老人と、手拭かぶりのその娘とが、琴と胡弓を頼りに門付けをして歩いている。娘の背負っている赤ん坊にはねんねこ半天もないようなので、負ぶい紐だけ、稲藁で編んだ蓆《むしろ》一枚で雪をしのいでいるらしい。稲藁は当時身近な素材で、蓆、米俵、草履草鞋《わらじ》などの履き物、そして東京でも、禁じられてきた区部をすこし外れれば、藁葺きの屋根が多かった。

赤ん坊のかぶっているのは大黒頭巾。本文に「外の袖乞とは違いて気高き調べ」などとあるが、この種の流し芸人は袖乞、つまり乞食同然のなりわいだったから、外国人の手前、乞食の多いことを恥じている新政府は、一八七六年（明治九年）にはこの種の門付けを一切禁止している（「上野公園地内取締方公布」東京日日新聞 1876/12/19: 1）。

茶

渡辺黙禅「実譚 後のお梅（118）」、松本洗耳画『都新聞』1903（明治36）年7月14日

〈遡及資料〉新政府転覆を狙う陰謀ものがたり。呉服橋近くの官庁に用事のあるひとびとを客にする腰掛茶屋。縁台に腰を下ろして、手あぶりをかたわらにしている男の身なりはとくに変わったところはないが、ヘルメットのように見える帽子はこの時代風。明治の初年はまだ中折帽が一般的でなく、つばのかなり広い帽子の流行した時期もあった。

編み笠をかぶった廻国の六部は脚絆《きゃはん》もふくめて白装束で草鞋《わらじ》

【茶屋の男達は……】

【帳場を預かる番頭】

がけ、鐘を叩いている。背負っている厨子のなかは弘法大師の御像。かならずしも木彫りの像ではなく、一枚の絵像の場合も多かったらしいから、ごく軽い荷物。これを善男善女に拝ませてなにがしの喜捨をもらって旅をした。後ろに立っている黒紋附の男は、「古びし奉書紬の紋服に深編笠、手に袋入りの筮竹《ぜいちく》を携えたる大道占師めきたるが（……）」という衣裳づけ。この占い師のすがたは手に持つのが尺八という違いだけで、虚無僧の恰好とも共通する、要するに貧しい武士のすがた。

帳

佐倉叟春江「片情廻小車《かたなさけめぐるおくるま》（7）」、二代目歌川芳宗画
『改進新聞』1885（明治18）年6月3日

〈遡及資料〉はなしは長く複雑だが、この場面は東京蛎殻町《かきがらちょう》の仲買商の女房と、神戸に商用旅行中の主人の留守を預かる番頭とが、「いつしか深い仲になり（……）」というところ。店の奥、結界で仕切られた帳場にいるのが番頭。その奥の内証との間を隔てる暖簾を分けて顔を覗かせているのが浮気女房。

小紋のきものに黒繻子の帯を締め、ばかに広い黒っぽい掛襟をしている。この時代では、東京の商家の女は裾を曳いているのがふつうだった。この女房は眉を落としていない。『守貞謾稿《もりさだまんこう》』（1837〜）では、二〇歳代の、いわゆる中年増の女で眉を剃らない者は実際にはほとんどいないけれども、絵でそうすると三、四〇代の女に見えてしまうために、絵のなかでは若い女房をしばしば眉を付けたままに描いている、といっている。

【団子屋】

団

長野楽水（編）、村井弦斎（閲）「捨子の出世（9）」
『報知新聞』1898（明治31）年8月14日

〈遡及資料〉団子屋の店先で、母親からひどい折檻を受けている男の子を憐れんで、男の子の生い立ちなどを店の女房に尋ねている客。女房の歳はわからないが、丸髷の髷の大きさからみて四〇は越していないだろう。はなしは一八七〇、七一年（明治三、四年）のことなので、女房が眉を剃っているのは当然。黒襟のかかった、裾の短い縞のきものをゆるく着て、前垂れがけ、足駄ばきというのは、もっとも当たり前の小商人の女房の恰好。

客は小紋のきものに縞の羽織を重ね、紺足袋に草履ばき。煙管《きせる》を持ってものをいっているが、男は外出にはかならずといっていいほど煙草入れを腰に提げ、短い鉈豆《なたまめ》煙管をとりだして一服つけたもの。

一八七一／明治四年

【お座敷によばれた芸者】

渡辺黙禅「実譚 江戸さくら（61）」、松本洗耳画
『都新聞』1900（明治33）年5月22日

お

〈遡及資料〉一八七一年（明治四年）の正月四日という日付のついた本文。芝で芸者のお披露目をして間のないヒロインが、姉芸者の馴染みらしい紳士のお座敷によばれる。座敷には外に三、四人の芸者がいるらしい。挿絵のふたりの芸者はそろってつぶし島田に帯は柳、裾模様のヒロインも、すこしくだけて小紋の姉芸者も、三枚襲の春着すがた。ヒロインの着ているのはまさか白地ではないが、萌葱とか薄紫とかいう華やかな地色は、挿絵ではふつう白抜きにするしかない。

客は「黒羽二重五所紋の小袖に白縮の兵児帯《へこおび》を締め、その頃滅多に見ることも出来ざりし金鎖をだらりと下げた」四〇あまりの紳士、というが、絵の表現でもわかるとおり、この時代、四〇あまりの男というと、すでに初老に近い貫禄になる。角帯でなく、白縮の兵児帯というのがくだけたところ。時計は男女とも懐中時計だったから、長い鎖を帯に巻きつけたり、首にかけたりした。森鴎外の『雁』のなかでは、和服姿の末造が川岸で時計を見る場面で、わざわざ懐時計といっている。なんでも袂に入れる当時のひとの習慣で、袂時計、というういい方もあった。

【銀座通りの人力車】

渡辺黙禅「実譚 江戸さくら（74）」、松本洗耳画
『都新聞』１９００（明治33）年６月８日

銀

〈遡及資料〉行方のわからなかった恋人を、偶然銀座の街角で、二人乗りの人力車上に見かけた芸者が、客待ちの辻車をよび止めて追跡しようという場面。画面が窮屈なため、芸者と男との間隔が近すぎてやや不自然。お座敷帰りの芸者の髪は根が低く髷が後ろに下がった芸者風。帯は柳で、高下駄をはいている。

二人乗り、つまり相乗りの車は客にも車夫にも得だったから、人力車のごく初めから人気があったようだ。しかし和歌山県のように一部の地方では、なぜかこれを禁じているところもある（「和歌山県では、男女相乗りの人力車を禁ずる」読売新聞 1876/11/13:2）。

橋本埋木庵「実話 悪縁塚（39）」
『都新聞』１９０３（明治36）年12月23日

小

〈遡及資料〉もと旗本の若者が武士の商法で小間物屋の見習いをはじめた。この日の本文末に、「この頃より施行せられし郵便にて」、むかしの女に手紙を出した、とある。近代郵便のはじまったのはこの年の四月だった。

この主人公は剣の腕が立ち、そのことから運命が変転してゆくのだが、そういう人物であれば、髷を落とし、丸腰で、小間物の荷を担いで旦那の出勤したあとの官員さんの家に入り込み、奥さんや女中を相手に愛想をいう、などという暮らしはつらかったろう。このころはまだ廃刀令以前の佩刀脱刀は勝手という時期で、一八七二年（明治五年）の新聞には「刀不可廃論」

【小間物屋】

【郵便配達人】

（「廃刀反対」東京日日新聞 1872/11/4: 2）などという文章を投稿する硬派もいた。

向こう側に芥子坊主頭の小さな子の手を引いている子守っ子がいる。ねんねこ半天で着ぶくれた子守女はまだ一〇歳にもならないかもしれない。この年頃の少女は子守として重宝され、男の子に比べて女の子の就学率の低い大きな原因になっていた。それで大都市でも、背中に赤ん坊を負ぶったままの通学を許す学校さえあった。子守っ子は、子守かぶりに、手拭を頭に巻いている。

郵

橋本埋木庵「実話 悪縁塚（40）」
『都新聞』1903（明治36）年12月24日

〈遡及資料〉東京大阪間の郵便のはじまったのはこの年の四月で、東京の府内には一二カ所のポストと、一二人の郵便書状集め配達人が採用された。江戸と大坂のあいだにはそれまでもかなり実用的な飛脚制度があった。しかし袖章やズボンの側章の付いた洋服の配達夫のすがたは、新政府の、つまりお上の仕事、の印象が強かったに違いない。そのころは切手も「売下げる」といわれた。ただしこの制服の前に、紺木綿の法被すがたの時期があったようだ。

【兵庫髷の花魁】

渡辺默禅「実譚 後のお梅（175）」、松本洗耳画『都新聞』1903（明治36）年9月20日

兵

〈遡及資料〉吉原の遊女の本部屋、久しぶりの客と向き合ってこちらに背を向けているのが立花という花魁《おいらん》。髪は横兵庫で幅広の襟をかけた打掛、つまり「しかけ」を着ている。長襦袢の上に、『守貞謾稿《もりさだまんこう》』（1837～）の時代はこのしかけを二枚重ねたが、明治に入ってからはすべてが簡略化し崩れているから、どうかわからない。

戸を開けて草履のまま駆け込んできたのは、花魁つきの振袖新造。いままで客の羽織を畳んでいた。髪は結綿《ゆいわた》に似ているがもうすこし複雑のよう。まだ見習いの地位なので娘風の恰好をしている。

客の男は惣髪で髱《たぼ》(後ろ髪)がふくらみ、髷が大きい。このような髪風は地方の藩士風。だいたいこの時期に髷を結い、大小を横たえて江戸の町を歩いていたのは、多くは地方から出てきた侍だったろう（「東京有楽町を通る二人の男」東京日日新聞 1875/5/26: 3)。

奉

長野楽水（編）、村井弦斎（閲）「捨子の出世（14）」『報知新聞』1898（明治31）年8月20日

〈遡及資料〉江戸時代、小商人や職人の子どもは一二、三になるとほぼ例外なく奉公に出された。明治と改まってもこの風習はそう急には廃れなかった。

時代は一八七一、七二年（明治四、五年）、母親に連れられて奉公先の靴屋の暖簾をくぐろうとする少年。着替えを入れた小

【奉公の最初の日】

風呂敷ひとつを背負って、うなだれて母親のあとについている。小僧としての年季は職種によってちがうが、一〇代の使用人には給金はないのがふつう。そのかわり衣食住すべては保証される。しかしこのはなしのように、年季証文と引き換えに三〇円の金を親が受けとるというのはめずらしく、子どもを嫌っていた母親が飛びついたのは無理がない。

革靴の製造はもちろん明治の新商売のひとつで、ずいぶん沢山の人が手を染めたらしいが成功者は少なかった。日清戦争（一八九四〜九五年・明治二七〜二八年）で、多くの兵隊が革靴より草鞋《わらじ》の方を望んだのも、長時間はとてもはいていられないような靴が多かったためという。

一八七二／明治五年

【雪駄直し】

雪

〈遡及資料〉大阪南の芸者が二人連れで北野天神参りをする道すがら、はからずもむかしの男に出会うという場面。男はひとの軒下に茣蓙《ござ》を敷いて客を待つ、雪駄直しに身を落としていた。ここでヒロインは切れた鼻緒をすげさせているが、雪駄直しは差歯の下駄の歯入れが商売。包丁研ぎ、鋳掛屋《いかけや》、笊《ざる》直しなどとおなじ一種の行商で、何日かに一度、きまった場所に道具を広げるというやり方があった。

雪駄直しがそのなかでもとりわけ卑しめられたかどうかはわからないが、この文中ではあたまから被差別民視されている。頬かぶりしているのも髷の汚れるのを防いでいる、というのでなしに、世間をはばかり、面を隠す、という意味があるかもしれない。紺の腹掛風の前垂れをかけているのはよいが、雪駄直しならかならず膝の前に樹の根を輪切りにしたような台を置いているはず。

「短夜談（13）：梅雨の窓」
『大阪朝日新聞』1881（明治14）年7月5日

理

〈遡及資料〉このころの挿絵にはよく理髪店の情景が出てくる。

豊洲生（香川蓬洲）「意馬靹狂花王樹《いばのたづなくるうさくらぎ》（17）」、二代目歌川芳宗画
『改進新聞』1886（明治19）年3月3日

【遊女と禿《かむろ》の幼女】

【理髪店】

散髪と理髪店は開化のもっともめざましい現実のひとつだったかもしれない。店頭に見える赤白青のおなじみの標識については、『武江年表』(1871)の筆者もこの前の年に記録している。

また、客の前の壁面に大きな鏡があるのも店内の新しい風景で、このころの工夫という。鏡の前には西洋ブラシや香水スプレー、耳掃除の綿棒などが並べてあり、会話のなかではこれから洗髪にかかるようだが、その設備は描かれていない。

客と向かい合って座っているのは、赤ん坊を連れて床屋に暇つぶしに来ているお乳母《んば》さん。そんなところに江戸時代の髪結床の名残が見える。乳の出のよい女性だと、じぶんの子のほかにもうひとりぐらいの子は飲ませられたというが、たいていは子どもを亡くした女性で、乳児死亡率の高かったこの時代はお乳母さんのなり手は多かった。赤ん坊がかぶっているのは大黒頭巾風。

遊

伊原青々園「吉原心中:新比翼塚(1)」、富岡永洗画『都新聞』1900(明治33)年4月22日

〈遡及資料〉客の相手に疲れてうたた寝をしている花魁《おいらん》をゆり起こしている禿《かむろ》。花魁の髪は島田だが、髱《かもじ》がたくさん入って大きく結うために、ふつうの島田とはかなりちがって見える。花魁は客に出るときは長襦袢の上に「しかけ」とよぶ打掛式の上着を羽織る。ひじ枕で畳の上に横になっているいまは、華やかな友禅の長襦袢だけで、腰に巻いているしごきがみえる。その花魁に手をかけているのは姉女郎付きの禿。「まだ幼子の頑是《がんぜ》なさ」とあるとおり。

本文中にもあるように一八七三年(明治六年)一二月一〇日

【芝居茶屋の帳場】

【格式の高い娼家の部屋】

の〈娼妓取締規則〉公布以前は、吉原もまだ江戸の廓《くるわ》のしきたりを色濃く受け継いでいて、こんな幼女の使役もあったのだろう。江戸時代は生まれた子の胎毛は七日目に剃り、そのあと七、八歳まで、芥子坊主とか奴とか、盆の窪とかいろいろにいう、わずかばかりの毛を残して剃っておく習慣があった。

格

伊原青々園「吉原心中：新比翼塚（13）」、富岡永洗画『都新聞』1900（明治33）年5月6日

〈遡及資料〉時は一八七二年（明治五年）。吉原の大籬《おおまがき》の遊女の本部屋。初回の客とこれからお床入り、というところで身の上ばなしを聴いてみると、互いに一度も逢ったことはないが、腹違いの兄妹であることがわかり、不幸だった生い立ちを思い出して遊女の妹が袖で涙を拭いている。

遊女は大きな竪兵庫に結い、髷の結び目には芝居の花魁《おいらん》のような総角《あげまき》の房が付けてある。派手な模様の付いた緋縮緬の長襦袢。吉原でも大店《おおだな》なので、隅々に房の付いた厚い重ね布団。客の着ている丹前風のきものは、湯から上がったあと店で貸してくれるもの。

芝

伊原青々園「吉原心中：新比翼塚（14）」、富岡永洗画『都新聞』1900（明治33）年5月8日

〈遡及資料〉東京蛎殻町《かきがらちょう》に櫓《やぐら》を上げた小芝居の、芝居茶屋の内証、つまり帳場。江戸時代の遊び場は、廓《くるわ》にしろ相撲にしろ芝居にしろ、客は一旦茶屋を通してめざすところに案内されるという手間が必要だった。結界の柵を前にして算盤勘定をしている

【未亡人と実父】

【お披露目道中】

のが、兄によって廓から救い出されたヒロイン。
　亭主はないが丸髷を結って眉を落とし、すっかり女房風。左の棚には、見物の客から預かった帽子や外套を黒塗りの衣裳箱に入れて名札が付けられている。客は履き物も茶屋の草履にはき替え桟敷に入った。その客に番付を渡し、お茶や弁当の手配をするのが茶屋の女将の仕事。

伊原青々園「吉原心中：新比翼塚（24）」、富岡永洗画
『都新聞』1900（明治33）年5月19日

未

〈遡及資料〉夫を亡くし、幼い娘とふたりの所帯を張っている女のもとを訪ねてきた実父が、なにかと意見をしている。あたまのだいぶ薄くなった父親は、縞のきものに小紋の羽織のごくふつうの商人風。
　夫はいないでも眉を落として大丸髷の女は黒襟、縞の半天の袖先で帯を押さえてなにやら思案顔。女の子はお稚児に結い、根にビラビラの簪《かんざし》を挿している。ビラビラの前挿はこのころの女の子ならだれもがほしがるものだった。帯を大人のようにお太鼓に結んでいるので、こましゃくれて見える。

橋本埋木庵「歌吉心中（44）」
『都新聞』1905（明治38）年2月6日

お

〈遡及資料〉日本橋芸者のお披露目。手前がその当人で、髪は芸者島田、時候が六月なので水色の絽のきものに菖蒲の裾模様、とあるが芸者はかならず江戸褄。帯は柳に結んで、小町型ののめりの表付きの下駄をはいている。この女はそれまで清元の師

【大阪の生玉神社にて】

【士族風の男と蝙蝠傘】

匠をしていたが、百円の金が必要なため丸抱えの年季奉公の証文を入れた。

向こう側が抱え主の姐さん芸者で、これから出入りする料亭などへ新しい抱えっ妓を連れての挨拶回り。ふたりとも二〇代と思われるが、一八七二年（明治五年）ではこの年齢で眉と白い歯を持つ女性は少ない。芸者が生き生きとした、表情豊かな印象を持たれたのはそのせいもあったろう。

お供の箱屋はお使いものの入った風呂敷包みを提げ、片尻端折りで絹のパッチを見せている。京阪と違い、江戸では絹の股引だけをパッチとよんだ。

㊅大

「新編 陸籬《まがき》の蕣花《あさがお》（1）」
『大阪朝日新聞』1883（明治16）年8月23日

〈遡及資料〉連載第一回なので生玉神社門前でたまたま出会った四人の人物の紹介。娘は大形の浴衣に黒繻子と鹿の子の昼夜帯を締め、日傘を手に、とあるが、挿絵の方では日傘でなく団扇を手にしている。大形の浴衣、といういい方は現在なら中形というべきところ。

連れ立つ五〇ばかりという老婆を描く筆法はいくぶん粗っぽすぎて、毛筆の打ち込みや筆癖がきもののかたちをすっかり崩してしまっている。

後ろのふたりの男のうち前に立っているのは上本町の質屋の隠居、後に従う丸坊主は俳諧や茶道の師匠で、小紋の単物に黒絽の被布、という宗匠の出で立ち。江戸時代、こうしたひとたちは、一部の町医者同様、裕福な町人を取り巻いて生活の資を得ていたようだ。

【没落した母娘】

士

「花合対夏菊《はなあわせついのなつぎく》（1）」
『改進新聞』１８８５（明治18）年6月28日

〈遡及資料〉場所は横浜。埋立地の清正公様詣の途中の掛茶屋で、見知らぬ若い男の蝙蝠傘を取りちがえたのに気づき、詫びて取り替えている伴の下女と、ものがたりのヒロインである一六歳の娘。

蝙蝠傘は開化の時代もっとも普及の早かった舶来品のひとつ。最初はもちろん舶来品だったが、もうこの次の年あたりから廉価品の国内製造販売の広告が見られる（たとえば、「洋服仕立ての広告」東京日日新聞 1873/4/7: 2）。それだけに最初は男持ちも女持ちもない黒の規格品だったのだろう。

娘は扇を逆さまに開いて胸の前にかざし、その気じゅうぶんのコケットリー。島田の前挿はビラビラの花簪《かんざし》で、単にビラビラともいっていた。女ふたりは塗りの駒下駄、男には塗りでない桐柾《きりまさ》が好まれた。「人品賎しからぬ士族と見ゆる一個の男」とあるように、明治も初めのころは、旧士族はどことなくそれとわかったらしい。

没

台水散史（渡辺治）「恋の柵《しがらみ》（2）」、稲野年恒画
『大阪毎日新聞』１８９０（明治23）年3月4日

〈遡及資料〉文中の会話から、この絵の背景はだいたい一八七二、七三年（明治五、六年）と理解される。元旗本の奥様とご息女とが、いまはみすぼらしい裏店《うらだな》に住み、マッチ張りの手内職で細々と煙を立てている。母親に向かっている娘が奇妙な手つき

【植木屋とお嬢様】

遅塚麗水「金屏風（2）：お嬢様からの御褒美」、松本洗耳画
『都新聞』1896（明治29）年11月19日

植

〈遡及資料〉時代は一八七二、七三年（明治五、六年）。大名華族家の広いお庭で、向こう鉢巻きで仕事に精出す植木屋の若い衆。「紺の印半天、おなじ色の股引、手綱染の三尺を、腰の端へ締めて、ちょっきりと前に結び（……）年は二四、五、色はヤヤ浅黒けれど、眉秀でて眼《まなこ》涼しく、鼻は素直に通りて唇《くち》は締まり（……）」というので、侍婢《こしもと》たちばかりか、お嬢様の目にもとまる。

植木屋がいま細縄で組み立てているのは四つ目垣。印半天はじぶんの家の名入りだが、お出入りの屋敷で紺屋《こうや》に注文し、正月にお年玉にもらうのが常例。出入りのお店《たな》が多いと、何枚もの半天を重ね着して歩くのが見栄だった。

をしているのは、長上にものをいうときの作法に従ったもの。

じぶんたちの暮らしぶりを「木綿きものに木綿の帯」といい、それにひきかえ時風に棹差して出世した一家の娘を、「縮緬ずくめに繻珍の帯、見違えるほど立派な装《なり》で、官員らしい人に連れられて全盛のお花見」と表現している。ただしこのいぶせき家に、金物の火鉢、それにかかっている派手な絵柄のある土瓶、娘の背後のなにやら大きな箱——まさか鎧櫃《よろいびつ》ではあるまいが——そのうえに載っている油差しめいたものなど、むかしの暮らしを忍ばす手がかりが垣間見える。

【もと旗本の奥様の没落生活】

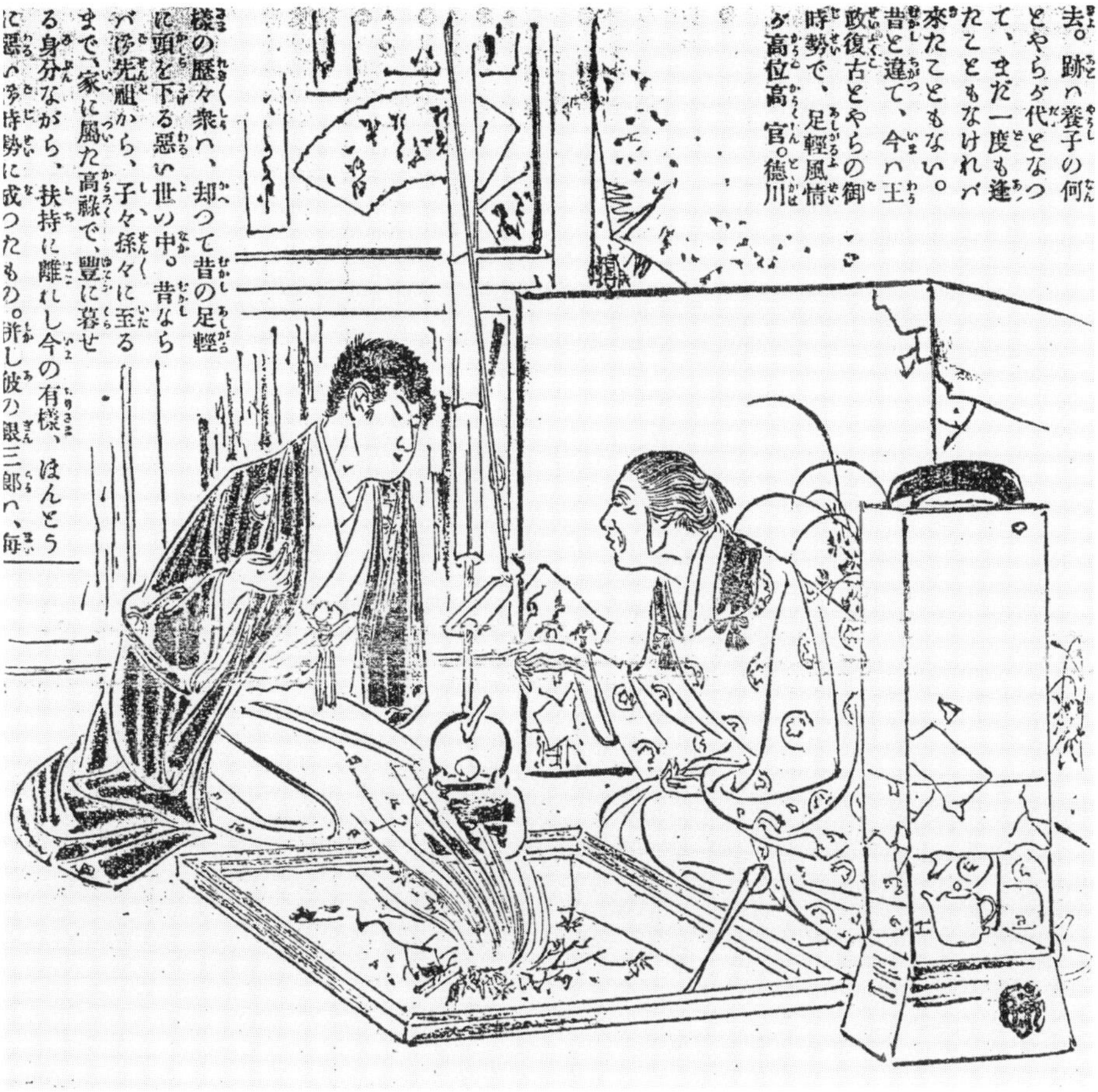

遅塚麗水「金屏風（6）：洋肝色の羽織」、松本洗耳画
『都新聞』1896（明治29）年11月25日

（も）

〈遡及資料〉時代は一八七二、七三年（明治五、六年）。六三歳になる元旗本の奥様が、上野の戦争で跡取り息子を死なせ、いまは下の息子に養われている。ここはむかし出入りだった植木屋の世話してくれた、小屋同然のいぶせき住まい。

「截下《きりさげ》の隠居姿の気高くて、肩のあたりはつぎはぎの糸の痕《あと》、白砂《すな》を撒いたように光れども、その衣服《きもの》は柔らかものなり」と。武家の奥方は夫が死ぬと切髪にするのがふつうで、明治の半ばになっても、身分のある女性のなかにはそういう習慣を守っている者があったらしい。母親の着ているのは古風な大模様のある被布。

親孝行の息子は昼間は植木屋をして稼ぎ、帰ると戸口でこの恰好に着替えて、母に対しては、官途に就く日も近いと嘘をいっている。元旗本の身分を忘れられない親子は、たとえボロでも柔らかもの――絹きものへの執着はつよかったようだ。

【いとこ同士】

い

「片葉《かたは》の葦《あし》（1）」、落合芳幾画
『今日新聞』1885（明治18）年10月1日

〈遡及資料〉大阪北の御堂前の、豊かな人形商の家の内。この家に養われている従兄の部屋に、家つきの一五になるひとり娘が、夜ひそかに忍んできて想いのたけを掻き口説いている場面。

当時の一五はいまの一四、身体的発達は一般に現代より遅れていたはずなので、このような早熟さは本文中にもあるように、「唯益もなき糸竹の道のみを学ばせて（……）我が邦のおとめたちがややもすれば色情の為に道を誤り浮き名を人に唄われ」という環境のせいだろう。

袖を口にくわえて身を反らし、後ろに手をついて膝を崩したポーズも、なにやら舞台の所作事のように見える。机に向かっている従兄も年はおなじ一五だが、養われているという恩義もあたまにあって迷惑そう。一八七二、七三年（明治五、六年）という設定で、商家の風俗はまだ江戸時代そのまま。

か

「新編 疎籬《まがき》の蕣花《あさがお》（8）」
『大阪朝日新聞』1883（明治16）年8月21日

〈遡及資料〉やくざ者の夫婦が、大阪長町裏の侘び住まいの体、とある。「塵塚《ちりづか》を横に、雪隠《せついん》を前に控えし小家」というのは大

【かたぎでない暮らし】

【廓《くるわ》抜けした遊女】

阪も江戸も変わりない長屋住まいのきまりだが、それにしては窓の簾《すだれ》、桟の細かい障子、すがたのよい行燈など、それほどの貧乏所帯には見えないのは、この状況以前にいろいろと思わぬ実入りがあったためで、そこが堅気の商売人との違い。

男の着ている髑髏《どくろ》の単衣も、ふつう裏長屋住まいの人間が利用する、古着屋の襤褸《ぼろ》のなかから見つかるような柄ではない。女の髪は横櫛のじれった結び、これから他国へ行けば娼妓《つとめ》をしても指をさすひともいない、といっているような女には向いている。

廓

橋本埋木庵「実話 悪縁塚（55）」、富岡永洗画
『都新聞』1904（明治37）年1月12日

〈遡及資料〉元御家人の娘が、悪人の手にかかって吉原に売り飛ばされ、全盛の花魁《おいらん》の妹分として廓《くるわ》のしきたりも身につき、源氏名も与えられ、いよいよ明日は客を取らなければならないという前の晩、「幸い此の身は未だ花魁姿となりにしもあらねば廓を忍び出でたとて人に怪しまるる気遣いはない」と、混雑に紛れて廓抜けし、吾妻橋で大川に身投げする。

花魁すがたではないといいながら、髷は素人娘には見えないくらい大きくふくらませ、帯も後ろで結んでおらず、きものの前は帯下から開いて裾を後ろに長く引いている。はたしてこのすがたでひとに見とがめられず、吾妻橋まで来られるものだろうか。

【親子の客】

親

「断鴻異契《だんこういけい》（1）」『改進新聞』1887（明治20）年9月27日

〈遡及資料〉深川の質両替商の主が、谷中の寺で開かれた無尽に、倅を連れて行った帰り道、入谷田圃の辺りでむかしの奉公人の女に出会い、その侘び住まいに招き入れられる。

女は「年の齢は四五、六、色の浅黒くして何となく失意の面色ある老婦」というのは今日では考えられないその時代の年齢観。女は植木屋に嫁入ったが、その亭主を昨年亡くしたといい、のこされた子どもを旧主人に目通りさせている。女の髪ははっきりわからないが達磨返しのよう。上から一本簪《かんざし》を挿すのは、この種のかんたんな髪のまとめ様の特色。

質屋の主人は紺絣の単衣に帯を締め、その倅だけは夏の盛りだというのに羽織を着ている。この無尽が息子の名義になっていて、子どもを世間に出す、という心持ちがあるためか。

ら

三遊亭圓朝（口演）、酒井昇造（速記）「雨後の残月（1）（1）」『読売新聞』1897（明治30）年9月1日

〈遡及資料〉三遊亭圓朝晩年の速記ばなしの連載。場所は上野の黒門から三橋のあたり、坂道を下りてきた老人は「結城紬の藍の微塵、下着は本場の琉球、献上博多の帯に金鎖の時計を巻き付け、織色の羽織、表附きノメリの駒下駄、頭にはその頃流行った猟虎《らっこ》の帽子」というけっこうな衣裳づけ。出会った丁髷《ちょんまげ》の幇間《ほうかん》を昼飯に誘っているところを見ても、ふところの暖かい旦那衆であることがわかる。

【らっこ帽のだんなと幇間《ほうかん》】

猟虎の帽子はトーク型のキャップで外来の風俗だが、こうした絵ではむかしの宗匠頭巾のようにも見え、そんな感じで用いられていたかもしれない。味噌漉し帽子などという悪口もあったようだが。ただし猟虎はこのころでも安くはなかったから、じつは川獺《かわうそ》などが多かったらしい。

一八七四／明治七年

【追い羽根ついてあそびましょう】

【鳶《とび》のものが芸者宅で相談ごと】

追

題名なし
『大阪朝日新聞』1882（明治15）年1月10日

〈遡及資料〉和歌山県名草郡野川村の豪農の娘と、通りがかりの二等巡査の若者との情話の発端で、一八七四年（明治七年）の正月二日のこととなっている。東京府はすでに一八七一年（明治四年）に府内警備のため邏卒《らそつ》三千名を採用し、武器として警棒を持たせている。ただし、その邏卒の名称を巡査と改めたのは一八七三年（明治六年）だが（太田臨一郎『日本服制史』1989）、それはあくまでも東京警視庁のこと。警棒は約三尺あって、巡査は三尺棒などと陰口された。だから屋根に乗っかった追い羽根の羽根を取ることもできたろう。

鳶

橋本埋木庵「歌吉心中（53）」
『都新聞』1905（明治38）年2月16日

〈遡及資料〉深川の鳶《とび》の小頭が、仲間の息子の縁談の口利きのため、顔見知りの芸者の家を訪ねた。頭は半天を何枚か重ね着し、下には紺の腹掛を着込んでいる。鳶の者が出入りのお店《たな》などに改まった訪問をするときは、相手の家の名が背中や襟に入った法被を着るのが常だが、これはお店の用事ではないからふつうの縞の半天。はいているのはパッチ。関東では絹の股引だけを

【芸者を食い物にしている老婆】

パッチといった。足にピッタリしているのが見栄だったから、こんな正座は長くはしていられない。三筋格子風の大柄の半天を着て対座している芸者の髪はつぶし島田。

三遊亭圓朝（口演）、酒井昇造（速記）「雨後の残月（1）（2）」『読売新聞』1897（明治30）年9月2日

芸

〈遡及資料〉この絵は、上野の山下でひょっこり出会った、幇間《ほうかん》とその旦那とのとりとめない噂のなかの情景。旧士族の娘が身を落として芸者に出ている。その世話をしているというと聞こえはよいが、いろいろと義理をからめて芸者にとりついて、「慾《よく》の学校でもできれば教師にでもなろうという大変な老婆」。芸者はまだ若いが自前で商売をしているらしく、長火鉢の向こう側、神棚の下が家にいるときの居場所なのだろう。

長火鉢の、机でいえば袖にあたる部分は小抽斗《ひきだし》になっているのがふつうで、その上を猫板というが、この挿絵ではまさに白猫がうずくまっている。文中で幇間がこの芸者を褒めて、「あれは旧士族さんか何かなんで、はじめの裡《うち》は御座敷に出ても手を斯《こ》う逆に突きましたが、アレは中々突けるものじゃアありませんよ」といっている。貴人の前に出たとき畳に置いた手の指先を相手の方に向けず、逆に置く作法は、それでも明治期の挿絵ではかなり認めることができる。

【小間物屋】

【人力車夫のブランケット】

小

三遊亭圓朝（口演）、酒井昇造（速記）「雨後の残月（2）（3）」『読売新聞』1897（明治30）年9月10日

〈遡及資料〉和洋小間物類を扱う商店の店先。文中では洋物ともいっているが、アイテムの区別よりも舶来品を扱うという理由での洋品、あるいは洋品店というい方は、戦後まで受け継がれた（「洋品店の改称」読売報知 1943/2/2: 4）。帽子、靴、蝙蝠傘、ハンカチーフ、化粧品などといったこまごました身の回り品は、当初はもっぱら在留外国人の消費するものとして免税扱いだったので、横浜などの外国人居留地区ではかなり安く手に入ったらしい。

手前に回転椅子が見える。帰国する外国人が売り払っていったためずらしい家具類を、東京からわざわざ元町あたりの古道具屋まで漁りに来るひとが、関東大震災（一九二三年・大正一二年）のころまでいたようだ。並べられた帽子のうち二、三点はトーク型だが、川獺《かわうそ》、ビーバー、またとくに猟虎《らっこ》製のトーク帽は明治初期の人気商品だった。

人

三遊亭圓朝（口演）、酒井昇造（速記）「雨後の残月（3）（5）」『読売新聞』1897（明治30）年9月15日

〈遡及資料〉上野の寺の墓参から立ち戻った夫婦が、にわか雨にあったところを折良く車屋に出会った。車夫は太い筋の二本入った特徴のあるブランケットを肩にかけている。客待ちしている間は寒さしのぎにこれにくるまり、客を乗せるときはこれで客の膝を巻く。「気味の悪いようなブランケットを膝に掛け

【旅装束】

【行き遅れに悩むお嬢様】

られ」とあるように、初期の人力車は衛生面についても、強引な客引きでも悪評が多かった。

車夫は、筒袖の腰切半天に股引をひざまでまくり上げ、裸足のようだ。〈車夫規則〉が公布され、人力車にも車夫の身なりにも一定の統制がおこなわれるようになるのは一八八三年（明治一六年）一月一日のこと。

伊原青々園「近世実話 五寸釘寅吉（12）」『都新聞』1899（明治32）年1月18日

行

〈遡及資料〉伊勢山田の呉服屋のひとり娘。この時代、二〇歳を過ぎると、「今に白歯で居るのが肩身が狭い様だと（……）今日此頃は只一室に籠《こも》りて鬱《ふさ》ぎがち（……）」というお嬢様を案じた下女が、内宮の桜見物に誘っている。娘の髪は結綿《ゆいわた》で思いきって大きな髷。袂で口のあたりを押さえ、片手でからだを支えているポーズは、行き遅れたという悩みにしてはやや大仰。

下女の髪はたぶん銀杏返し。絣のきものに黒襟をかけているが、やはり若い娘らしくけっこう派手な半襟がめだつ。下女といえば丸顔の太った女に描くのは、この時代のきまり。

伊原青々園「近世実話 五寸釘寅吉（18）」『都新聞』1899（明治32）年1月25日

旅

〈遡及資料〉遊人で凶状持ちの男とその情婦とが、郷里を捨てる旅すがた。背後を気にしている男は碁盤縞の袷の裾を端折り、豆絞りの手拭をすっとこかぶりにして横で結んでいる。おなじすっとこかぶりでも、前の馬子は絞り柄の手拭をあごの下で結

【洋装の子どもたち】

んでいて田舎くさい。その馬子は当時はやった太い二本縞柄のケットを羽織っている。馬上の女と介添えの男とは、風と埃除けの蓆《むしろ》を背負っている。馬は農馬を時折賃稼ぎに利用しているので、蹄鉄を打たず草鞋《わらじ》をはかされている。

一転南柯史、魁蕾士（古川精一）（閲）
「雛鶴艶話《ひなづるえんわ》（1）」、落合芳幾画
『東京絵入新聞』1887（明治20）年9月21日

洋

〈遡及資料〉この一八七四年（明治七年）に主人公の少年とその幼友達の少女はともに一五歳、それにしてはすこし子どもらしいので、挿絵の意図は、九歳からこの年までの小学校時代のふたりの面影、ということでもあろうか。

越後の港という設定を仮に新潟としても、当時のこの土地に、こんな洋装の小学生が存在し得ただろうか。この時代の東京絵入新聞の挿絵の多くは落合芳幾の手になり、芳幾は考証にはけっこううるさい方だったが。少女の着ているドレスは、バッスルが廃れて背部に大きなノットやフリルがつくようになった、一八八〇年代後半の欧米のスタイルで、鹿鳴館時代がほぼこれにあたる。この挿絵が描かれた一八八七年（明治二〇年）の画家のあたまには、その夜会スタイルの印象が色濃く残っていたのではないだろうか。

貧

「探偵実話 法衣屋《ころもや》お熊（2）」
『都新聞』1895（明治28）年9月15日

〈遡及資料〉裏店《うらだな》住まいをしている母親と一〇歳くらいの少年。火事の火元の疑いをかけられたため郷里の和歌山に居ること

【貧乏暮らし】

【スリの男とその情婦】

ができず、東京に出てきた。母親は針しごとに洗濯、少年は枝豆売りをしているが、着ているものが汚いので買い手がいない。それを見かねた通りがかりの女が、着るものを買えといって一円札をくれた。その一円札をあいだに置いて嬉し涙に暮れている親子。

もちろん一間ぎりの部屋には、畳でなく粗筵《むしろ》が敷いてある。この時代、雨風を遮るのは出入り口をふくめて紙張りの障子。女の背後の竹の桟のはまった小窓は、夜だけつっかえ棒を外して閉める蔀戸《しとみど》。

「探偵実話 法衣屋《ころもや》お熊（6）」
『都新聞』1895（明治28）年9月21日

ス

〈遡及資料〉「伝法肌の男女二人」とあるのは巾着切りの兄貴分の男とその情婦。伝法肌の身なりといえば、例えば前の打ち合わせが浅く、帯を下の方に締めて横で結んだりする。きものの打ち合わせを浅くするために身幅、衽《おくみ》幅を変える、いわゆる七三仕立てもあった。襟の打ち合わせを浅くするというのは、いい換えれば打ちくつろげることで、古くは大襟とよんで、目上のひとの前では非礼のこととなっていた。

連れの女も、向こうでこっちを窺っているヒロインの娘も、黒の蝙蝠傘を持っている。蝙蝠傘は軽くて携帯もしやすく、舶来品のなかではもっとも普及の早かったアイテム。この時代にはすでに国産もはじまっている。

一八七五／明治八年

【相合傘】

相

「猿猴阿申《えんこうおしん》 新年第一筆《ことしのかきぞめ》（２）（上）」
『大阪朝日新聞』１８８４（明治17）年２月１日

〈遡及資料〉番傘の相合傘で雪の夜道をたどっているのは、商家の手代と女軽業師。この手代がまだ若い奉公人の身で、羽織を着ているのはめずらしい。商家では番頭になるまでは羽織を着ることを許さない家が多かった。もっとも主家を離れたところでは別だったろう。お仕着せのきものの柄も家によってたいていはきまっているが、地味な縞物であることは共通していて、仕着せ縞などということばもあった。

女の髪型はよくわからないが、この時代は髪型の種類も多く、きまりきったかたちにもあまりとらわれていなかった。ただ前髪が小さく、鬢《びん》が大きく張っているのは、幕末維新期にはよく見るスタイル。

楠

「懸想文春の曙（19）」
『東京絵入新聞』１８８６（明治19）年２月10日

〈遡及資料〉神戸楠公神社境内の腰掛茶屋。床几に腰を下ろしているのは近所の商人の娘で年は一六、七。派手な柄のきものに黒襟をかけ、帯はずいぶん下の方に締めているので掛襟は大きく開いている。その帯は後ろの結びようから見るとやわらかい

【楠公さん境内の茶屋】

【車夫たちの喧嘩】

袱紗帯のたぐいだろうか。膝から下の褄を大きく返して、褄の重なりと、のめりの塗り下駄の先を見せているのは、若い女としてはよくしつけられている。

そばに控えるお供の丁稚は風呂敷包みを首に提げている。持って歩くものがないときでも、丁稚はかならず唐草模様の一反風呂敷は畳んで懐に入れて外出したもの。たまたまここで出会った古本屋の若者は双子縞のきものを尻端折り、白木綿の股引をはいているが、関西では東京と違い、木綿でもパッチとよぶ。連載前回の終わりに、次回より一八七五年（明治八年）のこと、と断っている。

「夢の浮橋（44）」
『絵入自由新聞』1886（明治19）年6月3日

車

〈遡及資料〉客待ちの車夫同士の喧嘩に、通りがかりのこれも車夫の男が仲裁に入っている。明治初年は人力車夫はだれにもとりつきやすい職業だったために、車の数が過剰気味だったようだ。空手で地方から上京した若者が、車宿に一日分の車の借賃である歯代を払いさえすれば、喰ってゆくだけの実入りはあり、そのため客の獲得競争は熾烈で、車の溜まり場を通る女性は怖いくらいだったらしい。

一八七一年（明治四年）以後、人力車に対する規制はいろいろあったが、一八八一年（明治一四年）の〈人力車取締規則〉が公布されるまでは、客が二の足を踏むような不潔な車もあり、車夫たちの身なりもまちまちだった（「警視庁より人力車組合への口達」東京日日新聞 1883/4/5: 3;「近頃の人力車夫」読売新聞 1883/5/16: 1）。

【芸者の私室】

【番傘に高下駄】

芸

渡辺黙禅「実譚 江戸さくら（88）」、松本洗耳画
『都新聞』1900（明治33）年6月27日

〈遡及資料〉外は吹雪の昼下がり、若い芸者がひとり、炬燵《こたつ》で新聞を読んではわが身の不幸せをかこっているところへ、不意に案内もなく別れた男が襖を開けて入ってくる、というシーン。この時代、まだ掘炬燵はなかったから、女が足を入れているのは置炬燵。部屋のなかはけっこう寒いらしく、小紋の重ね小袖の上に羽織を着、締めているのは半幅帯のよう。髪は崩れているが芸者のあたまは、たぶんつぶし島田。

一方男の方は、「猟虎《らっこ》の襟も艶やかなる玉羅紗の外套を着流し」とある。外套の襟がひどく高いのはこの時代までの欧米の流行で、日本ではかなり時代の下がった『金色夜叉』のなかにも、「獺《かわうそ》の襟皮の内に耳より深く面を埋めたり」という記述がある。襟に猟虎、川獺《かわうそ》、兎などの毛を貼り付けるのを襟皮とよんだ。

番

渡辺黙禅「実譚 江戸さくら（91）」、松本洗耳画
『都新聞』1900（明治33）年6月30日

〈遡及資料〉番傘を背負って門前に立っている男はこの日の本文と関係ない。番傘にあるように髪結床の主人。丈も裄《ゆき》も短めな盲縞《めくらじま》のきものに三尺帯を横結びにし、片裾をぐいとつまんだところはどこやらやくざっぽいが、床屋の修行はやくざの修行に似たところもあって、気っ風の荒い人間が多かったようだ。

女の髪結いとちがって、髪結床から洋風の散髪屋への転換は

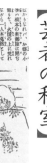

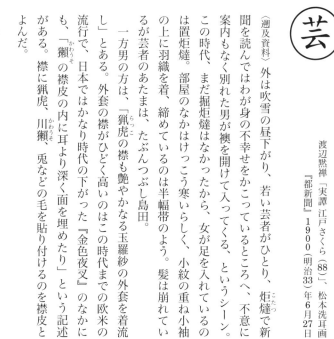

【明るくなった銀座通り】

急速だったので、抵抗や乗り遅れもあった。この親方もこの時代ではもう古い人間といわなければならない。首の詰まりそうな腹掛をし、雪の日なので爪革付きの高下駄をはいている。理髪職人は店でよく高下駄をはいているが、髪結床の時代は床屋はたいてい床の上で屈んで、上がり框に腰かけた客の頭を結っていた。

明

「信夫摺浮名白衣《しのぶずりうきなのしらぎぬ》（3）」
『開花新聞』1883（明治16）年10月4日

〈遡及資料〉素性を隠して女を囲っている泥棒の親分が、女を連れて銀座の料亭を出たところで偶然子分と出会い、それを探偵掛に目をつけられる、という場面。この事件は一八七五年（明治八年）の三月という設定、銀座通りにガス灯が設置されたのは横浜より数年遅れて前年の一二月だった（『京橋区史』1983）。柳とともにその後長く銀座の名物となる。

親分が開化風なのに比べて子分の方はまだ丁髷《ちょんまげ》。豆絞りの手拭を首に巻き、打ち合わせの浅いきもので、抜き入れ手した右手をふところから出し、なにかを渡そうとしている。いかにも古風なやくざ風。

ふたりの探偵は和服に帽子と靴。この時代にふつうに見られるスタイルだが、とくに探偵を表現するときにこのように描かれる。もっともほぼおなじ時代で、いつも紺の法被に股引だった、という証言もある。制服でないこういう和装の探偵を角袖の警官、あるいは単に「角袖」とよんだ。一八八六年（明治一九年）には刑事、または特務巡査はかならず袴をはくように、という指示（「刑事、特務巡査等は着袴」朝野新聞 1886/1/30:4）が出ている。

【巡礼】

巡

伊藤厭花「中山霊験：九寸五分（19）」
『都新聞』１９０２（明治35）年1月15日

〈遡及資料〉団扇太鼓を叩いてひとの家の前に立ち、喜捨を求めているのは日蓮宗の女の巡礼。実は入婿の夫に家宝を奪われた妻が、巡礼に身を窶《やつ》して家宝の脇差《わきざし》を探索している。眉を落とし切髪となった妻は、きものも襦袢も蹴出し（湯もじ）も脚絆《きゃはん》も足袋もすべて白木綿で、褄からげをし、腰に頭陀《ずだ》袋を入れた腰包を巻き付けているが、これは僧侶のふうで、行脚の僧は所持品を肩に負わず腰に巻いているのがふつう。左側、丸髷を結い眉を落とした酒屋のお内儀は、小腰を屈めて片手は軽く膝に当て、おひねりを盆にのせて差し出す。

一八七六／明治九年

【東京駅の誕生】

【新橋から横浜へ】

東

渡辺黙禅「実譚 江戸さくら（96）」、松本洗耳画『都新聞』１９００（明治33）年７月６日

〈遡及資料〉「明治九年七月一三日」と日付まで示している。正面に描かれているのは一八七二年（明治五年）建造の初代東京駅で、場所は現在の新橋だが、ほぼ明治年間は東京駅として使用された。一八七六年（明治九年）の駅頭風景や人物の風俗は、松本洗耳の記憶にあるものではないが、この実録シリーズのうるさい読者も意識して、相当の根拠を持って描いたものと信じてよいだろう。

登場人物のある者は京阪へ、ある者は讃岐の金比羅への旅。一八七四年（明治七年）に大阪神戸間は開通していたが、東海道の全線開通は一八八九年（明治二二年）、彼らの汽車の旅は横浜までにすぎない。地方の鉄道未通の区間にも、旅行者の増加に比例して人力車の普及は急速だった。

新

渡辺黙禅「実譚 江戸さくら（97）」、松本洗耳画『都新聞』１９００（明治33）年７月７日

〈遡及資料〉新橋から横浜に向かう汽車の車中。この年になると大森、川崎、鶴見、神奈川駅が開業し、一二月には新橋品川間は複線化する。車室は一、二、三等に分かれていたが、挿絵はおそらく三等の車室を念頭に描いたものだろう。風呂敷包みを

【外套がわりのケット】

【花嫁すがた】

背負った旅装束のような人物もいる。鉄道のなかった時代には江戸から横浜までも丸一日を要する旅だったが、画中の人物は三〇分くらいで着く横浜から先、まだ昔ながらの長い道中が待っていた上方をめざすひとたち。そのなかでつば広のシャッポをかぶり、薩摩絣のきものの袖先からメリヤスのシャツの折り返した袖口を覗かせ、ケットをまとって不作法に横になっている書生がめだつ。

渡辺黙禅「実譚 江戸さくら（111）」、松本洗耳画
『都新聞』1900（明治33）年7月24日

外

〈遡及資料〉政府転覆の犯人と目され警察に追われる身の主人公が、はるばる山口県から東京の馴染みの芸者のもとを訪ねる。降りしきる秋雨のなか、男は菅笠をかぶり、毛布《ケット》を二重に巻いている。毛布は明治初年から輸入され、最初は夜具ではなくほとんど外套として重用されたらしい。一八七〇年代後半（ほぼ明治一〇年代）、やや小型で周囲にフリンジなどのついているショールが流行しはじめたころから、とりわけ都会ではこの大型のケットを巻きつける習慣が廃れてゆく。

　女は洗い髪で手にはランプを持っている。芸者はたいてい日髪を結ったが、髪を洗うことは滅多になかった。それでも明治時代の江戸芸者は、水髪といってあまり髪油をつけなかったので、さらっとした髪をしていたようだ。都会の大通りだけでなく、芸者屋の軒先など個人の家に軒灯のつくのはもうすこし先、明治一〇年代初めとされている。

【やくざな父親と軽業師の娘】

花

長野楽水（編）、村井弦斎（閲）「捨子の出世（17）」
『報知新聞』1898（明治31）年8月24日

〈遡及資料〉主人公の捨吉は一二、三で靴屋に奉公に出されたが、妹の梅子はおなじ年頃になると芸者屋に売られ、二〇にはまだ間がある年頃で、西南戦争（一八七七年）の前の年、鹿児島のある軍人の妻となるために落籍される。年齢は親子ほども違ったが。挿絵は三三九度の杯事の夜の花嫁すがた。

この時代は大家は大家なりに貧乏人もそれなりに、とにかく杯事は嫁入り先の家の一間で、それも夜におこなうのがふつうだった。打掛を着ることは稀だった。綿帽子はかぶれば現在のものよりずっと深く、覆面じみたものだったためか、素面が多かったようだ。高島田の懸物、飾りは多かったが、筥迫《はこせこ》はまだ知られていなかった。きものは黒の裾模様で、花嫁衣裳という より女の礼装として用意されるものだったから、貸衣裳などなかったこの時代、あと役にたたない大振袖などを着る花嫁は滅多になく、多くは留袖だった。振袖のこの花嫁は、その点は芸者の出らしいといえる。

や

「猿猴阿申《えんこうおしん》 新年第一筆《ことしのかきぞめ》（6）（上）」
『大阪朝日新聞』1884（明治17）年2月9日

〈遡及資料〉やくざ者の父親が、博打の元手を借りようと、ひとり住まいの娘のところに来て凄んでいるところ。娘は人気者の軽業師。襟つきの縞のきものをゆるく着て、派手な柄の半天を重ねている。女の髪はつぶし島田かもしれないが、髷の後ろが

【手代と番頭】

ひどく突き出ている点、根掛のめだつ点などが不審。

この時代に、まだ丁髷《ちょんまげ》のままでいるアウトローの父親は、粗い弁慶格子のきものに三尺を締め、豆絞りの手拭を肩にのせている。手拭を肩にのせるのは、腕まくりや片裾をまくることとともに、勇みのしるし。

「猿猴阿申《えんこうおしん》 新年第一筆《ことしのかきぞめ》（11）（1）」『今日新聞』1884（明治17）年3月5日

手

〈遡及資料〉若い手代が、大金をちょろまかしたといういいがかりをつけられ、帳場の結界のかたわらで煙草を吸っている主人の目の前で、きつい折檻を受けている場面。証拠の品を突きつけているのが番頭。左側でなにか棒のようなものを手にしているのは、主人の身内の女。お店《たな》者が常時縞のきものに前垂れがけ、というのはこの時代も変わりなく続いている。番頭も手代も白足袋をはいているが、奉公人は冬の三、四カ月の間だけ、五、六足の白足袋をはくことを許されるのがふつう。

女は四〇代くらいだろうがまだ古風に眉を剃っている。しかし主人の身内だというのに、家のなかですでに裾を端折っているのは時代のせいか、ほかに理由があるのか。主人だけは小紋のきもので奉公人とはたがえている。店の規模にもよるが、主人は店の方は番頭に任せて、隣の部屋で控えていることが多かった。

【心中】

「猿猴阿申《えんこうおしん》 新年第一筆《ことしのかきぞめ》（17）（4）」
『大阪朝日新聞』1884（明治17）年4月3日

心

〈遡及資料〉いきさつはいろいろあるが、とにかく、この世で添われぬふたりが心中のための道行きの場面。男はふつうの頬かぶりだが、女の方はこういう場合、手拭の端を口にくわえる吹き流しというかぶり方にきまっている。片方の手は抜き入れ手にし、片方の手先を襟元に差し入れてやや反り身になり、片膝を立て白い湯もじをすこし見せているポーズは、もちろん舞台で生まれたきまり。女は芸者なのでつぶし島田に結っていて、髷の後ろの位置が髱《たぼ》（後ろ髪）にひっつくくらい下がっている。

一八七七／明治一〇年

【日本橋の紙・扇子問屋】

日

橋本埋木庵「実話 悪縁塚（79）」
『都新聞』１９０４（明治37）年２月６日

〈遡及資料〉日本橋本町辺といえば東京でも代表的な商業地、そこで四間間口で土蔵の二戸前を持つ紙・扇子問屋。画家は約二五年ほどむかしの町のたたずまいを、記憶と知識とで再現しようとする。四間間口にしてはすこし狭いようだが、その間口の半分近くは裾に重石《おもし》をつけた、幅広の日除暖簾《のれん》でふさがれている。朝、大戸を開けると店の外と内を遮るのはこの暖簾だけだった。紺染めの濃い色なので、日射しから商品は守れるが店内は暗くなる。

そのため板ガラスが普及しだすと次第にガラス戸に取って代わり、旧時代の街並の特色のひとつが消えた。裾の重石のない細長い暖簾は長暖簾といい、これを用いるのは江戸では呉服屋、湯屋、髪結床など数種の商売に限られていた。

道

題名なし
『東京絵入新聞』１８７７（明治10）年７月27日

日本橋通油町の糸屋の小僧が、吹き降りのなか、鉄砲洲まで大荷物の届け物の使いにやらされた道で、胡乱《うろん》な男と道連れになる、という場面。一二歳の小僧はまだ奉公して間がないだろ

【道づれ】

う。男の子のきものといえば絣にきまっていたような時代だが、商家の奉公人の仕着せは縞物。雨降りなので高下駄をはき、裾を高くまくっている。店の名の入った番傘は連れになった男が親切ごかしに持っている。

「月代《さかやき》を伸ばし布子《ぬのこ》の上に紺がすりの単衣を着て脚絆《きゃはん》に草鞋《わらじ》」とあって旅をしてきたすがた。布子というのは木綿の綿入きもので、貧乏人は冬を通してこれ一枚、ということも多かった。男はそのたぶん藍色の布子を肌つきに——下の襦袢なしに——着ているのだろう。この時代、貧しいひとは入浴は頻繁にしても肌につくものを滅多に洗濯せず、白い下着や裏地を用いなかったのはそのせいもある。その不衛生さを指摘する意見がいくつかある（岸田吟香「養生小言」東京日日新聞 1874/3/6: 1;「肌着の洗濯」読売新聞 1875/5/30: 2）。

【お里帰りの花魁《おいらん》】

お

「田丸源吾の続話」
『開花新聞』1883（明治16）年7月22日

〈遡及資料〉吉原で全盛の花魁《おいらん》が祖母の死に目に会うために、前借金を百円増し、監守《めつけ》の男に伴われ、遠州沖津の故郷にたどり着いた場面。この時代、鉄道はまだ横浜から先は通じていなかったが、出費を惜しまなければ東海道筋なら人力車の乗り継ぎに不自由なく、また船の便もあった。だから女が、近所に買い物にでも行くような恰好であることはふしぎではない。

男は股引の上に脚絆《きゃはん》をはき、草鞋《わらじ》ばき。肩に振り分けた荷物が革製らしい鞄になっているのが、帽子とともに開化風。女が花魁というのに似ずひどく前屈みなのは、画家の描き癖なのだろうが、現代の眼から見れば異様。外国人の目にも当時の日本

【医院の玄関先】

人、とりわけ女性の姿勢の悪さは目についたらしく、さまざまな意見、忠告が残されている（「日本人の姿勢」新聞雑誌 1872/9:5）。

医

夜の鶴「常磐色雪操草紙（8）」
『大阪朝日新聞』1881（明治14）年1月9日

〈遡及資料〉これより往診に出かけようと玄関の式台に立つ医師に、見送りの少女が帽子を手渡そうとしている。障子の向こうに薬筆笥が見える。この漆塗りの大きな小抽斗《ひきだし》が医者の診察室や薬屋の店先の特色で、昭和の初めまで街角で見かけられた定斎屋《じょうさいや》は、この小型のものを天秤で担いで回っていた。

見送りの子は頭髪をほとんど剃っているので就学前のはずだから、この絵ではすこし大きすぎる。幼い子のあたまを剃る習慣は明治期を通じて廃れてしまうが、これは床屋ではなく母親の仕事。そのころまで夫の髭剃りや月代《さかやき》剃りは妻のすべきことだったから、剃刀を使えない女はいなかったという。

神

三世柳亭種彦（高畠藍泉）「小蝶の夢（6）」
『絵入朝野新聞』1883（明治16）年12月8日

〈遡及資料〉宿場女が、じぶんを手に入れたと信じている土地の親分を捨てて、想う男と神奈川辺の茶店で落ち合い、駆け落ちの相談をしている。ざんぎり頭の男の羽織っているのは、袖のない一重のマント型の外套らしい。

この時期は従来の合羽と、外来のトンビとが入り交じっているので、同時代のひとでも正確に名前をいうことはむずかしかったろう。外套には模様のある襟と、胸に飾りの総角《あげまき》がつい

【神奈川あたりの茶屋】

ていて、この点は和風。女の髪も名前をきめるのはむずかしいが、髱《たぼ》（後ろ髪）が首筋にかぶさるように低いのは、粋で、むしろ品の悪さを示す。左隅の遊び人風の、半天着の男は、豆絞りの手拭を鼻かけに結んでいる。手拭かぶりのうちでも、場所によってはおとがめを受けるおそれのある仕方。

一八七八／明治一一年

【逮捕の瞬間】

橋本埋木庵「実話 悪縁塚（113）」
『都新聞』1904（明治37）年3月12日

逮

〈遡及資料〉手配の盗賊古賀の幸蔵の逮捕の場面。片袖を脱いで九寸五分の短刀を逆手に持つ犯人に、大勢の巡査が飛びかかっている。東京ではすでに一八七四年（明治七年）にこの制服制帽が制定され、地方も追々これに準じている。しかし洋服に慣れていないためか、地方によって、また場合によって、いろいろな変更があったらしい。大阪では一八八〇年（明治一三年）に、夜警巡査は靴音が相手に悟られるからと草履に替えられる（「夜警巡査の靴」朝野新聞 1880/2/7:2）というふうに。この巡査たちも足袋はだしのようにも見える。犯人のはいているのはパンツではなく半股引だろう。

一八七九／明治一二年

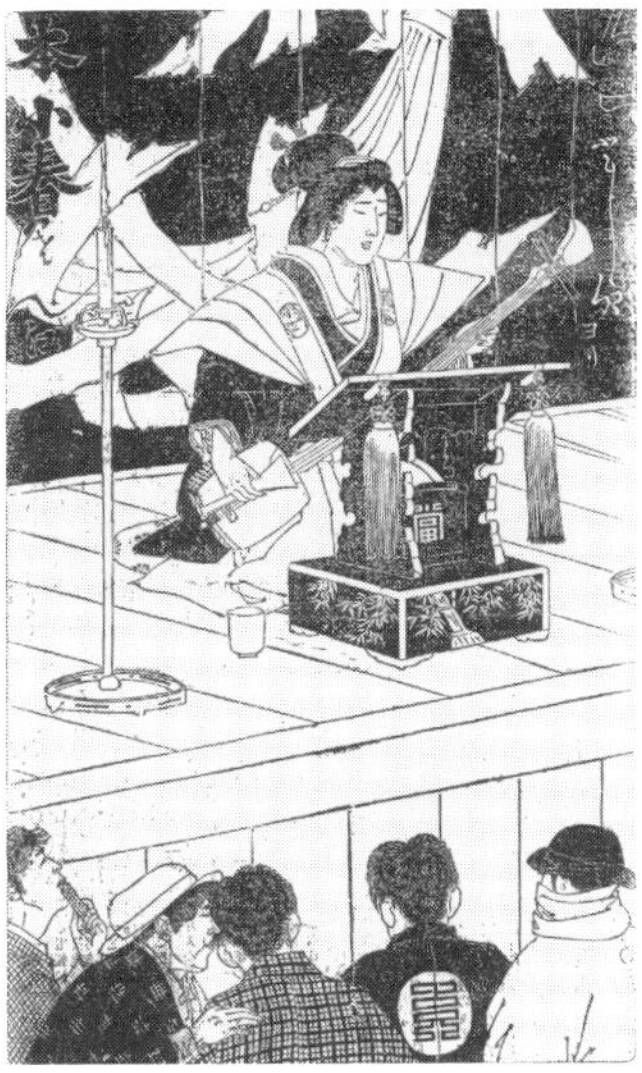

【娘義太夫】

【お高祖《こそ》頭巾に蛇の目傘】

娘

「探偵叢話（20）：清水定吉（31）」、山田年貞画
『都新聞』1893（明治26）年5月19日

〈遡及資料〉挿絵の娘義太夫は本所相生町の寄席の舞台だが、凶賊清水定吉がこの若い芸人の色香に一時迷った——というだけのこと。

なお、娘義太夫の全盛はもうすこし後の一八九〇年代（ほぼ明治二〇年代）といわれている。女の義太夫語りはむかしからあったが、男のように肩衣を着けて舞台に上がったのは一八七〇、七一年（明治三、四年）以後だったという（「女義太夫肩衣の由来」『世事画報』1898/12）。

肩衣にも袴と同様に謹みの気持ちを示す機能があって、女太夫の肩衣も女学生の袴も、それが着用の最初の目的だったはず。肩衣は江戸時代以後、一般にはほぼ消滅した服種で、祭り装束や、またある期間だけ婚礼や葬礼の装束として残った。「男のいちばん立派な姿は肩衣袴です」と、明治の末頃になって述懐する老女性教育者があった。

お

「探偵実話 法衣屋《ころもや》お熊（50）」、富岡永洗画
『都新聞』1895（明治28）年11月28日

〈遡及資料〉法衣《ほうえ》屋はふつう「ころも屋」といい、寺の多い土地には必要な商売、いずれも寺に出入りしていろいろな関係を

【恋におちた娼妓】

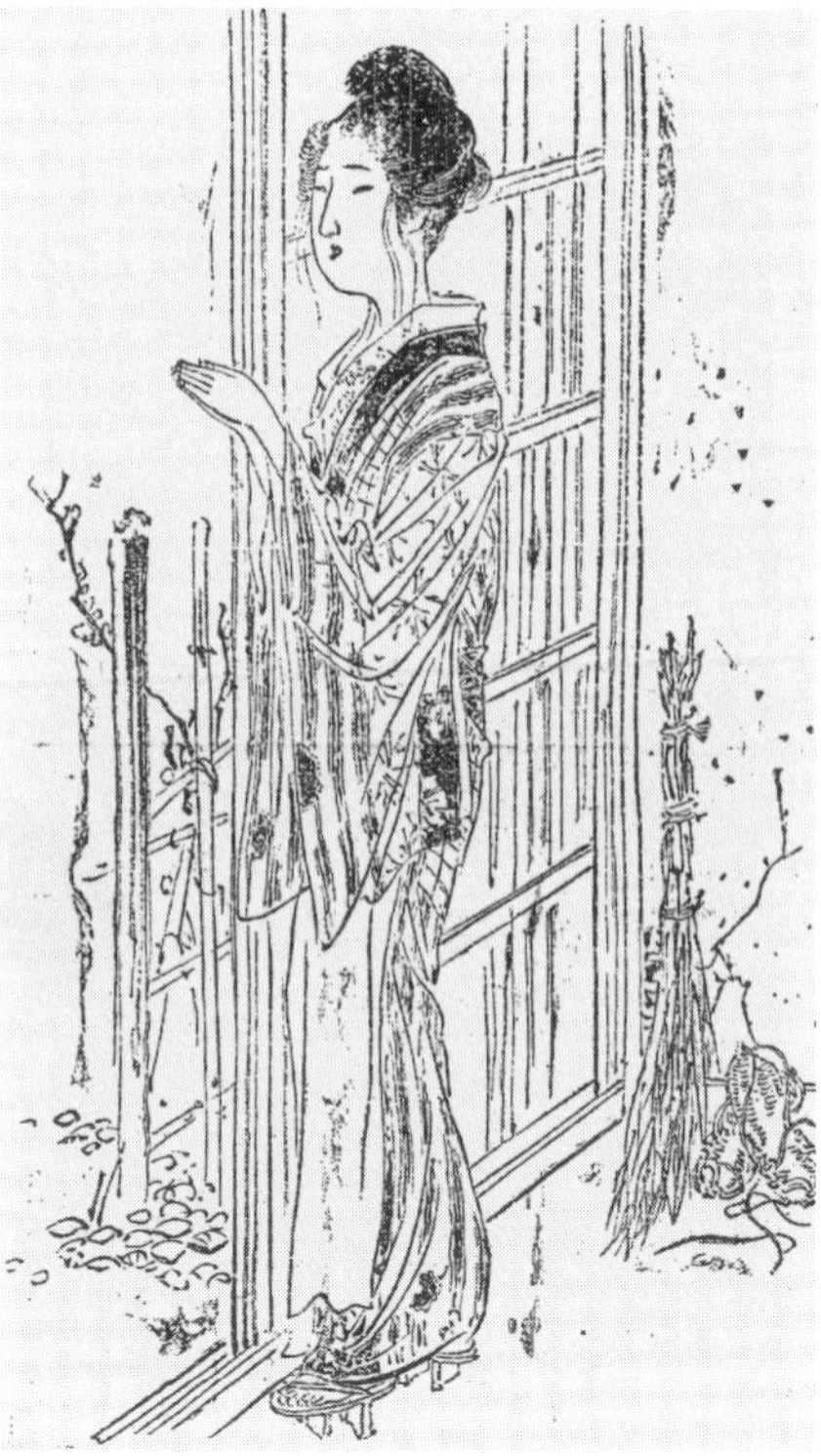

【長ぎせるを片手に……】

保っている。その寺のひとつから、法衣屋の身寄りである修行中の僧が、根津の娼妓と駆け落ちしたという知らせを聞いて、法衣屋の女将があわてて寺に駆けつける。たいていの商店は大戸とはべつの出入り口を持ち、ひとつには用心のため、身体を屈めて出入りするような小さな戸になっている。

家ではふつう裾を曳いているこの時代の女性は、外出のときは細い腰帯を巻いて、引き上げた裾を手軽に挟んだ。この絵の女将が腰帯を使っているかどうかはわからないが、褄を取って長い道を歩くのは芸者だけ。かぶっているのはお高祖《こそ》頭巾。右手に番傘より上等な蛇の目の傘を持つ。はいているのは爪革をかぶせた高足駄。

「探偵実話 法衣屋《ころもや》お熊（51）」、富岡永洗画
『都新聞』1895（明治28）年11月29日

恋

〈遡及資料〉根津遊廓を抜け出した娼妓と一七歳の破戒僧が、深川の裏店《うらだな》で人目を忍ぶ所帯を持った。金に詰まったあげく、男は浅蜊《あさり》売りとなる。浅蜊、蛤《はまぐり》、むきみを入れた荷籠を天秤で担いで商売に出るのを、梅毒が進行し目もかすんできた女が、手を合わせて見送っている。

富岡永洗の描く女性独特の華奢な甘さが、この女性のいかにも憐れげな風情によくマッチしている。女の髪は適当に丸めているだけだろう。黒い掛襟をしたきものは竪縞、花柄、格子が入り交じった変わった柄、貧ゆえの継ぎはぎなのかどうかわからない。袂からこぼれている下着、あるいは長襦袢の花柄にも色気が感じられる。帯は半幅帯を結ばないで花魁《おいらん》風の突っ込みにしているのだろう。この時代では　あまり見かけない白の前

【花魁《おいらん》に愛想尽かされて】

垂れに、差歯の日和下駄。

「菅屋お婦美（7）」
『都新聞』1896（明治29）年1月14日

長

〈遡及資料〉抱えの雛妓、ここでは小芸妓《あかえり》といっているが、もう一五になるのでそろそろ一本の芸者にしたい、そのお披露目について抱え主の姉芸者が、出先の料亭の女将に相談に来た。大きな長火鉢を挟んで向かい合う左側の芸者の髪はつぶし島田、小紋のきものに紋附の羽織を着ている。女の羽織はもともと半天に近い、くだけた感覚のもので、改まったときに着るものではなかったが、明治から大正にかけてはその感覚が微妙に変化して、紋附羽織というものまで現れ、男の羽織に近いものになっていった。

向かい合う女将の方は亭主持ちなので眉毛を落とし歯を染め、髪は丸髷で、この時代ではやや古風な女房風。縞のきものに幅広の黒襟をかけ、黒繻子の帯の下から端折りが覗いているのは、立ち居が忙しい稼業のためだろう。家のなかではまだ裾を曳いているのがふつうだった。芸者の膝の手前に茶碗に添えて、長ぎせるが置いてあるのはお客へのサービス。よほど煙草を吸うひとでも、女で煙草入れを持ち歩くひとは少なかった。

花

伊原青々園「吉原心中：新比翼塚（125）」、富岡永洗画
『都新聞』1900（明治33）年9月21日

〈遡及資料〉吉原の花魁《おいらん》から愛想尽かしをいわれて腹を立て、拳を振り上げる客の男と、それを押しとどめようとする遣手女。

【東京上野のお花見】

男が袖をひじまでまくり上げているのは明治初年に流行った薩摩絣、無造作に締めているのは手綱絞りの兵児帯《へこおび》で、本来書生風だが、年齢にこだわらないので、上野の西郷隆盛像も銅像のきものに絵柄があればこのスタイルだろう。

花魁は長ぎせるを突いて、片方の膝を立てて張り肘するきまったポーズ。髪は兵庫髷の一種だがふつう赭熊《しゃぐま》といっていた。

「古川の燐火（11）」、尾形月耕画
『今日新聞』１８８５（明治18）年11月9日

東

〈遡及資料〉上野の山の桜見物の散策に行き合う若い男女。二人連れの女性は「年一八、九、書冊と覚しき包みを抱え語る言葉も媚《こば》めかぬは学校の生徒らしく形装《みなり》は華美《はで》ならねど賎《いや》しからず」とある。女学生の袴が一般化したのは一九〇〇年代（ほぼ明治三〇年代）になってから（弥生山人「随感随筆」東京朝日新聞1900/1/7: 7）。初めのうちの女学生は、同年代の一般の娘とそう変わった恰好をしてはいなかった。

下町から通う女学生は縞のきものに黒襟をかけ、ここに見るようにきものの襟は広く開けて大きく半襟を見せている。髪は年齢によってさまざまだが、西洋風束髪の出現以前は、二〇近ければ銀杏返し、唐人髷が多かった。男性は中折でなくホンブルグ風の丸帽が好まれ、若者でもステッキを用いるひとが多く、蝙蝠傘もその代用のように携帯されたらしい。

一八八〇／明治一三年

【大阪の雪の夕暮れに……】

大

城鴎汀「羽衣阿夏《はごろもおなつ》（31）」
『大阪毎日新聞』1896（明治29）年8月22日

〈遡及資料〉三人の男女が雪の降りしきる夕暮れの大阪の市中をゆく。これから木津の、目星をつけた家の土蔵を破るつもり。本文では男二人はおなじ身拵えで、「鳥打帽に羅紗の蝙蝠合羽、尻を端折って長靴を穿つ」とあるが、挿絵では合羽を着ているのでわからない。挿絵の左の男は鳥打ではなく高帽をかぶり、角袖の、モジリ風の外套のように見える。

「蝙蝠合羽」という名前はほかにはほとんど出てこない。右側の男のがそうだとすると、これは二重外套の別称ということになる。この時代のいちばんふつうのいい方は「トンビ」。長靴といっているが、のちに愛用されるようになるゴム長はまだこの時代にはないから、深いブーツだろう。

女性も同様であるらしい。中央の女性はお高祖《こそ》頭巾に肩掛、すなわちショールをまとう。いわゆる赤ケットのような安直な品ではなく、裾に房がつき、襟もついた上等品は、たいていは輸入の高額品だった。似たものはすでに国内でも製作されていたが。差しているのは三人とも蛇の目の和傘。

【遊郭にて】

遊

伊原青々園「近世実話 海賊房次郎（46）」、富岡永洗画
『都新聞』1898（明治31）年9月3日

〈遡及資料〉遊廓で遊んでいた脛に疵もつ男、手の回ったのを知って、慌ただしくじぶんのきものに着替えている。客は床につくときは一風呂浴びて店で貸してくれる浴衣に着替える。縞の袷きものに一本独鈷の帯を締め、下には濃い目の色の襦袢を重ねる。

女は絞りの柄の長襦袢。女郎の長襦袢は上着のようなものだから、濃い色の襟が掛かり、袖と裾は別布の額仕立。下にもう一枚市松（石畳）の、肌つきの襦袢を重ねている。

犯

伊原青々園「近世実話 五寸釘寅吉（45）」
『都新聞』1899（明治32）年3月1日

〈遡及資料〉北海道の監獄に収監される三重県の重罪犯人が、横浜から便船に乗るため、手錠、腰縄で付き添いの巡査とともに、東海道を歩かされている。鉄道の横浜以西は、国府津まで開業したのが一八八七年（明治二〇年）だから、船を利用しないかぎり陸路を歩くより仕方がなかったのかもしれないが、人権無視の問題は置くとしても、実際にはこんな不用心な道中をしたとは思えない。

巡査はこの時代約一メートルの警棒以外の武器を所持できなかった。また、一八七五年（明治八年）一月の〈囚人給与規則〉によって、囚人の衣服は、すべて柿色の筒袖きものに股引となり、いわゆる赤い獄衣の時代がはじまって、一八八九年

【軍人らしい男との出会い】

【犯罪人との道中】

（明治二二年）七月の〈監獄則施行細則〉まで続いた。

伊藤厭花「中山霊験：九寸五分（52）」『都新聞』1902（明治35）年2月25日

㊖

〈遡及資料〉家伝の小脇差（九寸五分）を盗まれた寡婦が、犯人である婿養子の行方を追うものがたり。山形市の警察に養子の説諭願を出したが、却下されて戻る途中、素性の知れないひとりの男から金を贈られる。

降りしきる雪のなかで、男は「長き洋服の外套を着し頭巾に顔を包みて雪を凌ぎ、長靴を履き居る男」としかわからない。男の着ているのは頭巾つきの二重外套。背後の馬乗りから帯剣の鐺《こじり》が突き出て見えるので、軍人であることがわかる。巡査の帯剣は地方によって差があるが、東京では一八八三年（明治一六年）以後。大阪ではすこし早かったが、山形県で東京より三年以上早く実施されていたとは考えにくい。

女が小紋のきものと羽織の上に着ているのは、小ぶりの引回し合羽。なぜ傘を持たないのかわからないが、女性が近場の出歩きで笠も大仰となると、お高祖《こそ》頭巾か手拭かぶりで髪を覆うのがふつう。

【心細い夜】

伊原青々園「近世実話 まよひ子（7）」、富岡永洗画
『都新聞』1902（明治35）年12月26日

心

〈遡及資料〉夜遅くなっても帰らない兄を案じている幼い妹。袂《たもと》で顔の涙を拭いている。袂は小さい女の子でも手拭ほどの大きさがあるから、顔を覆って隠したり（袖屏風）、にわか雨のときは髪を覆ったり（袖笠）、ものを受けるとき盆の代わりにしたりなど、いろいろと役にたった。その代わり、袂の底の縫い目には塵《ちり》が溜まって、それを袂糞《たもとくそ》とよび、老人は血止めに効くなどといった。

釣りランプは五分芯とあるが、石油ランプは芯の種類がいろいろあり、引き出せば明るさが増す、といった調節ができる。しかし油の節約のため芯は短くし、その代わり、仕事をしている頭のすぐ上まで吊紐を長くしている。寝ているときは消してしまうか、行燈《あんどん》に切り替えるのがふつうだった。

少女の髪はお稚児で、小学校を卒業するくらいで、お稚児から桃割などに変わるのが普通。

一八八一／明治一四年

【ならず者】

【女芸人】

な

〈遡及資料〉忍び返しをつけた高塀の向こうに、棹にかけたきものの干してあるのが見える。これは旦那の来ているしるしなので、お妾の隠し男の小泥棒が、今夜はあきらめて引き返すところ。縞の袷の下に黒襟をかけた襦袢を重ね、かかとに届かない冷飯草履をはいたならず者。きものの前の打ち合わせが浅く、まるで羽織を着ているようなのは、この手の連中のきものが一般に身幅が狭いためもある。

「邯鄲回転閨白浪《かんたんがえしねやのしらなみ》（15）」『大阪朝日新聞』1881（明治14）年4月27日

おなじ時期の小説中に、「前の合わない着物をさえ着馴れた我が身のふしだら」という文言も見える（「春情山陽奇談」大阪朝日新聞 1881/3/26: 3）。風が吹くと裾が翻って越中 褌《ふんどし》まで見えるのを、この類の男は気にもしなかったろうが、女性にとっては大きな迷惑で、和服の欠陥というとこの時代の識者は、なにより先にこの点を指摘していた。

女

「探偵実話 娘義太夫（15）」『都新聞』1895（明治28）年4月25日

〈遡及資料〉娘義太夫の全盛は上方から竹本綾乃助が下ってきた一八八七年（明治二〇年）頃から、といわれる。ただし幕末の娘浄瑠璃の時代から、舞台の外で色を売る女芸人はべつにめず

【この頃の人妻は……】

らしいことではなかった。

舞台の上で肩衣袴であるのは、熨斗目《のしめ》柄のきもの同様、もちろん見物の客に対する謙譲の意味で、男の芸人同様だが、男にはない柄物の肩衣。江戸時代には女の手妻《てづま》遣い、軽業、水芸などの芸人も、おなじ理由で肩衣袴すがたで舞台を務める者がいたため、明治になっての女学生の袴には、その印象がだぶった可能性がある。左の太夫の髪はつぶし島田、向こうを向いている三味線弾きは銀杏返し。

こ

「探偵実話 法衣屋《ころもや》お熊（54）」
『都新聞』1895（明治28）年12月4日

〈遡及資料〉根津遊廓の、ある貸座敷の主人に用事のある法衣屋《ころもや》の女房お熊が、永代橋で客待ちの二人曳きの人力車で乗りつける。途中で買ったビール半ダースの手土産を持たせた車夫のひとりに、式台に立ったお熊が振り返ってなにかいいつけている。

人妻らしい丸髷だが、もうこの時代になると眉は剃っていない。黒襟をかけた小紋風の柄のきものに対の下着を重ね、塵除けの黒羽織を重ねる。袘《ふき》の大きな裾綿入りのきものはザッと端折っている。家ではまだ裾を曳いているのがふつうの時代。

橋のたもとなどで客待ちの車夫には風体の悪い者が多かった。背中に引っかけているケットは客の膝にかけるのが目的だが、客のないときにはじぶんが引っかぶっている者が多く、女客などは汚がった。半天に半股引は、のちの〈車夫規則〉に従っているが、裸足も注意の対象になった。こういう職業階層の男は、舗装もない道を裸足でも平気だったらしい。

【大一番】

大

「探偵実話 法衣屋《ころもや》お熊（71）」
『都新聞』1895（明治28）年12月24日

〈遡及資料〉夫の野辺の送りを済ませて一週間も経たないうちに、薄化粧をし、衣服も美々しく、髷は大一番に結わせ、とある、夫殺しの毒婦お熊が、いまその髪を髪結いの手で結い上げたところ。亭主持ちの女は丸髷ときまっていて、それは後家でも変わりはない。丸髷は髷を丸く盛りあげるために、なかに髷型という黒い紙製の台を入れる。その台は形や大きさがいろいろあって、若いひとほど大きい。大一番というのは二番目くらいに大きい型で、ごく若いお嫁さん用の派手なもの。

左にいるのは外結いの髪結い女。髪結いは店持ちもあったが、たいていはきまったお得意さんを回る外結いだった。頭のてっぺんに櫛を挿しているのは髪結いのしるしのようなもの。仕事を終えたので櫛道具についた油や雲脂《ふけ》をぬぐっている。女の眉剃りや男の半髪のような古風さは、こうした教育の乏しい、下層のひとたちにわりあい長く残った。

一八八二／明治一五年

【湯もじも気にせず】

【紳士風の盗賊】

湯

題名なし

『大阪朝日新聞』1882(明治15)年7月20日

大阪西区新町の古道具屋の女房が、夫の留守に訪ねてきた飛脚屋の素振りから、これは夫の隠し女からの文に違いないと疑って、引き返してゆく飛脚屋のあとを追うすがた。江戸時代には三都ともに町飛脚というものがあった。しかし一八七二年(明治五年)には国内一般郵便がはじまった(太政官布告 第一六三号 1872/6)ために、料金もずっと安い郵便制度がすでに整っていた。そんな時代に、飛脚屋が残っているのはふしぎのようだが、一種の便利屋、あるいは使い屋というようなものでもあったのだろう。

あとからつけてゆく女房は、きものの前がすっかり割れて、白い湯もじがかかとまで現れている。こんな表現はほかにちょっと例を見ないくらいで、「狂気の如く夜叉に均しき怒り」の強調。湯もじは湯具、二布《ふたの》、蹴出し、腰巻ともいうが、女性自身は「おこし」というのがふつう。下層の男の会話では嬶《かかあ》の褌《ふんどし》、などとよくいうが、もちろん股をくぐらせるわけではない。

紳

「緑のはやし(5)」

『開花新聞』1884(明治17)年1月9日

【東京見物】

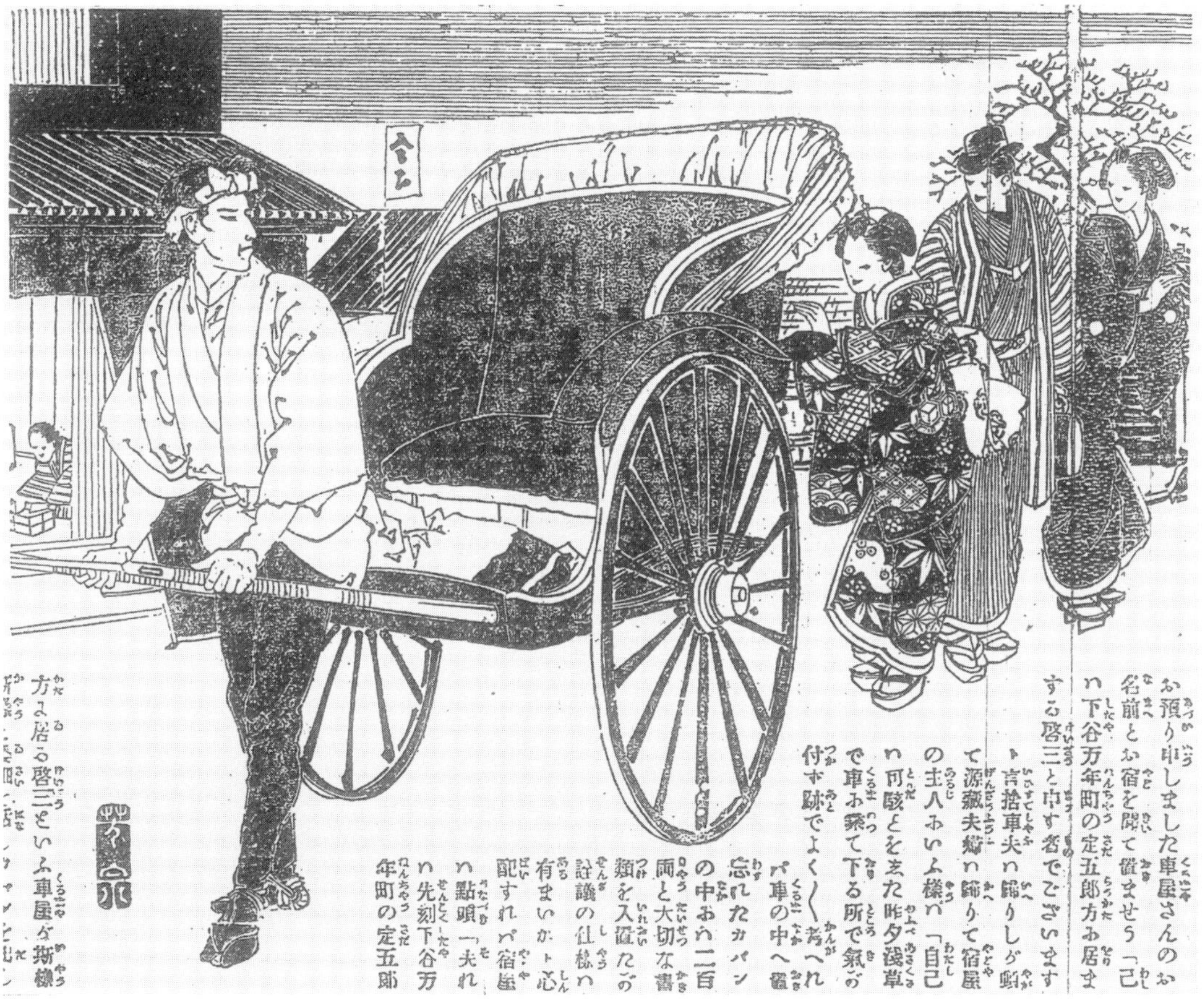

〈遡及資料〉土蔵荒らし、いわゆる家尻《やじり》切りを仕事とする盗賊が、名古屋近辺を荒らしてはその金で遊び回っているうちに、土地の小盗人と知り合ってこれを配下にする。

右側の主人公はふところの豊かな紳士風。商人の旦那風に拵《こしら》え、黒いフェルトの高帽。重ね袷に博多の角帯、帯の上に懐紙を見せているのはやや古風だが、黒の短羽織に小さな首巻をまき、この時代にはまだ高価な口金のついた鞄を提げて、黒羅紗の鼻緒ののめりの下駄をはく。

左の土地者のやくざは斬髪を無造作に七三分けし、派手な裏のついた子持大名縞の丹前風の袷に三尺帯を締め、豆絞りの手拭を肩にかけて、一方の手だけをふところに入れて突き袖をしているらしい。きものの片裾をすこし引き上げて帯に挟み、草履ばきの、遊び人風。

東

佐倉叟春江「片情廻小車《かたなさけめぐるおぐるま》（8）」、
二代目歌川芳宗画
『改進新聞』1885（明治18）年6月5日

〈遡及資料〉夫婦と一六になる娘の三人連れで東京見物に来た大阪の商人、浅草で乗った客待ち車の車夫が、一五年ぶりに出逢った娘の実父、というものがたり。車夫の曳いているのは二人乗りの人力車、ひとりの客を乗せてふたりの車夫で曳く二人曳きというものもあったし、ふたりの客をひとりで曳く相乗りというものもあった。相乗りを禁じた地方もあったが、客にも曳き子にも有利なので大都会ではけっこう利用されたらしい。車の後ろに畳んだ状態の幌《ほろ》が描き込まれている。

【取り調べ】

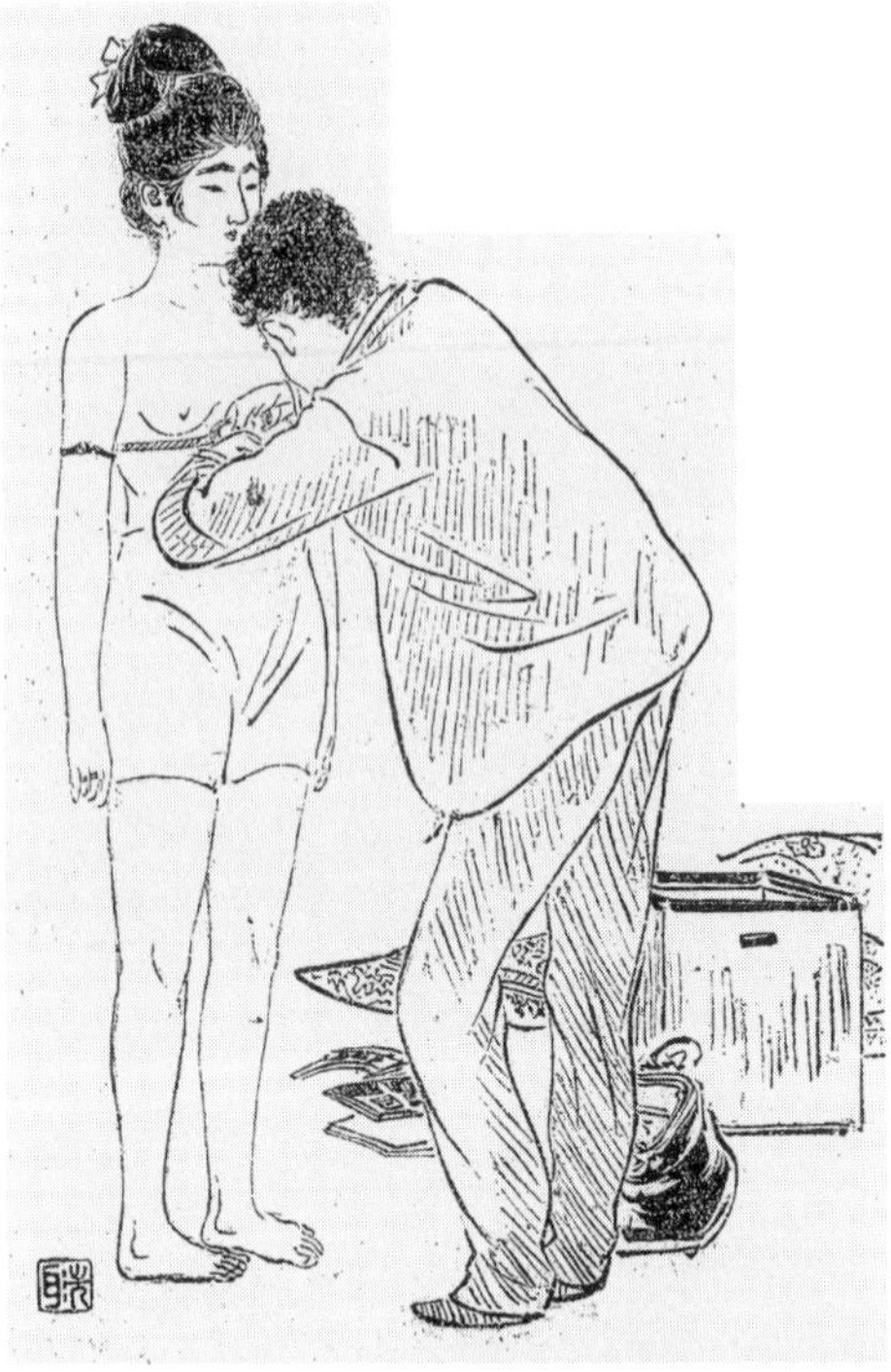

【採寸】

取

「探偵実話 法衣屋《ころもや》お熊（98）」『都新聞』1896（明治29）年1月30日

〈遡及資料〉女囚が監房に入れられる前に女監洗場で「女監取締と看守とで来たりて巡査立ち会いの上先ず帯を解かせて衣類を一枚一枚脱がせ尚お湯もじまで取らせて身体を篤と取り調べ然して髪も解かせて櫛一枚の外はすべて取上げ」という場面。きものは足元に脱ぎ捨ててあり、女のいま脱ごうとしているのは白の長襦袢でたぶん黒の襟付き。長襦袢、湯もじともに白というのはこの時代ではめずらしい。あたまは丸髷。

採

高谷為之「探偵実話 剃刀《あたりや》おきん（144）」、松本洗耳画『都新聞』1901（明治34）年3月2日

〈遡及資料〉ヒロインおきんが、これから社交界に打って出て一仕事しようという魂胆で、洋服屋をよんで寸法を採らせているところ。一八八二年（明治一五年）という時代では、洋服はオーダーで手に入れるしか方法がなかった。ただし、フランス帰りの女性が、このような下ばき一枚で男性のテーラーに寸法を採らせるのはまずあり得ないだろう。女性の下ばきは、もうすこし後の時代になると、猿股あるいは半股引という名称で唐物屋の新聞広告にも現れるが。

一八八三／明治一六年

【もの想い】

「霽間《はれま》の月（2）」
『絵入朝野新聞』1883（明治16）年6月20日

（も）

文人の養女で、裁縫や糸竹の道ばかりでなく、文雅の道にも明るい娘。その娘を慕う男の思い描くイメージとして描かれている。黒襟をかけた縞のきものの袖口と襟元に白い襦袢が覗いている。開け放した丸窓の外に燕が飛んでいるから、単もの一枚で、半襟も見たとおり白の無地ものかもしれない。半襟はこの時代の女にとってはなによりのチャームポイントで、白無地が流行するのは三、四〇年も後のことだが、真夏の襦袢の掛襟では共襟や白が多かったろう。

結婚前の女性のほとんどが結うのはこの島田で、別名高髷だが、この娘は根を非常に低くしているので高髷とはいいにくい。高さからいえばむしろ芸者の結うつぶしに近い。この辺は好みの問題か。机の上には筆、硯《すずり》、水差し。手前の壺は虫除けの香を焚いているのだろうか。

【裏長屋の生活】

「知身雨《みをしるあめ》（5）」
『絵入自由新聞』1883（明治16）年4月27日

裏

一時の心の迷いで犯した罪のため収監されていた女、ようやく放免されて裏長屋の我が家に戻り、何カ月ぶりかで幼いふたりのわが子を抱く。女の髪は櫛巻、あるいは疣尻《いぼじり》巻といい、じぶんの手でまとめるいちばんかんたんな方法だが、女囚はこの形にきめられていた。

女も子どももひとつのきものに二種類の布が使われているが、これは継ぎを当てたのではなく、身頃と裾、袖、あるいは袖の一部とを別布で仕立てる、胴抜き、額仕立、といった方法は、貧乏人のきものの、とくに女物や子ども物の仕立ての常道だった。もちろん始末のためではあるが、いくぶんかはおしゃれの気分もあったろう。大きい子どものあたまは芥子坊主。

「新藁阿皆心黒髪《しんわらおみなこころのくろかみ》（35）」
『開花新聞』1883（明治16）年10月24日

鉄

銀座通りを走る鉄道馬車のなかに知るひとを見かけ、あちらでも訝しそうに見返り、なにかことばをかけてきたが、車の騒音で聞き取れないうちに引き離された。新橋日本橋間の鉄道馬車が営業をはじめたのが前年の六月だから、乗るひとよりも道端の見物人の方が多かったかもしれない。

左端のケットを抱えて脛を出した男が、はなしのなかの車夫ということはわかるが、柵の向こうの鉄道馬車と人物の視線の方向がバラバラなために、霊岸島《れいがんじま》の廻船問屋の使用人という主

【鉄道馬車の見物】

【前科者】

人公は、その隣の麦藁帽なのかどうかわからない。

　手前の丁髷《ちょんまげ》の人物は、手のひらの開き方からいかにもびっくりして馬車を見ているが、ピッタリした川並風の紺股引に草履を浅く突っかけ、夏の盛りということで派手な単の裾をぐいと端折り、帯は一文字結び、肩に手拭をのせたところ、チャキチャキの、ただしかなり古風な江戸っ児。右から二人目は、薩摩絣の単衣きものに乱暴に結び垂らした兵児帯《へこおび》、靴ばき、ステッキで、見本的な書生風。

伊原青々園「近世実話 五寸釘寅吉（51）」
『都新聞』1899（明治32）年3月8日

前

〈遡及資料〉甲府での刑務所暮らしを終えて東京に出てきた主人公、また一仕事を企んで神楽坂の故買者《けいずかい》のもとを訪ねる。盗賊稼業の人間のきまった恰好というものもないだろうが、だいたい遊び人風、と考えていいだろう。下町の職人の、印半天に盲縞《めくらじま》の股引腹掛が粋、という美意識が、江戸時代以来変わらずにあったようで、やくざ稼業の連中の恰好もそれに近かったようだ。

　ここでの主人公は出所した後、とある博徒の許でしばらく厄介になり、甲州街道を旅してきたというところだから、足元は脚絆草鞋《きゃはんわらじ》で手には蝙蝠傘を提げ、上は印半天ではないが黒襟をかけた半天、袖を突き袖風にしているのは、ちょっとためらいのふう。

　店先には長暖簾《のれん》がかけられている。長暖簾は店の入り口がガラス戸になってからほとんど廃れたが、質屋やこの種の取引所は、蕎麦屋、天ぷら屋とともにかなり後までその習慣を残した。

【刑事とスリ】

刑

伊原青々園「近世実話 五寸釘寅吉（60）」
『都新聞』1899（明治32）年3月31日

〈遡及資料〉縁日の人混みのなかで一働きした掏摸《すり》を捕らえる刑事。刑事はつばの短い小さなキャップをかぶり、縞のきものに薩摩絣風の書生羽織、下に着ているカフスのあるシャツの袖口を見せ、紺足袋にのめりのある下駄ばき。ありふれた書生風のようだが、かぶっている帽子が刑事くさいともいえる。

この時代、神社などの縁日は大きな都会なら毎晩かならず何カ所かであって、小さな屋台の駄菓子や当てものなど、子どもばかりでなく、けっこう愉しいそぞろ歩きの時間つぶしになった。

法

伊藤厭花「中山霊験：九寸五分（66）」
『都新聞』1902（明治35）年3月13日

〈遡及資料〉主人公の野田つる子が、日蓮宗の権大教正《ごんだいきょうせい》の仙台留錫《りゅうしゃく》中の法話を聴聞するという場面だが、つる女のすがたは描かれていない。僧侶がこうした法会のさい身につけるものは宗派によっても違うが、俗人のきものにあたる法衣《ほうえ》はだいたい同一。広袖、下半分が袴のように襞づけされているので、一見袴をはいているように見えるが、上下ワンピース。こういう高位の坊さんの、後頭部を覆っている襟を僧綱襟《そうごうえり》とよび、そのための法衣を襟立衣《えりたてごろも》という。袈裟は五条の袈裟と、より位の高い七条の袈裟とがある。僧の手元に見えている扇は中啓《ちゅうけい》とよぶ。ここでは見えないが手首にはかならず念珠をかけている。

【雛妓たちの大事な日】

【法会】

橋本埋木庵「歌吉心中（122）」、富岡永洗画
『都新聞』1905（明治38）年4月28日

橋本埋木庵「歌吉心中（123）」、富岡永洗画
『都新聞』1905（明治38）年4月29日

雛

〈遡及資料〉花街での雛妓のお披露目。雛妓はまだ子どもで玉代が半分というところから半玉ともいう。京都の舞妓にあたる。このものがたりのなかのふたりは数え年一二歳と一四歳、それぞれ大和、老松という、あまり可愛らしくもない芸名がこの日与えられた。

ふたりの恰好はきものと帯の柄までおなじで、友禅模様の裾綿の厚い二枚襲に帯はお太鼓に締め、帯揚げを胸高に見せている点は今風。この時代はふつう帯揚げはあまりめだたせない。また、雛妓はふつうお太鼓などに締めないものだが、これは例外で、大人びて見せるためだろう。髪はふたりとも唐人髷で前髪を垂らしているのが少女風。塗りのぽっくりをはく。ふたりの眉毛を描いていないのは剃っているわけではなく、少女の顔に眉毛を描き入れると表情がきつくなるためで、つまり作画上の嘘。介添えの姐さん芸者はつぶし島田に黒紋附のたぶん江戸褄を着て、帯は結び下げ。後丸の刳り下駄をはいている。

【男装】

【寺の境内】

男

橋本埋木庵「歌吉心中（130）」
『都新聞』1905（明治38）年5月6日

〈遡及資料〉芸者の手古舞《てこまい》すがた。江戸の祭りで山車の先導を芸者にさせたため男のすがたとした。髪は男髷の大髻《おおたぶさ》で刷毛先をできるだけ大きくする。男の髪は女の髪に比べて単純なので結うのはかんたんのはずだが、髪が硬いために結いにくいそうだ。

手古舞は行列の花形だから選ばれれば名誉なのだが、衣裳はみんな自前で新調しなければならず、嬉しいとばかりはいえなかった。幕末からこの時代までは、人気芸者の男装、という印象が確かにあって、倒錯的な一種の魅力もあったろう。しかし大正昭和と経るうちに、男髷も、職人衆の紺の腹掛も片肌脱ぎも、裁付《たつつけ》も、現実の世の中では忘れられてしまった結果、手古舞すがたは男装というより、芸者の異装、そして女の子の異装、というだけのことになってしまった。

寺

柳塢亭寅彦（石田寅彦）「封文恋紅筆《ふうじぶみこいのべにふで》（4）」、歌川国松画
『絵入朝野新聞』1886（明治19）年8月24日

〈遡及資料〉寺の境内で墓参りのひと相手に花や線香を売っているお婆さん。洗い張り仕立物の看板も出しているし、いまはマッチの箱貼りの手内職もしているという働き者で、立ち寄った所化《しょけ》——修行僧にへそくり金を貸してくれとからかわれている。

坊さんのはいているのは差歯の日和下駄。差歯の下駄はもと

【子守っ子のなやみ】

もとぬかるみ用の高下駄だったのが、だんだん低いものになって日和の日にも履くようになった。お婆さんのかたわらには屏風と障子の中間のようなものが立てかけてある。風除けになって暗くもならないよい工夫。茶室の掛け障子に似ているが、ほかに例があるだろうか。

子

柳塢亭寅彦（石田寅彦）「封文恋紅筆《ふうじぶみこいのべにふで》（19）」、歌川国松画
『絵入朝野新聞』1886（明治19）年9月10日

〈遡及資料〉屑買いの女房が朝餉の支度をしている手を休めて、子守から帰った一一になる娘の泣いているのに驚いている。娘は小学校へ通っているが、今日は試験というので、同級生たちが着飾って登校するのを見て羨んでいる。

この時代の小学校では、一年に二度の大試験の日というと、祝日とおなじ晴れの日だった。「年に二度の大試験、見る影もない襤褸《ぼろ》を着せて、綺羅を飾ったその中へ平気で出すは赤恥を世間へ晒すもおなじ事」と。娘の髪型ははっきりしないが手拭を子守っ子かぶりにして前で結び、赤ん坊は紐だけで負ぶっている。元の柄がわからないくらい継ぎはぎだらけのきものを嘲って、友だちがいっしょに行くのを嫌った。それでも腰で端折り、袂のあるきものなのは、貧乏人でも東京の子、といえる。

【屑買い夫婦】

柳塢亭寅彦（右田寅彦）「封文恋紅筆《ふうじぶみこいのべにふで》（21）」、歌川国松画
『絵入朝野新聞』1886（明治19）年9月12日

屑

〈遡及資料〉浅草馬道近くの裏長屋に住む屑買い夫婦のもとに、出入りの寺の寺男が立ち寄る。寺男は、僧侶ではしにくい汚れ仕事や力仕事などの雑用をする下男。寺の権威の末端にいるだけに、なかには小うるさい人間もいたらしい。すこし大きな寺院になると寺侍を雇ったのは江戸時代。このときの口上も「イヤ忠造殿このわれが朝早くから出がけて来たのは外の事でも御座らぬが御住持様が何用だか足下に面会して相談したいことがある云々」といった高調子。時代遅れの頭の髷も、それに見合っている。

たぶん四畳半一間の裏長屋の出入り口は勝手口だけ。手前に火吹き竹の立てかけてある竈《かまど》、竈の横が流しでまだ水甕《みずがめ》が置いてあるはず。上がり框によく刺したぞうきんが広げてあるのは、上がるときのすすぎを簡便化したもの。土間の竈と反対側には、商売道具の負い笊《ざる》が置いてある。この負い笊には古物商の身分証を貼りつけることが義務づけられていて、商売にでるときは背中に負い笊、手に天秤ばかりを持つのが屑屋のきまったスタイル。

【東京下町の祭り】

東

柳塢亭寅彦（右田寅彦）「封文恋紅筆《ふうじぶみこいのべにふで》（38）」、歌川国松画
『絵入朝野新聞』1886（明治19）年10月2日

〈遡及資料〉挿絵とこの日の本文とは関係ない。東京下町の祭礼の有様。向こうには子どもらの担ぐ樽御輿が見える。ふたりの男は派手な祭の衣裳。たいていはその年その年に新調する町内の揃いの法被や浴衣で、祭りが済めば着られないような派手な柄が多かったから、貧乏人にはけっこうな費《つい》えだった。

右側の、花笠を手にした紺の腹掛股引の男は、町の名入りの掛襟のある巴柄の半天。左側の頬かぶり、足袋はだしの、丸団扇を持った男は、荒磯柄の浴衣を尻からげして、新しく切った、真っ白な晒しの褌《ふんどし》の前を大きく見せている。

左隅、蝙蝠傘を差すヒロインの母親は、四〇という年相応の低い丸髷を結い、紺絣のきものに帯は結び下げ。まだ肩揚げのある娘は銀杏返しに結って、帯は角出し風。

【大阪の遊郭】

大

宇田川文海「桜宮心中（1）：夜桜（上）」、槙岡恒房画
『大阪毎日新聞』1893（明治26）年4月20日

〈遡及資料〉大阪新町遊廓の貸座敷の一間、遊び慣れた同業者に無理やりに連れ込まれた若者が、娼妓や芸者に酒を強いられて閉口している。商人風と断っているとおり、縞のきものに角帯を締めているふたり。線描の挿絵では縞柄が強調されるが、目で見た実際のきものはむしろ無地に近い印象になるはず。

きものの上に「しかけ」（裲襠《うちかけ》）を、肩にずらして着ている正面のふたりが娼妓。左端の、派手な友禅柄のきものにだらり結びの帯は雛妓で、髪は唐人髷風。その手前、かたわらに三味線を控えているのは芸者で、髪は芸子島田。右端手前の、子持縞のきものに結び下げの黒繻子の帯は、お銚子を運んできた女中で、髪は銀杏返し。

一八八四／明治一七年

【お白州？】

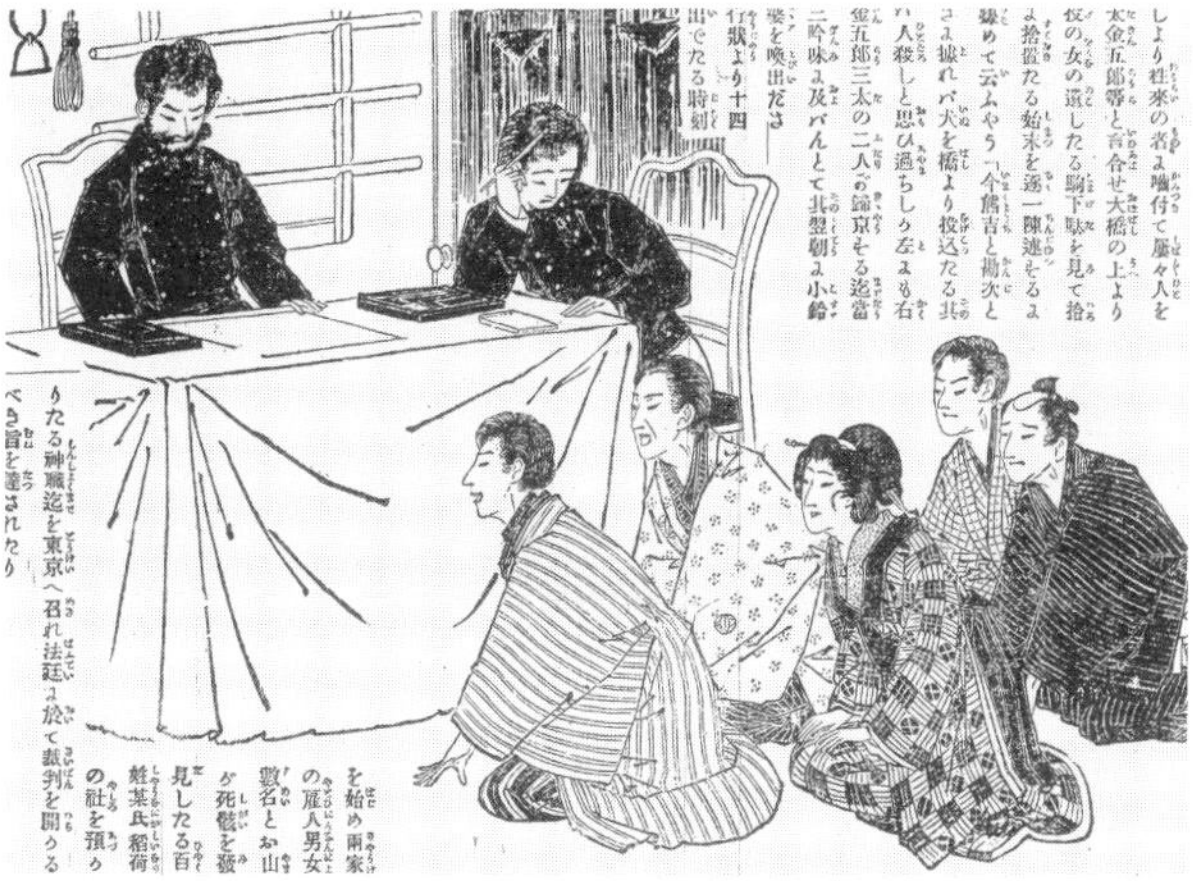

【鉄道馬車】

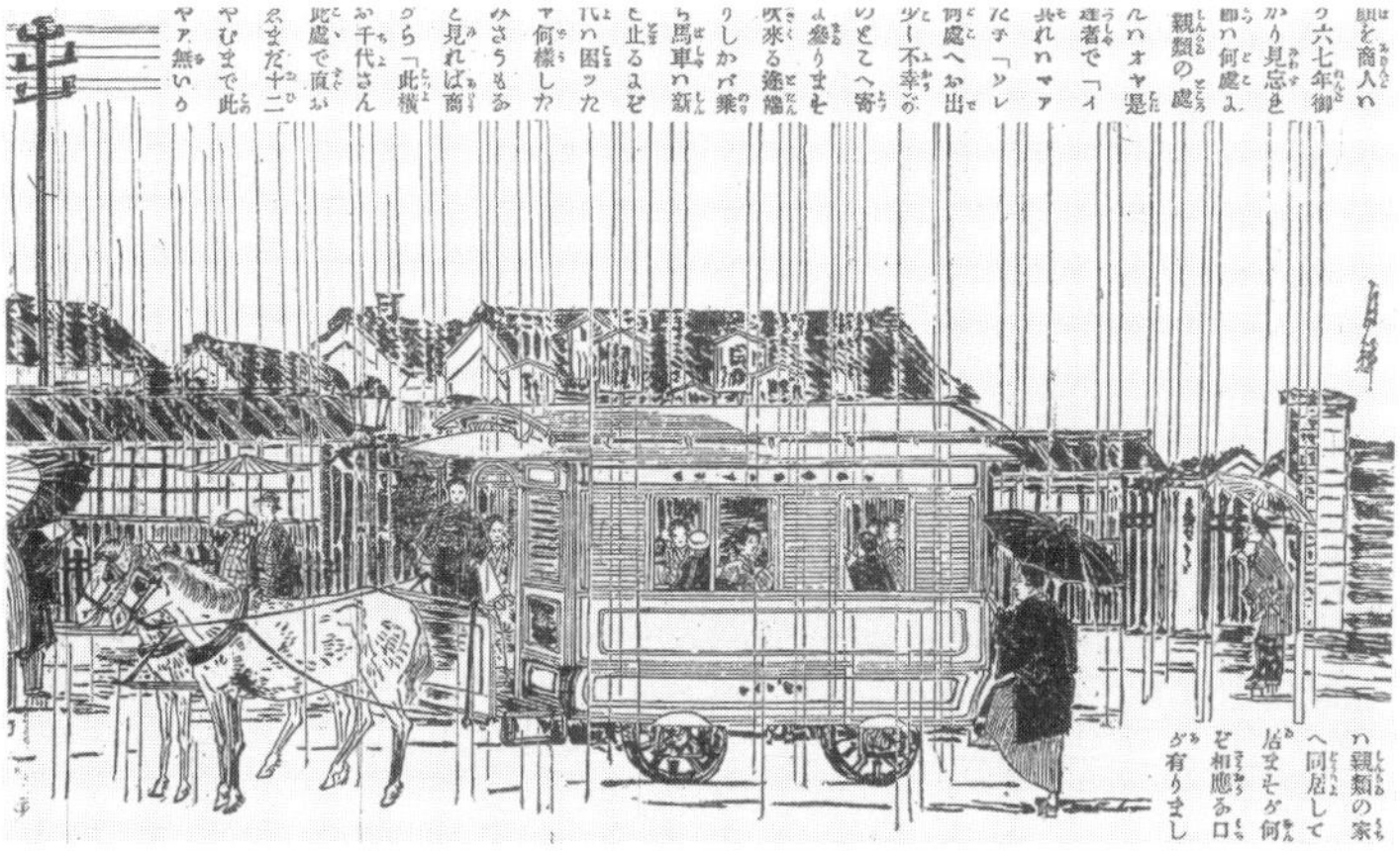

お

三世柳亭種彦（高畠藍泉）「波間の月影（14）」
『絵入朝野新聞』1884（明治17）年8月10日

この場面は裁判ではなく、東京両国警察署における、警部による取り調べであるらしい。まるで町奉行所のお白州そのままだが、文中にも「まず佐一郎を白州に呼び入れ」とあるので、じっさいにそうよんでいたようだ。この時代、官庁、学校、ホテル、病院のような場所では、仮に洋風建築でなくても、机、椅子を備えた立式のマナーが成り立っていたはずだが、ときには椅子の絶対数が少ないために、すわり慣れている当時のひとは、床にすわり込むような場合があったと思われる。この警察での〝お白州〟の場合は、すべてが被疑者というわけではないのだが、取り調べられる側については最初から椅子の用意がなかったのだろうか。

鉄

「乗合奇縁（1）」
『絵入朝野新聞』1884（明治17）年8月24日

日本橋で鉄道馬車に乗り合わせた昔なじみの男と女、終点の新橋で降りたが止みそうもない雨にこの辺で食事でも、という筋立て。鉄道馬車は一八八二年（明治一五年）から一九〇三年（明治三六年）の電車化までの二〇年あまり、新橋から銀座を通って上野浅草までの営業だったが、後半にはすこしだけ路線

【銀座通りで……】

が延長されている。

文中に「オーイと呼止め乗入りし人品のよい商人風の男」とあるように、きまった停留場はなく、乗り降りはどこでも勝手だった。区間制の料金はこの男のように日本橋新橋間の一区が二等で三銭、現在の貨幣価値では千円ほどで、ほぼタクシー並み。三〇人乗りくらいのイギリス製の車体はそう大きなものではないが、それでも二頭の馬で曳くのはかなりきつかったと見え、酷暑の時期には馬が疲労で倒れるようなことが何度かあった。

銀

「しらなみ叢誌（21）」
『東京絵入新聞』1884（明治17）年1月25日

銀座通りで思わぬ知人に出逢った主人公。袷のきものも羽織も大島紬風の細かい縞柄で、角帯の下に前垂れがけの、堅い商家の主人風。このころ流行の首巻きをし、ただしかぶっているトルコ帽はほかにそれほど多く見かけない。

相手は川越辺りのちょっとした料亭の料理番。尻端折りの下から紺の股引を見せ、素足か。はいているのは、この手の職人などが好んではく板裏草履、別名草履下駄のようにも見える。羽織っているのは半天で、これも首巻きをしている。主人公の後ろの子ども連れの女はものがたりには関係なく、銀座の人通りを示すための賑やかしか。

【裕福な兄と妹】

裕

『大阪朝日新聞』1884（明治17）年5月1日
「怠情勉強《うらおもて》心《こころの》組織《あやおり》（21）」

ひとの事業に出資をしようというくらいの裕福な若者が妹と連れだってひとを訪ねてきたが、探し当てた家は空き家になっていた。冒頭の六、七行を費やしてふたりの衣裳づけをしているのだが、その詳しい説明と、挿絵に描かれたきものとがちがっている。

若者がお納戸飛白《かすり》の単物とあるが、描かれているのは細かい縞。唐絽の黒紋附の羽織とあるのに、絵ではきものと対の縞物。妹の方は文中には鼠とお納戸の千筋縞とあるのに、挿絵では見紛いようのない市松に、太い子持縞をあしらった大胆な柄。妹の髪は位置の低い娘島田、帯は角出しのお太鼓に結び、塗りののめりの下駄をはいている。若者の帽子は舶来の麦藁帽とあるので、事実その通りかもしれない。パナマの流行はもうすこし後のことで、まだこの時代、欧米でも夏は麦藁帽が一般に用いられていたから。

一八八五／明治一八年

【駄菓子屋の夫婦】

翠於閑人「東京八景一夕話：早稲田の落雁」、尾形月耕画
『絵入朝野新聞』1885（明治18）年2月19日

駄

ひとに名も知られた生花の師匠だった男が、新橋の芸者と理無い仲になったあげく駆け落ちし、その時分はまるで田舎だった早稲田辺りで貧しい所帯を持っている。「表とは云え下町の裏には劣る店」というのは女が日銭稼ぎにはじめた駄菓子屋。一尺に二尺ほどの大きさでガラスのふたをした浅い箱を上り框に並べただけが商売道具という駄菓子屋は、子どもの数の多かったこのころの町のなかにはずいぶん見かけた。この時代でも駄菓子屋の菓子は不潔だから買い食いを禁じる親は少なくなかったが、親の眼を盗んでも子どもが買うのは、ひとつにはイカの足（ゲソ）を甘辛く味付けしたのとか、表通りで店を張っている菓子屋にはない味がそこにはあったから。

女は店番のほか「膚着《シャツ》の洗濯を内職に」しているという。この時代、シャツということばがいわゆるYシャツをさすのか、肌着をさすのかはっきりしないが、ここでは「膚着」というあまり見慣れない字をわざわざ当てているので、肌着の方だろう。これから石鹸会社に出勤のため、弁当を包んでいる男がきものの下に着ているのはカラーのあるYシャツの方。

【娘ふたり】

娘

「池の萍《うきくさ》（6）：心の白糸（3）」
『絵入朝野新聞』1885（明治18）年8月9日
「池の萍《うきくさ》（8）：鳶《とび》の塒《ねぐら》（3）」
『絵入朝野新聞』1885（明治18）年8月26日

「物言い振る舞い人慣れて、垢抜けのせしその様子、どこやら自然とくろうとめきて」とあるふたりの娘。本文には「髪をわざと束ねずやけに巻きてうしろに垂れ」とあるが、梶の葉模様のきものの女は髷の低い島田のようにも見える。ふたりともいわゆるじれった結びというのに近いようだが、じぶんで手軽にまとめたこの種の髪の名をいちいち詮議できない。

帯はふたりとも引っかけ結びらしい。竪縞のきものを着た娘が手に蝙蝠傘を提げているのだけが開化風。この娘は前褄を引き上げて着ていて、これだけでも小粋な感じになる。このものがたりはチャールズ・ディケンズの『オリヴァー・ツイスト』と似た筋立てになっている。この時代、翻案とまでいかないで、外国小説のストーリーを借用し、換骨奪胎《かんこつだったい》したのではないかと疑われる新聞小説にずいぶん行き当たる。

【貸本屋】

「新編 雪間の草（12）」、尾形月耕画
『絵入朝野新聞』１８８５（明治18）年３月13日

貸

東京日本橋葭町《よしちょう》辺の露地で貸本屋を営業する主人公の若者。訪ねてきたのは本所横網で辻占商売をしているという親仁。無精ひげを生やした親仁は半白の五〇すぎの年頃、この時代では老人の部類に入る。一八八〇年代（ほぼ明治一〇年代）にも入ると、東京ではもうよほどの変人でないかぎり老人のあたまにも丁髷《ちょんまげ》は見られなくなる。しかし髪以外の着衣や貸本屋の店先の情景は、看板が和洋貸本となった以外、前の時代となにも変わったところはないだろう。

上がり框には持ち手の鐶《かん》のついた銅製の手あぶり火鉢が置いてあって、火箸が差してある。この火鉢に手をかざしたり、火箸を取って炭をいじったり、あるいは遠慮して火鉢からすこし身を引いたりなどで、客の立場があるていど察せられる。火鉢の向こうに置いてあるのは縦長の本箱で、これを大風呂敷に包んで背負い、お得意回りをするのがこれまでの貸本屋の商売の仕方だったが、お屋敷や大店《おおだな》の奥という得意場の数が少なくなったこと、日刊新聞という強敵との競合がはじまったことなどもあり、貸本屋の商売は先細りの時代だった。

一八八六／明治一九年

【舞踏会】

南翠外史（須藤南翠）「緑簑談《りょくさだん》（3）：歌吹の台《うてな》（中）」
『改進新聞』1886（明治19）年6月12日

舞

新聞雑誌の挿絵でも舞踏場の情景を描いている例は少ない。それはなにより小説の作者にも挿絵画家にも実際のその知見がなかったためだろう。欧米の女性ファッションのこの時期はバッスル・スタイルの最盛期だったから、舞踏場の各国外交官夫人も、それを一生懸命に真似た日本の貴女たちも、そう大きな間違いもなくこのスタイルに描かれている。幕末開港期に横浜辺りを散策する外国女性にはまだ大きなクリノリン・スタイルが見られるから、それが鹿鳴館の時代まで続かなかったのは日本の貴婦人たちにとっては幸いだった。

絵が小さいため、踊っているのが日本人なのか欧米人なのか区別できないが、明治中期の帝国ホテルなどでの公的舞踏会などよりは、ダンスする日本女性は多かったらしい。それはこの時期、貴婦人を対象とする計画的なレッスンがおこなわれたためだろう（「舞踏の練習」郵便報知新聞 1884/10/30:2）。

左端には袿袴《うちぎばかま》すがたで踊る女性のすがたもある。この二年前の一八八四年（明治一七年）九月一七日に女性の礼装の規定〈婦人服制〉が宮内省から公布され、そのなかでは「掛《うちかけ》、袴、垂髪のそれまでの宮女の装束が正装となり、西洋服を用いることも許される」となっている。

【新橋の駅をめざして】

【診療所】

新

「宇治の花（12）」
『灯新聞』1886（明治19）年7月6日

東京駅、つまり新橋停車場《ステーション》に駆けつける人力。この絵では半分隠れているが、これは二人乗りの車。曳いている車夫は規則通り黒い半袖の半天に半股引。初めのうち夏場はむかしの駕籠舁《かごかき》同様、褌《ふんどし》ひとつの車夫もいたようで、このころになっても半股引もはかない者が多く、取締の対象になっている（「近頃人力車夫その他で（……）」読売新聞 1883/5/16: 1）。

相乗りで停車場に駆けつけたふたりは大阪へ行くのが目的だが、最終列車に乗り遅れた。東京神戸間の鉄道の全通は一八八九年（明治二二年）憲法発布の前の年、小説中の年はまだ横浜名古屋間はべつの方法――人力か船に頼るしかない。この時代、東京横浜間の所用時間は約五〇分から一時間。一日一二〜一五便があり最終は東京発二二時五分（一八七九年・明治一二年）、料金は中等で一〇銭。

診

「春雨物語（3）」
『絵入朝野新聞』1886（明治19）年3月10日

東京の医師のもとに住みこんで修行する若者を慕う、その医師の娘。娘の背後の小抽斗《ひきだし》は薬箪笥で医家のしるし。上の棚には薬瓶、さらにその上に煎薬を入れた紙袋。袖で猫を抱いた娘はもちろん高髷。大柄の子持格子のきものの、厚い袘《ふき》を持つ裾を曳いている。絞りの帯は娘らしい下げ結び。

半分開けた襖の向こうの玄関で大あくびしているのは薬取り

【旅装束の男と小学生】

【お墓参り】

の下男。だらしなく前を開いた半天の襟は古風な手綱絞り、となるとまるでひと時代前の奴さんの風体。髪もあたかも小さな丁髷《ちょんまげ》のように見える。

旅

「合鏡富岳亦筑嶺《あわせかがみふじとつくばね》（32）」、歌川国松画
『絵入朝野新聞』1886（明治19）年7月27日

当日のストーリーと挿絵とは直接関係がない。左端、玄関で小腰を屈めて挨拶している男は高下駄をはき、蝙蝠傘をついた雨の日のいでたち。羽織っているのは半合羽、足には脚絆《きゃはん》も着けているので旅装束ということになる。この時期、丁髷《ちょんまげ》をまだのせているのは田舎から出てきたひとであることを示している。都会では舶来風のトンビが流行していたが、昔ながらの半合羽も男女ともに相変わらず広く使われていた。

ふたりの小学生は身分あるひとのご子息ということで、整った恰好をさせられている。きものの子も靴をはき、変わった帽子をかぶる。和装で靴は一種の正装になっていて、成人でも一九二〇年代（大正末～昭和初め）頃まで見ることができる。それに対して洋服に下駄は男性のふだんのごく構わない恰好として、下駄自体の消滅するまで続いている。

お

「善悪妙々車（31）」
『絵入自由新聞』1886（明治19）年10月24日

一日分としては長すぎるほどのストーリーのなかでの、ヒロインの女性の墓参りのすがたを描いている。夫も子どもも亡くし、長いあいだ瘋癲《ふうてん》のため正気を失っていた女が、七年ぶりに

【少女の遠出】

故郷の静岡で菩提所の寺の墓参りをする。豊富な髪をただぐるぐると結んでいる。一度嫁入った女は、たとえ夫が死んでも眉は落としたままがふつう。髪を短く切り落とすのは、もうすこし年のいった女。

幅の広い掛襟のあるきものの合わせ目はずいぶん低く、派手な絞りの半襟をたっぷり見せているのは墓参りにしては場違いのようだが、無教育な女にはそんな顧慮もなかったのかもしれない。双子縞のきものもけっこう粋なふう。手先を帯のすぐ上、襟の合わせ目に差し入れるのはこの時代のひとの癖で、ふつう思案のすがたを表わすが、男はあまりしないようだ。

少

「善悪妙々車（32）」
『絵入自由新聞』1886（明治19）年10月26日

大蔵省の属官の養女でことし一三か一四になる娘、脳病――おそらく職務精励のため神経を病んで横浜の十全《じゅうぜん》病院に入院中の、養父の見舞いに訪れた。十全病院は現在の横浜市大医学部附属病院。土地柄この時代には進んだ医療がおこなわれるという評判があり、東京からの患者もあったのだろう。

娘は手先を袖に隠して胸を押さえている。濃い色の花模様のきものの上に重ねて、いちばん外に着ているきものには帯をしていないので、あるいは合羽風の外被であるらしい。女合羽は形はきものと変わりないが、前を紐で留めるようになっている衣料。とすればこのくらいの年の少女にも、遠出には女合羽が用いられていたというめずらしい例。

一八八七／明治二〇年

【ナンパ？】

採菊散人（条野採菊）「八重桜奈良の古跡（3）」、水野年方画
『やまと新聞』1887（明治20）年6月14日

ナ

奈良の寺社巡りを楽しんでいる東京の遊子《ゆうし》三人が、京都祇園の芸妓たちの一行に出逢う場面。男たちの中央にいる主人公は、双子縞風のきものに小倉の帯、短い羽織を着て、襟元から濃い色の下着とシャツとが覗いている。桜の時期、いわゆる二枚袷の拵え。袖先から出ているのを見ると、このシャツはカフスのある柄物のYシャツらしい。当然その内側に肌着の襦袢かなにかを着ているはずだから、Yシャツはあらずもがなのようだが、若い男が今風としてYシャツに固執したのだろうか。この男のかぶっているのはあまり高くないホンブルグ風の高帽。

襟に手を当てて見返っている芸者は左手で褄を取っている。屋形からよばれたお座敷までの道を、出の衣裳で左褄を取るのはふつうのことだが、奈良まで足を伸ばしたピクニックでも裾を曳いているのは、おそらくこの時代までのことだろう。いっしょの仲居はもちろん端折っている。

【両替屋の座敷】

【花魁《おいらん》の見立て】

両

「落花流水（13）」、二代目歌川芳宗画
『改進新聞』1887（明治20）年11月6日

東京日本橋の両替屋の奥の間で、火鉢を前にした主人が手代から聴いているのは、ひとり息子の放蕩のこと。商売向きによっても違うが大きな商家の構造は、表から見える店の奥には結界格子のなかで番頭が目を光らし、その番頭の背中の見える奥の座敷に金庫か、むかしなら金箪笥を背にした店の主人が控えている、というのが一般的。江戸時代の商家の多くは、朝、大戸を開けると一日中表は開けっ放しのため砂埃も入るし、冬は寒さの防ぎようがなかった。寒いときは店先には客のための小さな手あぶりが置かれるが、主人はたいてい奥の大きな火のそばで、こんな恰好をしていたものらしい。

羽織は防寒のためのものでもあり、また奥の間まで通す客に対しては礼儀ともなる便利なもの。奉公人が店で羽織を着ることはどこでも禁じられていたが、店によっては、年功を積んだ番頭は外では許された。

花

天橋漁夫、鬼斗生（古川精一）（閲）「当世美人くらべ（3）」
『東京絵入新聞』1887（明治20）年5月8日

遊び慣れた三人の紳士が新吉原の花魁《おいらん》の品定めをするという趣向。いわゆる見立てのひとつで、名代の花魁一〇人を選び、梅、海棠《かいどう》、牡丹など一〇種の花になぞらえている。描かれているのは稲弁楼という小店の花魁勝山、すがたの楚々たるところ、容貌の賢そうなところが西洋婦人の趣あり、当世の談、開明のはなしを好んですることから薔薇に比す、とある。

バラは品種が多く、なかには日本原産のものもあって、近代以前の文芸作品にも現れているが、しかしバラといえば西洋から入った花、という印象が持たれているようだ。それにしてもこの絵すがたを、現代人がバラの花のイメージと結びつけるのはむずかしい。

筆法にしても、描いた対象のせいにもよるだろうが、すべての点で幕末の浮世絵といっても疑われかねないような図柄。この花魁はきものの襟を、あごを突き上げるように着た上に、幅の広い掛襟のある二枚の裲《うちかけ》、つまり「しかけ」を重ねている。人身解放令以後、廓《くるわ》の遊女にはかなりの勝手が認められるようになってもいるけれど、この、バラに比せられた花魁にはなんの新しさもない。

【おままごと】

春のや主人（坪内逍遥）「此処やかしこ（1）（1）：（続）」、歌川国松画
『絵入朝野新聞』1887（明治20）年3月27日

お

東京のある官員の家庭。三人の少女がままごと遊びをしている。幼いふたりを遊ばせている右側の娘はまだ肩揚げはあるが格子縞のきものに黒襟をかけ、桃割か唐人髷に結っているのだろうが、下町風に根を下げているのでよくわからない。真んなかの幼女はまだお芥子、すこし大きいそろそろ小学校に上がる年頃の左側の子はもうおかっぱ。

開いている襖の向こう、畳廊下の先の障子はガラス障子で、縁先や、店と奥の境などに重宝されるようになるが、まだこの時代にはごくめずらしく、これがあることだけでも豊かな暮らしが想像される。

【伯爵家の夜会】

夢遊居士（大久保常吉）「結ぶ赤縄（発端）」、歌川国松画
『絵入朝野新聞』1887（明治20）年5月25日

伯

某伯爵家における夜会の情景。「麹町の赤坂最寄り、煉瓦にて畳みたる二層の楼閣は、巍乎《ぎこ》として雲表《うんぴょう》に聳《そび》え、（……）壮麗なる始皇の阿房にあらざれば、煬帝の迷楼かと怪しまる」とある。江戸東京ではめずらしくもない二階建てなのだが、西洋館ということでこの時代、辺りを睥睨するような存在感があったようだ。

出席者はいわゆるホワイト・タイ（燕尾服）の正装。宮中伺候に限られる大礼服を除けばもっとも正式の装いの夜会に、立食というのはめずらしい。このころ、まだ立食に慣れていなかった日本人の振るまいが目に余ることがあった。ひとつには洋食や綺麗な洋菓子、見慣れない果物がものめずらしく、子どもの土産に、などという気がつい起こるのだろう。

一八八八／明治二一年

【貧乏所帯】

貧

半痴居士（宇田川文海）「貧福（13）」
『東京朝日新聞』1888（明治21）年9月20日
半痴居士（宇田川文海）「貧福（24）」
『東京朝日新聞』1888（明治21）年10月4日

貧と福とを対照的に描いてゆくものがたりのなかで、このふたつの情景は車夫の貧乏所帯を描写している。とはいえ女房が手内職をし、一四、五の娘がもう茶屋勤めをしているといえば、極貧という暮らしではない。ふたつの画面からは、剥げ落ちた土壁に破れ障子、見るかぎりでは長火鉢に小屏風、紙屑入れと燭台の台を兼ねた踏台と、古風な行燈《あんどん》式のランプがひとつ、ほかに家具らしいのは見えないが、おそらくそんなものだろう。物入れの代わりになっているのは吊棚で、食器や瓶、なにか行李めいたものや枕までが載せてある。

手拭の吊してある竹竿には乏しい衣類も引っかけておける。右の挿絵の本文に「娘は母の姿の異様なるを見て、すこし眉を顰《しか》め」とあるのは、母親が父親の半天一枚の上に前掛をしているため。母親のいうのには、質屋から袷を請け出してきたいのだが、その代わりに預けるはずの単衣を洗濯しようと、まだ手桶のなかだという。汗のついたままと洗ったものとでは、質の値が違うのだ。いま着ている半天と単衣を持っていけば、それで袷が請け出せる——といったやりくりが、この階層のひとびとの衣生活だ。

【帳場で召喚状を受け取って……】

帳

半痴居士（宇田川文海）「貧福（17）」
『東京朝日新聞』1888（明治21）年9月26日

町家の店先に、警察署の小使い（使丁）が召喚状を届けにきた。手代の男は帳場格子のなかで小僧からその召喚状を受けとり、受書をしたため、印を押すと、小使いはなんのことばもなく受書をひったくるようにして立ち去る、とある。官吏一般もそうだったが、とりわけこういう末端の人間が権威を笠に着て横柄だった。

またこのすこし前の一八八二年（明治一五年）に、東京のある区役所では、小使いに紺木綿の制服をきめて、呼出状などを配るときなどはかならずそれを着て行くようにした、という記録が残っているが、とかく薄汚く、馬鹿にされるような存在でもあったらしい。

英

半痴居士（宇田川文海）「樹間《このま》の月（44）：他人の真実（2）」、二代目歌川貞広画
『東京朝日新聞』1888（明治21）年8月29日

広い邸の中庭に面した部屋で、梅花女学校の三年へ通っている娘と、ひとつ年下の少年とが、英語のリーダーを前にして互いの学校のはなしをしている。梅花女学校は一〇年も前の一八七八年（明治一一年）の創立で、大阪では先進的な英語教育で知られていたキリスト教主義の学校。

娘の髪は前回の話のなかで引っ詰めの束髪とある。束髪は大阪では東京ほどにははやらなかったが、それでもこのころはミッションスクールの教師や生徒の間ではけっこう見られた。

【英語の本をはさんで】

【はやっている開業医】

束髪はイギリス巻とかいう名のついた洋風のスタイルがよく知られているが、じっさいには、それまでもあった手軽な引っ詰め髪が多かったろう。また、この子のような前髪を切りそろえるスタイルは、文献ではあまり語られていないが、束髪の流行といっしょに、とりわけ一八七〇年代後半（ほぼ明治一〇年代前半）くらいの少女に広く好まれている。

少年のはいているソックスの横縞は、輸入もののアンダウエア、水着等にはごくふつうに見かけるデザインで、ハイカラに見えたのだろう。座敷に絨毯を敷きつめるのもこの時代の成金趣味のひとつ。

半痴居士（宇田川文海）「樹間《このま》の月（46）：国手」、二代目歌川貞広画
『東京朝日新聞』1888（明治21）年8月31日

は

繁盛している開業医の玄関。来訪者の立つ三和土《たたき》の前に広い式台があり、すがたは見えないがかたわらには下足番がいる。たぶん六畳敷きの玄関の間には、受付の書生が、羽織すがたの厳めしい恰好で机を構えている。次の間の待合室には大勢の患者のすがたが描かれていて、薬局の窓口もその辺にあるらしい。この時代、「盛んなる寄席の入口に似たり」という有様。この時代、開業医の門を叩くことは、庶民にとってはいろいろの意味で気易いことではなかった。

訪れた男性はからだにフィットした背広に縞のズボン、スタンドカラーと中山高帽という恰好で、予診に出た門生も一応の敬意を見せる紳士風。小型の革鞄に蝙蝠傘は紳士の持ち物としてふつうだが、なぜか日本紳士は英国紳士と違い、蝙蝠傘を細身に畳んで持つことがない。

【洋風のしつらえ】

半痴居士（宇田川文海）「樹間《このま》の月（48）：乱菊（1）」、二代目歌川貞広画
『東京朝日新聞』1888（明治21）年9月2日

洋

往診に訪れた医師の診察中、次の間で患者の妻がもてなしのお茶を煎れている。政府高官で豊かな家というだけでなく、この時代としてはずいぶん洋風化の進んだ室内のしつらえ。とはいえこの時代の洋風化には、半世紀後の生活的洋風化とは違う独特さがある。各部屋は畳でもフローリングでもなく、カーペットが敷き詰められている。

部屋の境は和風の襖、壁には床脇風の棚があり、奥様はお茶の接待をするのに敷物の上にぺったりすわって、敷物の上にじかに置いたコーヒーカップに湯を注いでいる。背中に痛みを訴えている患者は、ベッドではなく西洋人式にソファにもたれている。そのソファ、椅子などは装飾の過剰さと安っぽさのふしぎに混交した民衆的ヴィクトリアンスタイル。

奥様の髪は下げ巻風の束髪だが、ほぼ中央で分けているのはこの時代ではめずらしい。

ゆ

「虚無僧《こむそう》富士《ふじ》磐梯《いわおのかけはし》（4）」、右田年英画
『東京朝日新聞』1888（明治21）年8月2日

墓参途中の主人を、闇に紛れて川のなかに突き落として殺した呉服屋の番頭。それを目撃していた非人が、店先に上がり込んでこれからゆすりにかかる、という場面。死んだ主人は独り身で、妾はこの番頭とすでに通じていたらしい。

呉服屋の客は土間からの上がり框《かまち》に腰を下ろすか、畳に上

【ゆすり】

【上野駅で掏《す》られた！】

がって小僧が奥の蔵から運んでくる品物を見つくろう。左に帳場格子をめぐらせた小机、番頭はふだんここに控えていることが多い。後ろの壁に大福帳がかかっている。

非人が肩に手拭を引っかけているのは、もともとは手拭が職人や力仕事をする人間には手放せないものだったからだが、いつのまにか威勢のよさを売物にする連中の、威しやはったりの小道具になっていたため。したがって出入りのお店《たな》の旦那の前などでは、手拭は股の辺りでつかんで持っている。

㊤

「虚無僧富士磐梯《こむそうふじいわおのかけはし》（7）」、右田年英画
『東京朝日新聞』1888（明治21）年8月5日

上野駅構内で福島方面行きの列車を待つひとびと。磐梯山噴火のニュースに気もそぞろな主人公が、仕込みの金二百円の入った鞄をひったくられた場面。盗んだ掏摸《すり》は盗品を手早く仲間に渡してしまったので、騒ぎ立てる主人公に居直ってかえって脅しつける始末。

掏摸の恰好は本文には「高帽を被りたる一個の男」とあるだけだが、挿絵では白絣に絽の羽織を短く着てヘルメットを戴いている。薄物の下のきものの描き様にはきまった手法があるが、この挿絵の時代はまだ不器用で破れ穴のように見える。

【水死体】

【富家の台所】

水

「虚無僧富士磐梯《こむそうふじいわおのかけはし》(15)」、右田年英画
『東京朝日新聞』1888(明治21)年8月15日

行方不明だった父親の水死体を確認する息子。父親は猪苗代町の太物商で、その妾としめしあわせた番頭によって川に突き落とされた。警官は新政府になってから組織も名称も服制もたびたび変わったし、東京の制度が地方に普及するのにも時間がかかったから、画家の描いたこのすがたが、かならずしも福島県のこの時代のじっさいとはかぎらない。

警官の制服はだいたいはその時代の陸軍に準じている。この胸ボタンもこのあと廃されて、日清戦争でおなじみの肋骨風になる。この警官は帯剣しているが、維新後、長いあいだ巡査は警棒を持たされていた。廃刀令以後に警官だけが帯剣することにはかなりの批判があり、ようやくこの数年前の一八八四年（明治一七年）一月に〈巡査帯剣心得〉が公布され、以後第二次世界大戦まではお巡りさんのサーベルすがたが確定した。

富

「虚無僧富士磐梯《こむそうふじいわおのかけはし》(17)」、右田年英画
『東京朝日新聞』1888(明治21)年8月17日

裕福な商人が隠居用に建てたという、凝った造りの土蔵つきの家。台所の板の間に大きな竈《かまど》がある。ふつう竈の下は薪を入れておけるようになっているが、この部分の構造はすこし違うようだ。まだ水道の引けていなかったこの時代、台所の大物はこの竈と、水甕《みずがめ》だった。竈のそばに火消し壺があり、火吹き竹が置いてあり、壁の隅の竹筒に柄杓やしゃもじが差してあっ

【鹿鳴館の夜会はまだたけなわ？】

て、竈のかたわらで調理もすることを暗示している。

関東は東京をふくめて坐り流しがふつうだが、座敷と台所がおなじ高さの家と、台所が一段低い家とがある。そのどちらでも、おかず拵《こしら》えも洗いものもうずくまった姿勢になる。ふたりの女がそれぞれ気楽な姿勢でおしゃべりをしているが、用をするにも気楽にしているときも、これがいちばん当たり前の恰好。

鹿

「一昼夜（1）：おぼろ月」、右田年英画
『東京朝日新聞』1888（明治21）年9月2日

鹿鳴館で催された夜会を抜け出し、深夜の虎ノ門辺りをたどる男女、ひとりは子爵家の若い当主で二四、五歳、寄り添っているのは実業家の令嬢で、年は一八、九歳、どちらも寸分も隙のない洋装をしている。この時代になると男子洋服は国内で調整することになんの問題もなかったが、女性の洋服は海外への注文がまだあって、片道の船の日数だけの流行遅れで、リアルタイムのパリモードが、帝都のごく限られたスポットでなら見られた。この女性のスタイルは一八八〇年代後半のバッスル・ドレス。ただし華族の青年が夜会にモーニングコートで出席しているのは画家の知識不足か。

一八八九／明治二二年

【あなた、乗れますか？】

【職務質問】

あ

名取胡蝶「二重の面影（5）：写出す、写真舗頭の混雑（下）」『都新聞』1889（明治22）年1月10日

自転車に乗る若紳士。自転車はこのころが流行のはじまりだったが、まだものめずらしさの方が先だっていて、反感を持つ野次馬も少なくなく、このつぎの場面ではそういう連中に自転車が打ちこわされている。乗るひとの恰好も二〇年ほど後の自動車乗りのような、いかにも金のありそうな西洋風。黒の中山高帽にフロックコート、ズボンは膝下三インチのライダースパンツ、そのころ好まれた横縞のハイソックスに黒靴、というハイカラ拵え。

初期の自転車にはチェーンがなく、前輪についた車輪で漕いだため、スピードを出すには前輪がひどく大きくなり、まだ女性が乗れるようなものではなかった。もちろんこの挿絵にはかなりの誇張がある。

職

桃水痴史（半井桃水）「くされ縁（24）」、右田年英画『東京朝日新聞』1889（明治22）年7月13日

深夜、赤坂辺りで不審の若者を誰何する夜警巡査。近くに殺人強盗があって、奪われた鞄を所持し、抱えた仕込杖には血痕が認められたため、容疑者となる。警察官の服装は一八八〇年

【オルガン】

(明治一三年) 以降、一八九〇年代 (ほぼ明治二〇年代) を通じての特色あるダブルブレストで、一八九六年 (明治二九年) には別のスタイルに変わっている。

提げているサーベルは一八八二年 (明治一五年) に制定され、一八八四年 (明治一七年) には〈巡査帯剣心得〉が公布され、それ以後変わらず第二次世界大戦までつづいた。仕込杖は帯刀が禁止になってからステッキのようにして持ち歩く、とくに旧士族がかなりいたらしい。もちろん腰に差せば帯刀と見なされるので手に提げるだけなのだが、それでも男が家の敷居を跨いで出て、なにか切れ物を持たないのは「腰が明く」などといって心許ながる、侍気質のひとがあった。

オ

花々亭香夢、春泉居士「双飛燕《そうひえん》(11)」
『やまと新聞』1889(明治22)年4月30日

資産家の一人娘が西洋楽器のオルガンを、発表会を数日後に控えて練習しているところ。ふきの厚い縞の袷を重ね、その下に襦袢の半襟がかなり引かれてのぞいている。頭は島田の髷に手柄を巻いて、そのためにいくぶん若やいだ感じの髪になる。帯は印刷が不鮮明ではっきりしないが、お太鼓ではなく、もっと簡単な引っ掛けのようにも見える。

【お花見中です】

【継母に叱られて】

継

海鶴仙史「栄枯盛衰（23）」、稲野年恒画
『都新聞』1889（明治22）年2月5日

継子《ままこ》いじめもの。父親の単衣を仕立てて母親に見せると、「お前は本当に親孝行だネ、父様のきものというと大層早く出来てサ、わたしのきものというと三日も四日もかかる様だ、そうしてお前は継母《ままはは》を馬鹿にするんだろう」といったいいがかりで、長ぎせるを取って丁々発止と打ち据えた――。生みの母親が死んだあとに入った後添えで、「父の心はわからねど卑しき芸者を妻として」とある。偏見には違いないが、芸者は幼い仕込みの時代から芸の修業のため、打たれることにも打つことにも慣れている人間が多かった。

家での普段着もまだ裾を曳いていたひとの多かった時代で、また現代にくらべると着方もずっとゆるかったから、こうしてすこし足を踏ん張ると、下の湯もじが幕のように表れる。娘をかばっているのは店の手代で、店でも外出でも、縞のきものに角帯が、この時代はまだお店《たな》者のきまったお仕着せ。

お

西峡逸史「雪間の若草（11）」、歌川国松画
『絵入朝野新聞』1889（明治22）年4月2日

東京向島のお花見風景。手前のふたりは、花見の趣向をしてやんやと喝采を期待しているひょうきん者。どちらも職人だろう。右の男は手拭を道中かぶりにしている。手拭かぶりには江戸時代さまざまな工夫が生まれたが、本来、丁髷《ちょんまげ》のあるのを前提にしているので、ザンギリや撫でつけの頭では恰好がつき

【旅館へも出髪結《でがみゆ》い】

にくく、すっかり廃れてしまった。

左側の男は頬かぶりに扇子を挿している。これはもうすこし扇子の先を下げると、相手からはこちらの顔を見られずに、こちらからは前が見えるという工夫になる。落語の「百年目」では、隠れ遊びの番頭が、この手を幇間《ほうかん》から教わっている。

三人の学生は「芝に名高き某塾に薫陶さるる生徒ぞと、問わねど知るき帽子の徽章、色も一対一様の洋服」とあって、慶應義塾の学生たち。

一筆庵主人（富田一郎）「姨捨山（30）」、水野年方画
『やまと新聞』1890（明治23）年1月12日

旅

一〇歳と一六歳の娘ふたりが離ればなれになって、互いに行方を尋ね合う、というのが中心のストーリー。この場面はたまたま旧知の男性に大阪で出逢った姉娘が、男の泊まっている旅宿に伴われて、なにかと身の回りの世話をしてもらっている、というくだり。男はコーヒーにミルクを混ぜてそれを滋養液といい、薬湯に入れ、洋食を食べさせて、娘の気力を回復させようと努めている、とある。

娘は鏡台の前に座って、旅館に出入りの髪結いに髪を結わせている。髪結いは髪をほどいた後、まず梳櫛を使って入念に梳く。髪を念入りに梳いてもらうのは客にとって本当に気持ちのいいものだが、とりわけ滅多に髪を洗わず油で固まった毛を梳くのは、髪結いの方にとってはかなりの力仕事だったから、たいていは下透きとよんでいる弟子がさせられた。

【これが大門!】

「筆はじめ（21）」
『大阪朝日新聞』1889（明治22）年1月30日

こ

新吉原の大門。鉄筋煉瓦製約五メートルの門柱が、吉原花街のメインストリートである仲ノ町に向かい、上に大きなガス灯を戴いて相対しているが、塀も扉もないので、門というより二本の黒ずんだ柱にすぎない。見ようによっては無骨で殺風景なもの。一八八一年（明治一四年）建造。一九一一年（明治四四年）四月九日夜の吉原大火でこの門柱も焼け、鉄骨は高熱でねじ曲がりみじめなすがたとなる。

この作品の主人公たちがとくに品行が悪かったというわけでもなく、明治生まれの東京の男の相当数は、ある年頃になるとこの里で〝男になる〟ことを当然のようにさえ考えていたようだ。またそのくらい、張見世の花魁《おいらん》は華やかで美しく、男の心を蕩かしたらしい。張見世の禁じられたのが大正初期、豪華な「しかけ」（裲襠《うちかけ》）の廃されたのが一九一六年（大正五年）、しかし吉原の繁栄は吉原大火までだった、と回顧するひとが多い。

一八九〇／明治二三年

【お姉様へのラブレター】

一筆庵主人（富田一郎）「花金鈴《かきんれい》（16）」、水野年方画
『やまと新聞』1890（明治23）年5月1日

お

見事なお庭に向かって回り廊下をめぐらした座敷、見るからに裕福なお屋敷でわかるように主人はやり手の企業家。ふたりの娘のうち姉娘に、いま使いのものの手で艶書が届けられた。庭に向かってうずくまり、それをひそかに読んでいるのは姉で、髪は高島田。きものには黒い掛襟をし帯は黒繻子で、背後の妹に比べると大人っぽい恰好。

妹のきものにはまだ肩揚げがあり、両袖先に手を入れた奴さんをしているのも子どもっぽい。髪ははっきりしないが一種の蝶々かもしれない。庭へ降りる沓脱石《くつぬぎいし》の上に揃えてあるのは、将棋の駒のような庭下駄。

【束髪のお嬢さんと丁稚】

【断髪と丁髷《ちょんまげ》に日本髪】

束

愛渓逸史「天保商人（4）」、歌川国峰画
『大阪毎日新聞』1890（明治23）年10月4日

この時代、なにかと旧弊な人間のことを天保老人といって笑った。天保最後の一五年（弘化元年は一二月二日改元）は一八四四年で、この新聞の出た一八九〇年（明治二三年）では、四〇代半ば以上のひとは天保かそれ以前の生まれだった。

本編に登場する天保老人は年こそ五〇歳の天保生まれだが、近頃はめっきり開けた様子で、「娘お金を先ず束髪に結わせ」、女房も遅れじと「数十年堅固に保存し来たりたる京阪髷をやめて、お初の三番形を入れて俄の丸髷、なれど流石昔の忍ばるるは、頭のてっぺんにある膏薬禿」とある。

挿絵の丁稚を従えた娘は、上巻の束髪で切前髪、髷の根に造花をあしらって東京の女学生風。女房の京阪髷という髷はないが、江戸では幕末以後、既婚女性はほとんどが丸髷で、そうでなければたまに気分を変えて銀杏返しを結うくらいだったのに対し、京阪は喜田川守貞の『守貞謾稿《もりさだまんこう》』（1837〜）の時点で、四〇数種類が挙げられている。あたまのてっぺんの禿げるのは、根のきつい髷を結うせいだという。

断

愛渓逸史「天保商人（8）」、歌川国峰画
『大阪毎日新聞』1890（明治23）年10月9日

大阪でも一〇本の指に入るかという木綿問屋の一二帖の奥座敷、上座に座っているのは似たような身代の同業者。この客は天保生まれの初老の人間だが、なにかにつけて開化好き。それ

【仏具店にて】

仏

家僕として雇われることになった主人公の青年が、さしあたりの小遣いとして主人から与えられた一〇円を手に「急ぎ市中に走りゆきて、白木の位牌と花立およびその他これに付属するものを買い集め」とある部分。主人の妻に「着物はこちらで世話をします、そのうち月給を極めましょう」といわれているので、いま着ている親子縞のきものは私物。下に丸首の細かい格子縞の長袖シャツを着て、紺足袋に草履ばき。学生を含めて若者のふつうの恰好だった。

あまり「市中」のようには見えない景観だが、ともあれこの店は仏具商らしい。軒先にはそのしるしの、大きな数珠をアレンジした看板が下がっている。店先で商いの様子を見ている子守っ子は、この時代、ローティーンか小学校高学年くらいの少女にとっての、だいじな内職でもあった。負ぶっている子に乱されないように、髪を子守っ子結びで包み、小さなからだに余るねんねこ半天を着せられている。

に対してこの家の主人は、明治も二〇年を過ぎたいまになっても、あたまに小さな丁髷《ちょんまげ》を戴いている。

このとき茶を捧げ持ってきた下女は、お家さんから直伝の小笠原流云々とあって、保守的で昔風を慕う、というよりも、きまりごとは忠実に守る、という頑なさであるらしい。下女の「後帯の島田髷掛下し」という髪型も、おそらくこの家で長年守られてきた、下女の装束のきまりなのだろう。

一筆庵主人（富田一郎）「再香梅（21）」、水野年方画『やまと新聞』1890（明治23）年7月4日

【強盗にあいました】

【三つの職業】

強

一筆庵主人（富田一郎）「再香梅（40）」、水野年方画
『やまと新聞』1890（明治23）年7月26日

豊かな家に生い育った若者だが、疑いを受けて警察に追われる身となったうえ、野盗のために下着だけを残して身ぐるみ剥がれた。ただし野盗たちは若者の着ているシャツがフリルのあるブザムシャツ（bosom shirts）で、ボタンは金メッキものであることを見落とした。無一物になった若者は屑屋を見つけて、いくつかあるボタンのひとつを三円で売る。

屑屋はこの時代、がらくた物専門ではあったが古道具屋でもあったことは、「らくだ」など落語や講談でもよく知られている。ぶかぶかの継ぎの当たった股引に尻ッぱしょり、手拭を屑屋かぶりではなく、吉原かぶりにしているのがふつう。肩に提げている目籠には天秤ばかりが入っていて、外側にかならず古物商の鑑札が貼りつけてある。

三

なしのやつぶて「相合傘（18）」
『江戸新聞』1890（明治23）年2月16日

左から、牛乳配り、新聞売り、紙屑買い、つまり屑屋。舞台の一場面のように見える。屑屋は江戸時代からおなじみの商売で芝居や落語にもよく登場する。半天股引に縞のきものはどんな小商人にも共通する恰好だが、背中に鑑札を貼りつけた大きな目籠を背負い、手には天秤ばかり、手拭を吉原かぶりにして、「屑ーイ、お払い」といって、主に裏店《うらだな》や露地のようなところを歩く。

【庭園で談笑】

真んなかの新聞売りと牛乳配りは新商売なので、きまった恰好があるというわけではなく、挿絵画家の知っているこういうすがたも、貴重な一例になる。新聞売りの饅頭笠は人力車夫のよくかぶっているもので、たいていは似たような職種の恰好を真似たのだろう。左のふたりの、粗末なきものの下にYシャツの襟が見えているのは、シャツといえばだいたいがYシャツ風の構造のものだったため。

庭

採菊散人（条野採菊）「三人令嬢（1）」、水野年方画
『やまと新聞』１８９０（明治23）年7月30日

何人かの若い女性の性格や環境の違いを対比させてストーリーを発展させる小説は多い。この時代であると山の手の令嬢と下町娘が対比され、髪は令嬢の束髪と、町娘の島田か桃割れ、ということになるのがふつう。

しかしこのものがたりでは、番町に住む旧大名の華族の三人娘で、長女はすでに同族の裁判官のもとに、次女は子爵家に嫁しているので、三人の性格の対比はもうすこし微妙。標準的な揚巻の束髪は長女で、バッスル・ドレスの洋装をしている。裁判官というだけで夫の地位の高下はわからないが、邸の庭内で姉妹で談笑しているときに、こうした洋装をするようなことがありうるだろうか。そんな機会がないとはいえないが、シンボリックな絵と理解した方がいいだろう。

【てんじんまつり】

【水を運んで】

て

宇田川文海「艦獄土産十種の内 千草結馬場朝露《ちぐさむすびばのあさつゆ》（1）：正遷宮（上）」、歌川国峰画
『大阪毎日新聞』1890（明治23）年6月19日

大阪の天神祭の氏子の男女の祭衣裳。「友禅鹿の子緋縮緬、各自異様の襦袢の肩脱ぎ、縮みの単衣染浴衣、向こう鉢巻き足袋裸足、三味線太鼓笛摺鉦《すりがね》（……）」という連中が左側、右の三人は紅梅町の町芸者、とある。

水

広津柳浪「娘雛形（18）」、小林習古画
『東京中新聞』1890（明治23）年6月21日

和製シンデレラのような姉と妹。だれよりも早起きし、「飯も出来、汁も仕掛け、膳ごしらえ四人前ちゃんと済ませ」たところへ「寝巻姿しどけなく」姉が現れて洗面の支度をいいつける。水道がまだ引けていないこの当時、朝の洗面は金盥《だらい》一杯の水と、べつにうがい茶碗一杯の水を使うのがふつう。できるだけ水を使わないように教育されたから、森鷗外のように、洗面から歯磨きまで、コップ一杯の水で済ませるような始末家もあった。姉の使っている歯磨きブラシは、まだ先端がささらになっている江戸時代からのもの。

この絵から、中下流の日本家屋の水口の有様がよくわかる。大きな水甕《みずがめ》は竃《かまど》とともに台所の大物で、これにいつも水を張っておくことが家の女の大きな負担になった。もっともこの家では釣瓶《つるべ》つきの井戸がすぐ隣にあって、こんな恵まれた家はそう多くない。

一八九一／明治二四年

【丸髷に結ってもらって】

半井桃水「月黄昏《たそがれ》（10）」、右田年英画
『東京朝日新聞』1891（明治24）年3月14日

丸

出入りの髪結いに丸髷を結わせている女。女は後添えでまだ若く、それで文中の「早く丸髷の似合うように年をとりたいと思うわ」というような台詞が出る。丸髷は明治大正期には既婚女性の結う髪として固定し、大人の色気のある髪とされたが、なかには似合わないひともあって、そういうひとは銀杏返しか、束髪にした。

しかし島田となるとこれはお嬢さんの髪だったから、ごく若い奥さんのなかに少数、それも結婚してわずかの期間だけ、夫かお姑さんの特別な好みで結うひとがあるくらいだった。ここで髪結いが心のなかで、この奥さんは唐人髷の方が似合いそう、と考えているというのは、よほど娘娘した女性なのだろう。唐人髷や桃割れは、島田よりもうすこし若い年頃に結う髪。

【傷害事件】

【猟銃スタイル】

傷

半井桃水「月黄昏《たそがれ》（14）」、右田年英画
『東京朝日新聞』1891（明治24）年3月19日

背後から胸部を銃撃された傷害事件の現場検証。被害者はこの邸の梅見の客。警官の質問に対応しているのは、被害者を伴ってこの邸を訪れた、ものがたりの主人公のひとりで代言人、つまり弁護士。

三人の警官のうち、真んなかの尋問中の警官は服装から見て警部補で、右端は巡査。警官の制服は一八九六年（明治二九年）に改正され、ダブルボタンのこのスタイルは、一八九〇年代（ほぼ明治二〇年代）までのもの。なお、警部補の足元を見ると靴の踵状に描かれている。ひとりだけ土足のまま上がるというようなことがありえたのか。警官のサーベルがめだつが、警官の武器が、実際に警棒から洋刀に変わったのがこの数年前（一八八三年・明治一六年）のことで、当時のひとびとにとっても論議の的になっていた。

猟

嵯峨のや主人（嵯峨の屋お室）「朧夜の夢（9）」、右田年英画
『東京朝日新聞』1891（明治24）年6月26日

本文のほとんどは日本人の体力、健康と、国力との関係をめぐる議論。挿絵はその体力向上の一手段としての銃猟。学習期には一般にそうしたものだろうが、乗馬でも自転車でも自動車でもゴルフでも登山でも、西洋の本や写真で見るとおりのハイカラな恰好が、まるでそうしなければ自転車にも自動車にも乗れないように真似られた。銃猟の場合も例外ではない。これは

【ゆったりと着付けて】

ひとつには、こうしたレジャーが比較的富裕層のなかではじまったためだろう。だから学生のなかで盛んになった野球やテニスなどのスポーツでは、けっこう間に合わせの用具や、奇妙な恰好の競技者も見られた。

　また、たとえばイギリスの場合、ハンティングは乗馬して兎や狐を狙うというスタイルが中心、というふうに、風土習慣の違いからそのまま日本で真似られない点も多く、さまざまの妥協や日本化はやむをえなかった。ハンティング・スタイルの影響のひとつは、皮革製品の利用の広がりだったろうが、それも含め銃猟は多くの点で乗馬スタイルと共通する。

ゆ

採菊散人（条野採菊）「嫉妬（1）」、水野年方画
『やまと新聞』1891（明治24）年6月20日

神田の西洋洗濯屋の家族。晩酌の膳に向かっている父親と母が、一六になる娘に向かって、ある華族のもとへの妾奉公を強要している。このすぐあとに、父親による「手弱きお鳥の衿紙を取って引据え拳を固めて続け打ちに打擲《ちょうちゃく》なすにぞ」と、娘の悲鳴に近所のひとが驚いて駆けつけるような場面になる。

　この時代はどこの家でも食事はひとり膳で、父親の晩酌の済むまで、女房や子どもは父親のはなし相手をしながら待っていることもあったろう。女房と娘とは襟つきのきものをごくゆるく着ている。娘に向かって父親が、「（お妾になれば）そんな醤油で煮染めた様な単物などを着て居ずとも、それこそお蚕ぐるみの不景気知らず」などといっているから、挿絵ではわからないが、けっこう傷んだ木綿きものなのだろう。なお、作者採菊散人の息子鏑木清方《かぶらききよかた》は、この年、挿絵を描いている水野年方のも

【置屋にて】

【売れっ子芸者になった娘】

とに、一三歳で弟子入りしている。

村井弦斎「新橋芸者：清元一曲〈花は遠州流〉」、橋本周延画
『改進新聞』1891（明治24）年6月19日

置

お目見えで母親に連れられてきた娘が、芸者屋の主人の前でからだを硬くしている。娘は恥ずかしいだけでなく、芸者になるのを嫌っているのだ。しかし清元をみっちり仕込まれている上、器量よしということで女主人はすっかり気に入ってしまい、娘の運命はきまった。

芸者屋は芸者置屋ともいって、料亭などのお座敷に送り込む芸者を抱え、また育てる役割。この娘のような若い子を「仕込みっ妓」といい、結局は親孝行の名目のもとでの、母親と置屋とのあいだでの人身売買にほかならない。長い煙管《きせる》に葉煙草を詰め、笑顔で応対している置屋の主人は、人妻風の丸髷だが、もちろん芸者上がりで、母親と比べてきものの着方ひとつでも垢抜けしているのは当然。

村井弦斎「新橋芸者：世中ハ〈斯んなもの〉」、橋本周延画
『改進新聞』1891（明治24）年6月23日

売

芸者に出た娘が売れっ子になったのを、だれよりも喜んだのはその母親だったろう。娘を売ったときにすでにまとまった金を懐にしたのだが、その後もなにかというと小遣いをせびりに来る。芸者は置屋に抱えられていても、外出は勝手だし、ときには遊びにくるなじみの客もあるから、娼妓のように長襦袢でいるようなことはない。

【芸者の姉と弟】

【商家に出髪結《でがみゆ》い】

派手な柄のきものに細帯をぞんざいに締めて、すでに吸い覚えたらしい長ぎせるを、下げた額につっかえ棒にしているこのなりたての芸者は、「おっかさん、わたしは抱えの身ですから、お座敷で貰うものはみんな家（芸者置屋）へだしっちまうのです」と、苦しい言い逃れをしている。その髪は芸者島田、母親はまだ四〇代のはずにしては、当時の年齢観からしても老け過ぎている。髪はわからないが、小さな丸髷か、手づくねの疣尻《いぼじり》巻だろう。

芸

村井弦斎「新橋芸者：倦厭性〈幸福だよ〉」、橋本周延画
『改進新聞』1891（明治24）年7月12日

芸者をしている姉が嫌な客から逃れて来かかると、神田橋辺りで偶然、学校帰りの弟と出逢う。車から降り立った姉はもちろん芸者島田、派手な模様の襲《かさね》衣裳の前褄を芸者らしく引きあげ、はいているのは畳表ののめりの小町下駄。

麦藁帽子を手にした弟は袂付きのきものを着ているので女の子のよう。こんなところも、この時代の男色の盛行との関係があるのかもしれない。それにしても一二、三というにしては姉と比べてすこし小さすぎるようだ。東京の下町では、少年にも袂付きのきものを着せる家が多かったという。

商

村井弦斎「新橋芸者：特別の顔〈天の注文〉」、橋本周延画
『改進新聞』1891（明治24）年7月28日

東京下町の大きな商家の嫁が、出入りの髪結いに髪を結わせている。妻というものは滅多に家をあけるものではないという

【姉妹の装い】

女大学の教えが、山の手のお屋敷や下町の旧家ではまだ生きていて、きまった日ごとに風呂敷包みを提げた髪結いが出入りしていた。それというのもひとつには、日本髪にしろ束髪にしろ、この時代の結髪は櫛の数本もあれば間に合い、のちの美容院のような設備を必要としなかったため。ただし衛生面の締めつけはだんだんときびしくなり、出職の髪結いにも白衣の着用を義務づけられるのが、このすぐあとの時代。

文中に「平生髪を結うこと月に一五、六度、癇癪の起こるときは毎日壊し、芝居にでも行く時は格好が気に入らぬとて二度でも三度でも結い直させる」とあって、髪結い泣かせではあるが、すこし我慢をしさえすれば、こういう女性にはじぶんの身なりのためには金を惜しまない人間もあり、髪結いにとっては良いお客、ということもあった。

姉

三品蘭渓「香炉峯（1）」、橋本周延画
『改進新聞』1891（明治24）年12月5日

東京は芝白金の某邸、そのお屋敷で何不自由なく生い育った姉と妹。ただし姉は亡くなった先の奥様の忘れ形見。「御標致《きりよう》がよくってお人品《ひとがら》でお内気でいらっしゃる」のに対し、妹は「束髪づくりの令嬢なり、華美《はで》を好まるる気質にや、化粧《けわ》い衣裳に至るまで総て華やかに飾り立て、婀娜《あだ》け姿振《なりふ》り眼に立つ為、今年二〇歳《はたち》を越し給えど尚お一七、八に見らるべし、やや活発風を装いて、縁端へ無造作に腰を据え」とある。

画面右手、丸窓の障子に手をかけて庭を見やっているのが、その内気な姉君。娘島田に結い上げて、お召し物も妹君に比べるとやや控え目な縞柄。妹の束髪は、「婦人束髪会」などのい

【病気見舞い】

う衛生面と合理性を重んじる趣旨とは裏腹の、べつの表情が、ここにはある。

三品藺渓「香炉峯（15）」、橋本周延画
『改進新聞』1891（明治24）年12月22日

三品藺渓「香炉峯（16）」、橋本周延画
『改進新聞』1891（明治24）年12月23日

病

芝白金辺りに邸を構える大家のお嬢様に、病気見舞いがてらに結婚を申し入れているのは、これも劣らず大きな身代の当主。第一六回の冒頭に、「セルの二重合羽《マント》を脱ぎとれば、白縮綿の大襟巻に南部の羽織、御召の小袖、折々袂をトンと突き出しオホンと気取り」云々と、あまり女にモテそうもない男の、贅沢な衣裳づけがある。

ここで二重合羽とあるのは、前日の回に、家令を従えてお嬢様の家の玄関にさしかかる、後ろすがたの男に描かれている二重外套のこと。実際には合羽でも、振り仮名にあるマントでもないが、二重外套の名称はメチャメチャというしかないくらい不統一。病気のお嬢様の夜具は古風な袖つきの掻巻《かいまき》で、赤色の勝った華やかな花柄。ただし枕紙以外、この時期はまだ清潔の観念はなかったといってよい。

一八九二／明治二十五年

【商家の家族と使用人】

商

蓬洲居士（香川蓬洲）「檐《のき》の梅が香（27）」、槙岡恒房画
『大阪毎日新聞』1892（明治25）年2月22日

大阪の老舗の金物商。ふたりの息子をめぐるお家騒動の筋書きを書いた、張本人の番頭の悪事も露見、めでたしめでたしの大団円。シンボリックな場面だが、商人のきものが地位や年齢にかかわらず縞物づくめなのは事実。

中央に立ってお内儀《かみ》から帽子を受けとっている主人、その足元の、これから分家を起こすその弟、左隅に立っている悪番頭と、その脇にすわっている若い手代、だれもが縞のきものに前垂れがけ。弟は、袖で口を隠して恥ずかしがっている新妻と向き合っている趣向なので、前垂れがけではない。その高島田の新妻の縞柄は、これだけ太いと派手向きになり、商人の着るきものとはべつのもの。お内儀の髪は中年の丸髷、母親は老婦人のよくする茶筅《ちゃせん》。

洋

菊池幽芳「無言の誓（4）」、稲野年恒画
『大阪毎日新聞』1892（明治25）年7月27日

たまたまその庭に招じ入れられた隣家で負傷し、そのまま傷の手当てを受けて一室に閉じ込められた娘。非現実的なストーリー同様、画家の稲野年恒が、西洋の絵を参考にして精一杯の

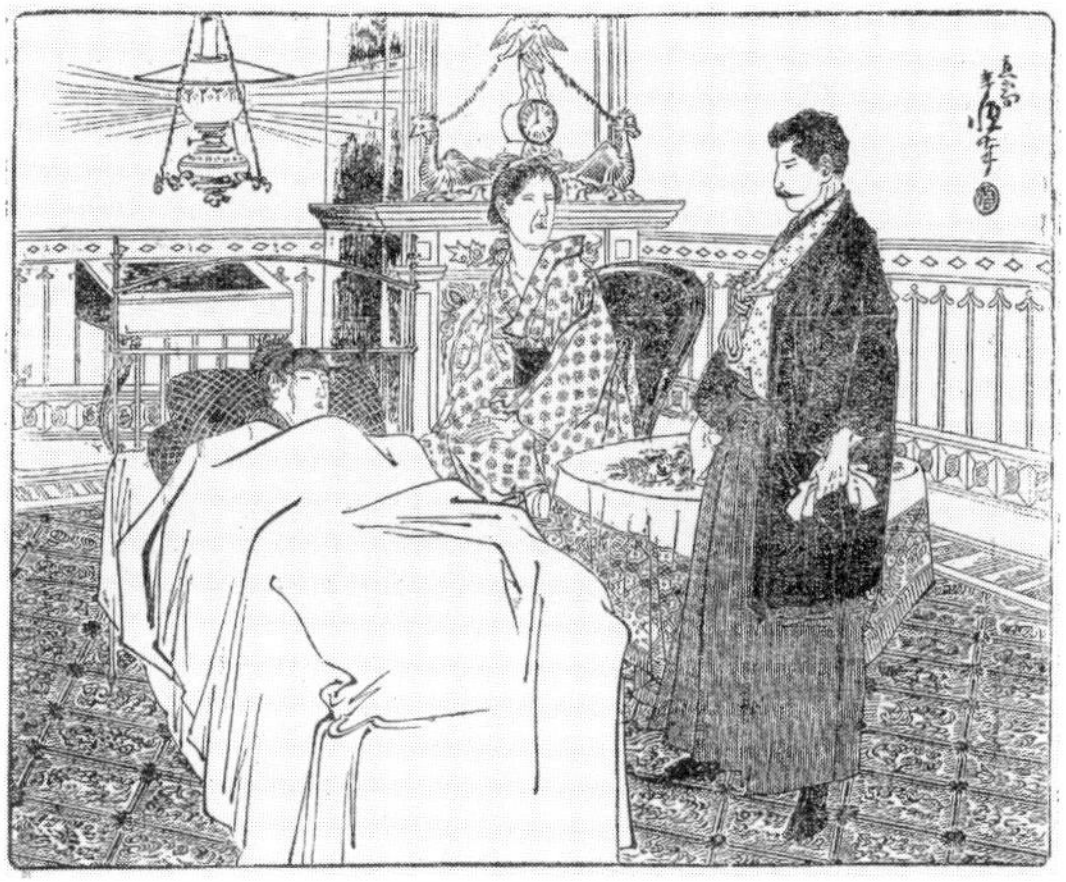

【洋室】

【裏長屋の一室】

想像で描いた洋風の寝室も不自然さがめだつ。とりわけ鉄製のベッドは、西洋風の寝具を病院でしか見たことのない画家らしい。

この洋間はフローリングに大きなカーペットを敷いているのだが、カーペットがあっても洋間ではスリッパを用いる日本の習慣が、まだできていなかった時代のようだ。

幸堂得知「浮沈（5）」、右田年英画
『東京朝日新聞』1892（明治25）年3月19日

裏

正直で融通が利かず、ひととの交際も避け気味のため、銀行の受付より一向昇進のできない若者、裏長屋で母親との貧しい暮らし。部屋はおそらく四畳半か六畳だろう。大都会でも日露戦争（一九〇四〜〇五年・明治三七〜三八年）頃までは、照明は石油の洋灯《ランプ》がふつうだった。夜の仕事も読書も、一灯だけのその吊り洋灯の揺らめく光の下に、家族は額を集めることになる。子どももいない家にしては障子の破れが多すぎるようだが、これは貧乏家を表すお約束。

息子はきものの下にYシャツを着ている。勤めに洋服の上衣を着るときもこのシャツのままがふつうだったから、白いはずのYシャツの襟や袖口が汚れていることは、当たり前のようだったらしい。捏《つく》ね髪の母親はこの時代になってもまだ眉を落としている。古い習俗は、なにごとによらず現状を変えることに臆病な、下層階級のなかに長く残る。

【公衆電話】

【貧困の病人】

公

幸堂得知「電話（前編）（1）」
『東京朝日新聞』1892（明治25）年5月17日

電灯が使われはじめると「電気灯」という作品が、幻灯が人気になると「幻灯」という作品が現れる。新聞小説作家の早耳と商売熱心には感心させられる。この小説の掲載された一八九二年（明治二五年）は、東京横浜間に電話が開通してから一、二年しか経っていない。本文の冒頭に「銀行会社は言うに及ばず、名ある商人は皆家の内へ器械を据え付け（……）」とあるが、やや誇張されているようだ。

一〇年後の一九〇二年（明治三五年）になって「東京市内の公衆電話が三九台」という記録があり、「新橋、上野の両駅以外は利用者が少なく、一日平均三人くらい」（「公衆電話の状況」読売新聞 1902/1/24: 4）という記事もある。三九台のうちの多くは郵便局内だったのだろう。

挿絵の下谷郵便局を訪れた「五〇格好の人品よき老婦人」の着ているのは被布だろうが、被布の特色の襟元の総角《あげまき》が、柄のためはっきりしない。この老婦人はひどく恰幅がいいが、老人は被布の下に羽織を着込んでいることもある。髪は切り揃えて軽く結んだだけの茶筅《ちゃせん》。

貧

渡辺霞亭「時雨傘（7）」、二代目歌川貞広画
『大阪朝日新聞』1892（明治25）年11月8日

花の行商をしている若者と、病床の母親。よほどの破れ畳か、あるいは古茣蓙《ござ》でも敷いているらしいあばら屋住まい。薄っぺ

【関西の立ち流し】

らの布団は継ぎだらけで、座布団を二つ折りにして縛り、それを枕代わりにしている。それにもたれて身を起こしていることと、病鉢巻をしていることの二点は、病人を描く場合のきまりごとになっていた。

七輪の下を団扇で煽いで薬を煎じているらしい息子が、身を屈めて母親のいうことを聞いている。貧乏屋といえば破れ障子はおきまりだが、桟までメチャメチャに折れている表現はめずらしい。その一方で、母親の枕元には刻み煙草の小袋と煙管《きせる》が置かれてあり、貼り混ぜの小屏風で風を遮っているのは小さなゆとり。

関

桃南子（本吉欠伸）「さし柳（7）」、二代目歌川貞広画
『大阪朝日新聞』1892（明治25）年5月6日

挿絵はこの日の本文と関係ない。大阪の中以下の家庭の勝手元。大根を刻んでいるのはまだ嫁入り前の娘。襟つきの縞のきものに前垂れ、水仕事なので襷《たすき》をかけている。髪はわからないが前から見たところは桃割れ風。病の床にある夫のため、七輪を団扇で煽いで土瓶の薬を煎じているのは、眉を落としている女房。これも襟つきの縞のきものだが、肩に大きな継ぎのあたっているのは貧乏人のしるし。

京阪は江戸とちがって立ち流しがふつうで、裏店《うらだな》ではこの流し元が唯一の出入口。狭い土間に水甕《みずがめ》の代わりの手桶、竈《かまど》、立ち流し台などとともに、棚の上や壁にかけて、味噌樽、米櫃、塩壺、そのほか細々した調理具すべてが置かれているのが常だった。

【借金の催促】

【若様】

借

欠伸居士（本吉欠伸）「寒紅梅（1）」、二代目歌川貞広画
『大阪朝日新聞』1892（明治25）年12月6日

ふた月あまりも病の床にある母親は貧しい遊芸の師匠。そのひとり娘は高等小学校に通う一三歳だが、いまは母親の看病のため学校を休んでいる。遊芸の師匠ではあるが弟子も少なく、とりわけ実入りの多い男弟子がいないということもあって生活は苦しい。勝手口の土間からとっつきの四畳半か、六畳一間だけの住まいかもしれない。いま娘に送られて立ち去ろうとしているのは、近所に住んで小金を貸している老婆。わずかの貸金の催促に来て今日はおとなしく帰るものの、腹には一物あるようだ。

娘は前髪を眉の上で切り揃え、束髪の髷を後頭部で丸めてネットで押さえているらしい。格子戸に手をかけて、小腰を屈めて振り返っている老婆、といってもまだ五〇かそこらの年だろうが、襟付きの縞のきものに黒繻子の帯、前垂れを端折りの下に押し込んでいる。髪はたぶん一種の櫛巻、はいているのは差し歯の日和下駄。

若

黒男「憂みの笠（41）」
『やまと新聞』1892（明治25）年2月7日

東京郊外の田舎道を散策する男爵家の若様。黒紋附の羽織に大島か結城紬の綿入小袖を重ね、中山高帽に白縮緬の襟巻。はいているのは畳表のついた、のめりの下駄。綿入小袖を重ねると外套が要らないくらいの保温力はあるが、かなり着膨れした

【探偵のお使い】

外見になるはず。

マスクは一八八〇年代の初め（明治一〇年代半ば）頃から、雑誌広告などに現れだし、口蓋器とか呼吸器といろいろによばれて、明治時代は結核予防、という目的も持たれていた。この男性はむしろ、防寒のために用いているらしい。黒や茶色の、地厚の布や革製の商品が、第二次世界大戦頃まで市販されていた。

探

黒男「憂みの笠（62）」
『やまと新聞』1892（明治25）年3月5日

芸者置屋の戸口で、芸者をおびき出すための贋手紙を、応対に出てきた女中に手渡す探偵。本文には諜者《ちょうじゃ》とあり、ここでは雇われた人間に小遣いをもらっているから、私立探偵にあたるものらしいが、警察の下働きもしたようだ。すでに探偵社という看板を出しているところもあった。

帽子に靴、ズボンで上に縞の羽織という奇妙な恰好は、そのままこの男のはっきりしない身分を表しているよう。四つ目垣をめぐらせ、自然木をあしらった門柱など、この芸者のけっこうな暮らしが窺える。芸者屋にかぎったことではないが、格子戸口が低いため、訪れるひとも迎えるひとも、いやでも前屈みになる。

一八九三／明治二六年

【名代部屋】

名

卍字楼主人「鬘草《かづらぐさ》（8）」、歌川国峰画
『大阪毎日新聞』1893（明治26）年2月28日

神戸福原遊廓はいろは楼の全盛の花魁《おいらん》が、名代部屋にこっそり待たせている密夫《まぶ》のもとに忍んでくる。名代部屋というのは花魁の本座敷とはべつの小部屋で、夜具などは敷いていないが、この挿絵で見るように、差し向かいでしゃべるには向いた構えになっている。

花魁は「しかけ」とよぶ大きな裲襠《うちかけ》を着ている。腰に手をあてひじを張るのは花魁の独特のポーズ。相手の男は、手拭を肩に載せていること、片膝立てた行儀の悪さなどからも、堅気の人間でないことは明らか。「弁慶縞の怪しき褞袍《どてら》に八反の三尺帯は何さままじめの人間にてはあらざるべし」とあるとおり。弁慶縞も、八反の八丈絹の帯も、男物としては派手な色調に特色があるので、挿絵では想像しにくい。落語の「文違い」を連想するが、おなじ密夫でも、あそこに出てくる芳次郎よりも、こっちはずいぶん態度が大きいようだ。

こ

卍字楼主人「鬘草《かづらぐさ》（12）」、歌川国峰画
『大阪毎日新聞』1893（明治26）年3月4日

この情景は当時のひとには張見世の格子の内外、さらには歌

【こっそり……】

【寄宿生たち】

舞伎の『心中天網島』の小春治兵衛を連想させたろう。初代中村鴈治郎《がんじろう》の治兵衛はちょうどこの時期、浪花の観客を唸らせていたので、そのダブルイメージを画家の歌川国峰が意識していなかったはずはない。

挿絵は勘当された若旦那がこっそり家に戻って、貞淑な妻からやさしいことばをかけられる場面。天網島の治兵衛を演じた役者は、初代鴈治郎から現在の藤十郎までほぼこの絵の若旦那とおなじ恰好。ただし舞台の治兵衛役者の頬かぶりはもっと技巧的な若衆かぶりなどになっているが。このあと窓の内の妻は、とりあえず手持ちの三円と、夫の身なりのあまりのみすぼらしさに、じぶんのきものを夫に与える。「此のきものは私のきもの、女ものゆえ着にくうはありましょうが、風邪でも引いてはなりませぬから」と。

和服は男も女も構造に大きな違いはないが、寸法がいくぶん小ぶりなのと、脇下があいているなどの小さな違いがあり、見るひとが見れば気づくはず。落語の「文七元結」では、博打ですっからかんになった左官屋の長兵衛が、女房のきものを着て吉原の出入りの廓《くるわ》へ行き、女主人から見咎められる場面がある。

寄

卍字楼主人「鬘草《かづらぐさ》(15)」、歌川国峰画
『大阪毎日新聞』1893(明治26)年3月7日

放蕩のため勘当された神戸は御影の大店《おおだな》の若旦那、一念発起して市内の英語学校に入学し、その学校の塾に寄宿する。挿絵はおなじ塾生が彼の部屋に遊びに来て、彼にあることないことを耳打ちし、改心した心に揺さぶりをかけようと試みているところ。

【髪を染める】

書生が細かい縞や紺絣のきものを着ているのは全国どこでもおなじ、その下にYシャツのカラーやカフスが見えているのも、明治期を通じてのふつうの重ね方で、Tシャツ式のもっと楽な襟のシャツや、襦袢を着ている例は滅多にない。

主人公が座布団の代わりに、人力車夫やお嬢さんのショール代わりにもよく見る、裾に太い横縞のあるケットを敷いていて、この柄の毛布が愛用されていた状況がわかる。英語の学習であるはずなのに、身辺の本がすべて和綴じで、おまけに硯《すずり》まで置いてあるのは、画家の粗漏か。もっとも一八八〇年代くらいでは、横文字の本でも和紙の和綴じが多かったのは事実。

髪

菊池幽芳「小夜嵐（36）」、歌川国峰画
『大阪毎日新聞』1893（明治26）年4月17日

西洋人との混血娘が、そのしるしのひとつである金髪を捨てるため、髪を黒く染めている場面。女性が上半身裸になってこういう恰好をするのはふつうは洗髪の場合で、髪を染めるには不適切。だいたいこれではきものや床板を汚してしまう可能性が大きい。ある医学士が西洋から持ってきた化学作用の染物、などと有難がっているので、あまりまじめに受けとることはできない。

それにしても、この時代の女性の着るもののヴォリュームには驚く。沓脱石《くつぬぎいし》の手前に立って、手伝っている下女のはいているのは、庭下駄。

【酒屋さん】

蓬洲居士（香川蓬洲）「真景住江月《しんけいすみのえのつき》（21）」、槇岡恒房画
『大阪毎日新聞』1893（明治26）年6月1日

酒

小売酒屋の店先、客足の途切れることのない繁盛の店という。小売酒屋はふつう立ち飲みの客に升酒の量り売りをするもので、それがいい儲けにもなるのだが、挿絵では店のその部分は隠れている。店の人間は丁稚がひとりだけらしいが、筒袖のお仕着せに前垂れがけ、酒屋の使用人は扱うものが酒樽など、重量があるので、丈夫な厚司織の前垂れ。

四人の客はとりどりで、紺の半天に三尺帯、半股引に饅頭笠、草鞋《わらじ》ばきの男は人力車夫か。銭を差し出している子どもは、肩揚げのある袂のきものに兵児帯《へこおび》を大きく結んで、家のお使いで父親の晩酌料を買いに来たのだろう。麦藁帽の若者は前垂れがけのお店《たな》者、肩揚げのように見えるが袖をたくし上げているのだ。帯を大きく下げ結びに結んでいるらしい娘は、買い物の袋を提げた手を片方の袖で隠している。店の奥に焼酎、味醂と書かれた大きな壺が並んでいて、そのほか塩や醤油、味噌、また味噌漬や奈良漬を売っている酒屋も多かった。

【姉と妹】

姉

菊池幽芳「夏木立（1）」、槙岡恒房画
『大阪毎日新聞』1893（明治26）年7月21日

大阪天王寺のほとりに、広庭を控えたるひと構えの邸、という書出し。ふたりのお嬢様の衣裳づけもくわしい。いくぶん淋しい面差しの姉は、「質素なる瓦斯二子のふだん着に、綿入り繻珍の帯を締まりよく結び下げ、流石に襦袢の袖口に紅きもの見せたる、誰《た》が眼にも品よき立ち姿」とあって、流石に襦袢の云々とあるように、この大家の娘としては地味な恰好といえよう。

幼い妹は「矢筈飛白《やはずかすり》の御召に、縞博多の帯を立子《たてこ》に結びたる様、姉の質素に引き換えて、また一層の見栄えあり」という華やかさ。立子は東京でいう矢の字。妹の髪は一二歳の子どもらしい切下げのおかっぱ。一八歳の姉の髪は新蝶々。

一八九四／明治二十七年

【人さらい】

菊池幽芳「梓巫女（発端）（上）：昔語」、稲野年恒画
『大阪毎日新聞』1894（明治27）年2月18日

人

母親を足蹴にして娘を攫《さら》ってゆく男。もう嫁にゆく年頃の娘に猿轡《さるぐつわ》をして、小脇に掻き抱いている。男の着ている細かい格子縞は、味噌漉とか、翁格子とか、あるいはかぎりなく無地に近い盲縞《めくらじま》とか、男のさりげない好みの生かされるもの。裏に濃紺、袖裏にはべつの派手な柄を使っているなど、かなり好みのきつい男かもしれない。男はだれもが股引などはくわけではないから、こんな恰好をするとすぐ褌《ふんどし》が丸見えになるのが、江戸っ子式の下半身。またやくざな男はそれを見栄にして、はったりを利かせるときは、裾を大きくまくったりする。

隣の部屋に母と娘の寝道具があり、古風な高枕の底の部分に、小抽斗《ひきだし》のついているのがわかる。桜紙などを入れたもの。

【ひとごろし】

【犯人と巡査】

ひ

菊池幽芳「梓巫女（発端）（下）：刃の血糊」
『大阪毎日新聞』1894（明治27）年2月19日

頼まれ仕事の人殺しをすました悪党ふたり。匕首《あいくち》の血汐を手拭で拭いとっている裸足の男は、きものの片裾をまくり上げている。きものの裾が足に絡むのを嫌うときでも、両裾をまくるのと片裾をまくるのとでは、気分の違いが大きい。

手前の男はふところ手して札束を数えている。親子縞のきものに細かい縞の半天、この男は下に襦袢を着ず、素肌に袷を着ている。素袷といって、一応粋なものということになっていたが、けっこう垢と膏《あぶら》で薄汚いのもあったろう。ふところ手で金勘定は人目にたたず、しまうのもかんたんで、和服独特のわざといえる。畳表のついたのめりの下駄をはいた左の方が、もちろん兄貴分。

犯

井上笠園「吾嬬琴《あづまごと》（19）」、稲野年恒画
『大阪毎日新聞』1894（明治27）年10月12日

特務巡査ふたりによる犯人逮捕の状況。結局この場合はとり逃がしたが。ここで作者がいっている特務巡査がなにをさしているかはっきりしない。明治初年は警察制度がまだ流動的で、その間に特務巡査という身分の設けられたことが短期間あり、また明治の後半になって、のちの特高とおなじような職権を持たされたらしい特務巡査というものもあったが、ここでは刑事巡査をさしているようだ。

犯人逮捕の場合も、刑事はそれなりの威儀を示さなければな

【篤志看護婦】

らないということを当局は留意し、刑事が袴を常用するよう義務づけたこともあって、描かれているふたりにもそういう配慮は見られる。黒紋附の羽織に小紋のきものを着た刑事は、下に格子縞のYシャツを着込んで、黒の中折帽に靴、という紳士風。ただしもうひとりの方は、筒袖の半天股引に鳥打帽という、かなり嫌われることもあった密偵風。

篤

吉本秋亭「少尉の妻（1）」、歌川国峰画
『大阪毎日新聞』1894（明治27）年11月29日

ここは広島の陸軍病院、看護婦休憩室で机を挟んで向きあっているのは、いずれも篤志看護婦の女性で、日清戦争の開戦まもない時期に夫を戦場で失った未亡人同士。篤志看護婦は無資格の女性が、戦地から後送された戦傷病兵の看護の補助にあたったもの。上流社会の女性が多く加わり、看護婦のイメージを上げることにも役だった。

白い看護服の胸に赤十字篤志看護婦会の徽章はつけているが、一〇年ほど前に制定された赤十字看護婦の制服ではない。きものの襟元はふつうの和服で、袖だけが元禄袖よりももっと細い筒袖になっているのは異様に感じられる。ふたりの束髪は右の女性が上げ巻、左の女性が下げ巻などと、婦人束髪会時代の名称などに結びつける必要もない。手軽にじぶんの手で処理しやすいことが束髪の本来の目的なのだから、スタイルや名称の詮議は無駄だろう。

【子守】

【防寒着】

子

渡辺霞亭「子守唄（1）」、二代目歌川貞広画
『大阪朝日新聞』1894（明治27）年2月1日

この子守っ子の身なりについては、「母の手織の茶縞の袷衣、僅かに肌を掩《おお》えども、足に足袋なく、襦袢なく、腰に細帯、二筋の子がいの紐は苦労の紐、せめて背中の幼子を寒さしのぎの様子なり」いう描写がある。子守の少女は数えで一〇歳、おなじ村内の裕福な家に雇われているらしく、野良仕事の帰りの母親と出会って、ねぎらわれている。

まだ頭を丸坊主に剃られている赤ん坊のくるまっているのは、ねんねこ半天ではなく、厚く綿の入った一つ身の赤ちゃん着のように見える。女の子は手拭を子守っ子かぶりにし、けっこう袂の長いきものには襟をかけ、襟元から半襟ではないだろうが襦袢の柄物の襟が覗いている。また襦袢の袖先と、草履ばきの足元からお腰の裾がちらりと見えて、子どもにしてはずいぶん長めの腰巻きをしている。画家は、田舎のじぶんが見たこともない貧しい小娘を描く、というより、よく見ている東京の下町の女の子を描いたのだろう。最初の描写とは、少し相違が生じている。

防

南翠外史（須藤南翠）「浮世長者（1）：燕居」、二代目歌川貞広画
『大阪朝日新聞』1894（明治27）年2月22日

大阪・玉造に住む家作持の老人には、一〇年ほど前に嫁入った娘と、市内の中学の寄宿舎にいる一六になる息子とがいる。この時代のものがたり中の姉弟はひどく年齢が離れているのが

【額縁仕立ての掛け布団】

通例だが、この場合も例外ではない。年始の休暇後の最初の外泊日で、家の門口で姉といっしょになった。

コートがまだ知られていない時代、女性の防寒着はショールだった。ショールの柄は裾に数段の太縞のあるのがふつうで、その点では人力車の膝掛も田舎者の赤ゲットも変わりないが、この女性の羽織っているのがそれらとは格段に違う上等品で、舶来品であることは明らか。かぶっているのはお高祖《こそ》頭巾。女の黒縮緬の紋附羽織は年始の訪問ゆえというより、この時代では寒さ凌ぎという理由の方が大きい。

少年のダブルブレストの外套の下は詰襟の学生服で、おそらく黒っぽい羅紗、印刷が不鮮明だが俗にダルマといわれたスタイル。

南翠外史（須藤南翠）「浮世長者（4）：公売」、二代目歌川貞広画
『大阪朝日新聞』1894（明治27）年3月4日

額

死産をしたばかりで、憔悴して床についている娘のかたわらで、腕組みして思案する父親。思いがけない事故のためすべての資産を失い、執達吏の訪れるのを待つばかり。大阪は東日本のように布団に掻巻《かいまき》を使わず、黒天鵞絨《ビロード》などで周りに縁を取る額仕立てが好まれた。小布団や座布団を丸めて枕代わりにするのは、この方が病人には楽だからという。布団に敷布を敷く習慣は早くてもう一〇年ほど後のこと。

父親は座布団を敷いているが、客の男は敷いていない。これはこの男が、使っている下女の父親であるため。旦那に向かっていうことばが、「お蝶が此方様に御奉公に上がりましたのが一四の春、（……）この七年の間にお目をかけてお使い下さいま

【執達吏ご一行】

した御恩（……）」と、主家の不幸に涙を絞っている。

南翠外史（須藤南翠）「浮世長者（4）：公売（続）」、二代目歌川貞広画
『大阪朝日新聞』1894（明治27）年3月6日

執

破産宣告を受けた家を訪れる執達吏の一行。大きな負債の連帯保証人として判をついたために、家財を差し押さえられることになった。この場面はいま玄関から立ち入ろうとする執達吏と、家具類を運び出すための人夫たち。先頭は裁判所から派遣された執達吏で、四年前の一八九〇年（明治二三年）に、判事、検事などといっしょに制服がきめられている。

判事、検事が聖徳太子風の装いでやや異様と見られたのに対して、執達吏だけは巡査に似たふつうの洋服だったが、それでも職掌柄ずいぶん恐ろしく見られただろう。続く角袖のモジリ外套に中山高帽、無帽で縞の羽織に首巻きのふたりは代言人、つまり弁護士と思われる。ふたりとも白足袋に白鼻緒の堂島下駄をはいた裕福そうな身なり。

車を曳いている半天股引の三人は、家財を運び出すために雇われた人夫。こういう短着《みじかぎ》のひとびとと前のふたりの長着とを見くらべれば、自づから住んでいる世界の違いがわかる。

執達吏が最初に訪れるときは、めぼしい家財のすべてに封印をして、以後勝手に処分することはもちろん、自由に使うことも禁じられたが、日常の衣食に最低必要と判断されるものは除外された。その最低必要な品物を士族と平民とで多少違えている（太政官布告第一八七号 1872/6/23）。

一八九五／明治二八年

【晴れ着を着て】

晴

三味道人（宮崎三昧）「老壮士（下）」、右田年英画
『東京朝日新聞』1895（明治28）年1月6日

正月二日、六日、二日間の読み切りだが、そのものがたりの筋と直接には関係のないお正月風景。新年の紙面にはよく、おめでたい景色や七福神など縁起物の絵が掲載される。春着すがたの雛妓の羽根つき風景などもよく見られた。挿絵ともいえないこの絵もそうしたものだろう。

門松に日章旗を飾っている家の門口で、五、六人の子どもがお正月の遊びをしている。男の子が袂のあるきものを着ているのは見慣れないひともあるだろうが、これは正月にかぎったことではなく、東京の下町にはそうした習慣のあったことを、谷崎潤一郎が『幼少時代』のなかに書いている。

右端の子のかぶっているのは日清戦争当時の軍帽のケピ。直接には維新直後にフランス陸軍から受け入れたもので、日本の陸軍制度が一八八八年（明治二一年）以後ドイツ式に改められたのちも、この帽子は生き残った。

少女たちの足元は、綿入の襲《かさね》きものの裾ぶきが、塗りの木履《ぼっくり》を重く覆っている。幼い女の子にも、お正月といえば三枚襲を着せる家がまだ多かった。

【車内の情景】

【見送り】

車

宇田川文海「霧の籬《まがき》(3)：汽車の邂逅(3)」、稲野年恒画
『大阪毎日新聞』1895(明治28)年10月14日

大阪梅田発、東京行きの列車が駅を出てまもなくの車中で、たまたまはなし相手になった紳士と若い女性。紳士はストライプのズボンにハイカラーのモーニングコート、それにしては初対面の女性に対してなれなれしすぎるし、すこし行儀も悪い。娘は小紋のきものに縞の羽織、髪ははっきりしないが蝶々風。頬杖をついている隣の老人の座布団同様、敷いているケットは持参だろう。

紳士は若い女ひとりの長旅に驚き、途中名古屋で一泊したらどうかと勧めている。なんだったら私も同宿しましょうと。神戸新橋間が全通したのが六年前一八八九年（明治二二年）のこと、ひとびとの頭のなかでは、片道ほぼ一九時間の東京でも、まだよほど遠いところだったのかもしれない。

二等の車内はキルティングのある立派なシートだが、長距離の急行らしくない二行向かい合わせ、その座席にふたりの和服の男が履き物を脱いで上がって、居眠りしている。畳に座り慣れた日本人は長時間腰かけることができず、車内のこうした恰好は、第二次世界大戦後でもわずかながら残っていた。

見

菊池幽芳「結ばぬ縁(1)」、歌川国峰画
『大阪毎日新聞』1895(明治28)年4月13日

奈良駅のホームで駆込み乗車の娘を、駅員が制止しようとしている。娘の着ているのは「平生着《ふだんぎ》と覚しきお納戸の縞物の上

【病鉢巻】

病

菊池幽芳「結ばぬ縁（23）」、稲野年恒画
『大阪毎日新聞』1895（明治28）年5月5日

悪者に拉致され、川に投げ込まれた娘が、通りがかりの若い医師によって幸い助けられ、医師の家の床の間つきの座敷で、母親ともども手厚い介抱をされる。関西では東京と違って夜具は掻巻《かいまき》ではなく、左右に白布、上部襟元に黒い天鵞絨《ビロード》の襟が掛かっているが、敷布はまだ用いていないらしい。

病人が結っていた髪はもちろん壊れてしまったので、髪はゆるく巻き縛り、額におきまりの病鉢巻をさせている。枕は大きな括り枕で、枕紙を巻いているのか、布製の枕カバーなのかはわからない。かたわらで看護している医師の母親は、髪はごく小さな丸髷を結っている。細かい縞のきものに引っかけ帯、格子縞のある紺の前垂れに白足袋。これが中以上の家庭の、一般

に、駱駝毛の貴婦人用肩掛《ショール》を纏いたる、貧しき人の娘なりとは見えず」というすがた。髪はこの時代の京大阪で若い娘に好まれた新蝶々。後挿の玉簪《かんざし》のほか、前髪の根に大きな造花をつけているのが、本文中で「少女」といっているのに似合っている。

しかし黒塗りの小町風の下駄といい、厚く綿の入った、重ねのきものの裾の引き揚げ方といい、この娘が一五や一六の小娘でないことは察せられる。房つきの駱駝のショールは高価な舶来品。

駅夫はホテルかレストランのボーイのように見えるが、発足当時の各地の民営鉄道の乗務員、駅夫のスタイルはさまざまだったろう。この時代の奈良大阪（湊町）間が民営大阪鉄道として開通したのが、三年前の一八九二年（明治二五年）。

【恋仇】

的なふだんの恰好だろう。

恋

菊池幽芳「結ばぬ縁（33）」
『大阪毎日新聞』1895（明治28）年5月15日

さまざまな世の艱難を舐めたあと看護婦となり、「一生を慈善事業に尽くさんと看護婦長に誓って」この病院に勤めている娘。運命に弄ばれたというべきか、たまたま担当となったのが、相手はそれと知らないけれど、じぶんが生涯の仇と恨み憎んでいる、じぶんの恋人を奪った女。

ホテルや病院は、当時、洋風の生活様式受け入れの窓口だった。それだけに新聞挿絵などに描かれた病室を見ると、ベッドの構造や掛布団——カバレット類など、細かい点に病院とホテル設備との混同があるようだ。

看護婦は当然全員が束髪なので、この看護婦のように前髪を縮らせてでもいるようなスタイルは、時代を二〇年も先取りしたようにハイカラに見える。しかし看護婦のスカートがこれほどたっぷりとふくらんだり、裾を曳くようなことはありえないし、椅子にすわって物思いに耽ったり居眠りするほど看護婦はひまでもないだろう。

曳

南翠外史（須藤南翠）「ぬれぎぬ（13）：こがらし」、二代目歌川貞広画
『大阪朝日新聞』1895（明治28）年10月8日

この時代の嫁入り前の女性の着こなし。海軍軍人だった父親の亡きあと、継母によって育てられた娘。じぶんの夫は父同様の軍人と心にきめているため、母親の勧める縁談に従うことが

【曳き裾】

【男の帯結び】

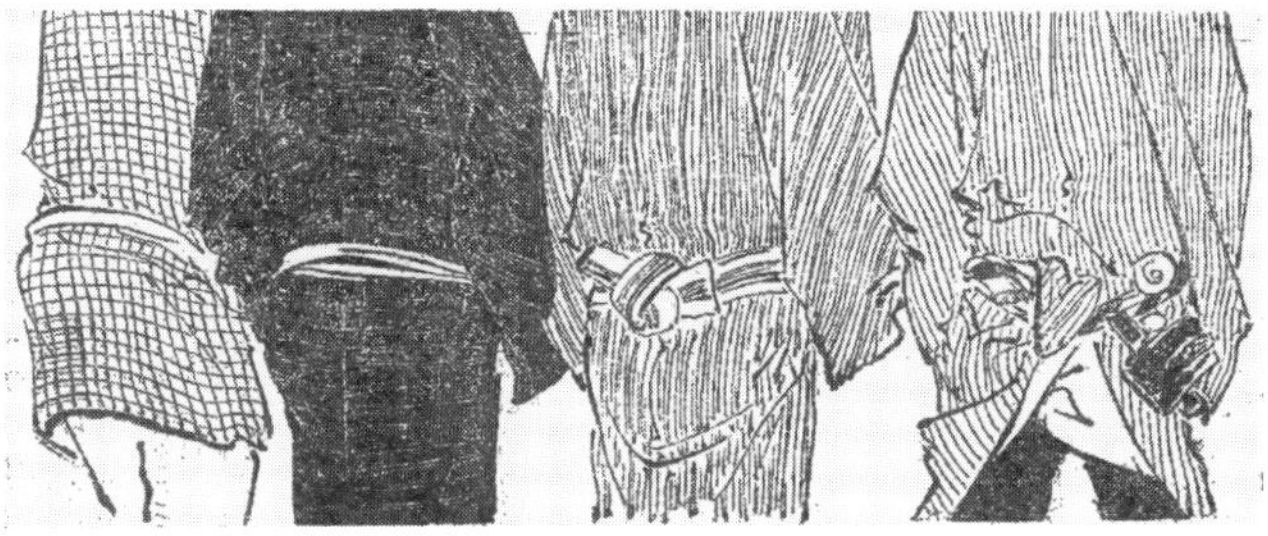

できない。この娘の髪型はいつも結綿《ゆいわた》風。娘の家でのふだんのきものは縞ものがふつうで、ただし一口に縞といっても、褞袍《どてら》の縞、老婦人の縞、粋な若い衆の縞、堅気の商人の縞など、縞には趣味豊かなヴァラエティがある。

にわかの吹き降りに「急ぎ雨戸繰りにと馳せ登りぬ」とあるのだが、これでは階段を駆け上がる、というわけにはゆかず、ことに下りるときには不便だったろう。京都で、ふだん家のなかで裾を曳いて生活していたのは、一八九〇年代（ほぼ明治二〇年代）まで、という識者の指摘がある。

男

紅葉山人（尾崎紅葉）「笛吹川（67）：卒に熱と得たりとて。」
『読売新聞』1895（明治28）年7月16日

笛吹川をめぐる水訴訟がテーマの作品。ただしこの挿絵は画家のちょっとした遊びで、はなしの筋とは関係ない。四人のうち左から、一番目の男はこの辺りの農民だろう。股きりのわびしい野良着に、三尺帯を前かちょっと横で、たぶん駒結びにしている。三尺帯というのは要するに、ひとの胴回りに一重巻くのに、それだけは必要という長さ。二番目は印刷が不明瞭。三番目は男帯のもっともふつうな貝の口、男結びともいう。もっともこの絵の男はややゆるんでだらしがない。右端の男は、結び目に端折ったきものの裾を引っかけているのでわからないが、神田結びのようでもある。そこに煙草道具を挿していて、下に紺の股引を見せているなど、下っ端の役人かもしれない。

【編物】

編

案内も乞わず庭伝いに隣家に入りこみ、勝手に廊下に上がりこんで、編物をしているお嬢さんにまといついている若者。この若者は男爵家の跡取り息子で、素行が悪く、いま宴会の席から酒に酔って戻ったところ。「派手なる洋服の胸を披《ひら》きて、深雪のうちに四五輪の梅の花の散り敷くごとき、鮮やかなる紐子《ボタン》ある白チョッキを露わし」というモーニングすがた。

娘は髪を縦型の束髪に結い、このころは東京などではもうはやりというより、中流家庭の女性の趣味として定着していた編物の最中。娘のいるのは離れの茶室。凝った自然木を使った床の間、網代壁、袖垣、そして廊下に面した明かり障子は横額入りのガラス障子と、古風さとハイカラを取り混ぜたこの家の主人の好みが窺える。

遅塚麗水「唐衣（2）」
『都新聞』1895（明治28）年1月5日

髪

日清戦争に便乗した際物小説のひとつ。将軍の令嬢であるヒロインは、惰弱な遊民である隣家の男爵家の息子を嫌っていた。しかしどうしても想うひとと結婚したいというその若者は、一念発起して身を軍籍に投じ、いま麻布の兵営で心身ともにしごかれている。その心根を汲んだ令嬢は、兵営に若者を訪ねて将来の約束をする。

遅塚麗水「唐衣（16）」
『都新聞』1895（明治28）年1月22日

令嬢はきものの上からすっぽり大きなショールを羽織ってい

【髪飾りと大形ショール】

【制服】

る。赤ゲットといえばずっと後の時代までお上りさんや田舎者の代名詞になったが、身体がすっぽり隠れるようなウール地の布を羽織る風俗は、一八八〇年頃（ほぼ明治一〇年代半ば）以後、流行不流行の波はあっても、明治時代を通じて大正の初めまで続いている。もちろんお嬢さんのかけているのは、舶来の上等の品で車夫や田舎者の使う赤ゲットとは違うが、太縞の模様が多いという点には共通性がある。

お嬢さんの髪は縦型の束髪で、髪をかなり捻っている点で夜会に近い技巧的なスタイル。真んなかに真珠の飾りをつけているのも、例の少ないおしゃれ。

制

弦斎居士（村井弦斎）「旭日桜：留守の心〈誰も同じ〉」、鈴木華邨画
『報知新聞』1895（明治28）年1月4日

出征海軍人の留守宅に、海軍省よりの公報が伝達される。この時代は郵便ではなく、海軍省から従僕が持参している。諸官庁のなかでも海軍省は早くから省内の洋服化に熱心だった。ただし一八八九年（明治二二年）一〇月に公布された海軍の監護および傭人の被服規定なるものを見ると、末端の階級では依然として法被、股引が生きている（海軍省達第三五〇号）。

袱紗包みを受けとる紺絣のきものに、袴を裾みじかにはいた書生が立っているのは、玄関の式台。背後の戸は、このような無愛想な、杉の一枚戸が正式。

【嫁と舅姑】

嫁

弦斎居士（村井弦斎）「旭日桜：心の願ひ〈叶へて給へ〉」、鈴木華邨画
『報知新聞』1895（明治28）年1月12日

息子の嫁にするつもりでひとりの娘を家に置いてまもなく、その息子は日清戦争に応召し、やがて帰らぬひとになった。身の置き場がないような女に、「お前はまことに従順《おとな》しくって神妙だから今更帰すのは惜しいけれども、お前の実家へ対して早く帰さなければならない」と義理の父母からのいい渡し。

女の後ろに下地窓があり、小さめの床の間や壁の設えなど、茶室風の離れ。プライヴァシーの守りにくい和風の住宅では、ひとの耳に入れたくないようなはなしをする場所としても、離れが有効に使われた。

両親、嫁ともに羽織を着ているのは、なにも改まったはなしというわけではなく、単に防寒着というだけ。目上のひとの前でものをいう場合の、嫁の手の突き方は法に適っている。嫁とはいうもののまだ正式の祝言前なので、髪は高島田。その嫁が、襦袢の袖を引きだして噛んでいるが、ふつうにはこれは悔しさの表現。

着

弦斎居士（村井弦斎）「旭日桜：お問柄〈心配です〉」、鈴木華邨画
『報知新聞』1895（明治28）年1月27日

戦死した兄に代わって、嫁ときまっていた娘を、あらためて弟が妻に迎えて家を継いだ。その妻が亡き婚約者の墓参りをあまりに繁々とするのを、多少世間を知っている年輩の下女が気遣っている。

【職工】

【着替え】

墓参帰りの女は人妻でありながらまだ高島田に結っている。ごく年若な嫁に対しては、しばらくのあいだ島田を結わせておく家はよくあった。しかしこの家の場合の理由はよくわからない。下女は丸髷で帯は引っかけ。黒襟つきの縞のきものに前垂れがけは、ふつうの町女房の恰好と変わりない。

奥様の着替えのとき下女は脱ぎ捨てたきものを畳みはするが、お嬢さんにしてやるように、帯締めを手伝うなど、着ることに手を出すことは少なかった。

弦斎居士（村井弦斎）「旭日桜：看護婦（一番です）」、鈴木華邨画
『報知新聞』1895（明治28）年2月14日

職

日清戦争に従軍して傷を負った青年。帰国後は退役して、兵器廠の職工となる。「なぜ職工なんぞにおなりなすったのだろう。汚い衣服《きもの》を着て弁当箱を提げて、毎日この前をお通りなさるところを見ると、私はおいとしくって涙がこぼれるよ」という身寄りの者のことば。一見すると海軍の古軍服の上衣と、モーニングの縞のズボンとを組み合わせているようだ。

たとえば大阪砲兵工廠では、一〇年前の一八八五年（明治一八年）に、職工一同に小倉の洋服を給付し、「今後は職工といえども必ず洋服着用のこと」（「職工も洋服着用」東京日日新聞1885/11/19:6）としている。明治二〇年代も末のころに、こうした奇妙な風態で政府の運営する工場に出勤することが、あり得たかどうか疑問がある。

【お稽古】

村井弦斎「御用商人 仕立屋〈呼で来い〉」、鈴木華邨画
『報知新聞』1895（明治28）年5月8日

お

女の子を藁の上からもらって育て、これに遊芸を教えこみ、一四、五になったら芸者の下地っ子にするか、もうすこし待って妾奉公にでも出す、というのは、この時代でもまだ、芸者上がりの女などにとってはいい商売だった。挿絵で、三味線を抱えて一二か一三くらいの稚児輪の女の子に厳しく踊りを仕込んでいるのは、そういう種類の女。

下町にはいくぶんか淫蕩な気風があって、芸者すがたや芸者たちの派手な暮らしに憧れる気持ちもあり、おませな少女たちのなかには、じぶんから進んでそういう世界に飛び込もうとする者もいた。しかしこのものがたりのように少女がそれを嫌うような性格だと、義理の母親は養育の恩をいい立て、ときには暴力的といってもいいような仕打ちで、娘を窮地に追い込んだ。

女の丸髷は四〇代の女並みに小さく、しかし老婆というほどでもない。この時代でもまだ眉毛を剃っている女はけっこういたが、むしろ「眉毛の薄い女」というと、一種の性格づけができてきているように感じられる。座布団の上に垂れている帯は引っかけ結び。長火鉢のけっこうな木目といい、押入の襖紙、茶道具など、たぶんこの座敷でお稽古のお弟子を取っているのだろう。

一八九六／明治二九年

【子爵家の一間】

子

菊池幽芳「小簾《こす》の戸（48）」、坂田耕雪画
『大阪毎日新聞』1896（明治29）年7月15日

子爵家の若様が、たまたま遊猟の途中で出逢った山家の水車屋の娘と相思相愛の間柄となった。それを知った母君が相手の娘をよびつけて、居丈高に息子と別れるべきことを告げる。母君が娘を迎えたのは床の間つきのお座敷で、廊下に突き出た付書院《つけしょいん》のけっこうな飾りものが見え、この華族家の裕福さが示されている。座敷の中央に複雑な絵柄の絨毯が敷き延べられているのは、このころのいわば流行だった。主客とも座布団を用いていないのはそのためか。

すでに夫を亡くしている母君は切髪。着ている被布の色はわからないが濃い紫かも知れない。被布の特色である胸の総角《あげまき》の房がひどく長いのも物々しい。島田の娘はきものの上に打掛（裲襠《うちかけ》）を着ている。この時代は庶民が婚礼でも打掛を着ることはなかったので、娘としては最高の礼を尽くしたつもりなのだろう。

【美人絵】

【夏の箱根】

美

半井桃水「お菰様《こもさま》(7)」、右田年英画
『東京朝日新聞』1896(明治29)年2月14日

根岸庚申塚なる藤野子爵の別荘には、当主の子爵の母親と二七歳になる妹がひっそり暮らしている。本編の主人公である妹君は、今は行き方の知れない許婚の男性のために操を守り、兄のつよい勧めにもかかわらず嫁にゆくことを拒みつづけている。この日の衣裳づけは、「細二子の綿入に、綿繻珍の帯を締め」とあり、またべつの日には「平生質素を好める貞子、今日も銘仙の綿入に、黒繻子の帯」とあり、華族家の家庭ならお嬢様というより小間使いでも着そうな恰好。しかし「天の作る麗質は、磨かざれど光あり」という美人。

もっとも挿絵で示されたその美貌は百年前の錦絵の、花魁《おいらん》の顔と変わりない。しかし和綴じの本を持っている手の中指にはめた指輪はやはり時代の子。束髪は一八九〇年代（ほぼ明治二〇年代）式の縦型だが、鬢《びん》の毛をそのまま捻って盛り上げている点は、夜会などにも通じる一九〇〇年代（ほぼ明治三〇年代）風のスタイル。

夏

村上浪六「当世五人男(3)」
『東京朝日新聞』1896(明治29)年8月5日

箱根の山中、年長二六、七の青年は東を背にして峠道を下ってくる。年若一八、九の青年は反対方向から登ってきた。ここで初対面のふたりが互いに身の上を語り合う、という発端の場面。すでに汽車の通っている時代だが、金のない両人はじぶん

【蛍籠】

【人力車】

の足を頼りにするしかない。途中の食い扶持、宿代を考えれば、かえって高くつくのではないか。

盛夏のことだから、裾まくりした単物に兵児帯《へこおび》、紺足袋はいつもの恰好、麦藁帽子に振分け荷物、草鞋《わらじ》ばきというのだけが旅支度のうち。手に持っている杖は、上りにさしかかったところでその辺の竹でも切り取ったのだろう。似たような恰好だが、いわば都落ちしてきた年長の若者は、メリヤスの股引をはいているように見え、真夏だけにふしぎ。

弦斎居士（村井弦斎）「日の出島：蚊一匹」、鈴木華邨画
『報知新聞』１８９６（明治29）年7月8日

蛍

阪神間の豊かな家庭。お嬢様がお琴の手すさびをしているときに、じぶんを刺して血を吸った蚊を下女に捕まえさせ、殺すのは可哀想と蛍籠のなかに入れて飼うという。娘島田のお嬢様は右手に団扇、左手に蛍籠を持ち、立ち上がろうと片膝を立てたところで、裾を曳いている。

この部屋は「数奇を尽くせる高楼《たかどの》」とあって贅沢に設えているが比較的狭く、お嬢様はお琴を、庭を見下ろした廊下際に置いている。前も後ろも夏向きの簀戸《すど》を立てているので、離れの二階の、風のよく通る小部屋だろう。

弦斎居士（村井弦斎）「日の出島：車の上」、鈴木華邨画
『報知新聞』１８９６（明治29）年11月14日

人

息子の知人に招かれてその家を訪れる老夫婦。「金夫人の経済主義で雇って呉れた二人乗りの人力車、車は不潔《きたな》し、挽手《ひきて》は

【品定め】

老人なり、心は急《せ》げども、道の捗《はかど》らねば（……）」とあり、息子の嫁が割安な二人乗りを頼んだらしい。二人乗りは乗り手には割安になる一方で、車夫にとっては同一距離で賃金が高く取れるから、この時代の人力車の三分の二以上が二人乗りだった。しかしもちろん重量が二倍になるので、一人乗りのように威勢よくは走りにくい。

老人というこの車夫は、饅頭笠に、紺の法被を三尺帯できりりと締め、紺の手甲《てこう》腹掛、紺の長股引に跣足袋《はだしたび》という、警視庁の定める法規通りの恰好をしているが、気のせいかやや前屈みで、足の運びも鈍そうに見える。

品

弦斎居士（村井弦斎）「日の出島：勧工場」、鈴木華邨画
『報知新聞』1896（明治29）年12月2日

女連れの一行が勧工場のなかの小間物屋に立ち寄った。勧工場は二階建てくらいの建物のなかに、たくさんの店が露店のように品物を並べていた。一八八〇年代（ほぼ明治一〇年代）からはじまり、百貨店の先駆けといった役割をした。板敷きの床に土足のまま上がれて、並べられた商品はすべて手に取って見られるというやり方は、それまで夜店や縁日の露店でしかしない販売方法だったので、東京市内には一時、雨後の竹の子といっていいくらい、たくさんの勧工場が乱立した。

義理の妹をお供に連れた丸髷の奥さんが、小間物屋の店先で目移りしながら品物を選んでいる。貧乏人の出の奥さんの、もの知らずをからかうのがこの日の眼目で、後ろの妹が恥ずかしがって、袖で口元を押さえている。

一八九七／明治三〇年

【茶室】

【お手水《ちょうず》】

茶

半井桃水「玉藻の床（14）」
『東京朝日新聞』1897（明治30）年1月17日

四〇代半ばのこの家の主人のお手前で、その姉が濃茶の一服を頂戴しながら、姉の娘の縁談をはなし合っている。姉はすでに夫を亡くしているのでまだ黒々した髪を短く切って、先を茶筅風に縛っている。

女性の着ているのは小紋のきものに被布。被布の素材として綾羅紗に人気があったので、挿絵ではそれを示そうとしているのかもしれない。被布は少女から年頃の娘、老人にまで広く用いられ、外出には外套代わりになり、家でも羽織のように着られる重宝な衣服だったが、このころからだんだんと、大人の女性の外出は吾妻コートに取って代わられた。

お

狗禅「水馴棹《みなれざお》（15）」
『東京朝日新聞』1897（明治30）年5月27日（夕刊）

駆け出しの弁護士である主人公が、日頃焦がれていた女性に偶然、ある料亭で出逢う。女は近所に住んでいる権妻《ごんさい》、つまり、ひとのお妾で、むかしの朋輩連と遊びに来ていたのだ。たまたま手水《ちょうず》に立った女と廊下でばったり顔を合わせた場面。

上水道はもう各戸に引けていても、便所の手洗いにまで水道が使えるようになるにはもうすこし時間がかかった。この店の

【はい、なんでございましょう？】

手洗いでは桶の下部に蛇口をつける工夫をしている。便所を出た縁先の、鉢などに湛えた溜まり水を柄杓《ひしゃく》ですくって手を浄めた時代から、鉢はひとがかなり身を屈めるか、しゃがんでする高さになっていた。しゃがむという動作が自然だったためだろう。お客が手水を使うときには、女中や、ときには芸者が廊下で待っていて、柄杓の水を注いで、手拭かハンカチを広げてくれる、ありがた迷惑のようなサービスもあった。

は

半井桃水「腕競（10）」、右田年英画
『東京朝日新聞』１８９７（明治30）年９月19日

簾戸《すど》を立てた夏座敷の縁先に出て下女に用をいいつけている奥様。この日の本文とは関係ない。奥様の丸髷は三〇前後の人妻らしい大きさ。もう曳いてはいないが、足の甲にかぶる裾は現代と比べればやや長め。沓脱石《くつぬぎいし》のそばの縁端に手をついてしゃがんでいる女中は、沓脱石の上にあるのとおなじ庭下駄をはいている。髪は銀杏返し。

仕えるひとが床の上の主人などとはなしをする場合は、地面にうずくまり、ときには膝を、また手を地に突いて主人のことばを「承る」のが主従の礼だったが、この時代ではもう大仰すぎる。しかし縁端に手を置いているのもやや奇妙なかたち。

娘

半井桃水「腕競（11）」、右田年英画
『東京朝日新聞』１８９７（明治30）年９月20日

二三、四になる娘義太夫種吉が刺殺された。これは生前の舞台すがた。「割合に若作り、新縮緬小大名の単物に、茶のまが

【娘義太夫】

【弁護士と判事】

い繻珍と黒繻子の腹袷帯、襦袢は袖も半襟も小色入りの友禅、腰巻別《わけ》て華やかなり」。大阪出身の書生である主人公は、娘とは大阪にいたころからの知り合い。最近では先月に二回、浅草の鳥屋で逢った。「その晩着ていた衣類と帯で、種吉なることが分かります」と、取調官に答えている。

　二三、四というと、大学生たちが大事な贔屓客である娘義太夫にとっては、若作りをしなければならない歳にさしかかっている。腰巻まで派手にしている芸人であっても、死んだあとをふくめて三回の出逢いにみなおなじきものだったということは、たとえ芸人でも、そういつも違ったものを着るというわけではなかったのだ。また浅草の鳥屋で書生さんと会うことなど、売れっ子芸者だったら、普通はありえないだろう。

半井桃水「腕競（14）」、右田年英画
『東京朝日新聞』1897（明治30）年9月23日

弁

娘義太夫殺しについて予審判事と意見を交わす主人公の弁護士。予審判事はすでにきまっていた法廷服を着用しているが、法廷以外でも職服として着用していたと見える。法官は威厳を示すために独自の職服を、ということから苦心の末考え出されたのが奈良朝風のこの職服だった。

　一八九三年（明治二六年）までには弁護士にもほぼおなじ法廷服がきめられ（司法省令 第四号）、第二次大戦まで引き継がれた。この法廷服がきまるまではフロックコートだった。おなじ奈良朝風のスタイルが同時期に美術学校の教員にも制定されたが、この方はあまりに時代離れしているという不評から、すぐ

【未亡人】

お心當りでございませんかと申しますと、幸ひ私の所の書生が、二三日内に歸國するから、私の宅へ來れば好い、其の内に適當な所があれば、私も世話をする君が探せと、實に願つてもないお話し早速お頼みやす事に致しました「マア英さんの所へ、夫れ好い都合ですね

に廃止になった。

未

半井桃水「腕競（51）」、右田年英画
『東京朝日新聞』1897（明治30）年11月5日

この時代の探偵もの。娘義太夫殺しの探索中に、探索の中心にいた弁護士が謎の自殺を遂げた。右側の女性は死んだ弁護士の若い妻。昨日までの大丸髷を壊して、肩までの散らし髪にしている。小紋のきものに白い襦袢の襟、黒繻子の帯は夫の喪に服している恰好だが、まるで講談師のような総髪の切髪というのはすこし異様。

夫が死んで髪を切るのはたいてい五〇歳以上の老女であり、その場合はせいぜい首の辺りまでの短い切髪にするのがふつう。じつは日本髪の多くは、髪が肩までの長さがあれば十分結うことができる。ストーリーのどんでん返しのための伏線ともいえるだろう。

左側のフロックコートの男は、台湾で警部の地位にあった人間で、かつて弁護士の庇護を受けていた者。香典と土産物をかたわらに、悔やみのことばを述べている。

類

老霞（渡辺霞亭）「いろ鳥（43）」、稲野年恒画
『大阪朝日新聞』1897（明治30）年11月2日

頭巾に顔を隠している女は、夫人《おくがた》とよばれる怪しい身分。着ているのは流行の吾妻コート。コートに斜めの筋が描いてあるのは、黒地の綾羅紗が一般的な素材であるため。頭巾はお高祖《こそ》頭巾とは違うかぶり方で、風呂敷のような大きな布を使った、

【頬かぶり】

【車中】

一種の頬かぶりのようなもの。

手拭で頬かぶりの男は、細かい縞のきものと半天に長股引で、商人風のようだが、下にYシャツを着込み、紺足袋に草鞋《わらじ》ばきというのは得体の知れない恰好。ピストルはこの時代自由に入手が可能で、「護身用ピストル銃新入荷」というような新聞広告もあり、だいたいは舶来品だった。

広津柳浪「三都走馬燈（3）：名刺」
『都新聞』1897（明治30）年2月24日

車

広津柳浪《りゅうろう》の中絶した作品。ヒロインの女性がいま下車した男に懐中のものを掏摸《すり》取られて、それを知った車中のひとびとが騒いでいる。東海道線にスチームヒーターの暖房がはじまったのは一九〇〇年（明治三三年）のことだから——一二月一日六時一〇分、新橋発神戸行きの東海道線で初めて車内にスチームヒーターが入る（「スチームヒーターによる暖房実施」報知新聞1900/12/2: 2）——、真冬の時期、車中のひとが外套の類でしっかり身体をくるんでいるのは当然。

山村と名乗る紳士は衣裳づけによると、黒の山高帽をかぶっているというが、外套のフードをその上から目深にかぶっている。その手前にいるヒロインの髪は夜会風の上げ巻の束髪で、このあと毎日縦横からこの髪型が描かれるので、貴重な参考になる。

【銭湯】

弦斎居士（村井弦斎）「日の出島：見合見物」、鈴木華邨画
『報知新聞』1897（明治30）年3月10日

銭

東京市内のこの時代の銭湯の番台。この種の挿絵は風俗的正確さを期して念入りに描き込む場合もあるが、その時代のひとならだれでも知りきったことなので、くだくだしいことは省いてしまう場合もある。だからといって読者からの苦情もないだろうから。たとえばこの画面で湯屋の内儀の向こう側、つまり男湯の方が空白になっていることなどずいぶん奇妙だが、この日かんじんなのは内儀と女湯の側にいる主人公とのやりとりなので、それも許される。

一般には番台は低い囲いがあって、その一部を開けて出入りするようになっていた。囲いの上部はちょっとしたものが置けるようになっていたから、湯銭や湯札をその上に置き、ご祝儀のおひねりを入れる小盆などもそこに置いてあった。丸髷の湯屋の内儀はまだ眉を剃っている。眉を剃った方が顔がやさしく見えると老人がいったりするが、子どものなかには気味悪がる者もいた。

ひ

弦斎居士（村井弦斎）「日の出島：鉄道改良」、鈴木華邨画
『報知新聞』1897（明治30）年9月8日

東京で女の下宿暮らし――という思い出ばなしのなかにでてきたひとこま。関東大震災後のアパートメントの普及まで、一八九〇～一九一〇年代（明治後半～大正初期）の大都市では、独身者にとっては下宿か間借り生活の時代だった。どちらにし

【ひとりぐらし】

【米屋さん】

ても賄付きがふつうだった。独身者が自炊するには家や台所の構造が不便だったし、また、みじめにも感じられた。下宿のきまりきったおかずが嫌なときには、ここでは竹の皮包みの鮨が描いてある。しかし今日のように、手軽で安い鮨や幕の内などを、どこでも売っているというわけではなかったし、渋茶一杯飲むにも手を鳴らして女中に頼むしかない。

湯茶を飲むことだけでなく、一般に水を使うことは不自由だった。朝は洗面所が大混雑だから、歯磨き洗面に時間をとるようなヤツは嫌われる。暑いときに汗をかいて帰ってきても、身体を拭いたりするのは遠慮があった。とりわけ素人下宿では、しばしば専用の洗面所がなく、台所の流しで洗面もしたのだ。

弦斎居士（村井弦斎）「日の出島：帯の代」、鈴木華邨画
『報知新聞』1897（明治30）年9月28日

米

滞った米代の代わりに、母親の帯を受けとって帰る米屋の前に、立ちはだかる少年。この時代は現金に代わる価値を衣類が持っていたので、盗品にも質草にも衣類が重んじられ、それだけにだれでも、着ているものや反物に眼が利いたのだ。

米屋の奉公人は糠を浴びるので、仕着せは白っぽいものになる。また重い米俵を担ぐため、半天の肩に丈夫な継ぎが当たっていて、そのうえ丈夫な厚司の長前垂れをし、担ぐときそれをひょいと肩にかける。米屋の手拭のかぶり方を米屋かぶりというが、丁髷《ちょんまげ》を結わなくなった明治期になると、もうふつうの仕事かぶりをして、後頭部で結んでいるひとが大部分になる。この男は古風に米屋かぶりをしているようだが、後ろからではっきりわからない。

【襟白粉《えりおしろい》】

弦斎居士（村井弦斎）「日の出島：本郷の家」、鈴木華邨画
『報知新聞』1897（明治30）年11月7日

襟

急に思い立って出かけることになったため、「(娘は) 長手水《ちょうず》をつかいて鏡台に向かい、白粉《おしろい》を塗り、紅をさし、顔のお化粧《つくり》に閑どりて」という有様。心せく人妻のお金は、手出しをしようとする。手伝われて娘は迷惑、「アラそんなに濃いのを頸《えり》へつけてはいけません、白粉はなんでもうっすりとして、つけたかつけないかと云う位に限ります」。

鏡台の前で大肌脱ぎになるのは、襟白粉を背中の方にまで塗る習慣から。しかし女学生風に襟を詰めて着るひとや、上巻の束髪では、襟白粉をほとんどしないひとも出てきて、濃い襟白粉はだんだん時代遅れになっていた。乳房を隠すという西洋の習慣はまだ知られていない。娘がいま頬を叩くのに使っているのは牡丹刷毛。髪に挿しているのは、もっとも小形の櫛で毛筋という。

一八九八／明治三一年

【ひとり膳】

ひ

半井桃水「新婚旅行(14)」、右田年英画
『東京朝日新聞』1898(明治31)年1月16日

この家の主人がひとり膳に向かって朝食をとっている。かたわらに給仕の女中が大きな木のお鉢を横に、お盆を膝に当てて控えている。明治のこの時代はまだひとり膳が多く、それもたいていは箱膳で、塗の上蓋をひっくり返してそれがお膳になる。家族がひとつのちゃぶ台を囲むようになっても、使用人だけは箱膳という習慣は、東京とその周辺では昭和戦前期まで残っていた。

この時代の男は、裏店《うらだな》住まいの労働階級でもないかぎり、食事のときにも膝を崩すということは滅多になかったが、朝ごはんに黒紋附羽織というのはめずらしく、どこかへの出がけでであるのだろう。

【丸髷になりました】

丸

半井桃水「新婚旅行（44）」
『東京朝日新聞』1898（明治31）年2月18日

新婚の夫婦が長い旅行から帰って、両親に挨拶をしている図だが、母親の様子がおかしいのは、望まれた姉と、実子の妹をすり替えるという大それたことをし、それがすっかり露見したため。しかし結局は婿が妹を受け入れ、晴れて新夫婦として両親の前に現れた。

「貴婦人にも勝るべき扮装《いでたち》、大一番の丸髷好う似合いて、其の美しきこと見る眼眩きばかりなり」とある。高島田の処女が人妻になると丸髷に結い替える。髷といえば、頭上に髪を形をつけて結ぶことだが、とくに丸髷を指すこともある。明治以後は、既婚者の日本髪といえばたまに気分を変えて銀杏返しを結うくらいで、ほとんど丸髷だった。髷の大きさはなかに入れる紙製の型——髷型の大きさできまり、大きいほど派手で、色っぽいとされたから、だんだんに大きいものが作られた。

芝

武田仰天子「楽屋銀杏（22）」
『東京朝日新聞』1898（明治31）年3月2日

女芝居の桟敷席、舞台とは反対の廊下側に、柱にもたれて芝居茶屋の男とことばを交わしている公卿華族。大名華族と公卿華族はなにかにつけて比較され、大名華族の鷹揚なのに比べると、苦労してきた公卿華族はひねている、などという蔭口もあったが、「争われぬ品の好さ」は好意的な見方だろう。

【芝居茶屋】

【未亡人】

この時代の劇場や寄席は冷房も暖房もなかったので、寒いときには客は十分に着込んで小火鉢にかじりついていなければならず、もちろん外套は着たままのことが多かった。黒紋附に袴、黒の山高帽という身分に相応した押し出しのこの客は、上に二重外套を重ね、その片袖をはねている。揃えてある履き物は茶屋からここまではく特別の草履だが、歌舞伎のものとおなじかどうかはわからない。小腰を屈めている茶屋の出方の男は、紺の股引に紺足袋の足袋はだし。

武田仰天子「楽屋銀杏（57）」
『東京朝日新聞』1898（明治31）年4月8日

未

公卿華族家の御後室。当主である息子が三〇にもならないのに、すでにふたりの妻を病で失っている。そのため花柳界通いも大目に見てきたが、馴染んで三人目の妻にと望んだのが女役者、しかも老家令の行き方知れずの実の娘だった、という小説的結末。

元大名の大名華族は一八七〇年（明治三年）に東京在住を義務づけられたが、公卿華族にはその必要がなかったから、東京に住んでも京都の本宅は手放すことなく、京都育ちで、京都人としての性格や風俗を失わないひとも多かったろう。

御後室は未亡人で仏門に帰依し、剃髪しているため、頭を紫の頭巾で隠している。小紋のきものの下は白い下着とおなじく白の襦袢を重ね、上は濃い色の被布、脇息《きょうそく》をかたわらに、重ね座布団の上に行儀よくすわっている。

【職業婦人】

【よそゆきを……】

職

半井桃水「霜だゝみ（6）」、右田年英画
『東京朝日新聞』1898（明治31）年11月18日

才色兼備のヒロインの紹介。「利発なる錦子は一を聞いて十を知り、裁縫編物茶の湯活花、琴三味線に至るまで、夫々《それぞれ》の免許《ゆるし》を受け、一八歳の春、梅花女学校の卒業試験に、最優等の成績もて、首尾よく及第し」、縁組みの申し込み数を知れず、という娘だが、ひとには知られていないある悩みのため、あまり将来の望みもない男を夫とし、職業婦人の道を選んだ。髪は上巻の束髪、非常に高く盛りあげて、いろいろに捻っているのがこの時期の特色。手を隠した右手の袖口で胸に抱いた鞄を押さえ、左手に傘を提げている。

よ

半井桃水「霜だゝみ（42）」
『東京朝日新聞』1898（明治31）年12月25日

翌日、夫の勤め先の上司の家を表敬訪問しなければならないということで、着てゆくものを選んでいる若い妻。社員を家族ぐるみで家によんで忘年会をするような会社だから、町工場程度の小さな企業だろう。その下っ端社員の女房では、選ぶというほどのよそゆきもないに違いない。

隅金具のあるやや古風な小箪笥だが、その上にもうひとつ、衣裳箱らしいものが重ねてある。火事のときなどに持ち出しやすいように、両端に鐶の付いた本式の長持ちの類のほか、虫除けや湿気に強いということで、家庭ではよく、竹行李ではなく茶箱を衣裳入れに使っていた。ともあれ箪笥がある、というこ

【西洋の女性】

【商人】

とは、このふたりがそこそこの暮らしをしている証拠になる。髪をふくら雀に結っているのも、この妻のまだ若い証拠。

商

長野楽水（編）、村井弦斎（閲）「捨子の出世（12）」、鈴木華邨画『報知新聞』1898（明治31）年8月18日

呉服屋の女房を前にして、その息子を、靴屋に年季奉公させるための証文を認める団子屋の主人。江戸時代には生菓子のあれもこれもを作るのでなく、団子なら団子だけ、饅頭なら饅頭だけを名物と宣伝して商う茶店風の店が多かったらしい。言問団子とか、お初牡丹餅とか――。名物とあれば遠くから買いに来るひともあったろうが、細い商いだったにちがいない。それにしてはこの帳場は少々立派すぎて、番頭さんでもすわっていそう。

団子屋の主人は格子縞のきものの上に、おなじ柄の筒袖腰切りの半天を重ね、半天の上から前垂れを締めている。この恰好は、主人が手を出して団子作りをしているためだ。呉服屋の女房の方は四〇がらみの眉を剃った女で、襟つきのきものに引っかけ帯、前垂れがけ、というのはごくふつうの小商人の女房風。

西

長野楽水（編）、村井弦斎（閲）「捨子の出世（43）」、鈴木華邨画『報知新聞』1898（明治31）年9月23日

靴工である主人公は技術の研鑽を目的に渡米。西海岸のある都市で働いているとき、なにげなく買った富籤《とみくじ》で五千ドルの大金を得た。この時代の為替相場は一米ドルが約二円。住んでいる「下宿屋」の隣室に、小学校教師の職を求めてニューヨーク

【勝手口からでないと……】

からこの地に来ている女性がいて、やがて懇意な間柄となる。
本文中で作者がアパートメントの住み方の紹介をしているのは、かなり早い例になるだろう。

この時代の挿絵画家のほとんどは浮世絵系の日本画家で、西洋婦人というとあるきまった描きようがあった。そのひとつは目を二重瞼《まぶた》に描くことだ。この鈴木華邨が描いた女性もごく小さい顔ながら、やはり例外ではない。そしてそれだけでなんとなく、日本の女の顔とはちがう印象を生むことに成功している。

勝

弦斎居士（村井弦斎）「日の出島：殊勝の至り」、鈴木華邨画
『報知新聞』1898（明治31）年3月2日

離縁されて行き場がなく、葛飾辺りの、元は旗本だったらしい古屋敷に下女奉公した女。その女を訪ねてきた知り合いの令嬢。零落したとはいえ、むかしの身分に固執している屋敷の三太夫は、下女の身寄りのものを玄関には通さない。旧幕時代は武家の勝手口を御錠口《おじょうぐち》とよんだが、令嬢はそこから上がらされた。

令嬢は娘島田、小紋のきものに黒縮緬の紋附羽織、路が悪いので前褄をすこし引き上げて帯に挟み、左手は袖先に隠して軽く胸を押さえる。右手に提げている袋はこのころはやりの信玄袋とか四季袋とかいうのではなく、口金のついた洋風の鞄。それはお嬢さんの身分を暗示しているのかもしれないし、あるいはそこに千円という大金が入っているためかもしれない。

一八九九／明治三二年

【島田と稚児髷】

島

加藤眠柳「解衣《ときぎぬ》(30)」
『東京朝日新聞』1899(明治32)年4月15日

客として長く厄介になっているこの家で、今日、主人の母の八十賀の園遊会が催される。ヒロインは大阪からこの東京に出て、若い主人の許婚として滞在しているが、この家の女性たちからはあまり暖かく迎えられていない、という居心地の悪い状態。いま、頼りにしている若主人が、園遊会の当日だというのに横浜に用足しに行くといいだしたので、心穏やかでない。

ヒロインは二〇歳前の未婚の女性らしく高島田。その彼女を迎えに二階へ上がってきたこの家の娘はまだ一二、三、今日は晴れの日というので帯を矢の字に結んでいる。矢の字結びはむかしの武家屋敷の女中などがよくした結び方で、年の若い娘は竪矢の字といってほとんど垂直に結ぶのだが、この娘はそれほどではない。髪は稚児輪。

【高枕】

高

加藤眠柳「解衣《ときぎぬ》(56)」『東京朝日新聞』1899(明治32)年5月11日

客に来て、仮病を使って横になっている娘。この家の息子が見舞いに上がってきた。ふたりともこの相手と結婚するかどうか迷っているような関係。娘は二〇歳ぐらい、髪は夜会結びと前々回に説明されている。息子が上がってくるすこし前、娘は鏡の前で、「乱れたる束髪の鬢《びん》の毛を、疎斑《ばらふ》の鬢櫛《びんかき》もてしずかに梳《か》く」とある。髪は日本髪でも束髪でもいっぺん形よく結ったあとは、次ぎに壊して結い直すまでのあいだ、櫛を使って乱れた髪をそっと梳いて抑えることが必要だった。これを撫付けといい、髪結いへ撫付けだけに行くひとも多い。〝ぱらふ〟というのは美しい斑点のある鼈甲で、「散斑」とも書く。そのあと彼女は「新聞紙に包みたる島田の髷入れを、丸髷のように折りて頭へ載せ、合わせ鏡してにっこりと笑う」。いま束髪に結っていても、いつでも娘島田に結い変えられるよう、島田用の髷入れはいつも持っている。それを人妻の結う丸髷風にして、そんなじぶんを想像するのだろう。

廓

広津柳浪「心中二つ巴(58)」、坂田耕雪画『報知新聞』1899(明治32)年3月4日

客の若い男が花魁《おいらん》といわゆる口説《くぜつ》——口喧嘩して、部屋を去る。開けた障子の奥に箪笥が見えるが、客の着てきた外套などの衣類はこの、夜具棚の下に嵌め込みになった箪笥に入れて、錠を下ろしておくようだ。客は縞の着物の上に紋附の黒羽織を

【廓の客】

【六十六部】

着て、その上に二重廻しを重ねている。羽織の袖先からYシャツのカフスがのぞいている。しかめ面をして手酌で飲んでいる花魁の頭は、自分でも結える達磨返し。薄紫の疋田絞りのきれを掛けている、というのは、半襟のことだろう。

六

半井桃水「口取又助（35）」
『東京朝日新聞』1899（明治32）年2月23日

仏像を背に負って廻国修業をする者で、六十六部、略して六部という。仏像はお厨子（仏龕《ぶつがん》）のなかで後ろ向きに立っている。だから仏様を拝もうとするひとは後ろに回って、両開きの扉の掛け金を外してもらわねばならないので、多くは家のなかによびこんで、然るべきところに厨子を安置して供え物などもしたようだ。

本文中に「よき折からの念仏僧」とあるが、この六部は頭も丸めておらず僧侶のようでない。じっさいこの男は悪業を悔いて一念発起したので、僧侶としての修業の経験はなく、一種の乞食といえないこともない。前に突き出ているのは鉦《かね》で、これを叩きながら歩く。

【二重外套】

二

青軒居士（三宅青軒）「美人画（6）」
『東京朝日新聞』1899（明治32）年9月9日

年末の二六日、歳暮と引越祝いとを兼ねて友人のもとを訪れた主人公。玄関の三和土《たたき》に立って迎え出た女中に来意を告げている。男は下に縞のきものを着、二重外套の丈は長く、まずもっとも長い方、といってよい。二重外套の名称はいろいろにいわれているが、デザインもさまざまだから、あまりきめつけることはない。

この外套にはベルトがあって、ある時期、ベルトのついているタイプを独逸鳶《ドイツとんび》とよんでいる例もあるが、これもこだわらない方がいいだろう。この男はのめりの下駄をはいていて、畳付きのようだ。靴脱ぎに脱ぎ捨てられている下駄にも、丹念に畳表が描き込んである。明治時代はすこし上等の下駄というと、だいたい表付きだったようだ。

袴

前田曙山「千枚張（6）」
『東京朝日新聞』1899（明治32）年10月25日

袴をはく男。この日の筋と関係のあることではないが、このころ、袴のはき方について問題が生じている。それは前後に分かれている袴を、前の部分を先に腰に巻きつけるか、後ろを先にするか、ということだ。挿絵のこの男は前を先にして、紐をまず後ろに回して帯の結び目の上を締めつけている。しかし若い学生などは反対に、まず「腰」を背後に当てて、後の紐を前

【袴の紐】

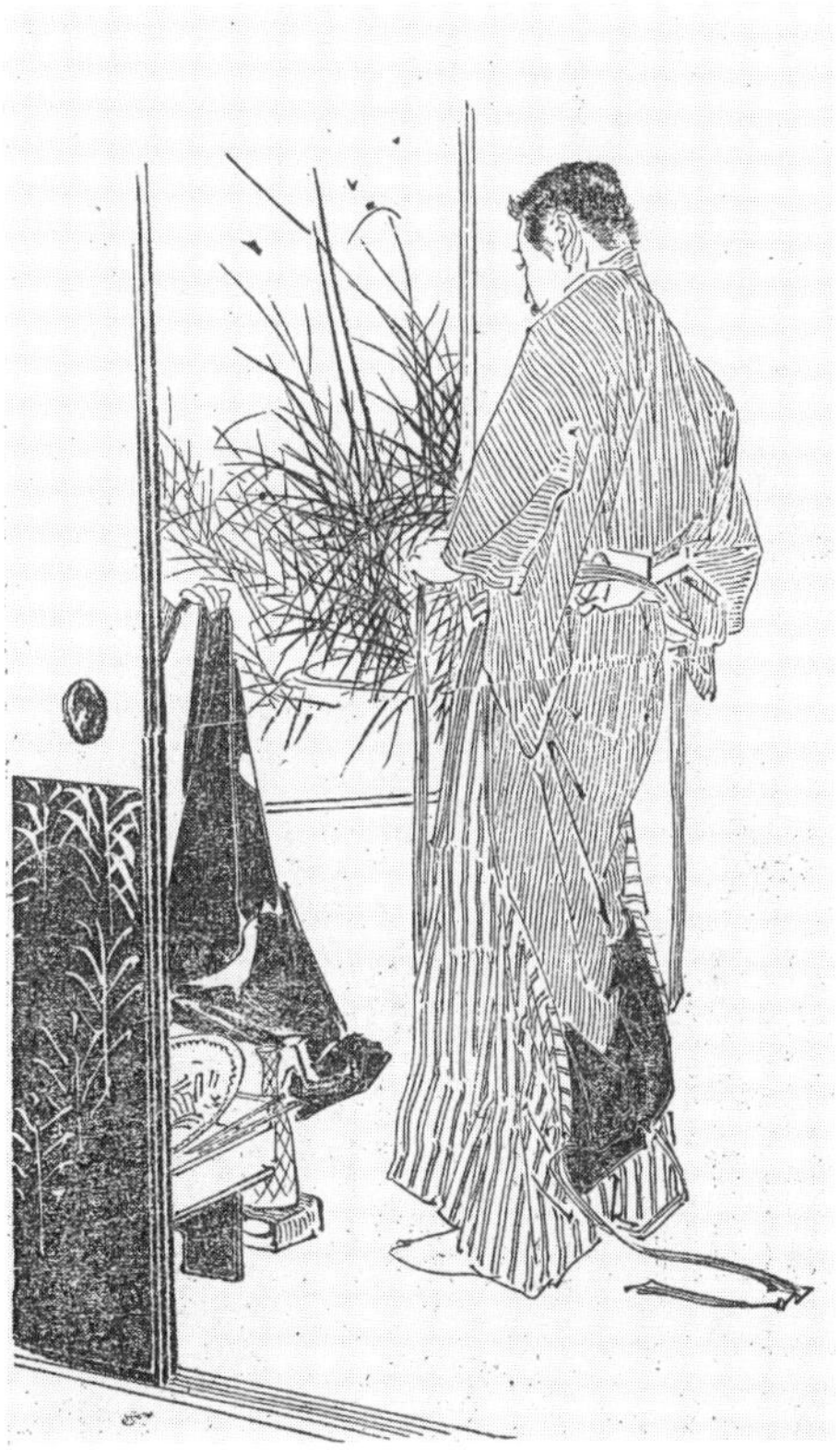

【雨コート】

に回して縛る、という。年輩のひとびとは、それではしっかりと腰に落ち着かないというのだ。しかし若いひとはやっぱり後ろからはくのが好きらしい。なぜだろうか（「袴の紐の結びよう」『東京経済雑誌』1899/1/28: 147）。

雨

加藤眠柳「戦の人（42）」
『東京朝日新聞』1899（明治32）年12月11日

雨のなか、いま勤めを終えて小学校の校門を出ようとする女教員。「革色合羽にきりっと身を固めて、蛇の目傘を翳《さ》しかけつつ出来たれる」とある。ところは岐阜の大垣町、もしクリスチャンのこの女性の髪が束髪でなかったら、江戸時代の女とすこしも変わらない雨装束といってよい。

とくに吾妻コートが流行してから、雨用には各種のコートが工夫され、一般に普及した。しかし和装用の雨コートとしては第二次世界大戦期に至るまで、古風な女合羽を愛用するひとは消えなかった。ひとつにはそう傷むものでもないためだろうが。

挿絵は女合羽のもつ、洋服生地のコートなどとはちがう、いくぶんゴワゴワした材質感をよく捉えている。じっさい、思い込みにはちがいないが、女合羽に蛇の目の傘はよく似合う。

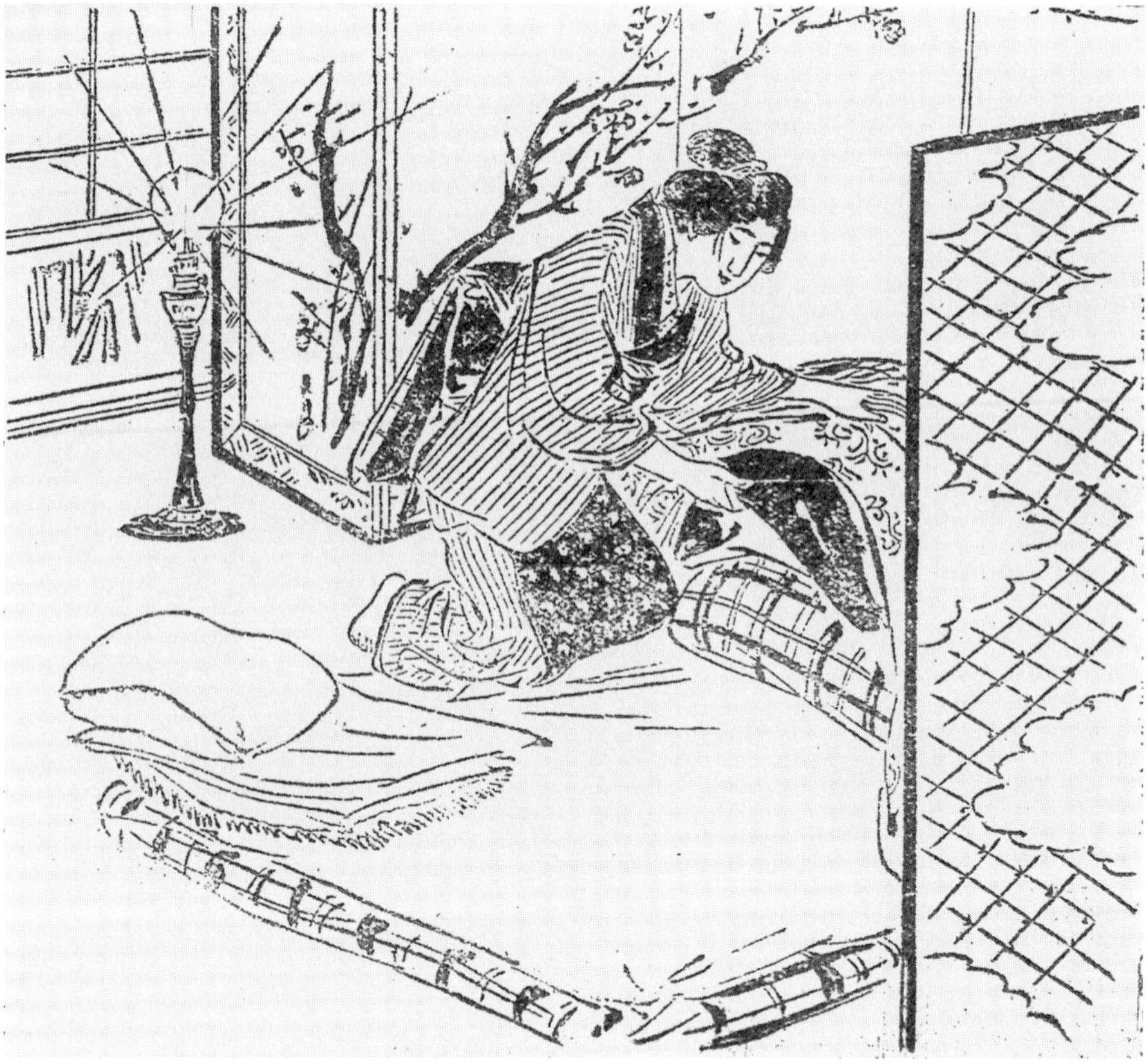

【床の用意】

床

弦斎居士（村井弦斎）「日の出島：曙の巻 独り寝」、鈴木華邨画
『報知新聞』１９００（明治33）年12月7日

床をとる女。酔って帰った主人のために、夫婦の部屋に下女が布団を敷いている。学者の家で、暮らしは上流の下くらいには属する。東京方面ではこの時代はまだ袖つきの掻巻《かいまき》がふつうで、黒天鵞絨《ビロード》の襟がついている。敷布を敷く習慣はまだ一般的ではなく、最初は縦長で、上下だけ布団の下に巻き込んでいたが、この回の敷布は、縦横とも寸の短い白布をただ置いてあるだけのように見えるが、敷いている途中なのだろうか。

また枕も日本式の括り枕でなく、洋風のものを使っている。女中が夫婦の布団を並べて敷こうとすると、夫がじぶんのだけを真んなかに敷けと命ずる。ふたり寝用の四布《よの》布団もあったが、わが国では貧乏人の親子兄弟、あるいは夫婦が、仕方なしにひとつ布団で寝る以外、西洋の夫婦ダブルベッドのような習慣はなかったのではないか。

二

弦斎居士（村井弦斎）「日の出島：曙の巻 小説物語」、鈴木華邨画
『報知新聞』１９００（明治33）年12月26日

神戸から東京に旅行中の紳士。白絣風のきものに二重外套。絣風の柄であっても書生さんの木綿絣のはずはなく、高価な大

【二重外套】

【新聞配達夫】

島紬や結城紬に絣柄は多い。二重外套はこの挿絵のように、ときおりハネを後ろに刎《は》ねて、着ているものを見せることができる。これも着こなしの芸のひとつか。はいているのは表付きでなく、柾目《まさめ》の通ったノメリの下駄。明治時代は上等の下駄といえばまず表付きだったが、だんだんと自然木の美しさが愛されるようになった。この紳士、神戸の売れっ子芸者づれらしい。

新

水谷不倒「現世相（32）」、坂田耕雪画
『大阪毎日新聞』1900（明治33）年6月21日

この日の本文は株取引の細かい内容だから絵にはなりにくく、清国の動乱に対する株価の敏感な反応、という意味で、「ある日血腥《なまぐさ》い噂が、都下のある有力な新聞の号外に飛ばされた」という一条を取り上げたもの。

号外売りに限らず新聞配達員が特別な恰好をしていたのは新聞草創期で、広い眼で見れば号外売りの特別な恰好というものもない。彼らのいちばんの特色といえば鈴の束を腰に提げて、それがにぎやかに鳴ったことだ。明治大正期の号外はたいてい有料で、売り子の買取りということもあったから、売り子の方が加熱していて荒っぽく、怖いようなこともあった。ひとつには車夫などの小遣いとりもあったためだろう。

【働く親子】

【婚礼の日】

働

山本笑月（山本松之助）「舞扇（1）」、右田年英画
『東京朝日新聞』1900（明治33）年3月3日

東京の芝、虎ノ門に近い辺りを行く炭団《たどん》売りの親子。炭団は木炭の粉に布海苔《ふのり》などの粘着料を加えて団子状にしたもの。火力は弱いが行火《あんか》などには向いていた。炭の粉は大きな炭屋だとタダ同然でくれた。炭団売り、蜆《しじみ》売り、鰌《どじょう》売りなどというのは元手要らずに、子どもでもできる商売だった。

「親子いずれも肌薄の拵えにて、古布子の裾を端折り、脚半《きゃはん》草鞋《わらじ》に踏み〆むる、朝な朝なの霜柱」という哀れさ。娘の方は一二、三といえば、貧乏人の家ではまず例外なく、子守にやるか、手内職の手伝いをさせても、けっこう役にたつ年頃、母親もまだ三〇そこそこだろう。もうすこし身に合った収入の方法が見つけられそうなもの。ねんねこ半天にくるまっている赤ん坊は正ちゃん帽のような帽子をかぶっている。少女の髪は「母の手ずさみと覚しき蝶々髷」。

婚

老霞（渡辺霞亭）「護摩法師（60）」、稲野年恒画
『大阪朝日新聞』1900（明治33）年6月21日

長いものがたりの最終回は主人公ふたりが結ばれるという大団円が多い。この作品もそのひとつで、海外留学の経験も持つ染料化学の研究者である主人公が、和歌山県辺りの旧家のしきたりに従った三三九度の場面。

花嫁の高島田は髱《たぼ》（後ろ髪）がひどく短い。また襟の詰まり方といい、いかにも田舎くさく、これは画家が心してそう描い

【丸髷と束髪】

たものだろう。滋賀や奈良和歌山辺りの旧家の娘が京大阪へ嫁入りすると、花嫁衣裳をもう一度都会風に着付けし直した写真を撮影しておく、という例がよくあった。

向かいあった新郎と仲人は古風に霰《あられ》小紋の上下《かみしも》すがた。男は黒の紋附羽織袴が正式となっていたが、上だけ霰小紋の肩衣を着る継上下でも、それはまた一段上の礼、という感覚がまだ生きていた。ふだん使っている洋灯《ランプ》ではなく、蝋燭の燭台もまた、おなじ心で用いられたにちがいない。

渡辺霞亭「二人女房（11）」、二代目歌川貞広画
『大阪朝日新聞』1900（明治33）年5月21日
渡辺霞亭「二人女房（15）」、二代目歌川貞広画
『大阪朝日新聞』1900（明治33）年5月25日

丸

主人公は夫から逃れて身を隠している妻。名古屋市内の口入れ屋から、郊外の別荘に住む若奥様のお側仕えとして住みこむ。奥様はまだ一六だがそれでも人妻、きちんと丸髷を結い、背筋を伸ばして新参の奉公人の挨拶を受けている。

主人公の束髪は頭頂部が盛り上がっている。束髪はたいていはじぶんの手でまとめ上げてしまうので、日によって形も一定しないだろうが、これくらいの高さになると、すぐあとの時代に流行する、下田歌子式とよぶ突き出た前髪のスタイルの兆しが見える。

【美人】

【夜会結びと高島田】

美

河野鶴浦「玉葛（1）」、稲野年恒画
『大阪朝日新聞』1900（明治33）年12月26日
河野鶴浦「玉葛（2）」、稲野年恒画
『大阪朝日新聞』1900（明治33）年12月27日

夜更けに旅館の離れに投宿した男女、男性は黒の山高帽に二重外套の立派な紳士、連れの女性は、「眼も覚むる程の七絲緞《しちん》の被布、美《うる》わしゅう着下して、鳩羽縮緬の御高祖《おこそ》頭巾目深に被りてあり」という淑やかな美人――。

離れに案内されて頭巾を脱ぎ捨てた女性は、「露も滴るばかりの緑の髪は夜会結びに梳《と》りあげて、白薔薇の簪《かんざし》愛らしく」、名ある華族の姫君かとも思われた、という気品。夜会結びと夜会巻とは多少ちがっているようだが、大正昭和期にまで愛好がつづいた夜会巻とは、いくぶんちがうようにも見える。

夜

河野鶴浦「玉葛（8）」、稲野年恒画
『大阪朝日新聞』1901（明治34）年1月3日

従姉同士の娘。多少衣裳を違えて二日にわたってふたりの紹介をしている。小説中でふたりの女性を対比的に描くときは、この時代であれば一方を日本髪、片方を束髪とするのは常套手段。ただその束髪がこの年あたり夜会結びというのが多くなっている。いわゆる夜会巻は前期の縦型束髪の終着点のような存在。この時代はふつう夜会結びといい、大正昭和期の夜会巻とはややちがうスタイルで、頭頂がめだって高い。この作品は河野鶴浦（巳之助）の遺した、数少ない作品のひとつの探偵もの。

【坐り流しと立ち流し】

【正装のふたり】

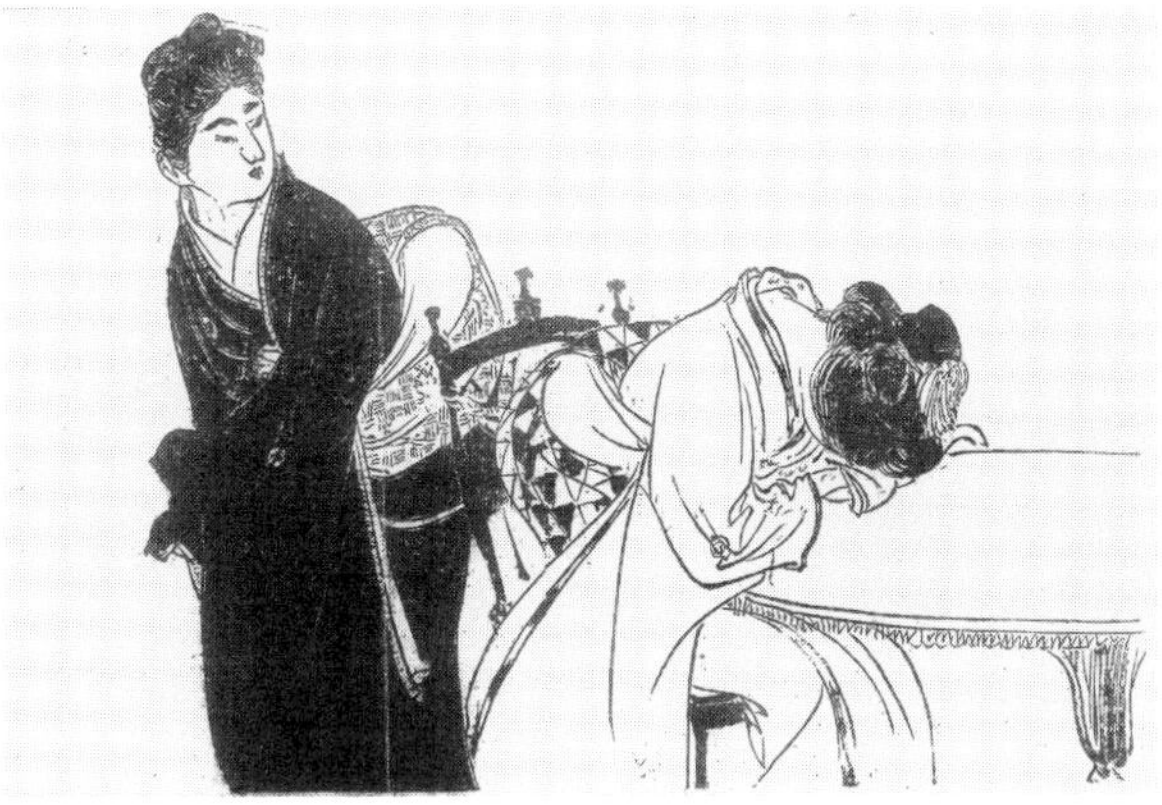

坐

徳田秋声「雲のゆくへ（51）」、梶田半古画
『読売新聞』1900（明治33）年10月19日

ものがたりの筋とは関係なく、このころまでの東京方面の、台所の構造を見るための参考として。上方の立ち流し、東京の坐り流しというがそれほど単純ではない。ともあれこれまでの日本の女がすわること、しゃがむことに慣れていたのは確かだ。

かなり長い水しごと、包丁しごと、煮炊きでも、膝をつき、あるいはこの絵のように片膝を立てた恰好が楽だったらしい。竈《かまど》の下もこの恰好で見ることができ、火吹き竹も使えるし、ちょっと伸び上がれば釜のふたも取れる。その代わりそのまま膝をつけばきものがたまらないから、裾をひょっとまくり上げることは無意識にもやっていた。

また、この家のように、流し台には脚がついていて、土間に置かれている構造も多い。そうすると土間側からは立ち流しとしても使える。女性は襷《たすき》がけで姉さんかぶり。姉さんかぶりがこういういい恰好になるのは、鬢《びん》の張っている日本髪か庇髪だからで、洋髪以前のこと。

正

榎本破笠「小春日和（2）」
『やまと新聞』1900（明治33）年10月25日

東京上野の精養軒で開かれたある男爵主催の園遊会。その余興のひとつがある女性による一中節。「半分聞いて芸者逃げ、と狂句にもある難物（……）二九を九年跡に通り越した薹《とう》の立った令嬢（左）、縮れ毛を夜会に結い、細長い顔に大きな口、意地の悪そうな目、眉毛が薄いので、引き眉毛をしている（……）」。縮れ毛、大きな口、薄い眉毛――これは皆、この時代に嫌われたもの。しかし挿絵ではまったくそうでないように描いている。夜会は鬢《びん》の張らない縦型束髪のなかでは最後に現れたスタイルで、この時代、とりわけこの年の小説作品に頻繁に現れる。しかしかならずしも美人とか、好意をもたれるタイプの女性ではないことが多い。

【着替え】

着

菊池幽芳「己が罪（後編）（126）」、坂田耕雪画
『大阪毎日新聞』1900（明治33）年5月9日

急死した実父の墓参から帰って着替えている主人公に、夫がはなしがあるからと伝えてきた。奥様のお召替えの手伝いは女中の大事な仕事のひとつ。奥様は脱いだものを衣桁《いこう》にかける。女中はそれを丁寧に畳むが、衣紋《えもん》かけに吊ってしばらく風を通すこともあるし、襟の汚れなどを拭き取ることもある。

この絵では奥様はすでに家着に着替えているが、女中が後ろからきものを着せかけて襟などを直すこともある。とくに襦袢や長襦袢を替えるときなどには、着るものを着せかけた下から、脱ぐものをスルリと落とすことに女性はみな巧みだった。だからひとの目の前で肌襦袢から腰巻まで取り替えても、からだの一部でも見せることはなかった。

【嫁と姑】

嫁

加藤眠柳「下闇《くだりやみ》（15）」
『東京朝日新聞』1900（明治33）年11月25日

結婚してまだ半年、歳は数えではたちという初々しい人妻。

【同窓生】

なにかにつけて、夫よりむしろ嫁の側に立つ優しい姑との三人家族。書生、抱え車夫、何人かの女中という使用人がいて、夫は外国遊学から帰ったあと、適当な職もないままでいる、という日々。つわりで体調のよくない彼女が姑の心遣いのことばを聞いている。

　若い妻の丸髷は色っぽいものとされたが、明治初期からだんだんと大きくなり、この時代が極大だった。髷の大きさはなかに入れる型できまり、大一番とか司とかいう名がついていた。

加藤眠柳「下闇《くだりやみ》（40）」
『東京朝日新聞』1900（明治33）年12月20日

同

主人公のもとに、女学校時代の学友ふたりが泊まりがけで遊びにきた。風呂上がりの友人たちは縁先に出て、夏の夕暮れの庭を眺めながら、この家に嫁いできてまだ一年も経たない主人公の奏でる、琴の音に耳を傾けている。

　主人公のすがたは半分隠れているが髪は丸髷、広縁の友人ふたりは、片膝を立てるような横座りに安座している。右側の眼鏡の女性の髪は銀杏返し。彼女は数カ月前に夫を喪い、それ以来束髪を結っていたが、最近になって気分を変え、商売人の手で銀杏返しに結い替えた。左側の未婚の女性は、後頭部の髪を斜めに捻って髷を作っていて、これはいわゆる夜会巻の基本的なスタイル。先刻この娘は庭に下り、そこに咲いていたバラの花を一輪手折って髪に挿した。造花であれ生花であれ花を髪に飾るのは束髪の習慣で、この娘はその癖が身についていたのだろう。

一九〇一／明治三四年

【共同水栓】

【女囚】

共

加藤眠柳「下闇《くだりやみ》(74)」
『東京朝日新聞』1901(明治34)年1月25日

夫が女に騙されて無謀な投資をしたために、家屋敷を手放さなければならないほどの損をした。数カ月後、長屋住まいになって生まれた赤ん坊を背負い、共同水栓のそばでおしめを洗っている場面。帯のお太鼓がつぶれたように低くなって、子どもを背負いやすいように位置も下がっている。おそらくこれは引っかけ結びだろう。髷もひとまわり小さくなり、背中の新生児のあたまよりすこし小さいのは、だいたい三〇代の女の丸髷の大きさ。

東京の市部ではすでに水道が布設されていた。各戸に引かれているのでなく、下町などでは共用が多かった。その水栓の費用は市が負担するほか、一部は地主や家作持ちにも負担させていた。昔ながらの長屋では、井戸が共同水栓に変わっただけで、洗濯は相変わらずそのかたわらでするほかなかった。

女

中村春雨「懸賞小説第一等当選 無花果(24)」、坂田耕雪画
『大阪毎日新聞』1901(明治34)年4月20日

本文冒頭に、「市ヶ谷監獄の女監第一三号の房」とある。新宿区市ヶ谷には、かつて市ヶ谷監獄と東京監獄の両方があった

【ひとり膳】

ので紛らわしい。監獄というい方は一九二二年（大正一一年）に刑務所と改まるが、これはまだ監獄の時代。一八八九年（明治二二年）の内務省令〈監獄則施行細則〉にはつぎのような規定がある。

「囚人の衣類は赭色《しゃしょく》、懲治人刑事被告人の衣類は浅葱色、すべて筒袖で、男は長短二種で就役服は短衣、女はすべて長衣。通常服は単衣、袷、綿入、襦袢。就役服は単衣、袷、綿入、襦袢、股引。ただし、婦女には股引に代わり前垂を貸与できる。この他に帯、褌、手斤、蓑、笠、履物」。この規定にはないが長髪は許されず、女性も切髪をザッと括るだけ。またこの挿絵では帯のようなものを使っているが、帯、紐のたぐいは厳禁だった。

ひ

渡辺霞亭「神楽獅子（5）」、右田年英画
『東京朝日新聞』1901（明治34）年1月7日

養い娘の婿に迎えた息子の、朝餉の世話をする養母。長火鉢に手の先を温めながら、ひとり膳で飯を食う、というのはこの時代、だいたいはその家の主人のすること。この婿が大事にされていることがわかる。男は起きぬけのまま、寝巻の長襦袢の上に縞のきものを軽く羽織っているようだ。長襦袢は襟と袖口に別ぎれがかぶせてある。男で長襦袢を着るひとはまだ多くなかった。それを寝巻にしているのはかなり贅沢な男。母親は夕べもらってきた折を開けて、婿に味見させようとしている。

　母親の髪は縦型の束髪で、前回に「年の頃四二、三と見ゆる女、色白く肥え太りて、艶やかなる髪を夜会結びにしたるが、白縞の寝巻の上に琉球紬の書生羽織を引き掛け」とある。夜会

【招かれざる客】

結びはこの一、二年にわかに流行してきた上げ巻の一種。

招

渡辺霞亭「神楽獅子（8）」、右田年英画
『東京朝日新聞』1901（明治34）年1月10日

証文を間に置いて、借金の返済を迫る場面。寒いときの来客には座布団のかたわらに手あぶりの火鉢を出す。そのために陶製や木製の小火鉢には、縁に提げて運ぶための小さな孔の空いているものもあった。貸金の返済の強談判をしている中年の女性にはこまかな衣裳づけがある。

「年にも恥じず、小皺の寄りたる顔へ薄化粧して、身には風通織の三枚小袖、黒七子五所紋の羽織を優に着て、水々したる髪を束髪に取り上げたる様、見るから嘔吐を催さんばかりなり（……）」。三枚小袖といえば綿入の三枚襲で、この時代にはもう正月などの晴着以外には、かなり仰々しいものになっていた。あまり人気のなかった束髪を結っているのは、ミッションスクールの教師をしていたためだろう。

玄

三品藺渓「わか竹（9）」
『東京朝日新聞』1901（明治34）年2月10日

東京府下の物もちの家の内玄関を訪れた得体の知れない女。押され気味に応対しているのはこの家の若い書生。女の風態は「結び髪につげ（柘植）の横櫛一枚、袢纏前だれがけという裏屋向きの女房扮装《いでたち》なり」だが、いきなり片膝を立てて大きな口をきいているのは、なにかしらいわくのある証拠。じつはこの家の芸者上がりの後添えとなにか関係があるらしい。

【玄関の間に上がり込んで……】

【法界屋】

結び髪といえばどんな髪型も結び髪に違いないのだが、結び髪とか束ね髪というときちんとした髪ではなく、いい加減にまとめた馬の尾とか、じれった結びとかを指す。この女の髪は達磨返しのように見えるが、もとよりじぶんで手軽にまとめるものだから名前の詮索はしないでおく。

半井桃水「遺物《かたみ》の軸（5）」、右田年英画
『東京朝日新聞』1901（明治34）年3月25日

法

三人のおなじ男女の場面が続くため、気分を変えてこの日は、女の行状に関連した法界節芸人を出したものだろう。「ある時は女役者の群に入り、またある時は女演説つかいとなり」とあって、法界節とはいってないが、「月琴を弾くことを覚え、街々を歌い廻りて」とあれば、この時代では法界節ということになる。

法界節は『東京風俗志』(1899-1902) にも描かれているが、この挿絵の恰好とはすこし違う。しょせん流しの半素人芸人だから、きまった衣裳があるはずはない。『東京風俗志』では墨染めの法衣を着ている。これは破戒僧とはいえ、法界坊は僧侶だからだ。それに比べると、この挿絵ではずっと芸人っぽくなっている。画家の右田年英は彼らを実見しているはずだから、この挿絵も貴重な資料のひとつになる。

法界坊は一七八四年（天明四年）に初演された歌舞伎の喜劇に初めて取り上げられ、それが月琴と結びついたのは明治に入ってからで、『東京風俗志』の出たころの一八九八年（明治三一年）でもけっこう人気があったらしく、一九〇二年（明治三五年）一一月三日の朝日新聞に、「法界屋の徴兵忌避」とし

【しじみ売り】

て、「深川の夫婦が毎日法界節を謡いて市中を稼ぎ廻り、踊りも妙を得ていて内福に暮らしていた」という記事がある。
　法界坊についていま存命のひとの記憶にあるのは、一九三八年（昭和一三年）に封切られた「エノケンの法界坊」だろう。ただしこれは歌舞伎の原作『隅田川続俤《すみだがわごにちのおもかげ》』に基づいたストーリーで、法界節の流し芸人とは関係ない。

し

渡辺霞亭「夫婦池（33）」、右田年英画
『東京朝日新聞』1901（明治34）年6月27日

貧しい家計を助けるために蜆《しじみ》売りをしている一八になる娘。やくざな父親は、女房の元の主人からの度重なる借金にも行き詰まり、今度は娘を吉原に売り飛ばそうといいだした。「十人並みの器量を持っていながら、蜆売りをさせておくのも可哀相だ（……）」というのが父親のいい分。母親は、たとえ飢え死にしても、と反対している。

　本文の様子では、両親のはなしは娘の耳には入らなかったようで、売れ残りの荷を下ろして頭の手拭を取っている娘は、愛想のいい顔をしている。重い荷を担いで歩く娘は、きものの裾を高くまくり上げてそれを細帯でしっかりと締め上げ、その下にはいている白の湯もじも前を引き上げている。はいているのは藁草履。蜆屋はたいてい、藁草履のままそこいらの流れに入って蜆を掬ってきて売って歩いたから、子どもにもできる商売で、それだけに利益は薄かった。

【洗い髪】

歌《うた》の愛《あい》らしい笑顔《ゑがほ》だ。渠《かれ》れ生《うま》れて始《はじ》めて少女《をとめ》の愛《あい》らしい點《てん》を發見《みいだ》したのである。否愛らしい少女《をとめ》のあることを發見《みいだ》して、色《いろ》づき初《そ》むる初戀《はつこひ》の黒白《あやめ》も知《し》らず戀《こひ》わたるのであつた。
お歌《うた》が時《とき》に狂人《きちがひ》のやうになる女《をんな》だとハ、琢磨《たくま》も逸《いつ》平《へい》から聞《き》いて識《し》つてゐる。聞《き》いたところでハない現《げん》に今日《けふ》も、其穏《そのおだやか》ならぬ擧動《ふるまひ》を目撃《もくげき》したのである。然《しか》し其《それ》ハ可愛《かあい》い女《をんな》の痘痕《あばた》が靨《ゑくぼ》にみえる類《たぐひ》で、

加藤眠柳「水彩色《みずさいしき》（3）」
『東京朝日新聞』1901（明治34）年8月17日

洗

西多摩に別荘をもつ子爵家の跡取息子。昨日友人との散策の途中で立ち寄った銘酒屋の女に一目惚れ。次の日はひとりだけでまたその店に立ち寄って、昨日とおなじ氷汁粉を飲んでいる。客商売の女は愛想よく迎えて、これも華族の若様に少なからぬ興味をもった様子。

女は昨日の島田を崩して洗い髪。この時代、女は滅多に髪を洗うことはなかったが、美容院が普及した一九三〇年代（昭和戦前期）までは家庭で、じぶんの手で洗うより仕方なかったのもその理由だろう。洗ったあとは自然に乾くまでこうした散らし髪でいなければならない。軽く結んでおいてもいいが、そうすると乾きが遅い。洗い髪はなんだか凄みがあって、娘があたまが軽いといっていつまでもそうしていると、母が叱ったりするが、それが色っぽいという亭主もあったそうだ。散らし髪で有名なのは新橋の芸者、洗い髪のお妻。

【玄関にて】

【なんでも屋】

玄

半井桃水「むきみ屋御殿（1）」、右田年英画『東京朝日新聞』１９０１（明治34）年8月26日

東京の山の手、牛込に住む元陸軍大佐の未亡人が、永年住んできた屋敷を売り払って、北九州に移り住むということになった。何人かの買い手のあるなかで、意外なことに近所でむきみ屋をしている、六〇を超えた爺さんが買い取るという。文中にこの場面は出てこないが、玄関の式台に腰を下ろして、上がり框《かまち》の戸に身をもたせかけている未亡人とはなし込んでいるのがその爺さん。茶托に載せた茶碗に煙草盆も出ていて、客あしらいをしているのだが、ふつうこういう半天着の出入り商人は、勝手口か庭先の縁にまわるものだから、あまり見られない図になっている。

むきみ屋などは商売としてはごく小さなもので、爺さんは、たぶんじぶんで荷を担いで売り歩く行商だろう。半天に三尺帯を締め草鞋《わらじ》ばきというのが行商人のふつうのスタイルだが、荷は玄関の外に置いているのか。家を買い取るというので着替えて出直した、という恰好には見えない。

な

半井桃水「むきみ屋御殿（2）」、右田年英画『東京朝日新聞』１９０１（明治34）年8月27日

むきみ屋の門口に立っているのは、「なんでも屋」と本文に書かれている口利き業者。ここでは相当の価格になるものと踏んだ不動産の取引に割り込んで、口銭を稼ごうとの魂胆。この時代、民衆のなかで代言人などといわれたのは、かならずしも

【高島田のお嬢様】

資格をもった弁護士ばかりではなく、この種の怪しげな商売人がけっこういたものらしい。

　黒紋附の羽織袴で、革鞄を提げたすがたは物々しく、相手によっては説得力をもつ。はいているのは表付きののめりの下駄で、堂島という上等な品だろう。日本家屋では相手の家へかならず履き物を脱いで上がるため、ちびた下駄などはいていれば、まとまるはなしも駄目になるかもしれない。ただしもうこの時代でも、この恰好で街を歩くひとはそう多くなかったから、大神宮さんの御札配りなどともいわれた。もっとも御札配りはかならず紫の包み物をもっていたから、その点、革の鞄は大事な小道具だったろう。

高

半井桃水「むきみ屋御殿（63）」、右田年英画
『東京朝日新聞』1901（明治34）年10月29日

　ものがたりが終わりに近づいた回ははなしが込み入っているので、ここではすでに夫とするひとのきまっている娘本位に観察。娘はもちろん高島田でそれもずいぶん高く結い上げている。山の手のお姫様風で、これだけ大きな髷は下手な髪結いの手にかかると、コロリと曲がってしまうようなこともあったという。

　また後ろから見た帯もまるで座布団でも背負っているように大きい。これは結び様にもよるが、当時の女性がいまのひとと比べて非常に小柄だったためもある。娘は家にいるのに白襟紋付の裾模様のきものを着ている。あるいは外出の前とも考えられるが、大家のお嬢様はそうしたものだったのだろうか。

【母娘】

母

渡辺霞亭「吉文字（29）」、右田年英画
『東京朝日新聞』1901（明治34）年12月6日

東京で芸者をしている女が、幼いとき別れた母親との再会の場面。母親は再婚して子をもうけている。女はこのときすでに芸者をやめて結婚することがきまっていたが、このシーンでは髪をまだ芸者島田に結っている。召使いが主人にものをいうときなどに、こういう手の突きようをしたが、現代では女性がなにかを覗き込むとき以外には見られない。

母親の髪は、だいたい四〇前後の人妻の結う大きさの丸髷。こんな大きな娘をもつ女としては、その時代としてはずいぶん大きい。

来

武田仰天子「俤《おもかげ》（8）」
『東京朝日新聞』1901（明治34）年11月6日

客と対座している主人のところに、小間使いがべつの来客を告げに来た。主人と客との四、五〇センチほどの膝の間に、茶器と煙草盆とが置かれている。五〇がらみの主人は細かい縞のきものに羽織、首元に覗いている下着の襦袢は濃い色でおそらく紺系。下着に白いものを着る習慣はまだ無かった。両手で羽織の紐をつかむようなしぐさ。対座しているとき煙草を吸わないで手持ちぶさたの男は、着ているきものの袖を引っ張ってみたり、ひじまでまくったり、襟をしごいたり、羽織の紐をほどいてみたり、あまり行儀のいいことではないが、きものはけっこうお喋りの演出の小道具になる。

【出髪結《でがみゆ》い】

【来客】

向かい合っている中年の女性の髪は縦型の束髪。上げ巻の部類だが、後頭部の髪の捻りように夜会巻への移行的な風がある。襖の向こうの小間使いが畳に突いている手は、目上のひとにものをいう場合のかたち。

武田仰天子「俤《おもかげ》（37）」、右田年英画
『東京朝日新聞』1901（明治34）年12月6日

出

出入りの髪結いに髪を結わせているお邸のお嬢様。冒頭に「小意気に造った女髪結で、水口からせかせか上がって」という描写は、外結いの髪結いをよく見ている。いい家の奥様やお嬢様が、髪結いの家に足を運ぶなどということはなかったから、髪結いの主な収入源は外回りの仕事だった。そのため髪結料金もいい加減だったし、衛生面での問題もあった。この髪結いは白い前掛けをしているが、こういうこともみな警視庁からの、繰り返しの通告の結果。

本文中にあるように、髪結いはお嬢様の髪のなかに見てはならないものを見てしまい、思わず梳き櫛を取り落とす。梳き櫛は結う前に、髪の汚れをよくこし取る目の細かい櫛。ふつうは先に回ってくる弟子の仕事になっている。

【洋行がえり】

武田仰天子「俤《おもかげ》(43)」、右田年英画
『東京朝日新聞』1901(明治34)年12月12日

洋

アメリカから帰朝したばかりの英語教師が、畳の上に「洋服で不様《ぶざま》に坐って」いる。いっしょに彼の地に行ったこの家の令嬢の臨終の様子を報告するという、つらい役割を負っている。この時代の挿絵画家たちは、欧米のファッションをほぼリアルタイムで目にする手段をもっていたらしく、洋服を描いてそれほど時代錯誤ということはない。

一九〇一年（明治三四年）当時は肩口の盛り上がり――ジゴスリーブ（ジゴ袖）はトップファッションではなかったが、街ではごくふつうに用いられていた。しかし如何せん、日本座敷でのこの時代の女性の洋装は、よほど小柄の女性でもないかぎり、嵩高い印象はまぬがれない。

一九〇二／明治三五年

【お嬢様と女中】

【赤ゲット】

お

まもなく結婚する相手の写真を胸に抱いて、おなじ年頃の女中に見せようとしているお嬢様。お嬢様の髪は婚礼間近なので文金高島田。当日髪を結いやすくするため、すこし前からおなじ髪型にしておくのがふつう。額の生え際は富士額。明治時代までの女性は額の広いのを嫌った。剃刀でこのかたちに剃りを入れるのがふつうだった。

お嬢様の顔は狐目おちょぼ口の定型のようでいて、嬉しそうな表情がよく出ているのは、さすが挿絵の右田年英の技量だ。襷《たすき》がけで箒を持っている女中の髪は、鬢《びん》をあまり出さない小さな銀杏返し。

渡辺霞亭「新年梅（36）」、右田年英画
『東京朝日新聞』1902（明治35）年2月8日

赤

炭鉱成金をめぐるいざこざ。田舎から出てきた農民たちのうちのふたりの若者が、敵方に寝返った仲間の男を痛めつけている。向こう側の鳥打帽の男は紺絣の筒袖羽織、裾を短くまくって股引をはき、股引の先はゴム編みになっているからこれは既製の商品だ。足袋は紺足袋で、地方からの旅行者であれば当然。手前の男は裾に太縞のあるマントを羽織っている。長いこと田

三品藺渓「黄金大王（6）」
『東京朝日新聞』1902（明治35）年3月30日

【ハーフ】

【雲水】

舎者のしるしのようだった赤ゲットが、挿絵のイラストではふつうこういうふうに表現されたから、これも赤ゲットだろう。

本文では「赤毛布《あかげっと》や旅蓙《いとだて》など身に纏いたる六、七名の農民」とある。旅蓙というのは糸経で、補強のために経糸に丈夫な麻糸を織り込んだ蓆《むしろ》（筵）や、あるいは麻糸を漉き入れた渋紙をいう。赤ゲット以前に百姓がかぶったり、筵旗《むしろばた》に使ったのはたいてい丈夫な糸経の蓆だ。

ハ

武田仰天子「菊唐草（34）」、右田年英画
『東京朝日新聞』1902（明治35）年11月21日

アメリカ人との混血の娘が、横浜にいる実父に逢いに行くために、注文した洋服を初めて着た。洋服を着る以上は、身を屈めて、足を内輪にして、尻を振って歩いてはいけない、なるべく外輪にして、身体はすこし反り返るようにする——といった注意を周囲からされ、西洋人のすがたの認識の一端が示されている。西洋人の血の入っているこの娘の髪は漆黒ではなく、いくぶんウェーブを持っているらしい。

顔の表現は例の通りの美人顔だが、眼を二重瞼《まぶた》としているのが西洋人を描く場合の常道だった。日本では美人顔といえば色白、鼻筋が通り、眼元はパッチリ——ということになっていて、それはだいたい西洋人によって満足されるが、口元については良くも悪くもあまり言及がない。日本に在留の西洋人女性の多くは、口紅を使うことはあまりなかったと思われるので、ひとを喰ったような西洋女の真っ赤な口——という悪評は、ずっと後のことだ。

【美人傘】

雲

半井桃水「萩の下露（3）」、右田年英画
『東京朝日新聞』1902（明治35）年9月8日

実の弟との財産争いを厭うてこの世を捨てた兄。弟が懇意にしていたある男は、弟の甘言に欺されて一時は弟に利用され肩入れしたが、やがて弟の非を悟って兄に詫びようと、その行方を捜し歩いた。その出逢いを描いている。出家した兄はどこといって特色のない雲水すがたなので、編み笠をフト上げたときにでも顔を見たのだろう。

僧侶の服装は法服となると階級や宗派によって非常に複雑だが、雲水の恰好は要するに旅装だから、宗派の特色などはあまりない単純なもの。古代中世の大袖の袍衣を墨染めにしたにすぎない、大体きまりきったすがたといえよう。手には錫杖《しゃくじょう》、托鉢の木鉢を持ち、足元は白足袋、草鞋《わらじ》がけというのが多いが、もちろん素足の場合もある。

美

三品藺渓「鬼薊《おにあざみ》（1）」、右田年英画
『東京朝日新聞』1902（明治35）年8月17日

第一回には例によってヒロインの紹介がある。「深張りの美人傘傾けながら、なにか様子ありげに辺りを見回せし年頃一八、九の娘（……）。美人は一時神明きっての花と唄われた青柳のお染めという評判娘、縮緬中形ものの単衣に浅黄繻子の帯、頭はあっさりとした銀杏返しに平打の銀 釵《かんざし》、見たところ飽くまで意気且つ優美《しとやか》な人品《ひとがら》なり」と。

美人傘といういい方があったらしいが、この時代の傘、とく

【女囚】

に日傘が深張りであったのは西洋伝来で、女性の人目を避ける意図がつよかったため。「蓮見連がじろじろと見詰めるを上の空に（……）」とある不忍池の蓮の盛りは夏のさなか、単衣の下に襦袢の白い襟が覗いている。中形とあるがもちろん浴衣ではない。いまは浴衣と中形が結びついてしまったが、この時代はまだ小紋ではなく大模様でもない染め柄を中形といったまで。

三品藺渓「鬼薊《おにあざみ》（59）」
『東京朝日新聞』１９０２（明治35）年10月15日

女

謀殺罪として無期徒刑の実刑がきまった女囚。教誨師の老僧の計らいで、生まれたばかりの赤ん坊をふたりの身分ある婦人に託することになった。ふたりの婦人はどういうひとかわからないが、「気高き二名の婦人」とあるので、この時代、私的に福祉施設の運営など社会活動をしていた華族など、上流社会の女性だろう。

ひとりは白襟黒紋附の正装で大きな髷、もうひとりもそれに準じる小紋の紋附で、上流階級の婦人らしい揚巻の束髪に結っている。赤ん坊を抱いてうずくまっている女囚は、印刷が不鮮明だが髪は短くしてかんたんな束ね髪、帯は引っかけ結び。教誨師の僧と貴婦人がかなり派手な柄のあるスリッパをはいているのがおもしろい。

森林黒猿「探偵実話 女警部（31）」、松本洗耳画
『都新聞』１９０２（明治35）年６月１日

日

野合のような関係の男と女、もとはといえば互いに士族の

【日本髪】

出、しかしいまは漁師の男が、まだ屋敷風の恰好を残している女の髪を結い変えている。「髪の風もだ、屋敷風の文金の高島田なんてえのは恐れ入るね、島田ならバップシ細なんてえのでは粋すぎるから、髷を細くグッと根腰を低く引いて結う位にしておいて、帯もお太鼓はよしてジレッタ結びにちょっと引っ掛けに締めて貰いたいね」と男が女に注文をつける。

この男は元芝居の鬘《かつら》屋の下働きをしていたので、女の髪を結うのは慣れていた。日本髪を結うには両手と同時に歯を使わなければならない。男の口から元結《もとゆい》の端が出ているのは、根を結んだ元結を歯で強く噛んで引っ張っているため。

【指輪】

あきしく（菊池幽芳）「家庭小説 乳姉妹（114）」、坂田耕雪画
『大阪毎日新聞』1903（明治36）年12月15日

指

旧大名家の華族のもとに嫁入前の令嬢。婚礼を数日後に控えた自宅での夜。けっこうな屏風の蔭にお嬢様は脇息《きょうそく》にもたれ、指輪を見つめて物思い。五月半ばのこの季節では少々暑いのではないかと思えるが、二枚襲の上に被布を着ている。柄が桜なのでたぶんピンク系の色調だろうから、華やかなものだ。

束髪は、前髪の上部への突出はそれほどでなく、全体が大きい。この種の束髪は髱《たぼ》（後ろ髪）が襟につくように下に伸びているものが多いが、お嬢様の髱は上につり上がっている。この点は日本髪の場合とおなじお屋敷風の高尚な感覚。ごく漠然とした意味では、花月巻風の範囲にも入る。

半井桃水「子宝（5）」、右田年英画
『東京朝日新聞』1903（明治36）年2月6日

シ

親にも内緒でひそかに幼なじみの男と契った女、望まずに生まれた赤子を、見も知らぬひとに托して帰った男。その愁嘆の場面。世間的にはまだ娘であるため、女は高い島田を結っている。

涙で袖を絞るばかり、とよくいうように、袖口は涙を拭くの

【シンボリックな袖】

【標準的な女工服】

に使われるが、ちょっと目頭をおさえる、というようなときは襦袢の袖を引きだして使い、ワッと大泣きに泣くときはこのように袖ぜんたいを使うことが多い。

男が袖口に手を差し込んでいるのは思案のポーズ。はなしをしているときに、こうして盛んに腕を擦る癖のひとがある。この男は濃い色の襦袢の下に、もう一枚これは肌つきのメリヤスのシャツを着ている。肌着としては明治の後半には、ネルや毛のシャツが好まれていた。

火鉢のかたわらの台付きランプは、卓上ランプとしても利用することができる。背の高い座敷ランプはもっと上等だが、余裕のある家庭では天井からの吊り洋灯を使っていた。

標

小川煙村「懸賞小説第一等 労働問題（1）」『読売新聞』1903（明治36）年1月1日

京都鴨緑紡績会社の終業時、工場の煉瓦造りの門から帰路につこうとするヒロインの女工。髪は蝶々髷で、「紫がかった職工衣《ぎ》を着ているが、まだ入り残る夏の夕日に真っ向射られて、其の衣物《きもの》が美しく艶あり且つ新しく見られた。（……）年頃は一七、八、低いながらも表付の下駄履いて、又其の脚付きが尋常で土踏ますには惜しいほど色白」という美人。本文中では言及していないが、挿絵に見るようにきものは筒袖で、袴を胸高にはいているのは、この時代の女工服の標準といってよい。

一方、男子工員については、「よれよれになった紺飛白《かすり》が多く、腰には小倉の継目のある古帯、縄のように絡まれた紺絞りの兵児帯《へこおび》（……）」とある。

【台所に水道が……】

【お姫様の習いごと】

台

村井弦斎「食道楽：水道の水」
『報知新聞』1903（明治36）年2月21日

「食道楽」は村井弦斎の代表作品だが、小説としての筋立ては持っていない。一種の文明論という見方もあるがそれはやや大げさにすぎ、ショートショートのかたちをとった実用書、というのが妥当な見方だろう。

この日のテーマは水道。一八九八年（明治三一年）には多摩川から淀橋浄水場経由の配水設備が一応はできあがったが、市内二百万の人口ひとり当たり四立方尺の給水が可能になったのは、一九一一年（明治四四年）の改良工事以後。それでもかなり長期間は戸外の共同水栓に頼る家庭が多かった。

挿絵の家は台所に引き込んでいるが、今日家庭で見るような調理台も流しもない。これは東京では坐り流しが多く、比較的高い所にある蛇口から一旦手桶に汲み入れて、それを柄杓《ひしゃく》ですくって使用していたのだろう。ここでは鉛管による鉛毒の害が説かれている。鉛管はまもなくほとんど鉄管（鋼管）に変わり、それで水道の水のことを鉄管ビールなどとよぶ冗談が生まれる。

お

村井弦斎「食道楽：お稽古」
『報知新聞』1903（明治36）年4月29日

子爵家のお姫様が父親の考えにより、知りあいの家庭婦人から和漢洋折衷の実用的な家庭料理法を学んでいる。お姫様は一九歳で女学校出、そのためか料理を習いに来るのに通学服のような恰好で乳の下までの袴をはいている。じつは女学生の袴

英吉利《イギリス》巻

がいちばん有効だったのは体操着としてや、割烹の時間の前掛け代わりだったともいう。そのため、たいていは一枚しか持っていない女学生の袴は、海老茶など濃い色のためよくはわからないが、ひどく汚れているのがふつう、といわれた。

このお姫様はそれが料理の実習に来るためであっても、長い袂のきものでなければ、外出できないものと思い込んでいるのだろう。かたわらの家庭婦人もお姫様も束髪で、この時代には髱《たぼ》（後ろ髪）がかなり出ているため、横から一見すると日本髪と間違えそうだ。

英

村井弦斎「食道楽：牛乳の検査」『報知新聞』1903（明治36）年5月4日

牛乳瓶を持って廊下を歩く娘。高等女学校へ通っている娘としては襟を抜いている。校門に入るときは気を遣わなければならないが、家に帰ればただの町娘なのだから、なにをどう着ようがかまわない。

しかし振袖を着ても女学生風を守るひともあるし、またイメージチェンジを愉しんだひともあるだろう。ただし、かつてだれもが抜襟をしたときには、朝の起きぬけにかならず襟白粉《おしろい》はつけるものだった。襟首に白粉気がなく地のままの抜襟は、この時代ずいぶん悪くいわれている。

この娘の束髪は、もちろん英吉利《イギリス》巻、あるいは上げ巻系だが、後ろ髪がふくらんでいるだけでなく、前髪が高くなって、花月巻の外見とよく似ている。一九〇三年（明治三六年）頃から三、四年間の、束髪の変容のなかのひとつのスタイルといえるだろう。

【女学生の束髪】

女

村井弦斎「食道楽：手軽な菓子」
『報知新聞』1903（明治36）年9月1日

家庭婦人の親切に指導する手軽なお料理が評判になって、希望者がだんだんと増えてきた。この日は一〇人近い女学生が、洋菓子づくりの手ほどきを受けている。レモンゼリーをつくるのに、生レモンを使えばそれに越したことはないが、それに代わるようなレモン果汁の製品のある時代ではなかったから、代用品をつくるのにはずいぶん面倒な手間をかけている。

挿絵に見える七人の女学生はすべて英吉利《イギリス》巻風の上げ巻だが、初期の上げ巻と違って、前髪も髱《たぼ》（後ろ髪）も、いい換えれば髪ぜんたいがかなりふくらんでいる。左からふたり目の側面を描いている髪は、いわゆる花月巻に近づいている、とさえいえそう。

世

三品藺渓「たま箒《はばき》（17）」
『東京朝日新聞』1903（明治36）年12月14日

裏店《うらだな》住まいの独り者同士、といっても年はだいぶ開きがあり、この家の主はもう六〇がらみだが、上がり込んでいるのは三四、五の年増盛り。「木綿ものの温袍《わたいれ》に双子縞の半天、頭は疣《いぼ》じり巻きの中央へ毛筋立てが一本、黄楊《つげ》の鬢櫛《びんぐし》を横手に挿した人品《ひとがら》」というと、なにか変わった風態のようにもとれるが、裏店の職人や車夫などの女房のもっとも標準的な組み合わせ。疣尻《いぼじり》巻は要するに髪をぐるぐる巻いて、なにか棒のようなものを突き刺して固定するだけのもの。落語などでは割り箸を

【世間話】

【八卦】

おっぺしょって挿しておく、というが、毛筋というのは櫛のいちばん細いもの。

亭主が稼ぎに行っているあいだ、手の空いている女房たちは、門口を回って無駄ばなしの合間に口利き料の入るはなしに乗ったり、けっこうひとの世話もした。このふたりの女も家出した主人公の居場所や仕事口の心配をしてやっている。

三品藺渓「幻燈（6）」
『東京朝日新聞』1903（明治36）年8月16日

八

東京下町の売卜者《ばいぼくしゃ》（易者）の店先を訪れたある大家勤めの女中。しかし女は易を見てもらうのが目的ではなく、この家に寄寓している易者の身内の若者の様子を知りたいらしい。

五五、六の易者の「法服まがいの扮装《いでたち》厳めしく」とある衣裳は、ふつうの単衣の上に黒い十徳を羽織り、頭に小さな揉烏帽子《もみえぼし》。この恰好は本文に「法服まがいの」とあるように、医師や入道者、絵師、文人などが世間からのある距離を示す気持ちで用いた。ただし烏帽子をかぶるのはごく一部の易者だけだろう。

この男は筮竹《ぜいちく》を抱いているが、筮竹は算木《さんぎ》を置くためのものだから、前に算木と机がなければ、筮竹はこけ威し以上の意味はない。

【男結び】

村上浪六「金剛盤(29)」、稲野年恒画
『大阪朝日新聞』1903(明治36)年9月17日

男

背《しょ》負い小間物屋《こまものや》をしている独り者の部屋。吉原を得意場にしていてけっこういい商売にはなっているようだが、背負い小間物屋の稼ぎで女房もいなければ、よくて六畳一間の台所付き、という長屋住まいがふつうだろう。

夜具布団となん枚かの着替えの入った行李は座敷の反対側の隅、机や本棚の要るような人間ではなく、おそらく画面の右が流しになっていて、竈《かまど》や水甕《みずがめ》、米櫃、それに小さな蠅帳《はえちょう》の戸棚くらいはあるかもしれない。手近なところに火鉢と七輪と渋団扇、それに鍋ひとつが固めて置いてある。

商売に出たときと変わりない紺絣のきもののままで家でも過ごし、夏の単衣ものに冬の綿入、袷の着替えを入れて二、三枚ずつ、それに帯と下着といったところが持ち物のほとんどだろう。それでも商売柄、角帯を締めて、男結びに結んでいる。

一九〇四／明治三七年

【適齢期】

【メリヤスシャツ】

適

草村北星「新作 相思怨《そうしえん》（11）」
『東京朝日新聞』1904（明治37）年1月13日

結婚を急がせる母親と、それに従おうとしない娘。娘には親のきめた許婚があるが、それは意中の男性とは違う。はなしを打ち切って立とうとする娘の袂を、母親はつかんではなさない。振袖はこんなとき着ているひとには拘束になる。母娘のあいだでそんなことはないにしろ、つかんでいる手を放そうと無理に引けば、袖つけのほころびることがあるから、こちらもじぶんの袂をつかんで振りはらう。下着や長襦袢が八ツ口から飛び出している。

母親は四〇代の女の小ぶりな髷の丸髷、娘は縦型の束髪だが、この時期は前が高くそびえるようになっているのが特色。

メ

玉堂「義兄弟（8）」、稲野年恒画
『大阪朝日新聞』1904（明治37）年7月2日

この日の挿絵は本文とは関係がない。挿絵は釣船の艫《とも》に立って、これから網打ちをしようと身構えている男。男は腕時計をしているし、恰好は漁師ではない。麦藁帽子をかぶり、半袖のメリヤスシャツを着、太い横縞の猿股をはいている。帽子から猿股まで、男が身につけているもののすべてはすでに既製品で手に入ったし、網打ちに来るような紳士だと、そのうちには船

【作法】

【丸髷】

来品もあるに違いない。

猿股の太い横縞模様は、一般に肌着類に多い柄で、もうすこし前の時代、海水着がそうだった。この柄は舶来品のもたらした流行だ。前立つきボタンがけの半袖メリヤスシャツは、この時代ようやくYシャツと分離して肌着として普及しはじめた。ただし前にスリットの入っていない、かぶり式のTシャツタイプは、子ども用以外はほとんど確認されていない。

半井桃水「大和魂（4）」、右田年英画
『東京朝日新聞』1904（明治37）年1月6日

作

年始客の訪れを知らせる小間使い。閉じた座敷のなかの主人に用件を伝えるときは、あらかじめ声をかけたうえですわって両手で襖《ふすま》を開き、挿絵のように指先を相手の方には向けずに畳に突いて、ものをいう。

元日のことなので、召使いにもふだん着とは違うものを着せているだろうが、せいぜい主人のお古の銘仙だろう。個人の家庭では大きな商店の奉公人のようなきまった仕着せ制度はないから、主人の思いつきひとつでたいていはお下がりを与えられる。この女の髪ははっきりしないが、女中が束髪を結うのは生意気だといわれたりした。しかし下女中と比べると小間使いは優遇されていたので、地味な束髪のこともあり得た。

半井桃水「大和魂（13）」、右田年英画
『東京朝日新聞』1904（明治37）年1月15日

丸

大晦日だというのに家を空けていた夫が、元日に朝帰りした

【宣戦布告】

終へたのである、乗組は運
轉機關を司
る技師二名、
雜役夫二名、
余を併せて一
行僅に五人で
あつた。
余は前夜か
ら行李を整へ
飛行船に乗り
込む爲、將に
兄《にい》は古《ふる》く御交際《ごかうさい》を願《ねが》つて居《ゐ》たと申《まを》すことで、貴郎《あなた》
のお名前《なまへ》は能《よ》く存《ぞん》じて居《を》ります』と名乗《なの》り掛《か》けた
余《よ》は知友中《ちいうちう》の姓名《せいめい》を記憶《きおく》から呼《よ》び起《おこ》したが、松田《まつだ》
といふのは一《ひと》つもないので思《おも》はず小首《こくび》を傾《かたむ》けた。
『お兄様《にいさま》のお名前《なまへ》は……』
『あの時川春雄《ときがははるを》と申《まを》します』
『ハア然《さ》うですか、そりやア失敬《しつけい》しました、陸《りく》
軍中尉《ぐんちうゐ》で在《い》らつしやる、時川《ときがは》さんの……』と言《い》つ

萩園（三浦千春）「日露戦争（1）」、稲野年恒画
『大阪朝日新聞』1904（明治37）年1月1日

㊁宣

ファンタジックなコント作品で、ストーリーはどうでもよい。飛行船で戦場視察に出発しようとするところに、旧友の妹が訪ねて来た。輪のなかの女性がそれで、「年の頃二〇歳前後、何処かに品のある美人」とある。

その美人の髪はこの時期もっともふつうに見るタイプの束髪だが、本文では、「髪はもちろんぐるぐる巻きにしている」、「髪は結う暇がなかったのであろうと推察される」とあって、この種の束髪がごくお手軽な、いい方を変えればかなりいい加減なものだったことを示している。もうすこし前の時代であると、お手軽な髪といえばじれった結び、馬の尾、達磨返しといったものだった。じつは一八八〇年代の初期束髪推進論者は、この種の日本髪も束髪の部類に入れていたのだった。

のにむくれている妻。元は下宿屋の娘でおおぜいの学生を悩ませた器量よしだったが、その面影は名残なく消え失せたり、と作者は書いているが、そんな娘時代から、まだ一〇年も経っているわけではない三〇前の女性を、この時代のひとは非常な落差があるように見る傾向がある。

女の結っているのは丸髷で、大正昭和期に比べると前髪が小さく、細め。髷の根に挿した簪《かんざし》を抜いてかゆいところを掻くのが、悪いわけではないが、いかにも内心の焦れている印象を生むようだ。

【粋な佇まい】

粋

兄は大きな身上の大店《おおだな》の主人だが、この弟の方は生まれついての怠け者で道楽者、ことし五五になって「叩き屋根の借家住まい」という身の上。叩き屋根というのは、瓦を葺かずに短冊形の薄板を木釘でトントン打ち付けてゆく柿葺《こけらぶき》のこと。トントン屋根などといい、火災には至極弱いが、江戸時代から明治の初めにかけて、長屋普請はたいていこれだった。

連れ添う女房はことし四一で育ちは水商売、「さすがに過ぎし昔の余波《なごり》、くっきり垢抜けて、どこやら仇っぽい肌ざわり、俠《きゃん》な言葉に愛嬌の露まだ乾かぬ風情」というくせ者。

今回の片膝立てといい、第一二回のひじを張ったふところ手といい、啖呵のひとつも聞けそうな張りのつよさが、その恰好に示されている。この時代でまだ眉を剃っているのとおなじように ハイカラ嫌い、髪も前髪をほとんどとらず、根の思いきり下がった銀杏返しにでも結んでいるのだろう。

村上浪六「一軒屋（4）」、公文菊僊画
『大阪朝日新聞』1904（明治37）年10月16日

病

肺結核で床を離れられない妻と、神経衰弱のため休職中の夫。この妻は家つきの娘だが、官吏の夫が公務で一年間の台湾出張中に、出入りの医師と不倫の関係を持ち、帰国後それを知った夫は妻に近寄ることがない。はなしたいことがあるという妻のつよい求めで久しぶりに顔を見合わす夫婦。

渡辺霞亭「野問心中（12）」、二代目歌川貞広画
『大阪朝日新聞』1904（明治37）年8月18日

【病弱な妻】

【ぶっそうな世の中】

妻は布団にもうシーツを敷いているが、この時代のシーツは幅が狭く、上下に折り込むだけ。かたわらの大きな枕は、病人が「高うしてある枕によりかかり」とあるように、座布団などを丸めて病人用にこしらえたもの。妻の束髪はこの時代の特色で前髪と髱《たぼ》（後ろ髪）が大きく、また髷をやや複雑に結んでいる。名前ばかりが有名で、具体的にはもうひとつはっきりしない花月巻という結び方も、この種のものだったか。

ぶ

「探偵実話 雷巳代治（1）」
『都新聞』1904（明治37）年8月25日

深夜、芸者屋へ入った強盗が、家人へ拳銃を突きつけて脅している。ところは東京築地の新富町。こんな芝居の舞台のような強盗は現代では滅多にないだろうが、明治の、ことに前半期にはけっこう多かったらしい。

強盗がこの家をあとにしてからのことを書いた四日後の新聞に「黒の二重廻しを着し、同じ色の中折帽子をかぶりたる男が大なり風呂敷包みを抱え来たりて、車夫に、貴様大急ぎで己を乗せてゆけ、と言える挙動いかにも怪しかりければ（……）」、警官に眼をつけられた、となっている。

この時代、家にある金目のものの第一は衣類だったため、大風呂敷は泥棒にとっては仕方なかったが、警官にとっては不審者のいちばんの特色だった。ふたりの芸者の髪は芸者島田。なお家人を縛るために女の締めていたしごきを使っているが、副帯《したおび》とルビを振っている。

【私は行きません！】

私

加藤眠柳「新華族（2）」
『時事新報』1904（明治37）年8月31日

夫とその母親とが、嫌がる妻を無理やりに汽車に乗せた。その妻の救いを求める声に驚いて、窓辺に駆け寄ったホームの男性に向かって、夫が弁解している。手を差しのべている妻――伯爵夫人が本編のヒロイン。

三人の詳しい衣裳づけは前日にあり、「伯爵夫人は齢《とし》尚二一、二歳。英吉利《イギリス》銀杏の前髪を今様の大きく取上げた（……）、服装《みなり》は濃い納戸地にひじき形の現れた紋織御召の単衣に、白茶地へ立浪の千羽鶴の絽織繻珍の帯」とあって、姑は切下げ髪。険しい薄痘痕《あばた》のある顔、となっている。子どものとき疱瘡を病んだひとの顔に残る痘痕は、薄あばた、黒あばたなど、まだこの時代にはかなり多くのひとの顔に残っていたようで、登場人物の性格づけにも利用されている。

一九〇五／明治三八年

【母娘】

【姑に小姑】

母

武田仰天子「唯心(21)」、右田年英画
『東京朝日新聞』1905(明治38)年1月24日

嫁ぎ先を飛び出してきた娘と、枕を並べて寝る母親。息子も娘もまだ婚期の母親にしては老けすぎているが、これがこの時期の固定観念。

夜具布団というと袖つきの掻巻《かいまき》を指すのがこの時代。それに黒っぽい布の襟をかける。襟は汚れにくい繻子や呉絽、メリンスなどを使ったが、滅多に洗うようなことはなかったから、安旅館の布団などでは、ずいぶん汚れたものも平気で使われていたそうだ。また敷布も一般的ではなかった。

束髪の娘は古風な高枕。この時代の女性の多くはまだ日本髷だったから、女の寝間には高枕しかなかったかもしれない。枕元には行燈《あんどん》。民家ではもう石油ランプがふつうだったが、終夜灯としては相変わらず、蝋燭や灯油の行燈が好まれていたらしい。

姑

武田仰天子「唯心(26)」、右田年英画
『東京朝日新聞』1905(明治38)年1月29日

気に入らない嫁を追い出す相談を、出戻りの娘、気の毒な嫁にとっては小姑の女としている姑。夫を亡くした女、つまり後家のすべてがそうするわけではないが、この姑のように切髪に

【まだ女学生です】

するひとはけっこういた。髪の毛が少なくなり、丸髷などを結うに結えなくなるのもその理由だったかもしれないし、手間も髪結い銭もかけなくて済むのも助かったろう。しかし息子たちがまだ二〇そこそこにしては、老けすぎているように、いまの人間には思えるのだが。

ま

武田仰天子「唯心（41）」、右田年英画
『東京朝日新聞』1905（明治38）年2月15日

友人の女学生の下宿を訪れたヒロイン。ふたりとも似たような束髪だが前が大きくふくらんでいて、すでに一九〇〇年代後半期以後の廂髪と区別はつかない。ふたりとも後頭部の髷にいろいろな飾りものがついていて、その巻きようにも工夫があり、それぞれの名称——花月巻とか——があるのだが、見てその区別のつくひとがどれだけあったか。

ふたりともコートを着、襟肩にショールをかけている。右側の友人のストールも、この時代の商品カタログではショールといっている。

女

須藤南翠「間一髪（41）」、右田年英画
『東京朝日新聞』1905（明治38）年4月18日

「筒袖に袴を穿ち」、砂の上に足を投げだして物思いにふけるヒロイン。挿絵では筵《むしろ》めいたものを描いているが、本文どおり海岸の砂の上でも砂利の上でも、それほど気にせず座り込めるのが袴の徳だ。女学生の海老茶や紫の袴は、どうかするとなにかプレステージめいたものをもたされるが、本来の目的は、

【女学生の夢想】

【婚礼式】

満員電車での通学にも体操にも都合のよい実用着なのだ。たいていは一枚しか持っていなかったから、滅多に洗うこともなく、ずいぶん汚いものもあったようで、海老茶などという色はその汚れを隠すのに向いているのだ、という見方もあった。

須藤南翠「間一髪（69）」、右田年英画
『東京朝日新聞』1905（明治38）年5月16日

婚

上流家庭の婚礼のひとつのかたち。嫁入りに杯事はどんな裏長屋でも欠かしはしなかったろうが、それ以上のこととなると、杯事をたいていは嫁入り先の家で済ますのが習いだったこの時代は、まったくピンからキリだった。

花嫁が白無垢の打掛（裲襠《うちかけ》）に綿帽子というもっとも厳正なスタイルに従っているのは、戸主の見識ということになる。「格式の厳かであった故子爵の遺訓として、総て故子爵と澄子夫人との式を襲用したので、頼文は上下《かみしも》を羽織に代えたれど、下枝は旧式の白装束に帽子をさえ用いた（……）」。白にかぎらず裲襠はもう廃れた衣裳だったが、現代ではまた復活している。ただし綿帽子は花嫁の顔が見えないという理由で、復活の兆しはない。男子の礼装としては裃《かみしも》が正式、羽織は略儀のもの、というきまりごとに固執して、婚礼式などに裃を着るひとが、地方では、明治期には多少残っていた。

【壮士】

【お高祖《こそ》頭巾すがたの芸者】

壮

村上浪六「摩訶波旬 大悪魔（30）」
『東京日日新聞』1905（明治38）年1月29日

伯爵を訪れた「年輩三四、五の男、いわゆる壮士風の一物ありげに肩を怒らせて」、玄関の正面に立つ。壮士というような稼業をしている人間の多くは書生くずれが多いので、その風体も書生風がふつうだ。書生くずれが多いというのは、いいがかりをつけることや相手を難詰することが商売だから、弁の立つことが絶対条件のためだ。

もちろん着るものにきまりがあるわけではないが、ハイカラぶったりすることは避けるので、どうしても質朴で、古風な恰好になる。太いステッキ、太い鼻緒の、まな板のような薩摩下駄か高足駄、短めの袴を裾みじかにはき、羽織の紐は長く垂らす――などというのはすべて相手を威嚇するためである。

お

楓村居士（町田柳塘）「橘英男（30）：おや橘様」、梶田半古画
『読売新聞』1905（明治38）年1月9日

次のお座敷へ向かう芸者が、すれちがった人力車上の客を見返っている。連れているという箱屋は描かれていない。挿絵は概して略筆で、風俗の参考としては物足りない点もある。浮世絵系の古い画家は観客の見る舞台のように、天井の桟まで細かに描くというふうだったのが、大正期（一九一〇年代）になると挿絵は人物中心になり、それも細部は省略する傾向が広がる。

この芸者はコートを着てお高祖《こそ》頭巾をかぶっている。芸者がお座敷を回るのにこんな風をするのはめずらしい。また、お高

【出会い】

【車夫のいでたち】

祖頭巾の流行はこのころまでだった。

出

黒風白雨楼（大倉桃郎）「懸賞当選小説 琵琶歌（7）」、稲野年恒画
『大阪朝日新聞』1905（明治38）年1月9日

ものがたり発端の男女の出会い。女はいま井戸端で釣瓶棹《つるべざお》を握っている。粗い子持縞の襟つきのきものの襟元に、若い娘らしい派手な半襟が覗いている。紺の前垂れがけで姉さんかぶり、襷《たすき》がけは、水しごとをする女の十人が十人の恰好。

近寄って道を尋ねているのは、「絣の瓦斯二子上下揃ったのを着たのが、かちりと書生下駄踏み滑らしながら、指先で気色ばかり撮《つま》んだ中折帽子の縁を上げて（……）」。上下というのは羽織ときもの、揃いであると対《つい》という。若い男の紺絣の対は、篤実そうで、よいものだった。それに紺足袋、まな板のような安定のよい書生下駄。説明と違い、挿絵では帽子を脱いでいるし、中折ではないようだ。

車

黒風白雨楼（大倉桃郎）「懸賞当選小説 琵琶歌（31）」、稲野年恒画
『大阪朝日新聞』1905（明治38）年2月3日

三浦半島の山道のある茶店。店の女がなじみの車夫に愛嬌を振りまいている。文中に「茶屋の主婦《あるじ》は欠伸をした。肥満の其娘は襷《たすき》がけ、濡れた指の雫を切って、勝手の土間から顧みた」とあって、店の責任者という意味で娘を主婦といっている。ほかに例があるのだろうか。この女の髪は島田であるらしい。この時代になると、人妻か娘かを知る手がかりは髪型以外にはなくなるので、どちらでも結える銀杏返しや束髪が、そういう理

【束髪に被布のお嬢様】

から夫れへと、
の浦々も、流石
として號外の鈴
繰返して、滿韓
、荒井三藏の頭
狀の下るのを察
遣ふのである。
も早く全癒さし
の緒を、我が親
絲に調へ、出來
昔の貞淑の里野
果敢なんだ壯士
悅とに笑つて召
と六右衞、頭を卓にすりつけた。
「老爺、心配をかけて濟まな
い」。と逆はぬ。
「はッお心も計らずに、御無
禮を申しまる」。「其處へお掛け
妾、老爺にだけ話すにも遠慮な
くうちあけるのだから」。「へい
」。と慣れぬ狀態で椅子に離れ
て前屈み、頤を撫でた。
菊枝は何と無く訝ねぬ風で。
「老爺、妾がまだ阿母様と別邸
に居た頃に、裏の塀の外に赤い
鳥居の祠が有つたね……」。
六右衞は、けゞんな顔をして

黒風白雨楼（大倉桃郎）「懸賞当選小説 琵琶歌（40）」、稲野年恒画
『大阪朝日新聞』1905（明治38）年2月13日

由からも結われた。

　車夫は「紺ずくめの粋な姿」とあるが、挿絵では白い股引になっているのは画家の迂闊だろう。腰の三尺帯を横に締め、草鞋《わらじ》がけ、肩には車夫らしく、手拭ではなく膝掛けの毛布を引っかけている。

束

　子爵家の令嬢が、哀れな暮らしの下層民の救済について、危ぶむ老執事に訴えている。もっとも稲野年恒の描いたお嬢様は、もっと浮世離れしているように見えるが。令嬢の束髪は前方がいちじるしく盛り上がっている。この傾向は一、二年前からで、下田式、あるいは下田歌子式というひともある。また頭頂の髷も、半ばリボンに隠れているものの三角形に突き出していて、二百三高地風だ。

　お嬢様がきものの上に羽織っているのは被布。胸を塞ぐ竪襟《たてえり》部分を持つことが和服としては例外的。その両側に飾り組紐がつき、大きな襟も特色のひとつ。

一九〇六／明治三九年

【病院の一室】

病

渡辺霞亭「金色蛇（42）」、右田年英画
『東京朝日新聞』1906（明治39）年3月12日

入院中の母親の看護をする娘。畳敷きの病室は第二次世界大戦前にはめずらしくなかった。布団は掻巻《かいまき》でなく、白いカバーにくるまれているのが病院らしい。だから布団をカバーでくるむのを、病院のようだといって嫌うひともいた。もちろん洋風ホテルの寝具も同様だったのだが。洋風の窓や窓枠、カーテンも多くのひとには目慣れないものだった。

日本家屋のなかに次第に洋風家具と洋風生活が入り込んできた一般的プロセスのほかに、このように洋館のなかに座敷をしつらえ、和風の生活をするというプロセスも例外的には存在した。一〇代の娘とおなじく、四〇代の病人も束髪だから、病院の括り枕で問題ない。

【二百三高地】

【女優】

二

後藤宙外「月に立つ影（37）」
『東京日日新聞』1906（明治39）年4月18日

長患いの母親の看病をしている娘。嫁ぎ先はすでにきまっていたのだが、肝心の相手が親に対する不満から家を出て、炭鉱で働いているという。娘の束髪は髷が突き出した、いわゆる二百三高地。

寝ている母親は、じぶんにはふたりの娘が始終傍離れず看病してくれるし、それに看護婦さんもついていれば、大勢の召使いもいるのに、それでも心細いことがある、といっている。付添看護婦はこのころ、はやりといっていいくらい利用され、話題にもなっている。付添看護婦を利用する家庭が多かったのは、このころから女中が不足しはじめたためともいう。この挿絵では家庭でも病院内とおなじ恰好だが、帽子までかぶっていたのだろうか。

女

遅塚麗水「舞扇（20）」
『都新聞』1906（明治39）年12月11日

娘を舞台に上がらせるために、楽屋に通う娘の身なりが見劣りすること、パトロンめいた男の素性が定かでないことなど、気に病むことの多い母親、楽屋で化粧する間もひっついてあれこれ世話をやく。

細帯ひとつの娘は大きな廂髪の束髪。さすがに舞台に出るため髪油で撫でつけていると見え、光沢もあり、後れ毛も少ない。いま紅皿を持って唇を塗っている。襟を抜いているのはこれか

【廂髪は真っ只中】

ら刷毛で襟白粉《おしろい》を塗るため。中腰の母親ははっきりわからないが茶筅《ちゃせん》髪らしい。

廂

村上浪六「八軒長屋(21)」、公文菊僊画
『国民新聞』1906(明治39)年11月21日

東京にはこの時代まだ、江戸時代からそう変わってもいない総雪隠《そうせっちん》を持つ裏長屋が存在していた。婦人雑誌などで、ときおり下層社会探訪などといったルポの対象にもなっていた。作品の舞台は本所のそうした八軒長屋、そこにうら若いふたりの廂髪が共同生活をしている、というのが謎。

廂髪はすでに女学生の代名詞となっているが、このふたりは二一と一八、九というのでいわゆる女学生上がり、という年齢。襟元の詰まった着方で細帯の胸高な締め様も女学生風。束髪の髷は三角錐に盛り上がって二百三高地の特色は残しているが、それよりもすでに廂髪という仇名が定着してしまったように、前、横への張り出しが目立って大きくなっている。束髪はもともとたいていはじぶんの手で、油も使わずまとめるものなので、落ち毛、後れ毛がうるさいのが特徴。

【再婚相手】

【丸顔は当世顔】

再

徳田秋声「亡母《なきはは》の紀念《かたみ》（1）：帰咲（5）」、渡部審也画
『時事新報』1906（明治39）年1月13日

年頃の娘を持つ男やもめが、新しく妻を迎える。「哲子は葡萄色の万筋の御召に落ちついた茶の繻珍の丸帯、淡色縮緬の羽織を着ている」、三〇をすこし過ぎたくらいの、眼の清々しく澄んだ女性。その友人で同伴の女性は、「地味な矢羽根の御召風通の小袖に白襟、バサバサした鬢《びん》の妃殿下捲きに、（……）眉に迫った二タ皮眼は眼鏡を掛けている」というすこし年下の女。二タ皮眼、というような顔つきの描写が、挿絵でも忠実に表現されるようになったのは、担当の渡部審也のおかげだろう。渡部の描くとりわけ女性の顔は、どれも特色のある渡部風なのだが、それでいてあの浮世絵式の狐目おちょぼ口からは、はっきりと脱した現代人の表情になっている。「妃殿下巻」というのがどんなものか、具体的にはわからない。

ふたりとも御召を着ているが、中流以上の女性の外出着としては、御召以外は考えられない時代がすでにはじまっていた。二重織物の風通はそのなかでも高価な素材。

丸

小杉天外「写実小説 コブシ（15）：隠事（7）」、梶田半古画
『読売新聞』1906（明治39）年6月9日

この回の本文の内容とは直接関係のない、食事を運ぶ下宿屋の女中。下宿屋はまかない付きが原則だった。来客があればべつに客膳をあつらえる。下宿屋でも最初は脚付き膳を用いていたが、だんだんとこの絵のような平膳、つまりお盆に代わった

【二百三高地風の女性】

ようだ。台所はかならず一階で、客室はほとんど二階以上だったから、脚付き膳を持っての上がり下がりは大変だった。机やちゃぶ台に慣れた現代人は、平膳で食事をすると、畳から直接ものを取るような気がするが、明治時代のひとは慣れていたろう。

女中はだいたいこういう顔に描かれ、女中顔といわれる。浮世絵美人がまだ幅を利かせていた時代には、丸顔は当世顔などと冷やかされて、不当に差別されていた。

小杉天外「写実小説 コブシ（後篇）（2）：かくれ家（9）」、梶田半古画
『読売新聞』1906（明治39）年12月14日

二

二〇代の、中以上の身分の女性。この時代には東コートが流行し、だれも一枚は持っていたろうが、この女性の着ているのは被布。髪は二百三高地風の束髪。束髪も被布も年齢とはあまり関係なく、とりわけ被布は小学生の女の子から老婦人まで着られた。ただし、子どもの被布にはかわいらしい柄があり、若い女性は華やかな色合いのものだったから、こうしたイラストとはまったく違う印象のものになる。新聞挿絵の被布や東コートを見て、現代の男性のレインコートのように思い込んだら、それは大きなまちがいだ。

束髪は髷が三角錐風に高い二百三高地式。この時代は有名な花月巻以外にも、何何巻という名がいろいろ知られているが、それがどんな形だったのかはほとんどわからない。

【前垂れ】

前

小笠原白也「懸賞小説第一等当選 嫁ケ淵（1）」、坂田耕雪画
『大阪毎日新聞』1907（明治40）年1月1日

山家育ちの美女が、たまたま訪れた都の貴公子に見いだされる、という筋書きはこの時代の新聞小説にわりあい多い。「その歌の主は年頃一八、九、水と石との色に副《そ》う手拭い目深に、冠り残した銀杏返しの髪の黒さ、紅い根がけ、紅い襟、紅い帯、片手に紅い裾をかかげて、せせらぐ水のなぶるに任せた脛《はぎ》白く」とある。この娘は玉子を抱えていたのだが、山中を行く車馬の列におどろいて、そのうちの三、四個を「友禅の前垂包」から取り落とした。

挿絵ではわかりにくいが、裾をまくって前に挟み、その挟んだ辺りで前掛けに包んだ玉子を抱えている。前掛け、あるいは前垂れは下層階級の女性は日がな一日かけていて、ちょっとしたものを持ち歩くにも風呂敷のように利用した。しかしもちろん友禅の前垂れとなると飾りのひとつでもあったろう。それにしてもこの時代の娘の身なりは紅いものずくめ。

背

米光関月「第二回懸賞一等当選小説 家の人（2）」、坂田耕雪画
『大阪毎日新聞』1907（明治40）年8月21日

山深い村の小学校に赴任してきた若い教師と、その妻をめぐ

【ランプ】

【背負梯子】

るものがたり。この村は生活物資の多くを麓の里から背負梯子で担ぎ上げなければならず、それは主に女の仕事になっていた。この日の挿絵は教師と結婚してまのない若妻が、村の女らしく、石油缶に米袋、酒の入った一升瓶を背負梯子に括って、杉の大木に蔓を絡ませた渓谷の橋を渡っている。

懸賞小説でもあり、南画風の背景など描いている画家の坂田耕雪は、想像で描くより仕方なかったろう。髪は前髪のようなものがあり、鹿の子のように見えるものもあるが、山家の女が人手を要するような髪を結うとは考えられないから、一種の、あるいは本来の束髪だろう。もともと手づくねの無造作な髪を束髪というので、洋風の何々巻などは、ほとんどの、その日暮らしや農山村の女性たちには縁のないものだった。

ラ

米光関月「第二回懸賞一等当選小説 家の人（7）」、坂田耕雪画
『大阪毎日新聞』1907（明治40）年8月26日

山深い村の小学校に赴任してきた若い教師と、その妻をめぐるものがたり。この第七回が回顧場面の最初。主人公がこの村に赴任早々身を寄せた老夫婦の家に若い娘がいた。それは老夫婦にとっては姪だったが、日が経つにつれ、教師とこの娘のことについて村人が陰口をいうようになる。それを耳にした娘が、叔母にじぶんたちの潔白を訴えているのがこの回。

そんな山家でもすでに大きな吊りランプがある。袂で顔を覆って泣いている娘の着つけにとくに変わったことはないが、髪はいくぶん古風な縦型の束髪のように見える。慰めている叔母の方は後頭部で小さな櫛巻をつくっている。これは髪の毛が少なくなってきた六〇代以後の女のすることだから、当時の小

【和洋折衷】

説ではふつうのことだが、娘がまだ二〇歳前後とすると叔母がすこし年寄りすぎる。半幅帯を前で結んでいるのは、東京以外では中年以後の女性に多い習慣だった。

和

村山鳥逕「剪綵花《つくりはな》（２）」
『東京日日新聞』１９０７（明治40）年12月6日

居酒屋の一室で、校長の蔭口を言っているふたりの教員。向こう側で大あぐらをかいて杯を手にしているのは古参の美術教師。縞のきものに白足袋、黒い羽織を着てその上から外套を引っかけている。この外套は和服の上から着る袖の広い、つまり角袖のもじりで、商人の旦那衆や番頭などが愛用した。

手前の男は同僚だが事務職員を兼任している。このころまで洋服を着ていると一種の敬意を持って見られる面もあったが、現業の職員は早くから洋服を制服にしていたため、その視点からは、和服すがたに比べて洋服の人間は安く見られる、という一面もあった。現業職員の洋服の多くは詰襟服（達磨服）だったから、とくに詰襟についてそういう認識があったかもしれない。手前の男も詰襟服らしい。

裁

橋本十駕「いひなづけ（はしがき）」、井川洗厓画
『都新聞』１９０７（明治40）年6月9日

東京のこの時代では郊外、大森村の素封家のひとり娘、年内には許婚との婚礼が待っている二〇歳の娘、初夏の昼下がり、針しごとの手を休めて新聞を広げている。縫いかけているのは紺絣の単物で、幼いときからいっしょに住んでいる許婚のもの

裁縫道具

だろう。男物のふだん着は年齢にかかわらず絣木綿が多いが、とくに若い男には夏も冬も絣が好まれた。

娘の着ているのはおそらく銘仙。家での常着に銘仙を着るのは中以上の暮らし。しかしこの時代までの銘仙の多くは、一口に銘仙柄といわれるような、地味で代わり映えのない縞柄だった。あたまは唐人髷らしい。

娘はひとに見られたくない本をかたわらの針箱の小抽斗《ひきだし》に隠している。主婦の物の隠し場所は長火鉢の小抽斗がふつうだが、この娘にとっては針箱が、いちばん身辺から離れない小道具なのだろう。その針箱や針山の大きさ、仕立屋並みの裁ち台など、どれも貧乏人の家のものとは違う立派なもの。

一九〇八／明治四一年

【冬の日本座敷】

冬

無名氏（渡辺霞亭）「寒牡丹（113）」『報知新聞』1908（明治41）年2月26日

愛する娘の父親の冤罪を晴らすために、主人公はじぶんの父の秘密書類を持ち出して、深夜に娘の下宿を訪れる。娘は男の行為を深謝し、その証拠の品を携えて、さっそく天下茶屋《てんがちゃや》に暮らす父親のもとへと駆けつけるというクライマックスの場面。

娘は物書きを職業としているため、女の小部屋に不似合いな大きな机を前にして、机の上には筆記用具のほか、竹筒の筆入れと、卓上ランプが置かれている。持ち手のついた小さな手あぶりを挟んで、男は書類を手渡そうとしている。手あぶり火鉢の大きさを間にしてふたりの人物が向かい合うすがたは、羽織の裾が座布団をはみ出して畳に広がるかたちとあわせて、冬の日本座敷の忘れられない情景のひとつ。

眉

上田君子「第三回懸賞小説一等当選 黒牡丹（12）」、山本英春画『大阪毎日新聞』1908（明治41）年5月3日

「もう三〇は先刻に過ぎて居るであろうに何という艶めかしい若化粧、小皺の寄った顔をこてこてと白粉《おしろい》で隠し」とはすこし酷な見方だが、この時代は二〇代後半になるともう姥桜とされた。二月の寒空なので襦袢の襟元はきっちり合わせているが、

【眉落とし】

【魚屋さん】

「白っぽい瓦斯縞のはげた羽織をだらしなく着て」、襟つきのきものに襟つきの羽織を、やや肩からずらせて着ている。舞台になっている漁村ではあまり見かけない種類の女のようだが、これでも漁師の女房。

あたまは櫛巻にして、古風に眉を剃っている。この時代、都会ではもう眉を剃っている女など、老人以外は滅多に見かけなかった。しかし眉を剃った女の独特の色気に固執するひともあったようだ。

魚

遅塚麗水「乳屋の娘（13）：兄弟分（1）」
『都新聞』1908（明治41）年1月15日

寺の勝手口であつらえの刺身を作っている魚屋。魚屋は早朝に河岸で仕入れすると、そのまま盤台を担いでお得意回りをし、売れ残った分は家に帰ってから店売りする、というかたちがふつうで、生きのいい魚は滅多に店では買えなかった。呼び売りをするのは鰯《いわし》などの雑魚類だった。だからこのお寺はふだんから魚屋の好いお客ということになる。皿を持ってしゃがんでいるのは住職の女房で、「大黒」とよぶ。江戸時代とちがい、宗派によっては妻帯を認めるところも出はじめていた。

魚屋は筒袖の半天股引で草鞋《わらじ》ばき、勘定はまだ掛《かけ》が多かったから、腰の三尺帯には覚帳を提げている。半天に大きな肩当てがあるが、これは破れを繕ったというより天秤仕事には必要なもの。その天秤には前後に大きな御前籠と飯台を吊す。いまその飯台の上にまな板を載せて、刺身包丁を使っている。

【眼鏡】

【どてら】

眼

半井桃水「ねくたれ髪（18）」
『東京朝日新聞』1908（明治41）年12月20日

軍人の娘で歳は二〇歳ばかり、「ハイカラの生粋」、慈善会の切符売りつけなどに重宝がられるタイプ。「金縁の眼鏡に被布を纏うて、臆面なくしゃべり立てる舌鋒には、傲岸の父大佐すら常に敵し得ずして兜を脱ぐ」という娘。この場面はそこを見込まれて、ヒロインにある男性との縁談を勧めているところ。

この時期らしい廂のかなり突き出た上げ巻の束髪にずり落ちかかった眼鏡の上目遣い。「眼鏡を掛けた女」についての固定観念は、頭がいい女性、情味を欠いた女性、しなやかな指にはめたこれも金の指輪とともに、不自由のない身分の女性——など。素通しの伊達眼鏡が流行したのはもうだいぶ以前のことだが。

ど

やなぎ生（柳川春葉）「女の望：郵便（1）」、鏑木清方画
『報知新聞』1908（明治41）年3月1日

玄関の土間に落ちている状袋《じょうぶくろ》を、片足を式台に、もう一方の足を下駄の上に載せて拾っている。四〇格好のこの家の主人が引っかけているのは、「羽織を二度のお勤めと見える節糸の褞袍《どてら》」にしたもの。二度のお勤めというのは、もう傷んだか、柄が流行遅れになった銘仙の羽織を、綿入のどてらに仕立て直すことをいっている。節糸は絹の劣等糸で銘仙はふつうこれを使う。羽織とどてらはすこし柄行きも違うのだが、家のなかだけで着るものだからそれもいいだろう、というわけ。

しかしなかには、このどてらで平気で外出する連中もあった。

【男子学生】

落語の「双蝶々《ふたつちょうちょう》」のなかに、捕手の目を遁《のが》れて落ちてゆくやくざの息子に、そのどてらじゃあ人目につく、といって、じぶんの古羽織を着せてやる父親が出てくる。

根本吐芳「黒胡蝶(26)」、野田九浦画
『大阪朝日新聞』1908(明治41)年9月9日

男

神戸の資産家の後継で、東京の学校から父の病気のため帰郷している。このすがたは資産家であってもなくても、学生のもっとも一般的な外出すがた。この日は市内の貧民窟を探訪するのが目的だが、身なりにいつもとの違いはない。中学校でも高等学校でも学生といえば紺絣に兵児帯《へこおび》ときまっているようだが、非常に緩慢な変化や、目立たない流行はあったようだ。

このころの流行雑誌に、「男生徒」として次のような記事がある。「シャーツは、太鼓型、飾りなしの長仕立(白セル地)、(……)着物は小柄の絣物先頃一般に流行なるは、薩摩木綿にして、米琉なども一部の喝采を博し居れり、(……)羽織、着物と対の小絣物、(……)昨年迄は、黒キャラコの紋付に限りたれども、追々飽かれ気味にて、小絣物台の流行と慣れり、地質は着物と同種なり、(……)兵児帯は黒のメリンス、(……)履物は、薩摩下駄へ風つうと鹿革の鷹腹を附けたるもの(……)」。この学生の襟元から覗いているのが、その太鼓型とよんでいるスタンドカラーのシャツ。

【裏長屋の生活】

裏

村上浪六「八軒長屋（後篇）（188）」、公文菊僊画
『国民新聞』1908（明治41）年3月27日

「寝ても起きても只これ一着、そもそも身に纏うて以来、いまだ嘗《かつ》て肌を放した事もない」洋服を、洗って高い樹の枝に干したはいいが、足を踏み滑らせて転落、気がつけば大事な洋服は行方も知れないという始末。

裏長屋住まいのこの髭男は日給二〇銭の職工。おそらくこの男性の洋服は通勤と作業の両用なのだろう。学生服同様、着替えなどはないのがふつうだから、洗濯するとなると長期の休暇のある学生と違い、天気のいい日曜日を狙って、なるべく高い、陽と風のよく当たるところに干すことになるのはやむをえない。

日給二〇銭は月給にすると五円。同時代に住み込みの女中の給料が三円くらいだった。まずクリーニング代の余裕はない。洋服を失って猿股ひとつのこの男は、おなじ長屋の売春婦から古襦袢を借りている。シャツについての言及はどこにもない。

一九〇九／明治四二年

【お召と銘仙】

田口掬汀「猛火(40)：苦楽(1)」、坂田耕雪画
『大阪毎日新聞』1909(明治42)年2月9日

お

豊かな家のお嬢さんと、彼女が外出のためダシにされた貧しい友人。お嬢さんの身なりは「縞御召の薄綿入れに、色縮緬の羽織ゾロリと着て、薄紫の編物肩掛をかけている」。そしてふところからは金時計を取り出す。それに対して貧しい連れは、「銘仙絣の対服に、幅の狭い友禅の帯、随分お粗末な風体」とある。縞御召と銘仙というのは若い女性の外出着としては対照的で、大きな呉服店の宣伝する流行でも、御召は、いつもその中心品目だったのに対し、銘仙は、女学生や女中さんの外出着でもあった。

挿絵に描かれたお嬢さんの編物肩掛も呉服屋のカタログにはいつも載っているもので、三円以上の値段。作者の田口掬汀《きくてい》は『日本風俗画大成』(1930)の解説を鏑木清方《かぶらききよかた》とともに執筆している人物で、衣裳づけは信憑度が高い。その衣裳づけではなにもいっていないが、貧しい友人も襟元には襟留めが見える。この時代はごくあたり前のものだったのだろう。

お嬢さんの髪は銀杏返し、友人は手づくねの束髪。

【毛糸のショール】

【束髪でおしゃれに】

毛

田口掬汀「猛火（42）：苦楽（3）」、坂田耕雪画
『大阪毎日新聞』1909（明治42）年2月11日

友人同士の若い娘が、浅草辺を散策中に偶然、ひとりの娘の兄が、見知らない女性といるのを発見する。左側の銘仙絣に束髪の娘は袖口を口に当てて面白そうにしている。日傘ですがたを隠すようにしている娘が逢引中の男の妹で、髪は銀杏返し。銀杏返しは娘でも人妻でも、粋にも野暮にも結える便利な髪型だった。

肩にかけたショールは縁をスカラップに成形編みした毛糸製。毛糸でこうしたものを編むのはこの時代の流行でもあったが、大きな呉服店や洋品屋には舶来の既製品もたくさん並んで眼を惹いていた。

束

徳田秋声「鈴江嬢（74）」、山本英春画
『大阪毎日新聞』1909（明治42）年7月18日

ふたりの若い妻。本文の長いものがたりとこの挿絵とは直接の関係はない。結婚したからといって、髪型の変わる時代ではもうなくなっていた。ふたりとも束髪をきっちりと結い、低い髷の根にぐるりとリボンや花簪《かんざし》を飾っている。もう、髱《たぼ》（後ろ髪）はほとんど消えている。

右側の女性の前髪は、廂髪というのにふさわしいくらい出っ張っているが、左の主人公の前髪はそれほどでなく、ほんのわずかだが割れ目が見える。彼女は襟をきっちりと合わせ、小さな、実用的な襟留めをしている。

【執事】

【遊び人】

執

田口掬汀「仕合者（2）（1）：（2）」、山本英春画
『大阪毎日新聞』1909（明治42）年7月24日

旧家の跡取り息子の主人公である裕が、よびつけた家扶《かふ》に愚痴をこぼすのを、老家扶は畏《かしこ》まって伺っている。その手の突きように注意。家扶といういい方は、イギリスの「バトラー」のような意味に明治期の小説などではごくふつうに使われているが、本来は貴族家の家政管理のための、家令、家扶、家従というきちんとした職制のひとつだった。

志賀直哉の家は祖父の代まで相馬中村藩（六万石）の家令だったことはよく知られている。この時代以後の大家では、これに該当する役目としては執事というよび方のほうが一般化した。やや馬鹿にした三太夫といういい方もある。

「紳士に仕える紳士」といわれるバトラーは、主人の身の回りから食事の世話までするが、家扶や執事は家内取締を心がけるだけで、この場面でも主人に着替えさせるため、島田を結った若い小間使いを連れてきている。「裕はそれに躰を任せて着更をすると（……）」。

遊

田口掬汀「仕合者（8）（1）：（8）」山本英春画
『大阪毎日新聞』1909（明治42）年7月30日

銀座通りでやくざに絡まれそうになる田舎紳士ふたり。わざと足を踏んだらしいのは、「平袖の浴衣に三尺帯、頭髪を角刈りにした遊び人風の男」。盛り場の周辺にはこれという正業を持たずに、身体を持て余しているような男がいつでもいる。

【子どもの衣生活】

そういう連中の身なりにはふたつの要素がある。第一は労働者の、この時代でいえば職人や鳶《とび》の者の恰好から得ているもの。角刈りの髪も、平袖（広袖）で身幅の狭いきものも三尺帯も、なにかというと裾や腕をまくり上げること、いずれも本来、肉体労働、つまり腕っぷしで世渡りをしてきた連中の習いだ。第二は金のかかった、役者か芸人かと思うような恰好の者。

遊び人ややくざのなかに、びっくりするようないい男を見いだすのはめずらしくない。銀座でいえば新橋や、葭町日本橋も近い。顔と恰好だけでけっこう小遣いに不自由せず遊んでいられる代わり、常時いざこざと危険のなかをジグザグに生き延びている男たち。

平山蘆江「春次おぼえ帳：十五の秋（2）」、井川洗厓画『都新聞』1909（明治42）年8月27日

子

小さな荒物屋を営んでいる家の奥での少年少女のいさかい。少年はもう一八歳だから、この挿絵はすこし子どもらし過ぎるようだ。ただし男の子は一〇代でも二〇代でもふだんの恰好といえば、丈も裄《ゆき》（袖の長さ）も短い筒袖の絣のきものに、三尺の兵児帯《へこおび》、という点では変わりはなかった。一〇代の子のきものには、揚げのあるだけの違いだ。

女の子はきれいな花柄のきものを着たがるものだから、その注文に合致したのがモスリン友禅だった。肌に柔らかい薄地の毛織物ということもあり、女の子ならだれもがモスリン友禅に憧れた。この時代から日本でも生産されるようになり、価格も手頃なものが出回ったのだ。

幅の狭い帯を締め前垂れをかけ、黒襟をかけているところな

【旅姿】

【赤ゲット】

ど、もういっぱしの下町娘風。髪は前と両横を切下げにして、後ろでなにか小さい髷をつくっている。

大江素天「三十年（8）」『大阪朝日新聞』1909（明治42）年8月28日

旅

朋輩同士のいさかいから紡糸工場を辞めて、郷里に帰る若い女工が、偶然工場主の息子と出逢う。いさかいの原因にはこの息子も絡んでいた。慰留する息子と、かならず戻ってくるからと目頭を押さえる娘。

一張羅の小紋柄のきものを着た娘は、なにかを包んで背負っているようだ。髪は一七という歳にふさわしい蝶々らしい。

中学生の息子はきちんと制服を着込んでいるが、学生帽のキャップの張り出しが大きいので、警察官か駅の乗務員のように見える。学生服はもともと軍服や現業官吏の制服に倣ったスタイルだが、帽子のかたちや肩の怒らせようなどはずっと控え目になっている。

伊藤銀月「生死（5）（9）：活地獄」『時事新報』1909（明治42）年2月20日

赤

主人公を鉱山の仕事に誘っている男は、赤毛布《アカゲット》の外套を羽織の上に着ている。その説明が具体的だ。彼は主人公が人目を避けるためにと、その着ていた赤毛布を貸すのである。「男は着ている表皮《うわかわ》を脱ぎ、二つに折って通した紐を抜きとり、毛布だけを二郎にわたした。いよいよ赤毛布の厄介になるのである」。

田舎もののシンボルのようにされた赤ゲットの外套が、みん

【モーニング】

なこうした構造だったのかどうかわからないが、ふつうは外套など必要としない農民が、一生に一度の東京見物に着て行く外套は、たいていはこの式のものだったに違いない。とすれば、寝具としての縞入りの赤毛布はずいぶん普及していたことになる。

㋲

池雪蕾「優曇華《うどんげ》（6）：一生の縁」
『時事新報』1909（明治42）年8月24日

幼い娘を連れての長旅の途中で旅費が尽き、消耗と空腹から身動きができなくなったところを、通りがかりのひとに助けられた。手を差し伸べたひとも下宿住まいの書生なので、親子の前には粗末な客膳の盆が置かれ、その向こうに飯櫃が見える。助けられた男はただの浮浪者ではなく、この時代では一応敬意を払われる洋服に中折帽もかぶっているのは、小さな貨物船の船長という身分のため。

その洋服もズボンの柄を見るとモーニングらしい。すこし改まったときはフロックコート、という時代は終わろうとしていて、モーニングがこれに代わりつつあった。

一九一〇／明治四三年

【どちらも廂髪風】

ど

田口掬汀「外相夫人（10）：大仕事（8）」、山本英春画
『大阪毎日新聞』1910（明治43）年1月10日

ひとりの日本人男性をめぐって向かい合う伯爵夫人と、フランスの女性音楽家。伯爵夫人は襟を詰めた着方のきものに被布を重ねている。フランス女性はボトルネックの白いウェストコートと黒っぽいスカートのカジュアルなスタイル。

髪はふたりとも「廂髪」風。明治一〇年代の日本の廂髪が仏蘭西《フランス》巻、英吉利《イギリス》巻とあったように、欧米風俗の追随だったことはだれも知っているが、その後の束髪の変化が、同時代の欧米のヘアスタイルを反映して進展していたことはわりあい知られていない。もっとも、毛質の柔らかい欧米女性は、より変化の多い、また複雑な髪型をつくることができたのに対して、日本女性の髪ではより単純で、堅い印象のスタイルになるのはやむをえない。明治の末に、同時代の欧米の束髪風スタイルが紹介されている例。

【紺絣と被布】

紺

清夢楼「むら鵆《ちどり》（85）」、渡部審也画
『時事新報』1910（明治43）年2月3日

育ての親、にせの親、仮の親などと、はなしはややこしいが、この場面には関係ない。いっしょに朝食をとっているのはこの家の主人と、一夜をともにした若い女。

男は紺飛白《かすり》のきものに紺飛白の羽織を着ているが柄はちがう。家でのふだん着にも改まった機会以外の外出にも、紺絣くらいとりわけ若い男のきものとして広く用いられたものはないから、柄も多様で、木綿ではあっても、なかには本薩摩絣のような、かなり高価なものもあった。

女の着ているのは被布。被布は羽織とおなじように家の内外で着られたが、このころからだんだん廃れている。肩口に、小襟という三角形の襟が覗いているのが、コートとは違う被布の特徴。あたまは大きな廂髪の束髪。

被

塚原渋柿園「疑ひ（3）」、山本英春画
『大阪毎日新聞』1910（明治43）年4月27日

地位も財産もある大家のお嬢様と、八年前に奥様が亡くなる前からこの家に同居している妾。今夜は密通を疑われた妾が主人からひどい折檻を受け、ふだんからこの女をよくは思っていないお嬢様が、取りなし顔で、じつは追い打ちをかけるような口ぶり。

一九歳のお嬢様と三一のお妾とでは着るものの違いがそれほどないため、お妾だけに区別のため被布を着せたものだろう。

【被布】

【ふところ手】

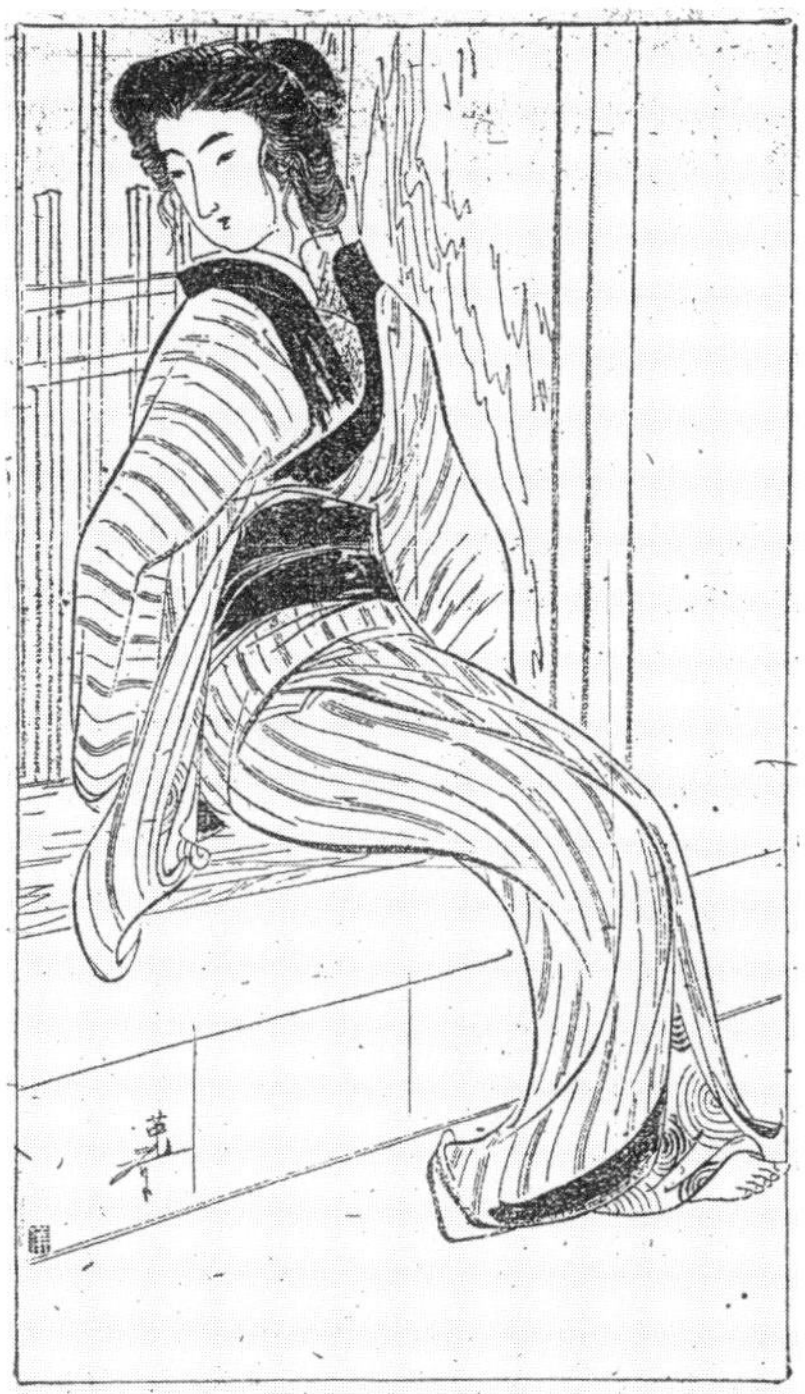

被布はじぶんの手で水しごとをするような女性の着るものではないから、どちらかといえば暮らし向きのいい家庭で、子どもから老人まで羽織とおなじように用いられた。

また、日本髪と違い、束髪は年齢や身分に関係なく結われた。その点で髪型の民主化とされるが、若い女性はリボンや造花など、飾りを豊富につけることで華やかさを添えている。

ふ

広津柳浪「お小夜（4）」、山本英春画
『大阪毎日新聞』1910（明治43）年10月15日

訳あって芸者をやめ、身を隠すように転々と住まいを変えている女。出窓に腰掛けていて本文ではそれを肘掛窓といっている。なるほど畳に座っているのが常態の生活なら、そういうべきかも知れない。窓の外は千本格子。「お小夜は窓に腰掛けたまま母の方を向いて、左右とも懐手をした肩をぐったりと落として」という説明。

世を捨てた生活ではこの髪はじぶんで結ったか、母の手によるものかもしれない。銀杏返しは日本髪のなかでは素人がじぶんで結いやすい髪。

【高利貸しの革鞄】

【ハンカチ】

高

大森痴雪「山の家（13）」
『大阪朝日新聞』1910（明治43）年10月23日

いくらか入れるか証文を書き替えるかと迫る高利貸し。小金を持っている後家さんや駄菓子屋の婆さんなどで、零細な金を用立ててくれるような素人金貸しが、身近なところにけっこういた。そのなかには鴎外の『雁』の末造のように、本格的な金貸しに「出世」するひともある。

高利貸しというと、ラッコの毛皮の襟がついた二重廻しを着た人相の悪い老人、というイメージがあるが、この男は堅気の商人風。かたわらに置いた革鞄だけが呉服屋の番頭などにはそぐわない。黒襟のついた半天の下に色はわからないが格子縞のきもの、角帯をきちんと結んで、たぶん紺色の前垂れ、濃い色の襦袢の下に丸首のメリヤスシャツが覗いている。

ハ

半井桃水「蛬《きりぎりす》（60）」
『東京朝日新聞』1910（明治43）年9月6日

夫に欺かれていたことを初めて聞かされた若い妻。悲しみと悔しさのポーズ。女学校を卒業したあと看護婦学校まで出たこの女性は、この時代ではかなりレベルの高いインテリ。人妻になってもきものの襟をきっちり詰めて着、帯の位置はかなり高い。

ハンカチを口にくわえるのは悔しさなど、かなり強い感情表現のポーズで、ハンカチの普及以前は襦袢の袖をくわえたもの。しかしこうしたポーズはこのころからあまり見られなくなって

【背広とフロックコートと半天】

いる。束髪の髱《たぼ》（後ろ髪）が高いのは上品で、こうすればまた、襟もそう抜かないで済む。

長者丸「腕づく（2）」、井川洗厓画
『都新聞』1910（明治43）年9月22日

背

外地で成功し、故郷仙台に錦を飾っている主人公とその同伴者。その同伴者に手首をつかまれているのは、駅頭でしつこく車を勧める老車夫。文中に「洗い晒の半天」とあるように、人力車の車夫は茄子紺の半天に股引、饅頭笠というきまりがこの時代にはできていた。ただし盛夏にかぎっては膝丈の半股引を黙認するとのこと。もっともこれは東京警視庁の条例であり（「人力車夫の股引」東京朝日新聞 1890/6/20: 4）、その後も何回か注意が加えられているので、地方の状況ははっきりしない。

とにかく明治の人力車夫というと、勧誘の強引さと不潔とで評判が悪かった。しかしこの挿絵で車夫の肩口に大きな継ぎの当たっているのはすこしオーバーだ。

主人が背広で、その従者がフロックコートという組み合わせは、身分の高い者はよりくつろいだすがた、仕える者はより慎みのすがたと態度、という原則。レストランのウエイターの礼服と同様。なまじ整いすぎた恰好でレストランに行って、ウエイターと間違われるはなしはよくある。

【コート】

緑旋風（三宅青軒）「女優菊園露子（50）：葬式茶屋」『国民新聞』1910（明治43）年11月26日

【銀杏返し】

村上浪六「馬鹿野郎（94）」、公文菊僊画『国民新聞』1910（明治43）年9月23日

コ

ヒロインの女優の墓参すがた。「頭は束髪、身には吾妻コートを引っかけ藤助の車に乗って行く」とある。女性のコートはこのころから普及しだし、おそらくそのため被布は急速に時代遅れのものとなった。

コートは最初は吾妻コートという名でよばれた。被布とは襟のかたちや胸に飾り紐のない点などが違い、厚めの毛織物製のより実用的なものとなっている。被布とちがって純然たる外套なので、ここでも女性は墓地入口の茶屋でコートを脱いで預けている。

銀

料理屋の女将の結う銀杏返し。このころ——一九一〇年代、つまり明治末から大正初期以後、大人の女性の結う日本髪は、丸髷か銀杏返しにきまってしまった。丸髷は既婚女性——奥さんの髪で、これは堅く守られたから、あまり奥さんっぽく見えたくない女は、つまり水商売の女性などは、銀杏返しを結うより仕方がない。

銀杏返しはじぶんでも結える比較的結いやすい髪だが、また変化の多い髪で、結い方ひとつで粋にも野暮にも、若いひと向きにも、けっこう年輩のひと向きにもなるから、そういうむずかしさはあった。

【女優になりたい】

東天「女優葛子（1）」、渡部審也画
『時事新報』1910（明治43）年12月17日

女

女優をヒロインとした新聞連載小説はこれまでにもあったが、女優誰々と表題に出した作品が二作現れたのはこの年が初めて。また、このあとにもない。川上貞奴の帝国女優養成所が発足して一五人の女優が誕生したのは一九〇八年（明治四一年）だった。

初めのうちの、女優に対する偏見はひどかった。それは本作品の冒頭、この日の本文でもわかる。「そんな学校へ入る者は、堕落女学生か、芸妓のなりそこない（……）」と反対する伯父の言葉はたぶん世間一般の通念だったろう。女学校の卒業を前にして、まだ肩揚げのある羽織を着ているヒロインは堂々と正論を吐いている。

頭の束髪は小さめで廂髪というほどではない。二百三高地のなごりのまだ残っている髷の根元にリボンを巻いているのは、一〇代の娘がだれもしていたことだが、わりあい控え目な大きさであることはこの娘の性格を表している。

一九一一／明治四四年

【便利な被布】

便

ストーリーとそれほど関係のない二〇歳前の令嬢。「御召の襲《かさ》ねに、紋羽二重の被布、手にもいくつか指環が光って」というのは、一〇代の娘とすればこれ以上はないすがた。襲《かさね》衣裳はおなじかたちのきものを、二枚三枚、打ち合わせは一枚のきもののように重ねて着る方法。次第に正月などの礼装となったが、この時代はまだ気張った外出着としても生きていた。上に重ねた被布は、特殊な形の小襟と胸の紐飾りとで、コートとの区別がつく。羽織と同じように家のなかでも着ることができる。髪は束髪。廂髪の時代だが前髪や髱《たぼ》（後ろ髪）の出し方、全体の恰好、髷の大きさなどはひとによってずいぶん違う。この女性は髪結いで結ってくるので、新しい傾向を早く採り入れやすいのだろう、前髪の突き出しがかなり小さくなっている。

東天「女優葛子（37）」、渡部審也画
『時事新報』1911（明治44）年1月22日

お

女ふたりが身の上の愚痴をこぼしあっている。この女性は一勝負を企んで朝鮮に渡った夫について行き、さんざんな目に遭って帰国した。

田口掬汀「家の柱（14）（3）」山本英春画
『大阪毎日新聞』1911（明治44）年3月15日

【刑務所】

【おしゃべり】

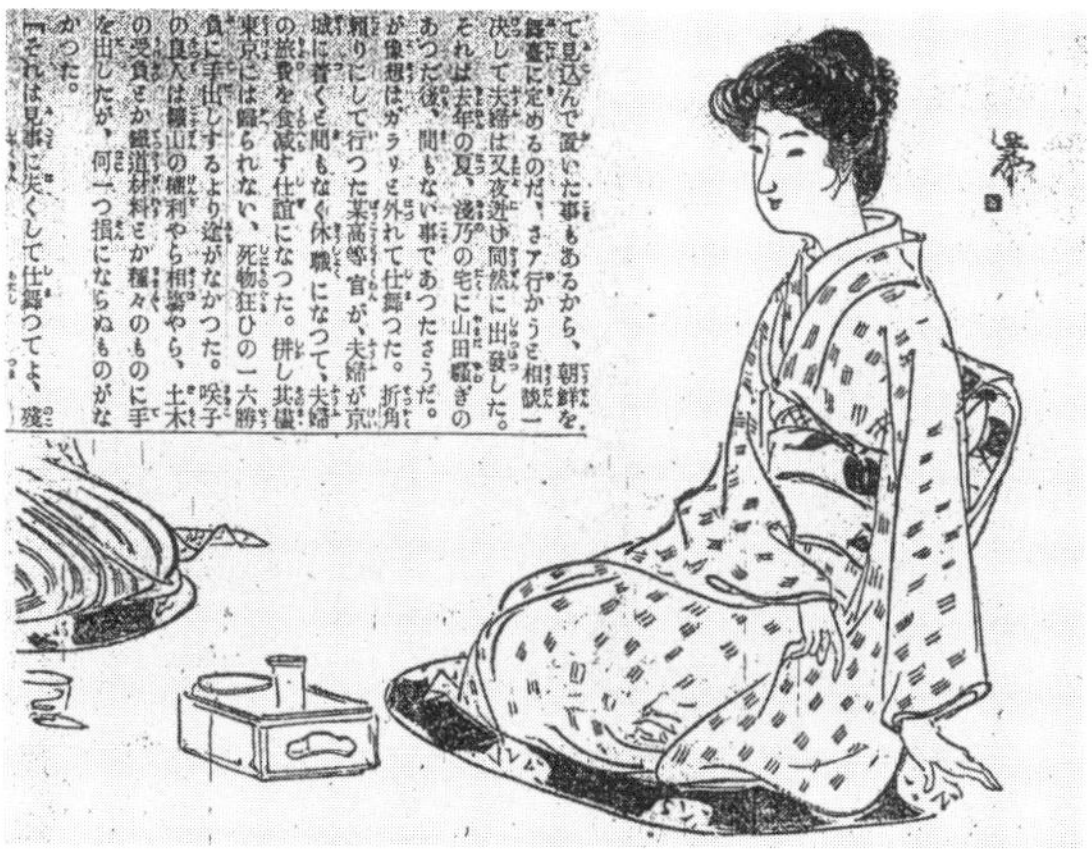

しかし山本英春の描く女性は間違いなく浮世絵系の特色は持っていながら、児童画のような甘さがある。後ろに手を突いて上半身をやや反らし、袂をなぶるのは、畳の上で女性がよくする気を許したポーズ。束髪はいくつかの塊に分かれているようにも見え、すでに七三に向かっている。

刑

尾島菊子「父の罪(17)」『大阪朝日新聞』1911(明治44)年4月7日

娘が父親に会いに行ったのは当時西巣鴨にあった巣鴨監獄で、一九二二年（大正一一年）に巣鴨刑務所と改称されたあとは監獄というい方は消滅した。

娘は女学生らしく袴をはいているのだが、羽織とショールに隠れてこの挿絵でははっきりしない。「髪はマーガレットで、太い三つ編みの首筋のあたりに、鉄お納戸色のリボンをつけたハイカラな」とあるのに、挿絵ではその三つ編みが洗い髪のように見え、これはやや粗漏な絵といわざるをえない。マーガレットは本来、束髪のごく初期——一八八〇年代に結われた古いスタイルなのだが、長い間あまり結うひともなかったため、かえってハイカラに見えたのだろうか。

【藪入り】

藪

尾島菊子「父の罪（72）」
『大阪朝日新聞』1911（明治44）年6月3日

お盆の藪入りに実家に帰るため、市電に乗り込んだ商家勤めの姉弟。藪入りは正月一六日の方がよく知られているが、正月と、七月のお盆との二回あった。関西のお盆は新暦になっても旧暦の月遅れの八月が続き、ほかのことと違ってこればかりは関西の方が根強いようだ。

数え一一という弟は、「黒っぽい手織縞の見るから暑苦しげな格《がら》にない角袖を着て、小倉の帯をちょきんと結んで」とある。ここでいう角袖とは丁稚小僧などがふだん着ている筒袖でない、袂のついたきものという意味だろう。手織縞は故郷の母親の手紬手織とも思われ、呉服屋の商品とはちがう、丈夫でいくぶんゴワゴワした手触りのもの。この日に間に合うよう、仕立てて送ってくれたものかもしれない。

その姉の一二の下女の結っているのは、「周りの引っ詰めた風も格好もない頑固らしい銀杏返し」。銀杏返しはだれにでも、もっとも幅広く結われた髪だが、それにしてもこの年くらいがぎりぎりの下限だろう。

お

白頭巾「早涼（1）（2）」、野田九浦画
『大阪朝日新聞』1911（明治44）年9月9日

温泉宿の遅い朝。どてらの前がはだけそうにだらしない兵児《へこ》帯《おび》の締め方をして、歯を磨いている若いパトロン。起きぬけに歯を磨いて食事を摂るという習慣が、一部のひとのあいだ

【おしゃくとパトロン】

【庶民】

で食後の歯磨きに変わりはじめたのは、第二次世界大戦後の一九六〇年代といわれる。

いっしょに泊まった女はまだ桃割れの雛妓《おしゃく》。それで「桃割れに似合わぬませたことを云った」という台詞も出てくる。この時代になるとふつうに結われる日本髪の種類が少なくなり、何歳では何の髪、ということがそれ以前より固定化しはじめている。そのことがまた日本髪離れを促したともいえるだろう。

篠原嶺葉「盲少佐《めくらしょうさ》（75）」、鈴木華邨画
『山陽新聞』1911（明治44）年12月16日

庶

女連れの外国人の馬車が日本の軍人を轢き倒し、それが故意のように目撃された。うやむやにしようとする警官に向かって、目撃者が抗議し、さらに見物の野次馬がけしかける。群衆を描くときは挿絵画家の日常の経験、知識がベースになって、ここで言えばそのあたりの通行人の、いわば標準的なヴァリエーションがつくられる。着衣のほぼ見てとれる者八人中、羽織を着ている者一名。股引半天着が二名。前掛け拵えの丁稚風が一名。半数の四名が鳥打帽で、あとは無帽。

【結婚写真】

【姐御と芸人】

結

渡辺霞亭「縺《もつ》れ糸（16）（7）」
『横浜貿易新報』1911（明治44）年9月5日

新郎新婦の写真で、著名人だったから二、三の新聞に掲載された。挙式は日比谷の大神宮、その続きに新橋の花月で披露宴を催した。この手順はすっかり現代の標準になっているが、ただ新婦がいわゆる婚礼衣裳でない点が異なる。打掛けをほぼ決まって着るようになったのは第二次大戦後のことで、それまでは花嫁衣裳でもっとも目立つのは角隠しだった。しかし日本髪から束髪に、女性の髪型が大きく舵を切ったとき、当然束髪の花嫁が現れ、然し当時の廂髪に角隠しは奇妙だったから、この写真のような結婚写真が生まれた。物足りないというためか、当時流行だったヴェールを被った花嫁も多い。

姐

江見水蔭「高麗男《こまお》（10）」
『東京朝日新聞』1911（明治44）年6月18日

いままでの島田を壊して束髪に結い変えた女。姐御といわれるような稼業の女で、仕事の内容次第で奥様になったり、お嬢さんになったり、芸者上がりになったり――。髪型だけでなく、着るもの、持ち物、着こなしなどに世間の固定観念がつよかったので、化けるのが容易だった。もっとも、日本髪を壊して束髪にするのはかんたんだが、逆はむずかしい。

いっしょの芸人は鳥打帽に夏外套。この外套は二重外套なので浴衣の時期には暑そうだが、女性の吾妻コート同様、最初の羅紗地から、この時代には夏羽織のように薄い地のものができ

【私服刑事】

【勝手口から】

ていた。

勝

東籬庵「影絵（44）」
『都新聞』1911（明治44）年8月19日

本文の内容と挿絵とはずれていて、描かれているのはよばれた芸者が料亭のお内証で挨拶し、これから上がってお座敷に向かうところ。芸者の衣裳は、「秋草の裾模様ある絽縮緬の紋付、銀紗に宮城野の萩を透かした帯」とある。芸者の衣裳はお座敷での話題の提供、ということもあって、心遣いが必要だった。

芸者置屋の名の入った提灯を下げ、三味線を担いでいるのは芸者屋の若い衆で、箱屋とよぶ。尻を端折って、角帯を小粋な神田結びかなにかにしている。芸者や幇間《ほうかん》はお客ではないから料亭の玄関からは入らない。

私

伊原青々園「火の玉小僧（3）」、井川洗厓画
『都新聞』1911（明治44）年10月7日

東京浅草の天麩羅屋の調理場。昨夜の放火犯がこの店で食事をしたらしいというので、私服刑事が料理番と女中にはなしを聞いている。刑事は紺絣の羽織に縞のきもの、鳥打帽をかぶって袴をはいている。袴はこの絵では見えないが一八八六年（明治一九年）に刑事巡査は角袖、つまり和装の場合、かならず袴をはくきまりになった。そのため明治時代の捕物劇では、刑事はすべて鳥打帽に袴、そして靴ばきすがたで描かれている。

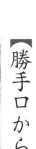

【帝国劇場】

帝

どたう庵（江見水蔭）「黒光（52）」、渡部審也画
『時事新報』1911（明治44）年12月22日

初めて帝国劇場に連れてこられた漁村育ちの一六になる女中。なにを見ても夢のなかの御殿のようでおどおどするばかり。その感じがポーズによく出ているが、表情は渡部審也のいつもの顔。奥様お嬢様たちはもちろん盛装していて、女中も「頂戴の銘仙に、それから母が急に仕立て直ししてくれた擬《まが》博多の帯、それも大分古いのを締めた」。銘仙は中以上の家庭の女性のふだん着だったが、女中の晴着というと銘仙にほぼきまっていて、奥様のお下がりが多かった。帯は締めているうちに筋切れがしてくるから、そのときは仕立て直して弱った部分をうまく隠す。きもの一般におこなわれた仕方で、経済的にきものの強みとされた。

後ろに立っているのは案内嬢。最初は恰好も呼び名も一定せず、しかしめずらしがられて新聞紙上で品評の対象になったりしている。

【大正】

一九一二〜一九二六年

一九一二／明治四五／大正一年（七月三〇日改元）

【裁縫箱】

【還俗】

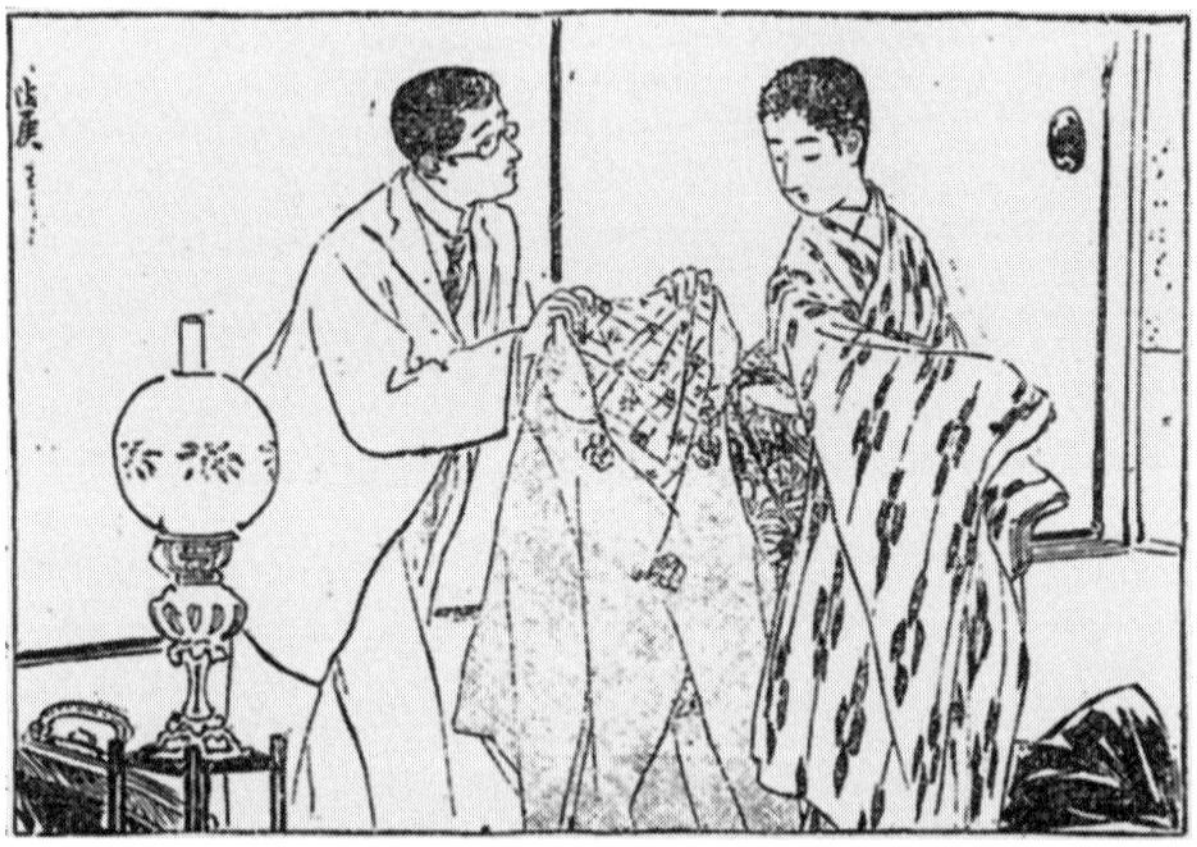

裁

田口掬汀「北の国（17）（3）：子爵家（1）」、山本英春画
『大阪毎日新聞』1912（明治45）年2月29日

以前は北海道でも指折りの牧場経営者のひとり娘だったが、土地も家財もつぎつぎと人手に渡り、「衣服も手づから縫わねばならぬ、子爵の令嬢ともあろうものが、時には補綴《つぎはぎ》の針も動かした。芸は身を助くる不仕合わせが来て、学校の手工科が飛んだ役立ちをして呉れた」というお嬢様。それでも残った邸の襖、裁縫箱は由緒ありげなもの。

彼女は東京の女学校を出て、久しぶりに零落した故き郷の家に戻ったところで、大きな髷のある廂髪の束髪、きものの上に羽織っているのは小紋の被布。胸の菊綴じ飾りが房になって垂れているのは、高価な品だったのだろう。

還

遅塚麗水「黒髪（61）：時雨の夜（3）」、井川洗厓画
『都新聞』1912（大正元）年9月9日

若い尼僧がひそかに寺を抜け出して還俗する。協力してくれる知人の家の一室で、いま、墨染の衣から令嬢風のすがたに着替える。「葡萄鼠の袷衣、同じ被布、乳黄色の頭巾《ヴェール》、綾博多一本独鈷《どっこ》の帯、長襦袢、肌衣、足袋、朱珍の鼻緒の両刳の駒下駄」。これで、「誰が見ても貴族方のお姫様」のすがたになる。いま

【はやりのヴェール】

【中学生】

男が手に持っているのは被布。小襟とよぶ半月形の襟と、桜の花の形の組紐飾りが特色。

「被布姿は一段の艶色を添えたのであった」というように、流行の吾妻コートなどと比べると、やや古風な雅やかさのあるもの。この挿絵ではヴェールをかぶっていないが、お高祖《こそ》頭巾がもう過去のものになったあと、三越などの宣伝によって一時的にヴェールが流行した。ちょうどその初めの時期にあたる。このあと、女性が顔を隠すようなかぶりものを用いることはなかった。

は

柳川春葉「女一代（12）：霜の声（1）」『報知新聞』1912（大正元）年12月7日

ヒロインの女優。着ているのは襟の構造から見てコートではなく被布のようだがはっきりしない。ヴェールはもちろん西洋の真似だが、ある帰朝者が推奨したのを三越などが採り入れて、それが大衆に受け容れられた、という経緯のはっきりしている事例。

中

河原紅雨「母の密秘（1）」、小寺柳村画『朝刊中央新聞』1912（大正元）年10月15日

福島駅のホームでの見送り。父親の急逝のためもあり、中学の学業をあと半年余して、東京の伯父のもとに旅立つ兄とその二、三歳下の妹。妹の姿はここにはなく、右端に半身の見えるのは老婢だろう。その隣の、送られる主人公のみなりについては、「飛白の着物に小倉袴を着けた」とあるだけ。この時代の

【風呂上がり】

中学生と言えば、学生服以外、十人中おそらく七、八人迄はこの恰好で、それは見送りの青年を見てもわかる。主人公はこのほか対《つい》の羽織を着、五分刈り頭に学生帽、足には紺足袋に朴歯の下駄、というのが定番。また左端の青年のように、Yシャツのカラーとカフスが着物の襟元袖口から覗いている、というのもよく見る例。

怒濤（江見水蔭）「鏡と剣（86）」、八幡白帆画
『朝刊中央新聞』1912（明治45）年3月3日

風

宿屋の風呂から上がり、板の間で手拭を絞っている女。肩流れに大きな絞り柄の浴衣をふわりと羽織り、髪は束髪。主人公の役者がなにも知らずに風呂場の戸を開けて、義理の悪いこの女性に鉢合わせになった。男女の混浴はきびしく禁じられていたが、温泉や、田舎の宿では、昔どおりの入れ混みがふつうだった。女客のなかには、男客といっしょになるのを嫌って、ひとの寝静まった夜更けに入浴する者もいたが、またそれを狙って、夜中に風呂場を訪れる好き男もあったようだ。

岡本綺堂「飛騨の怪談（14）」
『やまと新聞』1912（大正元）年11月26日

銀

飛騨路の小さな宿場町。小料理屋のふたりの酌婦。年は二二、三と二〇ぐらい。年上の女の方は東京からの流れ者らしい。髪はふたりとも銀杏返し。明治後半になると二〇歳を過ぎた女の結う髪は既婚者の結う丸髷でなければ、銀杏返し以外になくなってしまった。

【銀杏返し】

【九重巻とお釜帽】

こういう商売の女はみんなお互いに結い合うからいいが、髪結いなどのいない小さな宿場や集落では、ずいぶん変な、名前のつけようのない髪もあったにちがいない。黒繻子らしい帯に巻いた帯締めが斜めなのは粋風、ということになっている。

江見水蔭「脱線（36）」、右田年英画
『東京朝日新聞』1912（明治45）年3月20日

九

男爵令嬢の結っている大きな束髪を九重巻といっている。一口に束髪というがその上に載せる、あるいは後ろに下げる髷の処理の仕方にはヴァラエティがあって、いろいろな名前が残っているが、具体的にはほとんどわからない。令嬢の年頃は一六、七、「ユーゼーシオル、御召コート、手袋の飾りにさえ真珠が光る」という贅沢な身なり。「ユーゼー（UZ？）ショール」は商品名か。このころの吾妻コートは最初のうちの毛織物の防寒衣料から、御召や薄物までを用いたおしゃれ着になっている。

紙屑買い、つまり屑屋のかぶっている「釜型帽」は、夏に主に子どもが日除けにかぶるいちばん安価なかぶりもので、ふつうは「お釜帽」とよんだ。

【袖にくるんで】

【七三《しちさん》】

袖

平山蘆江「垣一重（51）」、谷口清香画
『日出新聞』1912（大正元）年10月3日

東京下りと称する女歌舞伎一座、賑やかな町廻りをすませたあと、花形役者のひとりが小屋から二、三間離れた宿へ小股走りに向かう。この役者、前身は東京で名の聞こえた芸者だった。髪は鬘下地、眉を落としている。派手な楽屋着の上に肩がずり落ちそうに着た黒縮緬の紋附羽織、手先を羽織の袖にくるんで見せないのは女形の心得。その袖の先で羽織の前を軽く押さえているのもひとつのすがた。

七

柳川春葉「生さぬなか（131）：暖炉（1）」、鰭崎英朋画
『大阪毎日新聞』1912（大正元）年12月27日

東京築地、某富豪の邸の女主《あるじ》。豊かな家庭のまだ四〇にはならない奥様。鰭崎《ひれざき》英朋の描く女性は大正期を代表する妖艶な美女。初期の彼の作品はあきらかに狐目おちょぼ口の、それまでの浮世絵系美人のタイプに忠実だったが、柳川春葉のこの人気作品が延々と続くあいだに、挿絵を担当した彼は、さまざまな大胆な試みをして成長している。

三〇代のこの奥様は流行の束髪で、ぜんたいが大きくふくらんだもの。その大きさはこのころが極点に達した。この大きさであると、その上にもうひとつ技巧的な髷をつくることは無意味になる。むしろ前髪や鬢《びん》の毛の上げ様に工夫が生じた。夜会巻などはそのもっとも成功した例で、分け目、カール、毛束の重ね方などに、従来の日本髪とはまったくちがうアイデアが見

【風船のような束髪】

られる。この奥様は、豊かな髪を額の上で七三に分けていて、明治が大正と変わるちょうどそのあたりに生まれた、この新しいスタイルをさっそく反映している。

徳田秋声「血縁（93）」、野田九浦画
『大阪朝日新聞』1912（明治45）年4月3日

風

妊娠していることをまだ大っぴらにできない今、親の病気の報せに思い悩む。被布を着たらわからないと男はいうが、女の方はそうはいかないという。女の眼、とりわけ経験のある女の眼は、妊娠している女のちょっとした立ち居動作からも、ピンとくることがあるらしい。

襟を抜くどころか、襦袢もきものもボトルネックのように詰めて着る着方が、このころにはあった。半襟が胸元を、Tシャツのように塞いで見えることさえある。その胸元に手を差し入れるのは思案のポーズ。

束髪は大きくなって、よほど毛の多いひとでないかぎり、大量の梳き毛を入れて膨らます。大きな束髪は、女性の顔も首も、小さくほっそりと見せる効果があった。

一九一三／大正二年

【煙管《きせる》をもつ女】

【坐り勝手】

煙

小島孤舟「怪美人（17）：女審判」
『国民新聞』１９１３（大正２）年１月10日

さまざまな場面に登場して、意表をつく行為をする文字どおりの怪美人。この日は日米対抗野球試合の審判をやらせて欲しいと申し出、慰労会の費用として大枚二百円を差し出した。

女性の束髪はなかに物を入れてこの大きさにしている。最初のうちは金属製の輪状のものを使ったが、このころには主に梳毛《すきげ》を使い、それを「あんこ」などとよんでいた。着ているのは被布とコートの中間のようなコート。襟はコート風で、ただ被布と同じような組紐飾りを胸につけている。

手に持っている煙管《きせる》はもちろん携帯用で、男なら腰提用の煙草入れに入れるが、このころは巻煙草が普及したため男性が煙管を持って歩くことがなく、煙管はもっぱら家庭での女性の使用が中心だった。人前で煙管を取りだす女性はあまり良い素性のひとではない。

坐

江見水蔭「水蜜桃（38）」、宮川春汀画
『読売新聞』１９１３（大正２）年10月17日

ヒロインの娘が、すり鉢で鰯のつみれをつくる叔母の手伝いをしている。田舎のかなり大きな百姓の台所。まな板も床に置

【女学生】

いてあり、関東地方なので坐り勝手らしく、水しごとや料理拵《こしら》えの多くはこの恰好でやることになる。叔母は全体に小さな五、六〇代の女の丸髷、娘の髪は廂髪の束髪。

女

江見水蔭「水蜜桃（57）」、宮川春汀画
『読売新聞』１９１３（大正２）年11月11日

横になっているのは、亡き親友の妹の面倒を見ている男性。二〇歳近くになって女学生生活をはじめた娘は、「束髪に海老茶の袴、先日の島田の時とはすっかり違って居る」というように、日本髪と洋髪とちがって、日本髪と束髪はコンヴァーチブルなのが便利で、また楽しくもあったろう。娘の束髪は前の突き出た廂髪、また髱《たぼ》（後ろ髪）もずいぶん大きいため、女学生としては抜きすぎるくらい襟を抜いている。その髱の大きなリボンはいかにも女学生らしい。

女性の帯の大きなお太鼓結びはお尻を隠すため、というひとがある。帯を締めていないこの娘の、袴の背面の膨らみを見ると、それも一理あると思われる。

【編み笠】

編

米光関月「女相場師(17)」、井川洗厓画
『都新聞』1913(大正2)年7月17日

夏とはいえ、夜の一〇時過ぎというからずいぶん遅い時間に、日本橋の水天宮のそばの道脇に、店を広げている貧しげな絵師。編み笠で顔を隠している。笠にもいろいろあるが、藺草《いぐさ》で編んだこのタイプの笠は顔を隠すのが目的で、現代では阿波踊りの踊り手が印象的。顔を隠すといっても、虚無僧のかぶる深編み笠のように大きな、仰々しいものではなく、かぶりようではちょっと粋にも見えるので、踊り子や女門付けなどが使った。

『東京風俗志』(1899-1902)に、一八九一、九二年(明治二四、二五年)頃、元禄笠というものが流行って、いまも花見時にはこんなものをかぶって往来する者がいる、とあるのはこの編み笠だろう。しかしこの絵師の場合は、そんな粋な目的でないことはいうまでもない。

大

根本吐芳「裸(4)：冬の海辺(4)」、右田年英画
『東京朝日新聞』1913(大正2)年2月18日

九十九里に面したある漁港の網元の旦那。旦那が羽織っている派手な長半天は大漁着。ふつうは万祝《まいわ》いとか間祝いとかよぶ。褌《ふんどし》一本の上に羽織るもので、綿入ではあるが実際にはこんなに嵩の高いものではない。地色は大海を思わせる青——紺青色が多く、ひとつひとつの柄はたいていは悪趣味だともいえるが、漁師たちがこれを着て浜に並ぶとけっこう壮観。祝い着なのだから、ふだんこんなものを着て歩く人間がいるものだろう

【定番の股引】

【大漁着】

か。かぶっているのは毛糸の正ちゃん帽。

定

根本吐芳「裸:海獺島《あしかしま》(8)」
『東京朝日新聞』1913(大正2)年5月8日

流れてゆく舟を目指して、暴風雨の海に飛び込もうとする若者。男の身体の筋肉の描きようがまずいために、長袖の白いシャツでも着ているように見えるが、下ばき一枚である。男性の下ばきはふつう猿股といった。半天着の男たちの下半身には股引か半股引が用いられ、膝下まではある半股引より短いものが猿股で、事例は少ないが江戸時代からあることはあった。

猿股が絵のなかに出てくることは稀だが、明治時代の例ではたいていがこの挿絵のような太い横縞だ。猿股はごくゆるい仕立てで、メリヤス製が多く、トップに通した細紐で締めるようになっている。これはおなじ時代の男女海水着と共通する。越中褌《ふんどし》に慣れた男性がゴム紐のパンツをはく前に、このタイプの猿股の時期を経た。

一九二〇年代(大正後半~昭和初め)以後、衣料にゴムが盛んに使われるようになると、ゴム紐入りの猿股が現れる。いちいち紐を結ばずに済むので便利なのに、なぜか大人の男は戦前は紐結びを好む傾向があったようだ。ゴム入りのパンツをはいたのは、太平洋戦争以前はほとんど子どもだけだったかもしれない。ゴム入りの猿股はもっぱら男の子用で、子どもはパンツとよんだ。

一九一四／大正三年

【姉さんかぶりに襷《たすき》がけ】

【洗い張り】

姉

田山花袋「春雨(15)(1)」、勝田蕉琴画
『読売新聞』1914(大正3)年2月24日

旦那に落籍《ひ》かされた芸者が、小料理屋を買い取って芸者屋をはじめる。その引っ越しの手伝いに来たヒロイン。彼女は最近芸者をやめたところ。襷《たすき》がけで裾端折り、髪はなんだかわからないが、髱《たぼ》(後ろ髪)のかたちからたぶん芸者島田だろう。姉さんかぶりは洋髪などより、鬢《びん》の張った日本髪の方が恰好がいい。襷がけでも裾を上げても、芸者稼業の女はどことなくすっきりしている。それはちょっとした着こなしと、体つきのせいという。

洗

志木生(秋元巳太郎)「終りまで(1)」、井川洗厓画
『都新聞』1914(大正3)年2月10日

張物をしている下町風の女房。縞のきものに幅の広い掛襟をし、派手な柄の半襟を見せ、黒繻子の帯をお太鼓に結んで、大きな丸髷を結っているのは、それほど苦しい暮らしではない。丸髷を素人の手で恰好よく結うのはむずかしい。人妻はみんな丸髷といっても、だれか器用なひとに結ってもらった素人の丸髷は、こんな恰好のよいものにはなりにくい。

関東での洗い張りは伸子《しんし》でなくみんな張板を使う。もちろん

【掻巻《かいまき》】

【袴】

木綿ものだけだが、一口に絣のきものといっても、ぱりっと糊のきいたものを家中の者に着せるのは、ずいぶん手がかかる。
　女の子の髪は上の方の髪を上げて縛り、下の方は下げているオカッパ。断髪の入ってくるまでの少女のオカッパというのは、このスタイルが多かった。

志木生（秋元巳太郎）「終りまで（31）」、井川洗厓画
『都新聞』1914（大正3）年3月12日

掻

風邪で床についている娘の枕元に、幼い妹が継母に腕をつねられたと訴えにくる。女の子のあたまはこの時代のオカッパ。娘の髪は廂髪の束髪。束髪は結いようによっては高枕の必要はないが、この娘は髱《たぼ》（後ろ髪）を日本髪のように長く出しているので、高枕の方がよいのだろう。
　掛布団はまだ掻巻《かいまき》がふつうで、肩を通して首回り部分に黒ビロードと、二重に襟がかかっているが、それでも手入れがしにくく、清潔面から、第二次世界大戦までには掻巻はほとんどすがたを消している。敷布はすでに普及していたが、縦方向に巻き込むだけ。確かにこの方が布団の柄を楽しめる。

佐藤紅緑「光の巷（19）：第一歩（7）」、石井滴水画
『読売新聞』1914（大正3）年4月21日

袴

この作品はこの時代に多かった女優もの。この日は貧しいヒロインが心を決して女優学校に入学する日。学校というので袴をはいてきたらしい。「葉子は紡績飛白《かすり》に折目が袋になったよれよれの袴を穿いていた。羽織がないのでメリンスの汚れた細

【蚊《か》帳《や》の外で】

帯が腰の横から見えている。葉子は火のように顔が熱くなった」。

袴のそば（脇あき）——は広くあいているので、下に着ているものはよく見える。それがわかっていながら、なぜそんな汚れた細帯を使うのかというのは素朴な疑問だが、この時代のひとには、衣類を洗うという考えが、いまのひととは比較にならないくらい乏しかった。

寺沢金風「同い年(24)」、井川洗厓画
『都新聞』１９１４（大正３）年７月30日

蚊

吊ってある蚊帳《かや》の外、電気のコードを延ばして、腹ン這いになって手紙を書く女。巻紙に毛筆で書く手紙は、下が平である必要はそれほどないので、紙を左手に持ってさらさら書く——といった芸もある。

明治時代は子どもでもいないかぎり、机のない家庭が多かった。むしろ長火鉢のある家の方が多く、いまなら机の上でする作業を、長火鉢の狭い猫板の上でしたりした。硯《すずり》を畳の上に置いてこんな恰好をするのは見よいものではないが、衣類の手入れをはじめ、腹這いに近い姿勢ですることはけっして少なくなかった。女の髪は人妻の丸髷。

一九一五／大正四年

【小学生】

小

佐藤紅緑「虎公（22）：平民の娘（5）」、石井滴水画
『読売新聞』1915（大正4）年11月15日

「お母様只今、学校の風呂敷包みを畳へ置いて両手を突いて御辞儀をした時、房房とした前髪に幅広の白いリボンの蝶々がふわふわと動いた」。畳の時代には、家を出るとき、帰ったとき、朝起きたときに夜休むとき、親や主人への挨拶は、かなり下流の家庭以外はこうして畳に両手を突いてした。目上のひとに対して突っ立ったままの挨拶はずいぶん無礼なこととされた。

少女は小学生。通学鞄が普及するのはまだずっと後の時代で、学用品はきれいな柄の風呂敷包みにして胸に抱える。大きなリボンや長い袂とともに、それも少女が誇りに思う絵柄のひとつ。

【日本髪と七三分け】

日

黒法師（渡辺霞亭）「嵯峨野：妻と兄（8）」、石井滴水画
『読売新聞』1915（大正4）年6月22日

東京から帰って来た夫が、ひとの変わったように気が大きくなっている。それを危ぶむ妻と娘。長火鉢のかたわらの妻は膝の上に掌を重ねて硬い態度。髪は四〇前後の人妻らしい大きさの髷を持つ丸髷。すこし身体を曲げて片手を畳に突いている娘は、もう一方の手で袂の端をいじっている。娘の束髪ははっきりはわからないが、もう数年前までの廂髪とは違い、七三分けして、三の方だけをすこし前に突き出しているようだ。中年の女性にはまだ、かたちのきまった日本髪の多かった一方、束髪は早いピッチで変容を遂げていた。

このころの家庭には長火鉢のあるところが多く、暮らし向きの楽な家の主婦には、一日の多くの時間をそのそばにすわって、下女をあごで使って家事をこなしているひとも多かった。

一九一六／大正五年

【バーで一杯】

【割烹着】

バ

正宗白鳥「波の上（1）」、名取春仙画
『東京朝日新聞』1916（大正5）年12月16日

神楽坂近辺の小さなバー。この時代の新作落語にも、居酒屋がそのままで名前だけバーと変わった、という枕がある。居酒屋もバーも女は料理を運ぶだけで、酌はしないのが原則。

老人が手酌で飲んでいる図はわびしげなもの。老人の前の男は銚子を二、三本前にならべ、浴衣の袖をちょっとたくし上げて威勢がよさそうなだけに、不景気な素振りの老人が目障りなのだろう。夕暮れどきにこんな店で時間をつぶしている洋服すがたの老人といえば、勤め帰りの安月給取り——そう地位の高い人間ではなく、家に帰ってもあまり居場所のない人間と想像がつく。

割

菊池幽芳「毒草：お品の巻（13）：弟子入りの日（1）」、鏑木清方画
『東京日日新聞』1916（大正5）年7月26日

東京近郊の農村に、花卉栽培の手伝いと見習いに通いはじめた娘。一七、八歳の娘は桃割れに結っているが、横から見るとこの時代の束髪と区別がつきにくい。園芸農家は温室も持ち、かなり大がかりな規模の経営だが、べつにきまった作業衣の用意もなく、娘はじぶんの持ってきたエプロンをきものの上に着て仕事にかかる。そのハイカラなエプロンを経営者の母親は見

【古風とハイカラ】

外ヶ浜人「春の海(63)：恋ごゝろ(17)」、岡田九郎画
『時事新報』1916(大正5)年3月16日

たことがないらしく、「それがエプロというものけえ、洒落たもんだな、そんなもの汚すのもったいねえだな」などといっている。

家事用の割烹着が『婦人之友』誌上に紹介されたのが、この作品の三年前で、それとほぼおなじスタイルの娘のエプロンはまだめずらしかったのだろう。

「袖まであるレースつきの洋風のエプロン」とあって、作業衣というより女性の家庭着の印象がつよく、また女性が真っ白なものを上にまとうことも、この時代のひとの眼には新鮮に映ったにちがいない。

古

浜辺で烈しいやりとりをするふたりの娘。右の工場主の娘は相手を見下して居丈高な態度。廂髪の束髪がひどく大きく、相手にのしかかるような効果になっているのは画家の計算だろうか。

その工場で働く女工のひとりである左側の娘は、屈んだ姿勢で地面に指先をつき、精一杯抗弁している。小さくてわからないが、この娘の結っているのは、一七、八という年頃から桃割れか唐人髷だろう。ここでは日本髪を古風な庶民的風俗、束髪をハイカラな、金と暇のある階級のもの、としているのかもしれない。

一九一七／大正六年

【ゲートル】

【フロックコートと半天】

ゲ

渡辺霞亭「黒水晶：昔気質（3）」、名取春仙画『東京朝日新聞』1917（大正6）年4月18日

修学旅行中の中学生。学生服に学生帽は黒で、一年中黒の学校と、夏のあいだは鼠色に変わる学校もあった。遠足といっても水筒を持っている以外は、大体ふだんの通学服と変わらないはず。足に巻いているゲートルも、旅行のためにわざわざ購入することは考えにくいから、これもいつも巻いているのだろう。

ゲートルはいうまでもなく軍装の一部で、陸軍の下士官とそれ以下は、外出時、かならず装着することになっていた。一八七七年（明治一〇年）の西南の役がそのはじまりとされている。日本の学生服はほぼ軍装を真似たものだが、カーキ色のゲートルを、小学校高学年以上が通学にかならず巻くことになったのは、第二次世界大戦末期で、防空服装としてだった。

フ

小杉天外「七色珊瑚（2）（1）：葬儀場（2）」、池田輝方画『東京日日新聞』1917（大正6）年7月7日

政界にも知己の多い華族の葬儀に、いいがかりをつけに暴れ込んできた老人。このクラスの葬儀となると参列者の身なりは、「羽織袴にパナマ帽が多かった。中には爵位服、位階服の正装者も混じって、麗らかな初夏の日光は、肩章や勲章に眩しく反射した」とある。爵位服位階服といっているのは、勅任官奏任

【襟を抜く】

官等有位の高官について制定されたいわゆる大礼服で、一般人には、元朝の参内のほかは見る機会は滅多にない。

「親族席の後ろから、フロックを着た葬儀がかりの若いのが、バラバラと四、五人一時に駆けてきて（……）」とあるように、洋服の場合はフロックコートがふつう。乱暴者に直接手をかけているのは、「玉垣家と染抜いた仕着の半天の、紺の股引に麻裏草履を突っ掛けたのが、勇ましく飛んで来て」とある。車夫や出入りの鳶《とび》の連中だろう。

襟

長田幹彦「港の唄（93）（15）：（1）」、石井滴水画
『読売新聞』1917（大正6）年3月31日

大所帯の一家総出で江戸川堤の花見に行くその車中。縞のお対（羽織ときものが同じもの）を着た主人の隣はその女房。黒チリなどと略していわれる黒縮緬の羽織は、中年以上の人妻には一年中、慶弔にも、芝居や花見にも着られる重宝なもの。隣に座っている娘は寒がりらしく、ひとりだけショールをして、髪は鬢《びん》の恰好から束髪ではなく島田。

向かい合いの席、学生帽の主人公の隣はその妹。妹は向島の姉の経営する待合の手伝いをするようになり、見違えるほど垢抜けしている。「その日は姉のお譲りと見えて粋なお召しのきものに縞物の羽織などを着込んでいた。髪も芸者風な銀杏返しに結って、白粉《おしろい》のつけかたなぞも兄のところに厄介になっていた時分とはまるでちがって、頬から襟足へかけて際だった美しさをみせていた」。右手に日傘を突いて、左手のハンカチで口をぬぐっている。ひとり、襟をひどく抜いているのがわかる。

一九一八／大正七年

【坐り流し】

【門付《かどづ》け】

坐

小杉天外「二人傘（57）（9）：火の柱（1）」、石井滴水画
『読売新聞』1918（大正7）年2月20日

台所の流しで水しごとをしている娘と、そのかたわらで縁談のはなしなどをしている母。東京方面は坐り流しが多かったので、米をとぐのも茶碗を洗うのも、この絵のように膝を突いてするのはふつうだが、その流しの高さが畳とおなじなのはめずらしい。

母親はねんねこ半天を着ている。半天に袵《おくみ》がつき綿の入ったものを関東では「ねんねこ」という。子守用によく使うため。しかし衣類のなかではいちばん暖かいので、年寄りが家ではよくこれを羽織ったもの。

門

後藤宙外「霞七段（12）」、名取春仙画
『東京朝日新聞』1918（大正7）年3月16日

北海道は北見海岸から、目指す故郷の千葉県までの長旅の途中で旅費が尽き、にわか芸人になって門付けをして回る親子。親切なひとから踊りの手ほどきと衣裳を恵まれ、父親は白鼠の面と衣裳、幼い娘は大黒天の緞子の広袖と頭巾、打出の小槌という恰好で、行く先々の小料理屋などで、教わった福徳踊りを踊ってけっこう喝采を浴びた。楽しみの少ない開拓地の集落では、こんな他愛ない芸にも慰められるひとが多かったのだろう。

【居ずまい】

【おんな】

この種のものがたりの常で、親子の年が離れすぎている。娘のかぶっている頭巾は緋色で袋のように縫ってある抛頭巾風《ほうり》。本来は舞台の役者の挨拶や祭礼に用いたもの。また本文には狩衣とあるが、娘の着ているのは広袖の半天のようなもので狩衣ではない。

居

長田幹彦「不知火（２）（４）」、北野恒富画
『大阪朝日新聞』１９１８（大正７）年４月24日

要点だけを描いた略画だが、中年以上の女のある居ずまいの定型を捉えている。畳の座臥に慣れた女性は開いた両足のあいだに尻を落とし、前屈みになって膝にもたれるようなこの恰好で、何時間も座っていられる。後ろにもたれるという習慣がなかったので、この時代、座椅子はあるにはあったがあまり普及していない。

長ぎせるに煙草盆の刻み煙草を詰めながら上目遣いに相手をねめる、となると意地悪姑のおきまりのスタイルだ。この時代になると紙巻煙草が普及したため、男が外へ煙草入れを提げて出るということは本当に少なくなって、煙草入れは、職人と芸人ぐらいと女持ちしか売れなくなったといわれている。

お

野村愛正「懸賞小説一等当選 明ゆく路（２）‥幸福の嘆き（４）」、島成園画
『大阪朝日新聞』１９１８（大正７）年１月８日

女流画家島成園はこのとき二六歳。新聞小説挿絵の水準を抜いた気力――という意味は、技倆の高さというより、すこしも手を抜かない創造の意欲がここにはある。こういう作品と、一

【高枕】

筆描のように達者に描き流す作品とが、おなじ評価の報酬では割が合うまい。それにしてもここに描かれた女性の持つ雰囲気は、同時代の竹久夢二の描く女性のそれとよく似ていて、一九二〇年（大正九年）前後の日本の女の、ひとつの理想的イメージでもあったのだろうか。

　この日の本文には「黒目がちの眼が聡明らしく輝いていた。小さいながらに完全に近い顔だちには、飾り気のない束髪に結っているが、日本髪の方がよく似合いそうに思われた」とあるが、現代人の感覚からはむしろ、知性などとは無縁な、そして病的にまで繊弱な、愛玩品のようにも感じられる。

野村愛正「懸賞小説一等当選 明ゆく路（4）…秋の夜（6）」、島成園画
『大阪朝日新聞』1918（大正7）年1月19日

高

寝室を設ける習慣のない日本では、座敷に夜具を並べて敷き、ときにはそう親しい間柄でもないひとと枕を並べて寝ものがたりをする、という機会もめずらしくなかった。ここでは不幸な身の上の相手の涙に誘われて、心優しい友人がいっしょに涙を流す。挿絵の女性は嫌な相手のもとに嫁がなければならないのを嘆き、親を怨んでいる。

　女性の使っている高枕は日本髪の出っ張った鬢《びん》や髱《たぼ》（後ろ髪）を壊さないためのもので、束髪ではなくてもよいのだが、まだこの時代の女性は、高枕の方が慣れていたのかもしれない。寝ているときの束髪は座布団でもかぶっているようにかたちが崩れているので、毎朝起きぬけに、まずあたまの恰好を直さなければならない。

【新橋】

中村星湖「かくれ沼（2）」、池田輝方画『東京朝日新聞』1919（大正8）年10月25日

中村星湖「かくれ沼（11）」、池田輝方画『東京朝日新聞』1919（大正8）年11月4日

新

二〇歳過ぎの娘。「白っぽい真新しいネルの単衣に、繻珍か何かの贅沢な帯を締めた、小柄な、だがそう痩せていそうには思われない女が、琥珀のパラソルを畳んだまま片手に下げて」、ひとの門口に立つ。病身の母親に向いた家に転居しようと、知人の男性といっしょに郊外の新開地で空き屋を尋ね歩いている。この時代、女性の帯は、冬は繻珍、夏は絽繻珍にたいていはきまっていた。ネルのきものは明治の初めからこのころまで、主に夏のふだん着として好まれたもの。

髪はあたまにクッションを載せたような大きな束髪で、髷はすっかり退化してしまった。髷なしのこのあたらしいタイプの束髪を新橋とよんだ。髱《たぼ》（後ろ髪）の当たる辺にかならず簪《かんざし》などの髪飾りをつける。

一九二〇／大正九年

【旅】

旅

沖野岩三郎「魂の憂ひ（121）：暗黒（17）」、渡部審也画
『東京朝日新聞』1920（大正9）年5月21日

主人公が旅先で出逢った巡礼のものがたり。手前の若者——主人公は白絣のきものに袴をはき、頭にカンカン帽、蝙蝠傘の先にバスケットを吊して担っている。

巡礼は西国八十八ヶ所廻りのお遍路さんではなく、果てしのない放浪の旅をつづけている男。あてのない旅ではあっても、恰好は西国巡礼に沿っている。頭に菅笠、手に金剛杖、身には白衣、それに手甲脚絆《てこうきゃはん》はこの時代、旅行や山登りといえばだれもがした恰好。袖無しの白衣は笈摺《おいずり》ともいい、巡礼者は背中に南無大師遍昭金剛などと書く。

この男は袖を脱いで、背中に括りつけているらしい。背負っているのは、ほんとうの巡礼なら観音像などが入っているのだが、この男のは単にリュックサック代わりかもしれない。

一九二一／大正一〇年

【耳隠し】

【どてら】

耳

徳田秋声「断崖（1）：春の海（1）」、幡恒春画
『大阪朝日新聞』1921（大正10）年1月1日

ハイソサエティに属する世界に住む四〇近い人妻。夫は外務省勤め。軽い呼吸器病のため海岸の別荘で使用人相手のひとり暮らしが多い。髪を七三分けして軽いウェーブがかかっているのは時代の先端。しかもはやりはじめの耳隠しだが、両耳を隠しているのでおとなしい印象。

家での恰好を描いたこの挿絵では、小紋の羽織に縞のきもの、濃い色の半襟が、たぶん手入れの好い襟の白さを際だたせているだろう。湘南辺りに別荘住まいの奥様たちは、銀座の美容院へ行くのに一時間くらいかけるのはなんとも思わなかった。この時期はアイロンの使いはじめで、アイロンウェーブができる美容師は東京でもごくわずかだった。

ど

上司小剣「東京（14）：向島の朝（4）」、石井鶴三画
『東京朝日新聞』1921（大正10）年3月5日

二階で寝ていた娘が、寝巻の上から褞袍《どてら》を羽織って、帯もせずに下の風呂場へゆく。その後、「朝湯で美しく身じまいして、羽織と着物と対の可なり贅沢なふだん着に、ちゃんと様子を整えた小夜子は（……）」と続く。家族の起きる前に化粧して身じまいするのは妻の務め、と考えられたが、娘が朝湯に入って身じまいするのはふつうの家庭ではめずらしい。

寝巻の上に褞袍を羽織って歩くのも、家のなかでずいぶん気侭勝手にして

【座礼】

【襟白粉《えりおしろい》】

いる娘の証拠。確かに、西洋のナイトガウンに当たるものは日本では褞袍か半天になる。寒い朝などは、寝巻の上に褞袍を肩に引っかけて、その恰好のまま下に着ているものを着替えることもある。外に引っかけているものをそのままにして内側に着ているものを替えるのは、個室というものがない日本の住居では、女性が身につけなければならない技術のひとつだった。

座

上司小剣「東京(28):浜町の家(5)」、石井鶴三画
『東京朝日新聞』1921(大正10)年3月19日

娘を持つ親は、両親へか、娘目当てか定かでない、若い男の訪問には、いくぶん打ち解けない態度を見せるかもしれない。愛想が悪くはないが、よすぎもしない挨拶をして、両親は長火鉢の向こうに、置かれたように座っている。

男慣れのしていない娘は、これも硬い態度で挨拶している。娘のそぶりが硬いのは、結い慣れない銀杏返しのせいもあると作者はいっている。以前から結いたい結いたいと念願していた髪をやっと結うことができ、その銀杏返しが気になって、動作が強ばってしまうのはやむをえない。

女の座礼では、畳に突く手は人差し指と親指で三角を作るくらい。それに対し男が突く手はほぼ肩幅、となっている。だれひとりこの場にそぐわないふうはしていないのに、石井鶴三の描く情景にはおかしみがある。

襟

上司小剣「東京(36):浜町の家(13)」、石井鶴三画
『東京朝日新聞』1921(大正10)年3月27日

湯殿の鏡に向かって、諸肌脱《もろはだぬ》ぎでいま白粉《おしろい》刷毛を使っている娘、仕切りの障子を開けられて「あらッ」と、驚きの叫び声を上げる。和服の襟は多かれ少なかれ首とのあいだがあいているため、首筋から背中にかけてかなり濃く

【女中さん】

白粉を塗る習慣が日本にはあった。きものに白粉がつくのを怖れ、襟白粉を塗るときは上半身をむき出しにするのがふつうで、人目をはばかり、たいていはだれもまだ起きないうちに済ませた。
　銭湯では、顔の化粧は家に帰ってからとし、襟だけは真っ白に塗って帰る女性が多かった。襟を詰めて着る習慣が若い女性のなかで広まるにつれ、面倒な襟白粉を塗らないひとも多くなった。この時代はちょうどその過渡期で、顔は真っ白、襟首は真っ黒と、老人からの悪口が絶えなかったもの。

吉屋信子「海の極みまで（5）：桜散る日（5）」、蕗谷虹児画
『東京朝日新聞』1921（大正10）年7月14日

女

大家の下働きの女中。女中のタイプも一様ではないが、これは田舎の農民の出、いわゆる山だし娘の例。「体量は一六貫を優に超ゆるであろう。まん丸くころころとしかもどっしりと面白いようにふとった娘（……）血色好くふくれた頬はポンチ絵のおさんの図によくある模範型なもの、けれどもその髪の毛は黒く艶々と美しい、それを無造作な田舎風の銀杏返しに結ったまま、手織の双子縞に肩をいからして木綿更紗の帯をペチャンと結んだが、これは奥様から拝領したらしい白いキャラコのヒダまで取った前掛けがちょっと取ってつけたようで目立っておかしい」、そして「金坪眼《かなつぼまなこ》（小さな丸い眼）をきょろきょろと（……）」とある。
　一方でこの時代、地方旅行した医療関係者が、都会と比べて農山村の若者の顔色の悪さをいい、それを栄養不良のせいではないかと指摘している例もある。

一九二二／大正一一年

【鳥打帽】

【ブルーカラー族】

鳥

菊池寛「火華（122）：兄と恋人の間（9）」、渡部審也画『東京日日新聞』1922（大正11）年7月25日

労働争議を扱うのはプロレタリア作家だけではない。もっぱらブルジョワ遊民の生態を描いている菊池寛にはめずらしい、労使の対立と憎み合いが背景となっている作品。妹が社長の息子と恋仲になっていることに腹を立てた男が、力ずくで妹を引っ立ててゆく。

鳥打帽は明治中期から商店員などに広く愛用されていたが、この時代になるとブルーカラーの制帽のように流行し、しかもそれは世界的だった。外に出るにはかならず帽子をかぶるもの、と信じられていた時代、いちばん安いのが鳥打帽だったためだ。

汗臭そうな白絣の単衣の前をはだけ気味に着て、鳥打帽に下駄ばきというと、立ち飲み屋でもあまり好いお客には見られない。それでステッキでも持てばべつかもしれないが。

ブ

菊池寛「火華（146）：勝利者は誰ぞ（7）」、渡部審也画『東京日日新聞』1922（大正11）年8月18日

労働争議中の一部の男たちが、社長の自宅を訪れる。工員のひとりが社長令嬢と面識がある、ということを頼りにして。職種はさまざまだが人夫人足とよばれる単純肉体労働者とも、股引半天着の職人とも違う、工場勤めのいわゆるブルーカラー階級のひとびと。フォーマルウエアや背広類に比べて、カジュアルな洋服の服種は少ない時代だったため、それぞれに勝手気ままな

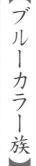

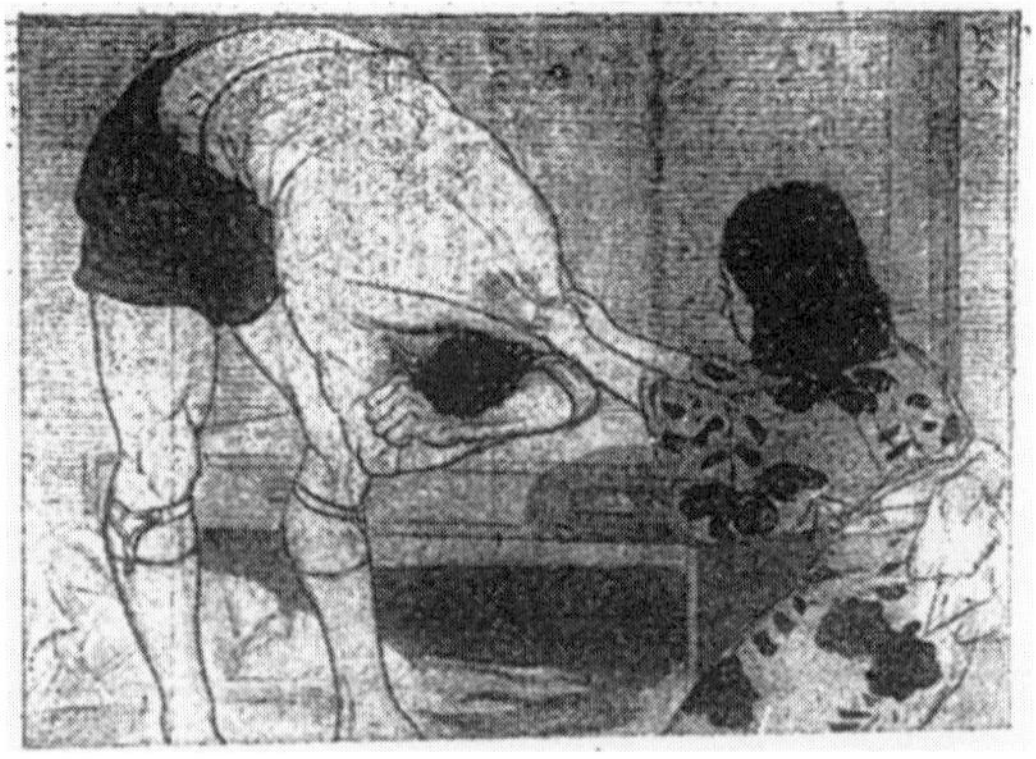

【さあ、おにいちゃま】

【パリモード】

恰好をしている。おそらく古着屋の吊しから値切り倒したようなものばかり。

長田幹彦「永遠の謎（40）（5）：（4）」、幡恒春画
『大阪朝日新聞』1922（大正11）年8月1日

さ

夏の盛り、勤め帰りの若者がこれから行水をするため、汗まみれになったシャツを脱いでいる。内風呂のある家は少なかったから、ベトベトした身体のまま夕餉の膳につくのが嫌なら、銭湯へ行くか、家で行水をする。

東京の銭湯の値段――湯銭はこのころ四、五銭だったので、毎日、それも家族みんなが入るとなるとそこそこの中流家庭でも馬鹿にならない出費になる。だからかなり無理な場所でも行水をする家が多かった。

小さい妹が引っ張っているシャツは、ひじより先まであるように見える。欧米から入ってきた衣料にはノースリーブとか三分袖といったものがほとんどなく、あればそれはスポーツウエアぐらいだった。

小杉天外「二つの太陽（後篇）（116）（1）：三年祭（3）」、伊東深水画
『国民新聞』1922（大正11）年4月29日

パ

伯爵家の夫人。某宮家の招待から帰ったところ。訪れた母親と邸内のベランダで、親しく交際している妃殿下の噂をしている。着ているのは一九二〇年代後半のパリモードと変わりないアンティウエスト。

母親は「いまの間に着換えたらどうですね、いつまでそうやってもいられないでしょう」といっている。これはアフタヌーンドレスに当たるのだろう。大きなペンダントの下部がベルトあたりまで及んでいて、後ろの建物の一部といい座っている家具といい、日本離れしたこの舞台でなら、ポワレルックのこのすがたは、顔が東洋人であっても不自然さはない。

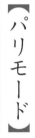

一九二三／大正一二年

【洋風生活】

【きものファンタジー】

洋

竹久夢二「岬（38）」、竹久夢二画
『都新聞』1923（大正12）年10月25日

ひとりの姉だけを頼りに生きてきた娘。その姉が勧める身の振り方に疑いを持ち、モデルとして働いていた画家たちとの交わりに救いを感じている。フローリングの上の洋風生活は最初はごく上流階級だけのものだったが、この時代になって中産階級のなかでも洋風の一間を作ることがはやりだした。その先駆けのひとつは絵描きなどのアトリエだったろう。

冷たい木の床に色物の絨毯とスリッパ、日本人の嗅覚には異質の油絵の具の匂い、裸体や、半裸体の人間――そういったモダニズムも、ひとの感性を知らず知らずのうちに変えていったはずだ。日本髪がキッチュに感じられだしたのも、きもの美の新しい視点が生まれたのも、こういう舞台装置のなかがそのひとつだったかもしれない。

き

野村愛正「暁の空へ捧ぐ（109）：復讐の時（7）」、斎藤五百枝画
『万朝報』1923（大正12）年5月29日

愛するひとの、愛情の冤罪を知った歓び。「天に向かって歓声をあげたくなった。何処かに何処でもいい、思いきり大声をあげて、両手を力一杯振りまわしながら、飛んで、飛んで、何処までも飛んで行きたくなった」という本文のままに画家は挿絵を描いている。この場合のようになりもふりも構うことなく、しかもあたまのなかだけの思いであればべつになんの問題もないが、現実には袂のある和服を着て両手を差し上げることはむずかしく、美し

【ご大層な職服】

いものではない。
女学校で生徒に袴をはかせる理由のひとつは、体操の時間があるためだが、下半身はよいとして、体操の演目にはかならず両手を差し上げる運動があって、ずり落ちた袖に袂が絡んだ恰好はあまり見よいとはいえない。長い袂を持つ女のきもので、上げた袖が見よいのは、せいぜいかぶった笠の前を差し上げるすがたまでだろう。

里見弴「多情仏心（２０３）：公判廷（15）」、小村雪岱画
『時事新報』１９２３（大正12）年８月16日

ご

司法省令によって弁護士の職服がきまったのが一八九三年（明治二六年）、すでにおこなわれていた司法官の法服に準じて、奈良時代の位冠位服を模倣したスタイル。わが国のもっとも古様な服装としての憧れからか、東京美術学校の教職員もこの制服に定められたが、あまりに仰々しいというので短期間で終わった。弁護士服の方は第二次世界大戦まで続く。
黒澤明の「醜聞」のなかでは、終戦後までこの服で出廷した、志村喬演ずる憐れな老弁護士が出てくる。向かい合う女性はレース風のワンピースを着ているが、体型も含めて締まりのないようなスタイルが、この時期のモダンガールの特色。

一九二四／大正一三年

【都会の女】

【女給】

都

若い女がそのセックスアピールだけで、地位も金もある分別盛りの紳士を籠絡する、という図式は、その女が芸者や廓《くるわ》の女であれば今さらのことではない。けれどもまるで女学生と見紛うような、じぶんの娘となんの変わりもない、銀座のペーブを颯爽と歩いている若い女にまとわりつかれるというのは、女道楽をしぬいてきた初老の男にとっても、新鮮な現代の感覚だった。

銀座のペーブや日比谷公園、できたばかりの丸ビルや帝国ホテルの周辺を一日何時間かは歩く女、そのなかには一種のプロというべき女性はいるが、そうでないお嬢さんも少なくない。彼女らは要するに東京の女なのだ。彼女らを特色づけているのはただその念入りな西洋人風の化粧と、奔放で、大胆で、冷酷なパッションだった。

吉井勇「魔笛（１３４）：魔女の群（４）」、蟠恒春画
『東京朝日新聞』１９２４（大正13）年５月16日

女

カフェーの女給を主人公としたもので、作、画とも竹久夢二。女給というよび方は、最初はかなり広い内容があった。カフェーのウエイトレスを女給とよび、東京大阪など大都会で特別の存在感を持つようになったのは、関東大震災（一九二三年・大正一二年）のすこし前から。

子どものように大きな、真白いエプロンをかけて、後ろで、というより背中でリボンのように結んでいたのは、震災前の、初期のカフェー女給だった。

竹久夢二「秘薬紫雪（８）」、竹久夢二画
『都新聞』１９２４（大正13）年９月17日

【耳隠し】

女給の着るものは自前だから、酒の相手をする仕事ではエプロンがあった方が安心だ。しかし大きな白いエプロンは、女とくつろごうという客には目障りのもの。挿絵のふたりの娘のうち、マンドリンを持っている方が洋髪の耳隠しのようだが、断髪かもしれない。

中村武羅夫「緑の春（8）：災厄の日（8）」、太田三郎画
『国民新聞』1924（大正13）年8月26日

耳

青年男女たちの避暑地でのできごと。彼らの主な楽しみは社交ダンス。社交ダンスは流行と衰退の波があった。それが関東大震災（一九二三年・大正一二年）のすこし前から何度目かの流行を迎えた（「復活した社交ダンス」都新聞1922/12/20:9）。東京市内にはたくさんのホールがあったが、帝国ホテルはメッカで、帝国ホテルを出入りできるような階層がダンス人口の頂点にいた。

避暑地の日本旅館には、ダンスができるようなホールの施設はなかったが、ここでもそうしているように広い部屋の境の襖《ふすま》を外して、畳敷きの仮のホールとする。ふと見かけた二人連れの客を見返っているヒロインの髪は耳隠し。この耳隠しは両方の耳を隠しているので比較的おとなしい印象になる。

一九二五／大正一四年

【お嬢さん】

お

三上於菟吉「地獄の門（112）（11）：（4）」、名取春仙画『万朝報』1925（大正14）年9月9日

ふたりの若い男が、男と女の関係をめぐって意見を戦わしている。これまでに複雑な情事を経験してきた男が、ある「純潔な令嬢」と結婚しようとしている。若い女性は純潔であっても、じぶんを楽しませてくれるだけのつよさを男性に期待している、というのがこの男の考え。挿絵はその話題の令嬢。

彼女がかぶっているのはクロッシュタイプの帽子で一九二〇年代には世界的な流行だった。ブリムがほとんどないものが多く、日本では釣鐘ではなくお釜帽などといった。クロッシュは目深に、眉毛の隠れるくらいにかぶるのがひとつの定番のスタイルで、そこにギャルソンヌっぽい過激さが表現できる。しかしこのお嬢さんはクロッシュとしてはやや阿弥陀に、おとなしいかぶりよう。

額から耳にかけてのやわらかい髪の曲線は、もちろんアイロンウェーブ。ファッションセンスのよさと、もうひとつはお小遣いにも不自由のない育ちのよさからくる抑制が、このお嬢さんの上品な華やかさを生んでいる。

一九二六／大正一五／昭和一年（一二月二五日改元）

【裁ち出し袖のワンピース】

中村武羅夫「静かなる曙（4）：湖畔にて（4）」、田中良画
『国民新聞』1926（大正15）年11月27日

裁

中禅寺湖畔での社交生活を背景にした、父親の違う姉と妹の心の相克を描く。もう寝ようとしていた妹は、明石の単衣にローズ色の伊達巻。いままで遊び仲間といた姉は、薄い素材の水玉模様のワンピースを着て、細いエナメルのベルトを締めている。胸のあたりに軽い襞《ひだ》を取っただけの三分袖のワンピースは、肩に袖つけの縫い目を持たないことによって、より単純な爽やかさを生む。もちろんそれには染みひとつない、白くて形のよい二の腕であることが条件だが。

袖つけの縫い目を省くための工夫は、この時代、欧米でも裁縫界の課題だった。もっとも単純な裁ち出しの方法は、マジャールスリーブとか、キモノスリーブとかいわれ、初心者でも容易にできる洋装として、『主婦の友』や『婦人倶楽部』のような雑誌にも盛んに紹介されている。オカッパあたまのせいか、この姉はすこし子どもっぽすぎる感じ。

【アイロンウェーブ】

【断髪かもしれません】

ア

貴司山治「新恋愛行（167）：船の中（8）」、大橋月皎画
『時事新報』1926（大正15）年6月20日

幸せな結婚と出産のあとの夫との不和、それから続いて起こった忌まわしい過ち――さまざまな過去のできごとに思い悩む人妻。大阪の有閑マダムの乱れた行状を描いたものがたりだが、この顔もポーズも日本人のものとは思えず、外国映画のなかの一シーンを見るよう。

新聞連載小説のストーリーを追っている読者が、あるタイプのシーンには、岡田嘉子や浦辺粂子よりも、メアリー・ピックフォードやリリアン・ギッシュのすがたを自然に思い描くくらい、外国映画のなかの場面もひとも、日本人のイマジネーションに入り込んでいた。

まだパーマネントウェーブがなかった時代、肩にかかるほどの長い毛のぜんたいにきれいなアイロンウェーブをかけるのは、けっこう時間も金もかかるはず。

断

岡田三郎「聖火（118）：復讐（12）」、須藤重画
『読売新聞』1926（大正15）年12月15日

東京で中の上流階級くらいの生活を営む男女。男はもちろん仕事は持っているが、それよりも男と女の関わりのなかを生きているようなひとたち。夫が仕事に出たあと、夫の兄に誘われて子どもたちのいる家をあとにする妻。彼女はもうその家には帰らないつもり。「よそ行きに着替え、ふかぶかと襟巻に顎をうずめて」義兄の後に従っている。

明治時代までの多くの家庭の女性は、数は多くても、種類はふだん着ているものと、紋附裾模様の祝い着の二種類の衣服しか持っていなかった。それほど外出の機会がなかった。一九一〇年代（ほぼ大正前半）あたりから、余

【女優たち】

裕のある階層の女性には訪問着というものができた。それがこの時代になると、訪問着とふだん着の間の、よそ行き着というものもできた。この人妻が断髪だとすると、このころとしては相当に、人目を惹くことを覚悟しなければならない。

田中総一郎「星霜流転（189）：恋すてふ（6）」、代田収一画
『都新聞』1926（大正15）年12月7日

女

映画界の内輪もの。明日からの撮影を控えたロケハンの宿泊先、あるスタッフの男がふたりの女優の板挟みになっている。湯上がりの男は宿のどてらすがただが、女優はふたりとも派手な柄のきものに羽織、思いきって襟を抜いたり、帯揚げを子どものように見せたり、そういうことで女優らしさを示そうとするのか。もう女優髷の時代ではないが、右側の女優の耳隠しの束髪には、全体のぐるりにティアラ風の髪飾りがついていて、これは素人にはちょっとできないかざり。

大きさの点では、この時代の束髪には素人でも、このくらい大きいものはいくらでもあった。左の女優はペイジボーイの断髪。

【昭和】

（前期）

一九二七〜一九四五年

【西洋人みたいに】

【祇園のおんな】

西

正木不如丘「湖心の恋（8）：御神渡り前（8）」、代田収一画
『都新聞』１９２７（昭和２）年１月９日

諏訪湖畔の花街を舞台にした、学者、学生、僧侶などの入り交じった人間模様。この女性は芸者の眼から見て「けばけばしい様子」と見える人妻。耳隠しの髪は念入りにウェーブがかかっている。やや窪眼の二重瞼《まぶた》、鋭角的に通った、そして尖った鼻筋、これもいまの好みの西洋人的な容貌。どちらかといえば保守的な花柳界の女の眼から見ると、これらのひとつひとつに気圧されるような違和感があり、それを彼女たちの精一杯のことば——けばけばしい、と、表現したのだろう。

祇

高倉輝「高瀬川（1）：牡丹（1）」、井川洗厓画
『都新聞』１９２７（昭和２）年６月18日

左翼の政治家、国語学者としても著名な高倉輝の、若き日の作品。当時、高倉は長野県の農村に住み、農村文化運動に手をつけていたことを考えると、祇園を舞台にしたこうした花柳小説を書いたことには首をかしげる。ただ、彼は新村出門下で三高、京大時代には京都に住んでいるから、祇園のことに詳しいのはふしぎではない。

女主人公は祇園の今年二五、六になる芸者、子までなした旦那とはもう別れて一本になっている。今日は特別の宴会があるので、髪結いさんに明け方に来てもらって大きな高島田を結い上げてもらった、という。これから向か

【ウェーブをつけましょう】

【村娘】

うのは、七つになる男の子を預けている五条の実父の家、いまし方その子どもが急病との報せがきたのだ。宴会といえばたいていは夜のことだが、大きな都会の宴会には、朝一〇時から、などということもよくある。単衣のふだん着に単衣帯を無造作に締め、とあるが、ふだん着であっても祇園の芸者の着る単衣は中形の木綿浴衣などではなく、肌触りの柔らかな絹ものの紅梅だろう。

ウ

里見弴「蛇咬毒《だこうどく》（10）：ウエブ（2）」、結城素明画
『報知新聞』1927（昭和2）年7月27日

美容師をヒロインとした作品。美容院の内部や新しい美容技術にも触れているので、作者の里見弴はけっこう勉強したにちがいない。昭和の初め十年間くらいが、それまでの髪結いさんが美容師の先生に代わってゆく、両者の並行の段階だった。古い髪結いと美容師のいちばん大きな違いは、アイロンを使えるかどうか、そしてその技術力だったろう。この挿絵で美容師はふかしアイロンをしている。アイロンはもちろんウェーブをつけるためが主目的だが、髪を乾かすためや、膨らますためにも便利で、ウェーブは嫌いでもアイロンは使わせる、という客も多かった。

村

杉村楚人冠「うるさき人々（30）：炭焼小屋（8）」、和田英作画
『東京朝日新聞』1927（昭和2）年9月8日

朝日新聞社の名物記者、杉村楚人冠《そじんかん》の作。新聞連載小説はもともと記者が匿名で執筆したものが最初だった。この時代でも著名な新聞人で小説のひとつふたつ書いているひとはいくらもいる。大阪毎日新聞の社会部長・菊池幽芳のようにどっちが本職かわからないひともいる。楚人冠はこの作品で、山村の地主と小作人の人間関係を取り上げた。左翼の思想や日常活動が煙を上

【ゴルフもすっかり】

【野良着】

げかけていた時代、新聞人らしい視点であり、新聞人らしい良識によるもの、ともいえる。

焚き物にする松葉をいっぱい詰めた、大きな籠を背にした村娘たち。手拭をかぶっているのでよくはわからないが、オカッパのように切り下げているらしい髪、着ているのは船底袖風の縞のきもの、石畳柄の前垂れに、細帯をきりりと巻いている。和服より洋服の方が活動的だというひとに対して、こうした農山村の働き着の例を挙げて、日本にもこんな立派な、働きやすい衣服があるのを忘れているのか、というひとがある。

それに対して、じつは江戸時代の農民女性は、野良でもできるだけ都会からめぐりめぐってきた古着を着ていたから、着にくい振袖を襷《たすき》でくくり、長い裾を端折っていて、そんな活動的な野良着など実際にはそう多くなかったのだ、という反論もあった（柳田国男「仕事着の捜索」『明治大正史 世相篇』1931）。

杉村楚人冠「うるさき人々（47）：ゴルフ・リンクス（2）」、和田英作画
『東京朝日新聞』1927（昭和2）年9月25日

ゴ

一九二七年（昭和二年）のこのころには、ゴルフはもうけっこう日本人になじみの遊びになっていた。家の裏庭でもできるテニスなどと違って、広い土地の必要なゴルフは、起源についてもわりあいにはっきりした記録がある。日本最初のゴルフ場はやはりイギリス人によって六甲山につくられた。一九〇三年（明治三六年）のことで、オープンの記念写真も残っている。

挨拶に来た兵庫県知事や神戸市長などのお歴々、見物らしい外国婦人や子どもたちも大勢混じっていて、だれがプレーヤーかわからない。クラブを持っているひとを頼りにそれらしいひとを捜してみても、どうやら多くのひとはスーツの上着を脱いだくらいでプレーしたらしい。そのなかにかろうじて二、三人のズボンが、膝のふくらんだニッカーズのようにも見える。この挿絵では少年でさえ、生意気にも腰の辺りのたっぷりしたニッカーズ——ゴ

【化粧】

ルフズボンをはいている。思えば一九〇三年からすでに四半世紀経っているのだ。

杉村楚人冠「うるさき人々（70）：野生哲学（1）」、和田英作画
『東京朝日新聞』１９２７（昭和２）年９月25日

野

高名なジャーナリストである朝日新聞の杉村楚人冠の小説。そういう立場の人らしい視野からの、小作人問題が背景になっている。農夫は筒袖の短か着物に同じ綿入れらしい袖無しを重ね、下にカフスボタンの付いたシャツを着込んでいる。頭は手拭の頬被り、下はたぶん股引に藁草履だろう。野良着はたくさんの継ぎの当たっているものが多く、それを太い木綿糸で丹念にかがってあったりして、一種の味のあるものがよくある。そういう典型的な民俗服は第二次大戦以後急速に消滅した。

戸川貞雄「人柱（8）：寂しき首途（8）」、須藤重画
『国民新聞』１９２７（昭和２）年10月15日

化

じぶんのこれはと思っている男性には、親のきめた許婚がいた。そんな時代遅れの縁を、この際はっきりと、じぶんの目の前で断ち切ってほしいと要求している令嬢。眉毛や眼の周りの化粧を西洋風にすることは、この時代ではもうだれもがしている。しかし眼窩が浅く、しかも眼の色の濃い日本人の顔では、そのためにどうしてもきつい印象になってしまう。年輩の婦人などが、あのお嬢さんの顔は怖いようだ、というわけのひとつはそれ。

この令嬢は断髪風で、念入りにウェーブをつけ、額にはカールを巻いている。ただし本当に断髪の女性はごく少なかった。

一九二八／昭和三年

【外国人のように】

谷崎潤一郎「黒白」(79)(7)：(3)」、中川修造画
『東京朝日新聞』１９２８(昭和３)年６月11日

外

谷崎潤一郎の欧米人観がここでも端的に吐露されている。「バタだの牛肉だの脂っこいものをたらふく食べて、できるだけ肉体を発達させておいて、さてこういう風な挑発的な衣服を着ける。婦人の風俗というものが、いかにしたらもっとも有効に、もっとも的確に、そしてもっとも激烈に、男の劣情を刺激することが出来るかと、そればかりを念頭に置いて意匠を凝らしているのである」。

そういう欧米人の肉体への渇仰《かつごう》のためでもないだろうが、一九二〇年（大正九年）に谷崎は横浜に移り住み、外国人の娼婦にもなじんだらしい。この作品の内容はまさにそれ。しかしなぜか挿絵の中川修造は、筆者の意図とはかけ離れた、厚ぼったい毛織のマントで身をくるんだ外国人の男女を描いているが。

邦枝完二「大空に描く(1)：明石町河岸(1)」、野崎貞雄画
『読売新聞』１９２８(昭和３)年８月25日

ボ

銀座にたむろして、男をひっかけるのを仕事のようにしている女たちと、大学のスポーツ選手の絡み。この時代、社会的に人気のあった大学スポーツは圧倒的に野球だった。なかでも早慶戦が一九二五年（大正一四年）秋一九年ぶりに復活、一九二九年（昭和四年）秋には慶應宮武、早稲田小川の全勝

【ボブカットにクロッシュ】

【美貌】

対決など、相撲以外のプロスポーツがなかった、ということもあって、東京中が沸いた。勝った方の応援団が銀座に押し出すのもこの時代にはじまった。スポーツをやっている男性、というのもこれまでになかった男の魅力となり、鈴木傳明《でんめい》のような元水泳選手が映画界入りしている。

挿絵はカルメンのお菊と二つ名前のある二一の女。かぶっている帽子はターバンをアレンジしたクロッシュ。髪はもっとも単純なボブカットで女の子のオカッパと変わりない。これだけ短いと襟足が目立つから、女性の髪ではじつはいちばん金がかかる。

美

米沢順子「毒花（124）：初冬の夢（4）」、大橋月皎画『時事新報』1928（昭和3）年10月25日

薬剤師の夫と妻のあいだがうまくいかないのは、妻の姉が旦那とりをしているため。東京の下町では、器量好しに生まれた貧乏人の娘が、芸者になったり旦那とりをしたりするのを、当たり前のように思う気風がかつてはあった。新しい教育を受けた世代には理解しにくいことだが、しかしおなじ新しい教育を受けて現代の風を呼吸はしていても、人並以上の美しさに恵まれた女の心のなかに、ふとその美しさが、まわりのひとやじぶんを傷つける、毒のようにはたらくときがある——。

挿絵の断髪女性はそんな人並み以上の美貌。陰影の濃い眼窩の表現は西洋人風だが、眉毛、口元、あごのあたりは日本式にした現代風人形顔。画家の大橋月皎《げっこう》は日本画家で主に美人画を描いて人気があった。男女ともにこのタイプの美人を描き、やや現実離れしているせいか時代物の方にもっぱら筆をふるっていた。しかし婦人雑誌の恋愛小説などでは、このタイプの顔が好まれたようだ。

一九二九／昭和四年

【あたらしい顔】

関田一喜「河豚クラブ（10）：木谷氏の話（3）」、井上猛夫画『読売新聞』1929（昭和4）年2月28日

関田一喜「河豚クラブ（21）：女学校の泥棒（7）」、井上猛夫画『読売新聞』1929（昭和4）年3月11日

あ

男女の私立探偵が登場する作品。探偵ということばは、最初は刑事巡査のことだったが、そちらの方には刑事ということばが定着する一方、日清戦争（一八九四〜九五年・明治二七〜二八年）あたりから軍事探偵ということばが盛んに使われた。私立探偵ということばが使われるようになったのは、あるいはシャーロック・ホームズものの影響があるかもしれない。

『英国探偵奇聞録』が一九一一年（明治四四年）、『探偵奇談殺人倶楽部』が一九一二年（大正元年）にすでに翻訳刊行されている。しかしだれでも知っているようになったのはたぶん、江戸川乱歩の明智小五郎探偵の活躍した昭和に入ってからのことだろう。第一作『D坂の殺人事件』は一九二四年（大正一三年）。この時代の探偵小説に共通するのは怪奇趣味だった。これは乱歩の作品、ことに長編の特徴だった。

異常で、残酷で、おどろおどろしいもの、そんな気分がこのクローズアップの顔にも表れている。

【女給たち】

女

畑耕一「嘆きの扉（4）：魔日（4）」、須藤重画
『国民新聞』1929（昭和4）年4月18日

この作品にはさまざまな職業婦人が登場する。この段階での自営をべつにした職業婦人のなかで、知識や技能を売物にした職種はまだ新聞雑誌の記者、タイピストなどごくわずかだった。ここでもデパートの店員、つまり売り子、そして女給が女性のいちばんなりやすい職種として登場する。

女給といえば銀座など盛り場の、カフェーの女給がクローズアップされるが、どんな小さい場末の飲食店にもウエイトレス役はいたから、それは女給さんとか女ボーイとかよばれた。恰好は原則みんな自前のきものの上に、白いエプロンをかけている、というのがふつう。

一九三〇／昭和五年

【モダンガール】

八木隆一郎「新三稜鏡（4）：巣（4）」、須藤重画
『国民新聞』1930（昭和5）年2月6日

八木隆一郎「新三稜鏡（9）：街で（5）」、須藤重画
『国民新聞』1930（昭和5）年2月11日

モ

銀座をうろつくモダンガール。舞台志望だがいまはなにをしているのかわからない。この女性のほっそりした長い首からぺしゃんこの胸のさまが描かれている。断髪にお釜帽、西洋人くさいお化粧というギャルソンヌスタイルなら、東京あたりではもう見慣れた時代だったが、こういう大胆な露出となると、相当な抵抗も覚悟しなければならない。しかし彼女のような志望を持っている娘にとっては、これも売り込みのための商品見本だった。それは路上で振り返っての手の上げ方、ソファにもたれたときの足の組み方にも、かなりの工夫と修練となって表れている。

丸木砂土（秦豊吉）「東京の女王（6）：マネキン時代（6）」、
湯浅千穂子画
『読売新聞』1930（昭和5）年10月26日

マ

丸木砂土のめずらしい作品。百貨店意匠部のサロンで、マネキンが客を前に歌っている。丸木はオートクチュールのサロンを思い描いたのだろうが、オートクチュールのマヌカンが歌うなどとは奇想天外なはなしで、むしろ彼が六年後につくり上げた日劇ダンシングチームのアイデアに近い。

【マネキン】

【ジョーゼットのドレス】

断髪にきもの、というのは最初のうちはキッチュとして嘲笑されたが、次第にそのモダンな艶めかしさが認識されてきた。ひとの眼の慣れ、というのは恐ろしいもの。挿絵の湯浅千穂子はさらにそれに絵としての自由さを加味し、キモノ・ファンタジーを展開してくれた。

生き人形といわれて、もっぱらウインドーディスプレイの一部などに使われたマネキンは、その近縁の絵や写真のモデル業がなにか暗さを持っていたのに対して、この時代の花形新職業だった。

ジ

沖野岩三郎「闇を貫く（1）：序曲（1）」、幡恒春画
『東京朝日新聞』1930（昭和5）年6月22日

東京に住む白人——新聞をにぎわせた「不良外人」といわれる連中と、その愛人になっている日本人女性たち。作者の沖野岩三郎はキリスト教の牧師作家だが幅広い分野の作品があり、この作品は昭和初期の世相の断面を切り取った風俗小説。

丸ビルの隣に建築中の中央郵便局前のペーブメント。颯爽と立っているヒロインの顔もすがたも日本人には見えない。そういえばシルエットだけだがプラタナスの樹にもたれている男も同様。「パナマの下から魅力に富んだ二つの瞳がこちらを見詰めている。黒のジョーゼットの訪問着のすそを軟らかい風が媚びるように撫でている。靴のエナメールが宝石でもちりばめてあるように、きらきら光る」というのがヒロイン。

パナマというのはもちろん素材のことで、たいていは麦藁などでつくるブリムの広い日除け帽。パナマとなれば安いものではない。腕や足元の透けて見えるジョーゼットや透きや、明石

【昭和のはじめの街並み】

などには、かなり大胆なものもあって、警視庁は再三警告を発している。

訪問着といういい方は現在では和服だけだが、このいい方が使われ出した大正初めからこの時代までは、和洋服ともに、訪問着、訪問服、社交着、社交服、外出服などと、ちょっとしたおしゃれ着をよんでいた。颯爽とポーズした、日本人離れしたスタイルのこの人物は、丸の内辺りのペーブメント上という、舞台の出演者として描かれている。

昭

住井すゑ子（住井すゑ）「懸賞当選長編小説 大地にひらく（10）‥離合（1）」、清水登之画
『読売新聞』1930（昭和5）年4月30日

これから出かけようとする若い男女三人のあいだで、ある女子専門学校の学生の噂が出ている。「洋服なんか着込んでモダーンぶっている」その女性は一五のときにヴァージンを失くしてから三、四人はたしかに相手を変えている、しかし見たところは手出しもできないほどツンと取り澄ましていやがる——などなど。

このものがたりのヒロインはひとりのモダンガール、というよりも、モダンガールそのものかもしれないのだが、そういう若いひとびとの生きていた街並みがこの日の挿絵。懸賞当選作品なのでいちいちの挿絵の相談は、作者とはしにくいはずだから、これはおそらく画家清水登之のイメージなのだろう。ふたりの男の向こう、かまぼこ状の屋根は銭湯の入口。袖を翻している和服の女性の横の車は牛乳配達。

長

桐島豊彦「紅薔薇の歌（14）：蝶子の匂ひ（3）」、関英太郎画
『万朝報』1930（昭和5）年10月29日（夕刊）

芸者から女優に転身して成功した主人公だが、芸者時代につくった莫大な負債に追われて、相変わらず家で客を取らなければならない。このヒロインは芸者上がりということで格別だが、そうでなくても、女優を娼婦並みに見る眼は執拗だった。

長火鉢を前に、やや幅の狭い黒繻子の帯を胸高に締め、きものの上に黒襟のかかった半天を、少し肩からずり下げて引っかけた恰好は、さすがに仇っぽい。髪は中央分けの耳隠しらしい。訪ねてきた女将もおなじような髪型。

襟つきのきものというと、もちろん東京の下町風のありふれた風俗なのだが、昭和も五年（一九三〇年）のこのころになると、もうそれが、路を歩くと振り返られる、ひとつの江戸趣味と受け取られるようになっていただろう。

一九三一／昭和六年

【銀座】

銀

野溝七生子「懸賞当選 女獣心理（1）：街上（1）」、木村荘八画『都新聞』1931（昭和6）年1月1日

第一回は主要人物の紹介。新橋で夜行列車を降りた主人公の青年が、銀座の資生堂前で従妹とその連れの女性にばったり出会う。「単色の洋服を着た断髪の娘だ（……）女であるというよりも寧ろ少年らしい清白な感じ（……）めったに他には見られない、均整のとれた肢体をもっていた（……）彼女は風に乗るように、すたすたと歩いていた」。明治時代の衣裳づけが、昭和のいまはこんな「身装づけ」に代わっている。

描写された若い女性の印象は鮮明だ。銀座はものがたりの舞台であると同時に、この時代、一種のキャラクターのように登場している。三人の主要人物は中央に認められるが、街並みに比べると句読点程度の比重。左側の小さいドームを持つ石造の構造物は交番。正式名称はすでに派出所に変わっていたが、ひとびとは以前のまま交番とか交番所とかよんでいた。なかに便所などはなく、巡査はたいていその前で立ち番していた。右の四角いのは木造の電話ボックス。

女

久米正雄「双眸（4）：政敵の娘（4）」、山川秀峰画『報知新聞』1931（昭和6）年4月19日

久米正雄が『破船』事件のこだわりから抜け出て、通俗小説作家としての開かれた道を歩み出していた時期の作品。マネキンが登場するが、山野千枝

【女学生】

【仮縫いを】

子による東京マネキン・クラブ事件が二年前、またこの回でも、二カ月前に有楽座で封切られた映画《モロッコ》のスター、ゲイリー・クーパーの名前が出るなど、読者サービスも怠りない。

女学校の校庭の隅、お見合いをさせられた娘が、親友にその報告をしている。女学生の和服は、袴に靴などは、明治時代とそれほど変わっていないように見える。ただ、一般にきものの柄が派手になっていることと、髪型で廂髪がすっかり廃れたことは明らか。

洋服の制服を制定する動きが広がっていたが、たいていは第二制服として強制的ではなかった。また、裁縫の時間にはかならず洋裁の実習もあったが、洋服を着ているのは先生だけ、という光景が多かった。

大佛次郎「白い姉（3）：道路（3）」、熊岡美彦画
『東京朝日新聞』1931（昭和6）年3月28日

仮

大佛次郎の横浜もの。それも山手もの、といってよい。「鉄の柵をめぐらした芝生の庭があって、二階建ての、日曜でないと外から見てもひとが住んでいるかどうかもわからないくらい静かな、バンガロウの屋根が曇り日の空の下に浮かんでくる。海に向いた山の上の測候所に天気予報の赤い玉が掲げてあるのが見え、時折の港の船の汽笛が遠いもの憂いものに聞こえてくる。人通りの少ないアスファルト道に沿って並んだ家である」。

横浜のひとたちはこういう情景に、西洋風生活と西洋人への憧憬を胸のなかに育んだ。ヒロインのもとを、新しいドレスの仮縫いに訪れた洋装店の番頭が、もう一枚べつのドレスを見せて、それがふたりのよく知っているアメリカ人女性の着ているドレスとおなじものといい、「本当にお似合いになると思いますね、御体格が、どう拝見しても、外国の方のようですし…」、そして「ご姉妹のようにお見えになるかもしれません、こちらが妹御さまで」と勧めた。「洋服を着る日本の女で、このことばに媚びられないはずはない

【呉服売場】

【ズロース】

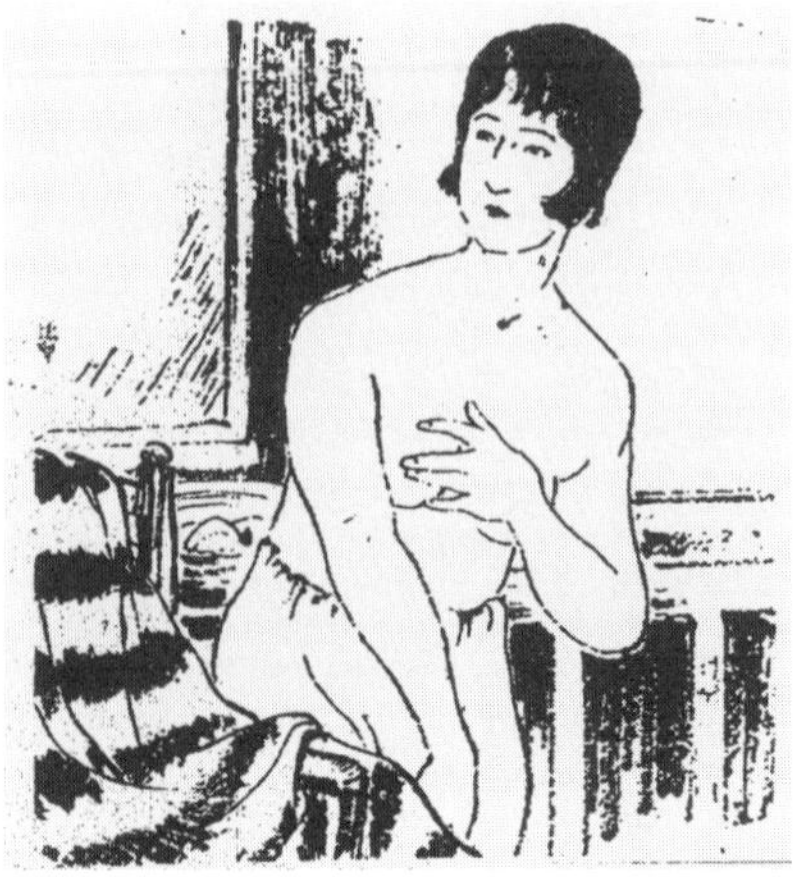

と、若い番頭は信じ切っていた」。

しかし、このことばを聞いたヒロインの、明るかった表情は笑いを消して、いつのまにか冷たいものになっていた。

寺尾幸夫「細君解放記（2）：街へ行く彼女（2）」、湯浅千穂子画『読売新聞』1931（昭和6）年11月27日（夕刊）

呉

デパートの呉服売場。大都市の六、七階建てのデパートは、その少なくともひとつの階全部が呉服売場に当てられていた。呉服店時代からの老練な番頭さんが何人もいて、御召、紬、銘仙などと分けた担当の責任を持っていた。座売り時代の番頭は特定の客との結びつきを大事にしていたが、この陳列時代になると、不特定多数の客への商品説明の方に比重が移った。おなじ銘仙といっても産地ごとに違うし、競争の厳しい織元は次々と新製品を生み出したから、経験のある番頭でさえ、とてもあたまに入らないくらい、生地も柄も多様多彩な時代だった。

店員らしいひとと子どもを除くと、お供に引っ張ってこられたらしい中折帽の男性が二人。残り四人の女性客のうち、丸髷が一人、あとの三人は和装の洋髪。画家はそれと意識しないでも、じぶんの日頃の見聞にもとづいて、個々の風俗の比率を「標準」化するもの、と見てよい。しかし、単純な数という点からいえば、この時代はもう、丸髷の人妻はとても四人に一人などではなく、お正月ででもなければ一〇人に一人もいなかったろう。

春海宏「都会の子たち（11）：恋愛猟人（4）」、井川洗厓画『都新聞』1931（昭和6）年2月1日

ズ

若いタイピストのアパート暮らし。この時代はそのことだけで新鮮さがあった。この時代のひとり暮らしのアパートは六畳というのは良い方で、四

【世界がちがう】

畳半がふつう、三畳というのも多かった。このヒロインの住んでいる部屋は水道も引いてあるので上等な部類、流しの前の板敷きも入れて六畳はあるのだろう。

水道が引いてあれば身体を拭くことはできる。しかし、それを鍵穴から覗かれた、というところにも部屋の狭さが察せられる。

彼女は猿股をはいている。女性の下ばきはふつうは「ズロース」とよんだ。挿絵でも細いゴム入りの、だぶついたトランクスで、ドロワーズ系統の形のものであることがわかる。次の年に有名な白木屋の火事があった。女性が下ばきをはくようになったのはそれ以後だ、などというのはもちろん俗説で、昭和の初め頃でもデパートなどで下ばきはよく売れていた。

群司次郎正「恋の金字塔（19）：林芙美子の会（4）（4）」、寺本忠雄画
『読売新聞』1931（昭和6）年11月26日

世

女子大生、ダンサー、酒場の女、娼婦、「混血児的においのする女」などの入り乱れる、読者サービス色の露骨な作品。この日の挿絵もまさにそれだ。逆立ちをしているセーラー服の女性は女子大の一年生。

本文では「スカートがまくれて、シミーズを片手で被いかくし」とあるが、黒いスカートといっしょに手で押さえているのは、下ばきのように見える。この時代になると、スカートの短くなった洋装の女性で、ズロースを用いないひとはいなかったろう。この翌年の一九三二年（昭和七年）に白木屋火災で七階から転落したのはみんな、当時まだ和装の女店員だった。

一九三二／昭和七年

【キキ】

【田舎と都会】

大佛次郎「仏蘭西人形（80）：笑ふキキ（4）」、河野通勢画
『時事新報』1932（昭和7）年4月18日

キ

大佛次郎のいわゆる本牧もの。チャブヤ女、船員相手のクラブの女給、白人との混血青年などなど。ただしこの女性は元神戸のクラブにいた女給のキキという女。たいした当てもなく東京に出てきて、ホテル代がなくなり、それほどつきあいがあったでもない主人公の男に電話をかけてきた――。

「木の実を咥えたように口紅の赤い（……）如何にも港の女らしい弁慶の、小粋な洋装」。手入れのいいボブカットの先っぽが、頰のところで少し巻いている。完全な描き眉と、そうでなくても大きな眼を、さらに強調しているつけ睫毛。化粧はそのひとの地顔を補ってより美しくするもの、という考え方ではなく、地顔と関係ない人形の造形をする、というファンタジー。ときとしてそのファンタジー自体が、男の日常感覚を麻痺させる。

高倉輝「狼（35）」、倉田白羊画
『都新聞』1932（昭和7）年9月9日

田

百姓の小倅と、東京から遊びに来た坊ちゃん。一九三一、三二年（昭和六、七年）になると、大都会ではもう、ふだんきものを着て遊んでいる子は見られなくなった。大正後半に都会では、津波のような洋服への切り替えがあったため。終戦後、近郊農村に買い出しに行った都会人が、まだ継ぎだらけのきものを裾みじかに着ている田舎の子を見てめずらしがった。

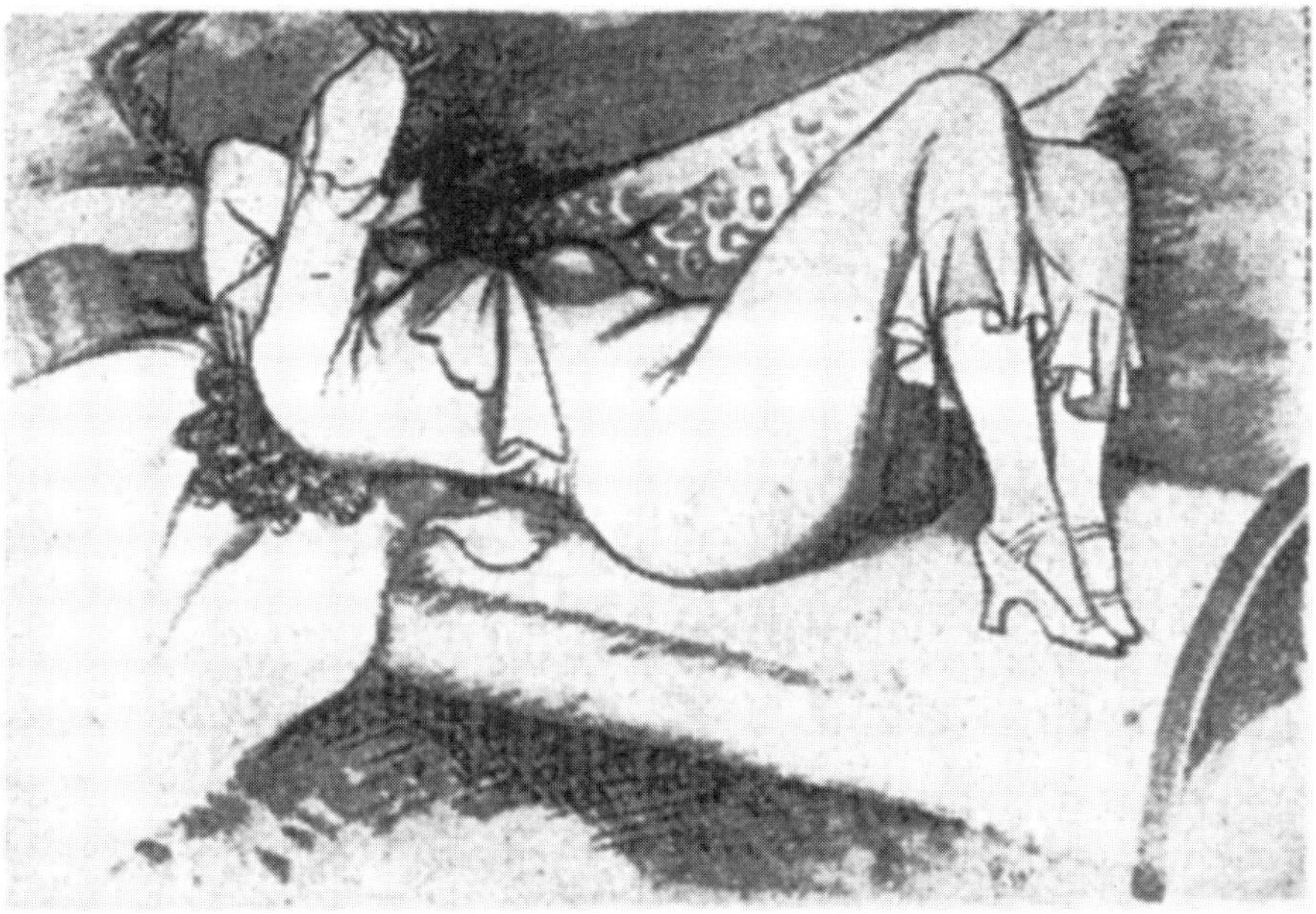

【ボディ・コンシャス】

農山村に生活する者から見ると、単に貧しさだけのことではないのだ。洋服が活動的、というわけが理解できないのだ。洋服が田舎の子のきものに比べてどんなに窮屈か、見るだけでわかるではないか。洋服は活動的かもしれないが、からだの自由はどちらが優っているかは議論が分かれる。子どもにとってはどっちがいいだろうか。

群司次郎正「恋の金字塔（168）：大皮肉（35）（1）」、寺本忠雄画
『読売新聞』1932（昭和7）年4月25日

ボ

一九三一年（昭和六年）の秋から一九三二年（昭和七年）の初夏まで半年続いた人気作品。酒場の女、女子大生に、「混血児的においのする女」、などが登場。酒場を経営してきたこの二四の女性は、愛人を忘れるために日本を捨てる。それでいま店を一千円で売るサインをした。回っている蓄音機の盤を叩き割って、ソファに倒れ込んだ。

一九二〇年代（大正末〜昭和初め）のショートスカートは一九三〇年（昭和五年）に近づくころから伸びはじめ、それとともに寸胴《ずんどう》だったシルエットは、身体の線に沿うようになった。オートクチュールのマドレーヌ・ヴィオネのドルーピング・ボンレス・スタイルや、身近なところでは人絹の普及も、こうしたスタイルを支えたに違いない。それにしても、そんなドレスの迫力を単純な線で表現している、寺本忠雄の眼はすごい。

一九三三／昭和八年

【千疋屋】

千

佐藤一夫「懸賞入選短編小説 或る結婚」、須藤重画
『報知新聞』1933（昭和8）年2月15日

読み切りの短編。デパートの香水売り場に勤める、貧しい一九になる女性。親ひとり子ひとりの母親の開腹手術のために三〇〇円の金が要る。何もかも売り払い、おなじデパートに勤める恋人にも相談したが、彼にできた金は五〇円ほど。おまけに悪いことに、千疋屋でその相談をしているところを専務に見られた。このデパートでは社員の恋愛は御法度で、それを犯せば職を失わねばならない――、という危機。

デパートの洋品、化粧品売場の売り子といえば美人揃いというのが定評だが、この時代の職業婦人のなかでは収入が多いとはいえない。それは職場の環境柄、じぶんの身なりにかける支出の多いため（「各種職業婦人の蟇口しらべ」読売新聞 1933/10/11:9）。

この挿絵でも彼女はトップモードを着ている。かぶっているのは浅いクロッシュ、テーラードスーツのジャケットのラペルは大きく、スカートはサーキュラー風の豊かなギャザーがある。襟元は柄もののネッカチーフで覆っていて、これで手袋をしていれば隙のない銀座のお嬢さん。人目をはばかる相談に千疋屋というのも場所が悪い。上役の専務に出会ったのもふしぎではなかった。身体を投げ出すより仕方のなくなった貧しい娘のはなしとしては、やや違和感のある挿絵。

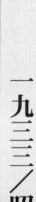

【着流し】

着

久保田万太郎「町中（1）：朝ぐもり（1）」、山下新太郎画
『都新聞』1933（昭和8）年8月31日

東京の下町、幼なじみの中年男ふたり、家の前で鉢植えの朝顔の世話をしていたひとりと、暑い暑いと汗を拭き拭き立ち寄ったもうひとり。居職の職人は出勤の必要がないから、朝はわりあいのんびりした時間が持てる。立ち寄った方は、素肌に着ている単衣物の前は大きくはだけて、そこから手を入れて汗を拭いている。また彼は、そんなだらしのないふところからキャメルの煙草を取り出している。ふつうは煙草や鼻紙、小銭入れの類は袂に入れる。このふたりの着ている単衣にも、小さいながら袂はあるように見えるが。

ふたりともちびた駒下駄ばき、締めている帯は見えないがたぶん三尺帯。職人たちの着るきものは、身幅などをやや細めに仕立てることが多く、その方が足さばきがよいが、こうしてはだけやすい。電車には乗りにくい恰好。

一九三四／昭和九年

【帽子を被らないなんて】

帽

ある会合のあと、どこにゆくというあてもなく銀座の舗道を歩いている三人連れ。雑誌編集者、若い作家、といった職業の人間。街を歩くひとびとに共通するのは男女とも帽子に固執している点。男性については無帽主義も唱えられはじめていたが（日本医大・北川湜博士談「若禿を気に病む無帽主義の流行 果たしてどれ程の効果があるか」朝日新聞 1934/3/30: 13）、銀座通りを帽子もかぶらずに歩くのは勇気が要った。

広津和郎「慾望（１）：夜の舗道（１）」、野崎恭助画
『国民新聞』１９３４（昭和９）年５月18日

女

紳士の夏帽はパナマにきまっていた。真んなかの主人公のかぶっているのはより柔らかそうで、イタリア製の高級なタスカン帽かもしれない。女性の帽子は、レディーはかならずかぶるようにと、雑誌や新聞でも注意されるわりには、無帽のひともけっこういた。それは、銀座を歩くひとのすべてが遠くから来て、舞台でも歩くような気でいるひとばかりではなく、銀座近辺に住んでいたり働いていたりして、お豆腐を買うために銀座通りを横切るひとだっているのだ。女性の帽子はクラウンが浅く、すこし傾けて、ややアミダにかぶるのが流行だった。

広津和郎「慾望（33）：初枝（１）」、野崎恭助画
『国民新聞』１９３４（昭和９）年６月19日

【女給】

広津和郎には「女給」という新聞小説があるが、銀座の不良青年たちを主人公とするこの作品も、主な舞台は女給たちの世界だ。この日の場面も銀座二丁目のビルの地下にある、ややインテリ好みといった喫茶店。電気蓄音機の蓋に肘をのせている女給は、髪は無造作なお下げ風にして、ノースリーブのブラウス、首に小さなチョーカーのネックレスをしている。

大正時代の女給とちがい、もう和服の上に白いエプロンを掛けている時代ではない。昭和に入ってからの洋装の女性が、和服の女性と大きくちがって見えたのは、その時代の世界的なファッションが、女性の姿態を思いきって露呈する方向だったためだ。初夏、むき出しにされた若い女性の二の腕は、和装の長袖を見慣れた男性の目には、五月の風のように清新にも、またエロティックにも映っただろう。

広津和郎「慾望（200）：逃げた小鳥（7）」、野崎恭助画
『国民新聞』1934（昭和9）年12月5日

【少女ボーイ】

(少)

広津和郎の数多い女給小説のひとつ。ここでは女給でなく少女ボーイという言い方をしている。ふつうは女ボーイだが、声をかけるときはボーイさんでよかった。ボーイが男の子、とすぐわかるほどにはまだ英語が日本人の身についていなかったから、おかしいとも感じなかった。

白いエプロンをかけていない女給は一見してなんの特色もない。主人公のそばに来た少女ボーイは、中分けした髪を単純に後ろでくくっているらしい。これはたいていの女学生の恰好。またかなり派手そうな柄のきものも、女学生といってもいいし、この時代には多かった、小学校を出て嫁に行くまで家事の手伝いをしている娘さんの外出着、といってもいい。

カフェーの客の男たちは、ボックスに座っているものもみな帽子をかぶったまま、外套も着たまま。

【現代の富家】

菊池寛「貞操問答（7）：金を売る（7）」、小林秀恒画
『東京日日新聞』１９３４（昭和９）年７月28日

現

女子大生の主人公は、友人の家庭に家庭教師として迎えられる。東京麹町の豪華な邸宅の応接間で、これから教える小学生の兄妹についてのはなしをきいている。「絹ばりの壁や、カーテンの快い色彩、置き棚や卓子《たくし》の上に、飾られた陶器や、青銅の置き物や、玻璃製の細工物などの趣向の凝った並べ方が、その豊かな暮らしを現して、すべてがゆったりと溶け合っていた」。

洋風の暮らし方ももうこの時代になると、一部の日本人の身についてきた。しかしもちろん大部分の大衆にとっては夢のような高嶺の花で、しかしそんなお邸の生活は、婦人雑誌や新聞の連載小説、そして少年倶楽部などの児童読み物でも、ちょうどあの人形のような顔の美男美女と同じように、だれの心の奥にもある憧れを慰めるように、かいま見られた。

一九三五／昭和一〇年

【マニッシュ・カットのひと】

【リボン】

マ

牧逸馬「双心臓（151）：破壊工事（1）」、小林秀恒画
『報知新聞』1935（昭和10）年6月13日

挿絵担当の小林秀恒は、岩田専太郎、志村立美などとともに、整いすぎるほど整った、マネキン人形的美男美女を倦《う》むことなく描いた画家のひとり。それが二枚目の主人公であるなら、だれを描いても、少なくとも読者にはおなじ顔に見えた。女性の顔も同様で、岩田の美女を見ると、ものがたりのなかのキャラクターなどを描こうとしているのではなしに、ただひたすら理想の美女を追求する、という執念を感じる。

自宅の応接間でソファにもたれているこの若妻は、髪を男のように刈り上げている。ボーイッシュというよりマニッシュ・カットで、よほど器量に自信のあるひとでないと無理、といわれた。

挿絵ではわからないが、「茄子紺の薄いジャアジイのスポーツドレスから、長い靴下の脚をすんなり覗かせた多恵子」とある。ジャージーのスポーツドレスとはセーターをいっているのかもしれない。このころから日本人の衣生活に欠かせないものとして、セーターがだれにも用いられだした（「紙上デパート――秋の流行 スエーター時代来る」朝日新聞 1935/9/19: 5）とすると、この挿絵にはやや誤解があるかもしれない。

リ

中野実「花嫁設計図（6）：設計第一図（1）」、田中比左良画
『報知新聞』1935（昭和10）年6月30日

女学校の同窓のふたり、ホテル経営者の叔父のところへ、これからお見合

【かけっぱなし】

いに行くという娘と、その叔父さんというひとに就職の世話をしてもらおうという娘。若い女性には、かつてのように結婚相手だけを探すのではなしに、就職口を探すという、もうひとつの負担がかかる時代になった。

初夏のことで、ふたりとも着ているものは三分袖のワンピース。お見合いに行くこの家の娘のストライプの服には、大小の飾りがついている。昭和の初め頃まで、洋服はこうした飾りがつくもの、と信じているひとがあったらしい。それはひとつには、少女の洋服が、洋服導入のさきがけだったせいもあるだろう。

この女性の髪型は男性のような刈上げで、この時代としても滅多にない大胆なスタイル。いっしょに行く友人の髪は先っぽにだけパーマをかけて縮らせた、モダンで颯爽と見えて、いちばん手のかからないスタイル。

横山美智子「懸賞当選長編小説 緑の地平線（4）：黒い花束（1）」、宮本三郎画
『東京朝日新聞』1935（昭和10）年1月5日

か

興行界に生きる男女の生態を描く。登場するのは、ダンサー、マネキン、女優など。ヒロインの何人かの愛人のひとりが訪ねてきた。アパートの独り住まいで、男の訪問にいまベッドから滑り降りてきた。「すらりとした肉体を、支那娘のような、桃色のパジャマに包んだ奈津子」は、男からプレゼントされた花束を抱いている。

眼の周りの影がやや強調されているため、朝、寝床から起き抜けという感じはしない。支那娘のようなパジャマとは旗袍《チーパオ》風ということだろうか。この挿絵も立襟でそう解釈しているようだが、立襟の旗袍風パジャマはめずらしい。パーマをかけた髪をかけっぱなしのチリチリにしている。雀の巣といわれて、パーマを嫌うひとからはいちばん憎まれた。

【居ずまい】

居

横山美智子「懸賞当選長編小説 緑の地平線(8)：黒い花束(5)」、宮本三郎画
『東京朝日新聞』1935(昭和10)年1月9日

若い女性の洋風の部屋に、そのヒロインと、客の男性とがいる。女性は拒絶的な態度で、早く帰ってほしがっている。女性の座っているのはソファで、低い凭《もた》れに背中を預けて、足を伸ばしている。女性が男性の前でこんな恰好をするのは、気を許している、ということもあろうが、相手を舐めて、あるいは無視しているポーズともいえる。

日本の座敷で、和服の女性はこういう恰好はできなかった。和装では前屈みになったり、ときには突っ伏すというポーズがふつうで、仰向くのはむずかしい。畳はもちろんだが、ソファの上でも、帯の大きな結び目がじゃまになって、後ろにもたれにくいのだ。仰向いて足を組んだり伸ばしたり、という女性のすがたは、そういう意味でもモダンさがあったことになる。

一九三六／昭和一一年

【和装・洋装の拮抗】

和

吉屋信子「女の階級（2）：顔（2）」、須藤重画
『読売新聞』1936（昭和11）年4月12日

上野の書道展覧会の会場。こういう設定での群衆が七、八人いると、画家のイメージのなかにある、一般的身装を判断するデータになる。六人の女性のうち、和装・洋装は半々。この時代まだ、おしゃれは和装、という観念があった。つまり銀座で和装・洋装の比率を調べれば、女性の全体的現実より和装の比率が大きくなる。女性のひとりは、「黄貂を二匹合わせた襟巻をして、薄紫地に金霞入りの絵羽羽織を着た、美しいお嬢さん」とある。

具象絵画的なきもの柄の場合は、手のかかる絵羽仕立てにしなければならないので、正装であるなしというより、いちばん金のかかるおしゃれになる。明治末以後の女性のきものは、訪問着の出現もあって、格式と技法と美的効果と、そして金のかけ方とのあいだで、やっかいな混乱が生まれている。

帽

吉屋信子「女の階級（5）：顔（5）」、須藤重画
『読売新聞』1936（昭和11）年4月15日

転向者である共通の知人、ないし愛人の、現在の窮迫のさまを思いやっているふたりの女。彼女たちは女学校の専攻科卒で、当時としては高い学歴、そんな高学歴の女性の周辺にはときおりこんな問題があった。ただし彼女たち自身は豊かな暮らし。

洋装の女性は帽子をかぶり、手袋も取っていないらしい。このふたつは洋

【帽子と手袋は必需品】

【シュミーズ】

装をする以上、夏でも欠かせないもの、と注意されていた。一九三〇年代も半ばになって、女性の帽子のブリムは広がっている。それを目深に、かなり傾けてかぶっているため、この角度から見ると眉毛のない片眼のように見え、怖いような感じになっている。

開化以後の日本人は、陰に陽に欧米人的なパーソナル・イメージをひとつの目標としてきた。その点、女性はより正直で、積極的だった。目標のひとつは賢く見える、ということだった。「外人は賢そうに見える」というのは明治時代の庶民の率直な共通認識だったから。眉毛の作り方、眼の周りの塗り方、みんなその方向だった。

その結果、極端にいえば、おかめの顔より、般若の顔が理想になったのだ。この女性はもともと並々でない美人だが、やはり般若顔になっている。

片岡鉄兵「朱と緑（70）：消え去る（1）」、富永謙太郎画『東京朝日新聞』1936（昭和11）年6月29日

シ

新聞の三面ダネ的テーマを絡めた風俗小説。父親の株券を持ちだして家出した娘が、友人とふたり、大阪のホテルのツインの部屋で状況を窺っている。夕食後、風呂から上がって寝巻の浴衣を着てベッドに入っていた娘が、毎晩訪れる男友達を迎えるため、もう一度服を着る。「千晶はゆっくり寝巻を脱ぎ、シュミーズ一つになったところへ、思いがけなく戸山が戻って来た」。

この時代、洋装のアンダウエアについても、ひとびとはほぼ十分な知識を手に入れていた。しかしブラジャーをだれもが使うようになるのは戦後のことで、ここでも娘は使っていないらしい。結婚前の多くの日本女性がそうであるような、平らな胸の場合、「乳おさえ」を使う必要がわからなかった。また肌着としてのシュミーズと、ドレスのすぐ下にいる長いシュミーズ、といういい方があって、スリップという服種はあまり聞かれない。

一九三七／昭和一二年

【昭和の女】

昭

西銀座の、「学生専門の酒場《バー》のような喫茶店」。作者はこの女性をウエイトレスでも女給でもなく、少女といっている。しかしまた、もう小娘などではない、ともいっている。主人公の友人にとっては、天使兼悪魔、という存在らしい。女の眼は大きく、その「特長のあるくまどった目を正一の顔から離さずに」、彼の前に腰かけている。主人公は女の視線が気になってしょうがない。

眼の回りを強調する化粧法も、西洋人のようなはっきりした眼になりたいために、外国映画の流行に比例して盛んになった。わが国ではそれまでそういう化粧法はなかった。目尻に紅を差したり、瞼《まぶた》に赤みを入れたりするのは踊り舞台などのときにかぎられていて、芸者が目尻に紅を差したりすると、浅草の玉乗りのようだと馬鹿にされた。

田口省吾の描いた女のドレスには、微妙な陰影が表現されている。文中にも、「黄色がかったサタンのドレスが、躯にぴったりついて（……）正一にはあまり躯の形のくっきり目立つのが、不思議な感がした」とあって、流行のバイアスドレスが素朴な学生の眼を奪ったのだ。ただし学生相手の喫茶店の女では、サテンではなく、たぶん人絹だろう。

芹沢光治良「愛情の蔭（21）：何処へ？（5）」、田口省吾画
『都新聞』1937（昭和12）年11月26日

国

武田麟太郎「風速五十米（52）：時代の低気圧（3）」、志村立美画
『東京朝日新聞』1937（昭和12）年8月9日

【国防婦人会】

【千人針】

この場面は、盧溝橋《ろこうきょう》事件（一九三七年七月七日）の勃発後間のない日本国内の様子を描いている。ところは東京の有楽町。全国規模の婦人団体として長い伝統を持っているのは愛国婦人会だが、国家の非常時に対応して新しく国防婦人会が設立された。目立つ襷《たすき》をかけて、千人針や航空機献納のための募金活動に熱心だった。

向こうから洋服やきものすがたで襷をかけたひとたちの来るのが見える。しかし国防婦人会、愛国婦人会といえば、割烹着と、引っつめあたまときまっているような先入観があったようで、違和感を覚えるひともいるだろう。

千

竹田敏彦「女は泣かず（11）：風雲（1）」、富永謙太郎画
『読売新聞』1939（昭和14）年7月21日

〈遡及資料〉この日の挿絵は、ものがたりの内容にもこの日の本文にも直接には無関係。二週間前に盧溝橋《ろこうきょう》事件があり、日中戦争（支那事変）に突入した、という日だったから、凶暴支那軍とか、血迷った支那兵とかいうことばがめだち、「感激と興奮とに渦巻く世相」を表しているのがこの街頭風景。

千人針、あるいは千人結、千人縫は日露戦争時（一九〇四～〇五年・明治三七～三八年）に出現し、そのときは戦争の期間も短かかったためそれほどの話題ではなかった。それが今度の戦争時には大流行し、赤い糸でひと針の結び目をたくさん作った、晒しの裂《きれ》を抱えている女性が盛り場でよく見かけられた。この晒しを腹にでも巻いておけば敵の弾が当たらないという、こういった迷信に顔をしかめる意見は日露戦争のときからあったが、でも肉親の気持ちになってみれば——という心情論がすべてに優先した。

一九三八／昭和一三年

【パーマネント】

獅子文六（岩田豊雄）「沙羅乙女（5）：我家の平和（5）」、小林秀恒画
『東京日日新聞』1938（昭和13）年7月24日

パ

挿絵担当の小林秀恒は、この時代の人形的美貌人物を描いた挿絵画家のひとり。岩田専太郎の弟子だからとか、志村立美といっしょに仕事をしたからとかいわれるが、彼らの描く美貌にはほぼ共通した強固な理念があって、だれがだれに教わったとか、真似したとかはわかりようがない。それはなによりも男女ともに、積み木かピラミッドのように直角的で大きな鼻と、睫毛が庇のようにかぶさる切れ長の目だ。

ストーリーがどうあれ、美貌の男女というとかならずこの顔の出てくるのが、昭和一〇年代の雑誌新聞の、一連の連載小説だった。一方で素朴な、といってもよいリアリズムの線で人物像を追った小磯良平だとか、陰影の深いタッチで屈折した女性イメージを表現した宮本三郎とか、挿絵界はもちろん多士済々《たしせいせい》だったが、そのなかでこの現代の錦絵風といってよい、きまりきった人形顔美男美女に読者は陶酔していた、と信じられている。

縁端で悪態をついている父親に愛想を尽かしている娘の髪は、襟足を出していくぶんアップ気味にしている。この時代の美容院では、パーマネントの客以外は、中年はハイカラ、若いひとは洋髪、とほぼきまっていた。パーマネントをかけた髪や洋髪には髷はなく、熱アイロンとローションと多量のピンとで、自由自在の形をつけることができた。

片岡鉄兵「炎の詩（91）：夫婦合戦（1）」、寺内万治郎画
『東京朝日新聞』1938（昭和13）年3月12日

化

銀座の化粧品メーカーの階下の売場。この会社の専務がたまたま買い物に来た妻とばっ

【化粧品売場】

【美人顔】

たり会ってことばを交わしている。資生堂あたりを思い描いているのか。季節は春先でまだ寒く、和服の女性は羽織の肩にショールをかけているのが、富士山の七合目あたりからの冠雪のように、この時期の女性風俗として特徴的。あたまに髷をつくるひとはもうごく少なくなって、前から見る女性の頭部は顔がむき出しになったような印象になった。

手前のカウンター内の売り子たちは相変わらずコート風の制服で、袖がひどくふくらんでいるが、背中にヨークが取ってあり、構造上は洋服に近づいている。

吉屋信子「家庭日記（70）：故郷の街（2）」、嶺田弘画
『東京日日新聞』1938（昭和13）年5月3日

美

この作品はのちに松竹と東宝で競作になっている。妻の抱く、夫の過去への執拗なこだわりがテーマ。映画が封切りになったあと、ふたつの作品のできばえについてはいろいろ批評があったが、ヒロインを演じた桑野通子、竹久千恵子、夫を演じた上原謙、月田一郎、そのほかの俳優の比較も議論された。演技では竹久が上だが、桑野は演技をしないときの味がいい、とか、三宅邦子、山形直代が演ずる、一度女給だった女が美容術師になっているのを、東宝は女給という過去を強調しすぎているとか、その反面、新宿裏でパーマネント機一台くらいでやっている美容師だったら、三宅のような上等な洋装をさせないで、山形のようなきものを着ている方が貧乏ったらしくて、つつましやかな感じだ――などなど。

そういう女性たちのほとんどを、嶺田弘の挿絵ではほぼこの絵のような顔に描いている。これはおそらく四〇代くらいの人妻だが、この時代、新聞、雑誌の小説挿絵には常套的に見られる眼と鼻の巨大な美人顔で、じっと見ていると、顔はお化けのように不気味だ。現代式の浮世絵風マンネリズムとしかいいようがない。

一九三九／昭和一四年

【怒り肩ファッション】

怒

銀座尾張町交差点から新橋の方に向かって肩を並べてゆく男女。尾張町一、二丁目は一九三〇年（昭和五年）には銀座五、六丁目と名称が変わったが、かなりあとまでこうよんでいるひとがあった。その西側角に服部時計店ビル（和光）が建ったのは一九三二年（昭和七年）で、銀座のシンボルのようになる。

男女とも肩の怒っているのがめだつ。一九三〇年代の柔らかい丸みが失われ、男女とも肩が張りだし、ボックス・スタイルの方向に向かうのがこの時期。いわゆるミリタリールック。ただし女性のほっそりしたウエストと長めのスカートには、まだ三〇年代のロマンチシズムが残っている。女性の方の夏帽子はめだつが、これがこの夏の流行で、欧米のトップ・ファッションが短時日《たんじじつ》のあいだに輸入される時代になっていた。

大佛次郎「郷愁（70）：秋風（2）」、松野一夫画
『読売新聞』1939（昭和14）年7月4日

ア

二週間ほどの中央アルプスのキャンプから、残暑の東京に戻った三人が新宿駅でお別れの握手。左のヒロインは洋裁学校の生徒で寄宿舎生活。この時代東京の洋裁学校のなかには専門学校並みの評判を取っているところもあった。たとえば〝目黒のドレメ出〟といえば、それだけでりっぱなお嫁入り道

竹田敏彦「女は泣かず（14）：風雲（4）」、富永謙太郎画
『読売新聞』1939（昭和14）年7月24日

【アウトドア】

具といわれた。
三人はパーマをかけ、軽いウェーブを見せている。これで二週間おきぐらいに美容院でセットをすれば、四、五カ月はパーマをかけずに済むので、仕事や学業を持っている女性にとっては、手もかからず経済的でもあった。三人の着ているのはヒトラーユーゲントで人気になったシャツドレス。しかし下半身パンツのひとはまだほとんどいない。右側の女性は紫外線避けの眼庇、サンバイザーをかぶっている。

【流行のマスク】

丹羽文雄「家庭の秘密（228）：強気弱気（2）」、志村立美画
『都新聞』1940（昭和15）年1月28日

流

文中に「街を歩く人は、半分以上は不恰好なマスクをつけていた。が、日本髪で、しゃれた広襟のコートをつけて、黒いマスクをかけている恰好は、ひとごとながらあまりいい図ではなかった」とある。日本髪でマスクがいい図でないのはもちろん単に見慣れないためだ。マスクは明治一〇年代からそろそろ用いられていたが、その時分は適当な名称がなくて、「口覆器」という名で売られていたこともある。

長いあいだ、黒か茶色の厚い布か革製で、鳥のくちばしのように見え、対照的に二カ所小さな孔が空いていた。日本髪でマスクがおかしいのは、芸者が腕時計はやめた方がいいとか、和服にネックレスはおかしい、とかいうのとおなじことだ。きもので懐中時計の金鎖を首にかけていた時期もあったし、ブローチの襟留めを胸元に留めていた時代もあった。

浴衣に足袋はやめるべきだともよくいわれる。本来は夏に、湯上がりで着た浴衣なのでそういうのだろうが、現在の浴衣はすでに外出着であり、おしゃれ着なのだから、そんな遠慮は必要あるまい。戦前でも森田たまは、長い道を歩かなければならないときに、お客に行った家で汚れた素足で上がれはしない、ときに応じてあたまを使うべきだ、といっていた。

【正服正帽】

【従業員の上っ張り】

正

戸川貞雄「光に立つ（１４９）（最終回）：また会ふ日まで（４）」、田代光画
『読売新聞』１９４０（昭和15）年８月15日

赤十字従軍看護婦の制服。〝正服正帽〟と書く。色は紺で、南方用は薄カーキ色だった。帽子はすこし変わっていて、ピンで留める柔らかいトークだった。髪をまとめるためだけのものだろう。もちろん野戦用、手術用などは別。

赤十字の看護婦養成所を三年修了すると応召の義務があって、その点は男子の軍人と変わりなかった。この時代、男の子はだれも大きくなったら軍人になるといっていたが、その点で差別された女の子は負けん気で、「わたしは従軍看護婦になる」といい返した。

この正装で出発のときなどは、肩掛袋の紐が左右の肩から胸で十字になる。それがとても恰好よく見え、それに憧れる女の子もいた。要するに飯盒とか、包帯とかを入れたズックの袋なのだが。看護婦はもちろん赤十字ばかりではなかったが、どこも大体は赤十字に準じていたようだ。

従

竹田敏彦「脂粉追放（19）：五千円の夢（３）」、富永謙太郎画
『読売新聞』１９４０（昭和15）年９月３日

戦時下の小売店販売員の生態を描く。日米戦争開始前のこのころは、一部の商品に統制や品不足ははじまっていたが、一方で軍需景気を中心に景気がよく、繁華街、映画館、デパートはいつもひとでいっぱいだった。

呉服売場のふたりの女性は、和服の上にコート形式の上っ張りを着ている。若い女性で、外出用の洋服の二、三枚を持っていないひとはもういなかったが、毎日電車に乗って繁華街のデパートに通勤するとなると、やはりきものということになる。

【外巻き】

【ちょうちん袖】

そのため、そういう若い女性従業員を抱える商店やオフィスは、きものの上からすっぽり覆えるコートを仕事着に支給した。上っ張りのコートはたいてい紺や萌黄や鼠色一色の冴えない見てくれだったが、昭和一〇年代のひとつの景観となる。

竹田敏彦「脂粉追放（39）：鎮男の場合（1）」、富永謙太郎画
『読売新聞』１９４０（昭和15）年９月23日

外

小売店の女性販売員、つまり売り子さんたちを、いかに国策に沿った人間に鍛え直すか、というはなし。この呉服売場では、手前の女性も遠くの方で接客中の女性も、肩にヨークの見えるシャツを着ているので、たぶんこれが制服なのだろう。

呉服売場では、男女とも販売員もきものすがたがふつう。ただしこれには考え方があり、呉服売場は畳敷きのスペースが広く、そこで頻繁に立ったりすわったりするのではきものの膝が傷んで困るとか、いや、短めのスカートですわるのは窮屈だとか、洋装の店員ではお客に信頼されにくいとか——。

髪はふたりの女性とも、前と、後ろの先っぽにだけパーマネントをかけ、外ロールに巻いている。華やかだが、首の短い日本人では、だれにでも似合う、というわけにはいかなかった。

片岡鉄兵「彩る野（11）：多血質（5）」、高井貞二画
『報知新聞』１９４０（昭和15）年９月22日

ち

職場では、男とも女ともなんの区別意識もなく働いている職業婦人のところに、じぶんとは敵の立場にいる男性が、夜、予告もなく家に訪ねてきた。

大都会ではもうどんな場末の美容院でもパーマ機を置いている時代。一方ではパーマネントに対する批判もつよまっていた時代。この女性も全体にゆ

【オカッパにセーラー服】

るくパーマをかけ、ところどころに小さなカールを作っている。黒い髪が顔を額のように囲み、額や眼の生き生きと強調されるスタイル。ちょうどお下げかオカッパの少女のように、ひとと向き合ったとき、相手が髪などになんの印象も受けない時代になっている。

肩の怒った、この場合には柔らかいショルダー・パフを持つスタイルは、戦中から戦後にかけて続いた。その肩の感じが、健気な、とか、甲斐甲斐しい、とかいう印象にもなった。

オ

吉屋信子「花（4）：花の教室」、田代光画
『東京日日新聞』１９４０（昭和15）年11月12日

女学校の課外授業、生花の時間。今日はコスモスで、若くて美しい女教師の、北原白秋の詩を引用しての説明に、生徒はうっとりと聴きほれている。女学校の中低学年生は小学校以来のオカッパが多い。そのオカッパでも、前髪の長さ、耳にかかる毛の処理等々、母親や本人の好みがあって多種多様。学校で禁じられても、大都会ではアイロンを使うことは常識のようになっていた。少し長くして一本か二本の編み下げにしている子はだいぶ少ない。

もうこの時代、制服はほとんどすべて洋服となり、その大部分はセーラー服かその変形。おなじセーラー服でも、色や生地だけでなく、襟の縁取りのテープの色に微妙な違いがあったりして、じぶんで紅茶で上染めするような、こだわりのつよい子もいる。

【出征の日】

出

坪田譲治「虎彦龍彦（10）：綴方教室（8）」、小穴隆一画
『都新聞』1941（昭和16）年9月25日

父親が出征したあとの、子どもたちと村びとの交流を描く。この日は出征の場面。出征のときは軍装で、もちろん鉄兜はかぶらないで帽子は略帽。略帽は俗に戦闘帽といわれ、戦時中は学生から工員から小学生まで、だれもかれもがかぶった。この絵では描かれていないが、あご紐のある点以外は野球帽と似ている。

日の丸の小旗を持った娘の肩に手を差し出しているのが父親らしい。周囲の応召兵が布製の巻脚絆《きゃはん》であるのに、父親だけが革製の長靴をはいているのは階級の違いだろう。長靴をはけるのは尉官《いかん》以上。

日中戦争がはじまってから各家庭にはたいてい手製の日の丸の小旗があった。肉親や知人はいうまでもないが、同町内に出征兵士があったときは、家族のだれかがこの小旗を持って、駅まで送りに行くのが義理だった。そのほか上海陥落、南京陥落などという祝賀のときには、夜は提灯行列、昼には旗行列があった。

【銀座通り】

銀

角田喜久雄「妻なれば（7）：旧友（2）」、志村立美画
『読売新聞』1941（昭和16）年4月21日

昼下がりの銀座通り。この挿絵はなぜか街路樹が描かれていない。「昔恋しい銀座の柳……」という「東京行進曲」の歌詞のように、一九二九年（昭和四年）頃には銀杏だった街路樹に、一九三二年（昭和七年）には柳が復活した。現代と戦時中の銀座を見比べてのめだった違いは、昼間の街路樹と、日暮れ以後の露店だろう。もちろん行き交うひとのすがたが、みな長身で均整が取れすぎている、ということは別にして。

ファッションステージである銀座は、この時代、東京でもいちばん和装の女性の多かった場所。手前の女性のかぶっているのはベレー。ベレーは鳥打帽などと比較すると、遅れてわが国に入ってきた。おなじ安物でも、鳥打帽が労働階級に広く用いられたのに対して、ベレーをかぶっているとなにか遊民風に見られる。ベレーは脱げやすく、また紛失しやすいためだろうか。

一九四二／昭和一七年

【たまには和服で】

た

岡田三郎「新しき神話（14）：花弁（7）」、木俣清史画
『国民新聞』1942（昭和17）年2月20日

白銀台町《しろかねだいまち》のお邸に住むわがままな令嬢に引き回される男。タクシーで銀座に出て、数寄屋橋畔のレストランで食事し、これから映画を見ると令嬢はいうのだが、男の存在はほとんど無視している。和服にショール、たぶんキッドかなにかの手袋をして、お化粧は念入りだが、髪はパーマがかかっているのでかんたんにブラシとピンで押さえただけ。彼女はめずらしく和服すがた、という。

日本髪か、せめて束髪でなければきものは恰好がつかないとか、洋服と和服の二重生活が不経済とか、そういう意見はもう過去のはなしになっている。最初は抵抗のあった新しい組み合わせも、ひとびとはやがて見慣れてしまうし、洋服のセンスが和装をも向上させ、生活が豊かになれば、和装と洋装を自由にコントロールすることも楽しみのひとつになる。

徴

丹羽文雄「この響き（133）：椿事（1）」、高木清画
『報知新聞』1942（昭和17）年1月22日

兵器工場に徴用された女子工員たちの休憩時間。一九三九年（昭和一四年）の八月に国民徴用令が公布されて以後、女性の職業は別の様相を取るようになった。もう職業婦人への偏見どころではなくなる一方、職場も職種も働く人間が選ぶのでなく、上から割り当てられるような状態にだんだんと

【徴用につく女性たち】

【外国人っぽい】

なっていった。

　昨日は花模様のワンピースを着て、自転車で市場へ買い物に行っていた娘さんが、次の朝には国防色の作業衣すがたで、小さな弁当包みを提げてバスに乗って出かける。それまで女子工員などいなかった工場にはたいていは脱衣施設などなく、すぐ働ける恰好で家を出た。職種によっては作業服を貸与される工場もあったが、みな男ものの古着だったから、家に持ち帰って夜なべで裾あげをしたりした。それでも見慣れたきものやワンピースに比べて、ズボンをはいた作業衣すがたの娘さんは、颯爽としているようにも見え、心中ちょっと自慢に思っている弟もいた。

丸岡明「美しき素顔（97）：はがくれ（6）」、田代光画
『国民新聞』1942（昭和17）年9月2日

外

主人公の思い出のなかの一枚の絵。安直な飲み屋のカウンターに疲れを休めている若い女性。高い鼻に光が当たっていて、眼の周りは影になっている。ふつう日本人の顔ではこういう陰影感はなく、そのため外国人くさい顔に見える。片手を頬にあてて肘を突く、というポーズも日本の女性はあまりしない。「生意気に見える」ため。

　この外国人っぽい顔立ちとポーズが、半袖のシャツのショルダー・パフによく合っている。肩の怒った、あるいは張ったスタイルは、本来アングロサクソン系の女のものだ、という意見をいうひとがある。もっともこういう意見は、戦後の、占領軍の女性兵士の軍服の印象が、幼児体験に擦り込まれたせいだという批判もある。この女性は幅広の帽子を少しアミダにかぶり、それが、女性のやや投げやりな気持ちを感じさせている。

一九四三／昭和一八年

【もんぺ】

【戦時中】

も

舟橋聖一「巌（1）：内裏雛（1）」、内田巌画
『読売報知新聞』1943（昭和18）年3月3日

母と娘で生活している一家。働いている母を送り出したあと、その日の防空訓練のため、もんぺをはき、防空頭巾をかぶって、すっかり支度ができる、その時間が一分二〇秒かかった、もっと迅速にやらないといけない、といっている。

この娘は、ふだんはふつうのきもので生活しているらしい。起きるとすぐもんぺ、という風になるのは、一般には空襲が日常化した翌々年に入ってのことだが、もんぺをはくと腰が冷えないからといって、一日中もんぺで過ごすひとはこの時期にもあった。それがもう癖になってか、戦後三、四年経ってもまだ、もんぺのひとは街で見かけられた。女性はもんぺをはくだけだから一分そこそこで済むが、男はゲートルをまくのに手間がかかる。

彼女は外へ出るとき黒いズックの靴をはいている。ズックの靴のはき心地というものも女性には新鮮だったようだ。しかしズックの運動靴はだれにとっても、とくに学童にとっての必需品だったので、入手困難だった。

戦

舟橋聖一「巌（16）：初うぐひす（2）」、内田巌画
『読売報知新聞』1943（昭和18）年3月20日

郊外の畑道を、どこかの工場勤めの女性が、制服に鴇《とき》色の腕章をつけて、自転車を走らせて来た。「春風に黒髪がひるがえり、白い脛が逞しくペダルを踏む。きわはそのすがたを、うつくしいものに思った。現代の美しさは不自然な化粧や、消費のための扮装にはなくて、こういう能動的な景色の中にあるのだ。戦争は人を真面目にする」。

【リボン】

【当世の標準的スタイル】

戦時中、それも戦災と敗戦が間近かったころの街は、それがかつての歓楽街であっても、絵看板や眼に立つ広告、派手なポスターの類がなくなって、一種清澄な、物静かな景観を生んでいたという。その根底には、灰色の舗装道路や家々のモルタル壁や、小さな商店の木造の店構えや、ビルのなんでもない窓格子など、構造体自身の持っている、寡黙で、素朴な力づよさの支配する世界があったためかもしれない。

リ

舟橋聖一「巌（117）：逆浪（4）」内田巌画
『読売報知新聞』1943（昭和18）年7月18日

古い体質の商店に勤める手代の、憧れのお嬢さん。若い手代は、雨の日など泥だらけになっているお嬢さんの靴を、だれにも気づかれないようにきれいにしておく。あるときお嬢さんは、そっとお礼をいってくれた――。賢く、気持ちの行きとどくお嬢さんのなにげない表情を、内田巌はこのうえない単純さで表現した。もしこれがもうすこし陰影などのある丹念な絵だったら、一介の奉公人に対する、お嬢さんの風のようなありがとうのひと言が、意味ありげな重いものになってしまう。

学校を出たての女性などがよくやっていた、毛の先っぽにだけ軽くかけるパーマネントのスタイル。髪を後ろから縛るのは実用的でもあったが、戦時中のこの時期、なぜかリボンが大流行して、うるさがたが眼を三角にするほどだった。

当

石川達三「日常の戦ひ（33）：心の位置（5）」、福田豊四郎画
『毎日新聞』1943（昭和18）年10月8日

家庭家族と夫婦関係の戦時体制化についての内容。この日も厨川白村の『近代の恋愛観』を、「こんな軽薄な理屈は今では問題にならないが（……）これは驚くべき文明否定、欲望賛美の思想である」と、本文の三分の二にわたって難詰している。

主人公が朝、井戸端で歯を磨いていると、新婚で応召した弟の新妻が裏庭の掃除をしていた、という場面。たぶん二〇歳そこそこの女性のこの恰好は、この時代としてはなにひ

【マニラにて】

とつ、標準的でない点はない。

髪の毛はただ後ろで団子に丸めているだけ、むかしの馬の尾の現代版というべきで、お団子をネットでくるんでいるひともある。もちろん美容院などに行く必要はない。なにか行事のあるときだけ美容院に行って、髪を削ぎ、多少恰好のよいお団子にしてもらうこともある。こういうひともお客さんだが、きまった店へは行かないひとが多かった。大都会でいつも美容院に通っている女性は、五人に一人くらい、いや、一〇人にひとりといわれていた。

マ

尾崎士郎「人生劇場 遠征篇（160）：残照（8）」、鈴木栄二郎画
『朝日新聞』1943（昭和18）年10月15日

大当たりをとった尾崎士郎の「人生劇場」は延々とつづき、くりかえし映画化もされ、最後はその過去の人気にもたれただけのような作品もある。この遠征篇などがそれ。過去の登場人物のなかの何人かが外地に行ってのはなし。

窓から外を見ているのはマニラのレストランのウエイトレスで、尾崎は赤いシャツを着た少女、と書いている。宇野千代といっしょに生活していた時期もあるのに、尾崎は着るものの描写などには無頓着な方で、少女の着ているのはもちろんブラウスというべき。そのブラウスはかなり凝った仕立で、このレストランがそう安食堂ではないことを想像させる。

尖っているようなショルダー・パフはこの時期の流行というより、フィリピンの伝統的スタイル。少女というにしてはつけているアクセサリーも豊富だが、肌の露出の多い熱帯地域では、衣服よりもむしろボディ・ジュエリーに執心なのがふつう。

一九四四／昭和一九年

【抜き襟】

【継ぎ当て】

抜

丹羽文雄「今日菊（18）：沢一家（3）」、林唯一画
『読売報知新聞』１９４４（昭和19）年１月25日

月五、六〇万円の取り引きのあるネクタイ加工業者の妻。家付き娘で大柄だが、身体が弱く、あたまの働きもやや鈍いという三〇歳前後の女。はっきりとはわからないが髪は夜会風。この時代、芸者はもうみんな洋髪で、少し歳のいったひとはよく夜会を結っていた。素人でも夜会が似合うひと、というのがあって、それはだいたいちょっと大人っぽい、姐御肌のような感じのひとだったから、大柄なひとにはそういうタイプのひとが多かったかもしれない。小柄できびきびしたようなひとは、もっとモダンなものが似合ったろう。

この女性は家にいるのに襟も大きく抜いている。もちろん帰ってくる夫の目に見えるじぶん、を考えてのことでもあるだろうが、一日家のなかで暮らして、じぶんを単に事業家の妻というのではなく、ほかのなにかに仮託して、その役柄のなかで生活しているような雰囲気を感ずる。

継

丹羽文雄「今日菊（34）：彼と我（2）」、林唯一画
『読売報知新聞』１９４４（昭和19）年２月16日

女子挺身隊として勤労している姉と妹。妹は女子大学の学生。このころになると高等女学校は四年制になって、卒業するとすぐ挺身隊に取られた。大学や女専に入学した者も工場や農村に手伝いに行かされる日が多くなった。また学校の教室が、軍需品の末端部品の生産工場に転用されることもあった。

姉が赤いセーターのほころびに、あり合わせの黄色い毛糸で継ぎを当て、黄色い蝶が止まったみたい、といっている。継ぎの当たった衣服を着ていることはだれも気にしなかっ

【徴用のすがた】

た。母親は子どもに、穴のあいたものを着ていたら恥ずかしいけど、継ぎの当たったものを着ているのはちっとも恥ずかしくないんだよ、と教えた。

男の子のなかには、接ぎ布の上からまた接ぎ布を当てている、刺し子のような上着を自慢にしている子もあった。そんな学生服や、焼夷弾の焼け焦げのあるブラウスなどを、戦後いつまでも、大事な記念として保存していた家族もある。

徴

尾崎士郎「春又秋（6）：散るには惜しき（6）」、中村直人画
『読売報知新聞』1944（昭和19）年7月31日

左側で靴を履き直しているのは徴用のサラリーマン。一九四一年（昭和一六年）の年末に太平洋戦争がはじまってからは、サラリーマンや商店主なども軍需工場の徴用に駆り出されることがあった。そういう場合はだいたい戦闘帽の着用と、ゲートルを巻くこととは義務づけられた。しかし、そういう場合でなくても、街を歩くのに戦闘帽もゲートルもなしだったら気が引ける。戦闘帽は前方だけにひさしのある薄い木綿製のキャップ。戦闘帽というのは俗称で、正式の名前は略帽。いまの野球帽よりひさしがずっと浅く、顎紐があり、正式には正面に星印が付いている。こういう本当の戦闘帽とちがい、ほぼ同型だが、顎紐を持たない団体用帽子というものが一九四一年には考案され、そのほか、両側に耳覆いを上げて装飾的に縫い付けてある贅沢なものもあった。これは国民服とともに制定されたもの。ゲートルは正式には巻脚絆《きゃはん》と呼んだ。

人間の脚は正しい円筒形とちがうから、途中二回ほど折り返すのがコツ。綺麗に折り返してあるのはズリ落ちせず、見た目もキチンとしていた。

一九四五／昭和二〇年

【終戦の霜月】

終

藤沢桓夫「彼女は答へる（12）：親友（3）」、志村立美画
『読売報知新聞』1945（昭和20）年11月14日

十八、九歳というこの娘は、縞のきものにもんぺ姿で、髪を無造作に首の後ろで縛っている。縛った先っぽはパーマをかけたことがあるのか、けっこうカールしている。耳の上のところはスズラン留め一本で留め、綺麗に耳を見せている。若い娘の耳髱《たぼ》（後ろ髪）の辺りのやわらかさは、下着で覆われる部分のように優しく、甘く感じられることがある。娘の単純このうえない髪が、自身にも気づかないその魅力を強調している。

この冬は日本人が経験した中のもっとも寒い冬だった。というのも、大都市の戦災が春から夏にかけてであったため、冬の衣類を持ち出せずほとんど焼いてしまったためだ。外套を着ている人は少なかった。きものにもんぺの女性の中には、腰切りのきものの人もあった。防空頭巾とマスクと、できるだけ身体を屈めることで寒さから身を守った。

本書を刊行するにあたり、多くの図書館の司書の方々、美術館の学芸員の方々、ならびに著作権者の遺族の方々には大変お世話になりました。ありがとうございました。

また、本書の刊行をお引き受けくださいました三元社の石田俊二社長、いつも丁寧な編集を心がけてくださる山野麻里子氏に、心よりお礼申し上げます。

最後に、常に声援を送ってくれるＭＣＤプロジェクトのメンバーに対して、深謝いたします。

二〇一九年一一月

著者・大丸弘　高橋晴子

あとがき

「絵は読むもの」と、私に実感させてくれた新聞連載小説の挿絵たちが、書籍になりました。

本書は、二〇一六年一二月に刊行しました大丸弘・高橋晴子著『日本人のすがたと暮らし――明治・大正・昭和前期の身装』（三元社）の姉妹編にあたります。どちらの著書も、近代における日本人の身装の文化変容を基本テーマとしています。

「身装」という言葉は、人間の身体と装いをひとつにした私たちの造語です。身装の概念には、人の装う心を主軸としながら、日々の暮らしのなかで、人々をとりまく情景・環境までをもふくめています。

本書は、近代に発行された新聞から身装に関する記事を探索しているうちに、副産物のようにして生まれました。どの新聞にも、時代が下がるにつれて必ずひとつは連載小説が登場します。国民新聞と合併して、現在の東京新聞となった都新聞などでは、第一面の連載小説の大きな挿絵が新聞の顔に思えたものです。これらの挿絵には、当時の衣生活の様子が詳細に描写されており、私たちは、いつからか新聞記事とともに、挿絵も収集の対象としていたのです。

本書のファーストオーサーである大丸弘先生は、残念ながら二〇一七年三月一七日に亡くなられましたが、亡くなるまでに原稿を完成させていらっしゃったにもかかわらず、今回の刊行に至るまで、二年以上の年月を経てしまいました。この部分はもっとうかがっておくべきだった、議論しておくべきだったと思うところが多々あって反省しきりですが、周りの皆様のおかげで、なんとか刊行にこぎ着けることができた次第です。

なお、前書と本書は、ともに国立民族学博物館のウェブサイトより、私たちの研究チームであるＭＣＤプロジェクトが公開している身装画像データベース〈近代日本の身装文化〉に含まれるデータが基本となっています（http://htq.minpaku.ac.jp/databases/mcd/shinsou.html）。より多くの画像をご覧になりたい場合は、データベースをご利用いただければ幸いです。

事項索引

＊本索引は、「主題別にみる日本人のすがたと暮らし」「年代順にみる日本人のすがたと暮らし」を対象として作成した。

あ

か

さ

た

な

は

ま

や

ら

わ

挿絵画家索引

＊本索引は、「主題別にみる日本人のすがたと暮らし」「年代順にみる日本人のすがたと暮らし」および、資料「初期の新聞小説挿絵画家一覧」を対象として作成した。
＊よく知られている名、読みやすい名のほかは、漢字の音読により配列した。
名前のあとの（　）内は別の画号だが、すべてではない。名字が複数あるものは、最後の名字が家系のものである。これは必要に応じて記している。たとえば、画家としても家系の名字を利用した時期があるなどの場合。

あ

新、古家［1897-1977］ 011
五百枝、斎藤［1881-1966］ 98, 405, 010-1
幾英、小林 005
為山、下村［1865-1949］ 008
至、田辺［1886-1968］ 79
一水、牛島 010
巌、内田［1900-1953］ 456-7
芋銭、小川［1868-1938］ 004, 008
英作、和田［1874-1959］ 415-7, 006
栄二郎、鈴木［1910-1954］ 458
永洗（藻斎）、富岡［1864-1905］ 35, 72, 79, 87, 99-101, 105, 107, 113, 117, 140, 142-3, 153-5, 161, 185-7, 190, 192, 203, 005-9
英泰、伊東［1875-1931］ 008
永濯（鮮斎）、小林［1843-1890］ 004-6
英忠、河合［1875-1921］ 007, 009
英朋、鰭崎［1880-1968］ 380, 008, 010-1

か

薫、浅野 010
華宵、高畠［1888-1966］ 010-1
一夫、松野［1895-1973］ 47, 72, 446
一広、前野 005
華僊、藤島 007
華邨（華村）、鈴木［1860-1919］ 81, 271-4, 277-8, 284-6, 291-2, 298, 371, 006-7, 010
勝一、樺島［1888-1965］ 011
勝沅、白井 →年信（二代目）
貫之助、原［1870-1945］ 006
観陽、金森［1884-1932］ 010
帰一、岡本［1888-1930］ 010
菊僊、公文［1873-1945］ 55, 332, 343, 354, 366, 005, 009, 011
幾久造、伊藤［1901-1985］ 010
九浦、野田［1879-1971］ 353, 370, 381, 009
暁斎、河鍋［1831-1889］ 002-3, 005-6
暁舟、田代［1878- 没年不詳］ 009
恭助、野崎 434-5
清方、鏑木［1878-1972］ 74, 352, 391, 006-10
清貞、鳥居、斎藤、渡辺［1844-1901］ 008
清、石田 011
清史、木俣［1910- 没年不詳］ 454
清、高木［1910-1988］ 454
清種、鳥居、徳田［1830-1890］ 005
清親、小林［1847-1915］ 003, 005-7, 010
清芳（三代目清満）、鳥居［1832-1892］ 006
吟光（松斎吟光）、安達 005, 007
金僊、久保田［1875-1954］ 007
愚仙、山内［1866-1927］ 007, 009
国雄（国生、逸老庵）、本間［1891-1973］ 009
国三郎、名越［1885-1957］ 008, 010
邦助、橋本［1884-1953］ 008
国周、豊原［1835-1900］ 005-6
国松（一龍斎、三代目豊重、福堂国松）、歌川、和田［1855-1944］ 83, 89, 204-7, 217, 221-2, 232, 002-5, 007
国峰、歌川、勝田［1861-1944］ 109, 236, 240, 254-6, 261, 266, 003, 005-7
国泰、白井 →年信（二代目）
九郎（クロー）、岡田 76, 392, 010
桂舟、武内［1861-1943］ 006-9
桂舟、羽田［1864-1939］ 002, 006
敬中（年忠、南斎）、山田［1868-1934］ 50, 82, 007
月皎、大橋 411, 419, 010-1
月耕、尾形、田井（名鏡正之助）［1859-1920］ 48, 52, 81, 111, 188, 212, 214, 002-3, 005, 010
源一郎、足立［1889-1973］ 124
謙吉、柳田 011
謙太郎、富永［1904-1985］ 123, 441, 443, 446, 449-50
浩一路、近藤［1884-1962］ 010
更園、星野、岡本［1895- 没年不詳］ 010
耕花、山村［1885-1942］ 010-1
香涯、渡辺［1874-1961］ 008
広業、寺崎［1866-1919］ 009-10
広湖、高橋、浦田［1875-1912］ 008
虹児、蕗谷［1898-1979］ 402, 011
耕雪、坂田（阪田）［1871-1935］ 42-3, 60-1, 90, 275, 294, 299, 304, 306, 322, 346-7, 355-6, 003, 006-8
好美（誉志美、孤芳）、水野［1863-1928］ 005, 007
紅風、桜井 011
吾山、稲田［1880-1938］ 011
国観、尾竹［1880-1945］ 008
克己、三宅［1874-1954］ 011
古洞、山中［1869-1945］ 105, 006, 008
五葉、橋口［1880-1921］ 010

さ

栄、岡野［1880-1942］ 008
貞雄、野崎 418
貞広（二代目）（昭皇帝）、歌川、三谷［1838-1908］ 31, 49, 58-9, 78,

119, 224-6, 250-2, 262-4, 268, 301, 332, 003, 005, 007, 009
三郎、太田［1884-1969］ 408, 011
三郎、宮本［1905-1974］ 438-9
左文、野崎［1858-1935］ 005
重義、林［1896-1944］ 103
重（しげる）、須藤［1898-1946］ 102, 124, 411, 417, 421-2, 432, 440, 010
止水（孝太郎）、長原［1864-1930］ 008
治平、小川［1887-1925］ 011
紫明、寺島［1892-1975］ 010-1
収一、代田［1880-1958］ 412, 414, 011
習古（芳斎）、小林 240, 007
秋光、吉田［1887-1946］ 010
修斎国泰 →年信（二代目）
修造、中川 418
秋峰（秋峯）、辻村［1871-没年不詳］ 009
秀峰、山川［1898-1944］ 426
春光、柴田［1901-1935］ 011
春香 →年信、山崎
春仙（春川）、名取［1886-1960］ 391, 393, 395, 409, 009, 011
春汀、宮川［1873-1914］ 382-3, 008
蕉園、池田、榊原［1885以降-1917］ 010
蕉琴、勝田［1879-1963］ 386, 010
勝月、東洲、小島 007
省吾、田口［1897-1943］ 442
松洲、斎藤［生年不詳-1934］ 006
荘八、木村［1893-1958］ 426, 010
二郎、吉邨［1899-1942］ 38, 51, 010
信一、藤原［1846-1930］ 005-6
深水、伊東［1898-1972］ 404, 010-1
新太郎、山下［1881-1966］ 433
審也、渡部［1875-1950］ 344, 362, 367-8, 374, 399, 403, 008, 010-1
静雨、伊東［1882-1961］ 008-9
成園、島［1892-1970］ 396-7, 011
青起、細木原［1885-1958］ 010
清香、谷口 380
青風、松田［1892-1941］ 010
青葉、柿内［1892-1982］ 011
雪岱、小村［1887-1940］ 406, 010
洗厓、井川［1876-1961］ 33, 38, 47, 75, 348, 358, 365, 373, 376, 384, 386-8, 414, 428, 008-9, 011
洗耳、松本［1869-1906］ 32, 37, 42, 45, 53, 56, 70-1, 97, 103, 111, 113-5, 136-7, 139, 144, 147-8, 150, 158-9, 172, 175-6, 198, 320, 006-8
専太郎、岩田［1901-1974］ 010
善太郎、小島［1892-1984］ 123
洗馬、谷［1885-1928］ 008
千甕、小川［1882-1971］ 009
素文、谷脇［1878-1946］ 011
素明、結城［1875-1957］ 415

た

隆嗣、関口［1890-1982］ 010
孝則、木下［1894-1973］ 011
猛夫、井上 420
唯一、林［1895-1972］ 459, 010-1
忠雄、寺本［1901-1985］ 123, 429, 431
立美、志村［1907-1980］ 69, 442, 448, 453, 461
種員、樋口 002
周重（一梅齋）、歌川、守川 005
周延（楊洲齋、楊洲周延）、橋本［1838-1912］ 33, 69, 84, 109, 244-7, 003, 005, 007-8
竹坡、尾竹［1878-1936］ 007-8, 010-1
千穂子、湯浅 422, 428
椿岳、淡島［1823-1889］ 005
通勢、河野［1895-1950］ 430
恒茂、赤井、川上 006-7
恒富、北野［1880-1947］ 396, 011
恒春、幡［1883-1944］ 73, 400, 404, 407, 423, 009-11
恒秀、桂 007
恒房、槙岡 208, 248, 257-8
鶴三、石井［1887-1973］ 400-1, 010-1
貞二、高井［1911-1986］ 450
滴水、石井［1882-1945］ 387, 389-90, 394-5, 008, 010-1
輝方、池田［1883-1921］ 393, 398, 008, 010-1
天流、村上［生年不詳-1914］ 009
とき、中江 006
登之、清水［1887-1945］ 424
年参、古林、小林 005
年方（応斎、蕉雪）、水野［1866-1908］ 34, 41, 48, 91, 95, 116, 120-1, 219, 233, 235, 237-9, 243, 005, 007-9
年貞、山田 111, 185, 005, 007
年忠、山田 →敬中、山田
年恒（嬴斎、可雅賎人）、稲野、武部［1858-1907］ 31, 40, 45, 63, 67, 93, 108, 117, 157, 232, 248, 259-60, 266-7, 282, 300, 302, 328-9, 331, 339-40, 003, 005-8
年信、田口 →年信（二代目）
年信（二代目）（国泰、修斎、国梅）、田口（白井勝沅）［1866-1903］ 50, 86, 92, 004-5, 008
年信（南斎、仙斎、春香）、斎藤、山崎［1857-1886］ 002-5
年英（梧斎）、右田［1863-1925］ 32, 43, 59, 63, 96, 105, 110, 112, 115, 120, 226-30, 241-2, 249, 265, 276, 280-2, 287, 290, 300, 307-10, 312-9, 322, 330, 335-7, 341, 379, 384, 005, 007, 009-10
年峰（年峯）、筒井［1865-没年不詳］ 006-7
年之、服部 005
年人、柴田 005
富弥、小田［1895-1990］ 011
鞆音、小堀［1864-1931］ 006
豊四郎、福田［1904-1970］ 457
豊宣（二代目香蝶楼、四代目一陽斎）、歌川、勝田［1859-1886］ 130, 005

な

直人、中村［1905-1981］ 460
永年、名和 006
楢重、小出［1887-1931］ 011
南山［1840-没年不詳］ 010
爾保布、水島［1884-1958］ 010
信豊 005

は

柏亭、石井［1882-1958］ 008, 011
白帆、八幡［1893-1957］ 378
白羊、倉田［1881-1938］ 430
巴水、川瀬［1883-1957］ 75
半古、梶田［1870-1917］ 65, 303,

338, 344-5, 006, 008-9
光、田代［1913-1996］ 449, 451, 455
ひさし（久）、森田 010-1
比左良、田中［1890-1974］ 437
英太郎、関 425
秀恒、小林［1908-1942］ 436-7, 444
英春、山本 350, 356-7, 361-3, 368, 376, 008, 010
百穂、平福［1877-1933］ 009
弘、嶺田［1900-1965］ 445
広重（三代目）、歌川、後藤［1842-1894］ 003, 005-6
弘光、中沢［1874-1964］ 008, 010
不折、中村［1866-1943］ 008
米僊、久保田［1852-1906］ 007-8
鳳斎、笠井 005, 007
鳳白、三宅［1893-1957］ 011
北嶺、多田 006, 008, 010
北峡、三浦 011

ま

万治郎、寺内［1890-1964］ 444
三重三、清水、佐藤［1893-1962］ 47, 010-1
未醒（放庵）、小杉［1881-1964］ 010
基春（公斎）、林［1858-1903］ 006, 008

や

夢二、竹久［1884-1934］ 405, 407, 008, 010-1
芳幾（蕙斎、一恵斎、朝霞楼）、落合［1833-1904］ 160, 168, 002-3, 005-8
芳景（豊斎）、後藤［1858-1922］ 007, 010
芳年（魁斎、大蘇）、月岡［1839-1892］ 53, 002-3, 005-7
芳豊（二代目芳豊）、歌川、川守［1844-1907以降没］ 007
芳豊、武部 003, 007
芳延（一雲斎）、歌川［1838-1890］ 003, 005
芳春（一橘斎、一梅斎）、歌川［1828-1888］ 004
美彦、熊岡［1889-1944］ 427
芳麿、落合 009
芳峰（一梅斎）、武部 39, 003, 005, 007
芳宗（一松斎）、歌川、林［1817-1880］ 002
芳宗（二代目）（年雪、松斎、一松斎）、歌川、新井［1863-1941］ 36, 94, 97, 103, 113, 132, 145, 152, 197, 220, 002-3, 005, 007, 009

ら

楽天、北沢［1876-1955］ 54, 006
隆一、小穴［1894-1966］ 452
龍子、川端［1885-1966］ 009-11
柳洲（仁臣）、徳永［1871-1936］ 008
柳村、小寺 377
良、田中［1884-1974］ 410, 010-1
亮輔、渡辺［1880-1911］ 009
麟作、赤松［1878-1953］ 009

〈参考資料〉

沢田章『日本画家辞典』大学堂、1927 年
楢崎宗重ほか編『原色浮世絵大百科事典』（第 2 巻 浮世絵師）、大修館、1982 年
河北倫明監修、三輪英夫他『近代日本美術事典』講談社、1989 年
恵光院白『美術家索引 日本／東洋編』日外アソシエーツ、1991 年
日外アソシエーツ編『美術家人名事典―― 古今・日本の物故画家 3500 人』2009 年
藤森耕英／篠原美智子『日本美術家事典 2015 年度版』日本美術家事典社、2015 年

小説作家索引

＊本索引は、「主題別にみる日本人のすがたと暮らし」「年代順にみる日本人のすがたと暮らし」および、資料「初期の新聞小説挿絵画家一覧」を対象として作成した。

△△生　121

あ

愛渓逸史　236
秋元巳太郎（志木生）　386-7
東天　367-8
天橋漁夫　220
暗香生　89
井口迷外　33
池雪蕾　360
石川達三［1905-1985］　457
一転南柯史　77, 168
伊藤厭花　174, 191, 202
伊藤銀月［1871-1944］　359
狗禅　279
井上笠園［1867-1900］　45, 260
伊原青々園［1870-1941］　75, 87, 105, 107, 113, 117, 142-3, 153-5, 167, 187, 190, 192, 201, 373
岩田豊雄（獅子文六）［1893-1969］　444
有髯無髯　53
上田君子　350
宇田川文海（半痴居士）［1848-1930］　105, 208, 223-6, 240, 266
宇野千代［1897-1996］　124
江戸児　115
榎本破笠［1866-1916］　303
江見水蔭（怒濤、どたう庵）［1869-1934］　66, 372, 374, 378-9, 382-3
大江素天［1876-1950］　359
大久保常吉（夢遊居士）［1853-1924］　222
大倉桃郎（黒風白雨楼）［1879-1944］　339-40
大森痴雪［1877-1936］　364
小笠原白也［1873-1946］　43, 346
岡田三郎［1890-1954］　102, 411, 454
岡本綺堂［1872-1939］　378
小川煙村［1877- 没年不詳］　323
沖野岩三郎［1876-1956］　399, 423
小栗風葉［1875-1926］　46, 61
尾崎紅葉（紅葉山人）［1867-1903］　269, 006
尾崎士郎［1898-1964］　458, 460
大佛次郎［1897-1973］　427, 430, 446
尾島菊子［1883-1956］　369-70

か

海鶴仙史　232
花々亭香夢　231
香川蓬洲（蓬洲居士、豊洲生）　152, 248, 257
片岡鉄兵［1893-1944］　441, 444, 450
加藤眠柳［生年不詳 -1920］　63, 95, 293-4, 297, 304-6, 311, 334
上司小剣［1874-1947］　47, 400-1
河原紅雨　377
河原風来（三世風来山人）［生年不詳 -1890］　67
観風子　65
菊池寛［1888-1948］　403, 436, 011
菊池幽芳（あきしく）［1870-1947］　40, 42, 60, 117, 248, 256, 258-60, 266-8, 275, 304, 322, 391, 008, 010
貴司山治［1899-1973］　411
岸田国士［1890-1954］　47
木下尚江（松の屋みどり）［1869-1937］　68
狭南　009
玉堂　329
桐島豊彦　425
草村北星［1879-1950］　329
邦枝完二［1892-1956］　418
久保田万太郎［1889-1963］　433
久米正雄［1891-1952］　426
黒男　120, 253
黒潮子　105
群司次郎正［1905-1973］　123, 429, 431
小相英太郎［生年不詳 -1900］　53
幸堂得知［1843-1913］　112, 249-50
河野鶴浦（河野巳之助）　63, 302
小島孤舟［1870年代 -1920年代］　382
小杉天外［1865-1952］　90, 344-5, 393, 395, 404
後藤宙外［1866-1938］　342, 395

さ

西峡逸史　232
酒井昇造［1860-1915］　165-6
嵯峨の屋お室（嵯峨のや主人）［1863-1947］　242
佐倉叟春江　130, 145, 197
佐藤一夫　432
佐藤紅緑［1874-1949］　38, 387, 389
里見弴［1888-1983］　406, 415
散花天人　34
三遊亭圓朝［1839-1900］　35, 53, 162, 165-6
篠原嶺葉　371
渋川玄耳　009
春海宏　47, 428
春泉居士　231
城鴎汀　189
条野採菊（採菊散人）［1832-1902］　91, 116, 121, 219, 239, 243
白頭巾　370
森林黒猿　70, 113, 115, 320
翠於閑人　212
杉村楚人冠［1872-1945］　415-7
須藤南翠（南翠外史、彩幻道人）［1858-1920］　33, 43, 69, 79-80, 84, 105, 119, 215, 262-4, 268, 336-7
住井すゑ（住井すゑ子）［1902-1997］　424
清夢楼　362
関田一喜　420
芹沢光治良［1897-1993］　442
外ヶ浜人　76, 392

た

高倉輝［1891-1986］　414, 430
高谷為之　37, 136, 198
高畠藍泉（聴香楼主人、三世柳亭種彦）［1838-1885］　81, 182, 209
田口掬汀［1875-1943］　355-7, 361, 368, 376
武田仰天子［1854-1926］　288-9, 314-6, 318, 335-6
竹田敏彦［1891-1961］　443, 446, 449-50
武田麟太郎［1904-1946］　442
竹久夢二［1884-1934］　405, 407, 010-1
田中総一郎　412
谷崎潤一郎［1886-1965］　418, 011
田山花袋［1871-1930］　386, 008
遅塚麗水［1866-1942］　38, 42, 56, 64, 101, 119, 158-9, 270, 342, 351, 376
長者丸　365
塚原渋柿園［1848-1917］　362, 008
角田喜久雄［1906-1994］　453
坪内逍遥（春のや主人）［1859-1935］　221
坪田譲治［1890-1982］　452
寺尾幸夫［1889-1933］　428
寺沢金風　388
東籬庵　373
戸川貞雄［1894-1974］　417, 449
徳田秋声［1871-1943］　303, 344, 356, 381, 400, 010
富田一郎（一筆庵主人）　95, 233, 235, 237-8

な

長田幹彦［1887-1964］　73, 394, 396, 404
中野実［1901-1973］　437
長野楽水　146, 150, 177, 291
中村花痩［1867-1899］　41
中村春雨［1877-1941］　306
中村星湖［1884-1974］　398
中村武羅夫［1886-1949］　408, 410
半井桃水（桃水痴史）［1860-1925］　31, 115, 230, 241-2, 276, 279-82, 287-8, 290, 295, 309, 312-3, 319, 322, 330, 352, 364
なしのやつぶて　50, 238
夏目漱石［1867-1916］　009
名取胡蝶　230
丹羽文雄［1904-2005］　448, 454, 459
根本吐芳　353, 384-5
野溝七生子［1897-1987］　426
野村愛正［1891-1974］　98, 396-7, 405

は

梅亭金鵞（梅亭蕩人）［1821-1893］　118
橋本埋木庵　57, 98, 101, 111, 140-2, 148-9, 155, 161, 164, 180, 184, 203-4
橋本十駕　348
畑耕一［1896-1957］　124, 421
服部直人［1907-1979］　123
林房雄［1903-1975］　51
林芙美子［1904-1951］　72
羽山尚徳（菊酔山人）　30, 109, 140-2
原田玉桂　79
平山蘆江［1882-1953］　358, 380
広津和郎［1891-1968］　434-5
広津柳浪［1861-1928］　62, 93, 240, 283, 294, 363
藤沢桓夫［1904-1989］　103, 461
舟橋聖一［1904-1976］　456-7
古川精一（魁蕾士、魁蕾子、魁蕾史、鬼斗生、斗鬼生）［1854 1908］　77, 104, 106-7, 168, 220

ま

前田曙山［1871-1941］　296
牧逸馬［1900-1935］　123, 437
正木不如丘［1887-1962］　414
正宗白鳥［1879-1962］　391
町田柳塘（楓村居士）　338
丸岡明［1907-1968］　455
丸木砂土（秦豊吉）［1892-1956］　422
卍字楼主人　254-5
三浦千春（萩園）［1828-1903］　331
三上於菟吉［1891-1944］　409
右田寅彦（柳塢亭寅彦）［1866-1920］　204-7
三品藺渓［1857-1937］　109, 246-7, 308, 317, 319-20, 326-7
水島爾保布［1884-1958］　010
水谷不倒［1858-1943］　299
南新二［1835-1896］　48
三宅青軒（青軒居士、緑旋風）［1864-1914］　296, 366
宮崎三昧（三昧道人）［1859-1919］　132, 265
村井弦斎（弦斎居士）［1863-1927］　81, 146, 150, 177, 244-5, 271-4, 277-8, 284-6, 291-2, 298, 324-6
村上浪六［1865-1944］　55, 276, 328, 332, 338, 343, 354, 366
村松梢風［1889-1961］　69
村山鳥逕　348
本吉欠伸（欠伸居士、桃南子）［1865-1897］　49, 88, 90, 251-2

や

八木隆一郎［1906-1965］　422
柳川春葉（やなぎ生）［1877-1918］　74, 352, 377, 380, 010,
やまと新聞記者　116
山本松之助（山本笑月）［1873-1936］　300
山本有三［1887-1974］　79
横山美智子　438-9
吉井勇［1886-1960］　407
吉本秋亭　261
吉屋信子［1896-1973］　402, 440, 445, 451
米沢順子［1894-1931］　419
米光関月［1874-1915］　346-7, 384
夜の鶴　182

ら

柳香散史（彩霞園柳香、東洋太郎）［1857-1902］　36, 94, 111, 113

わ

渡辺治（台水散史）［1864-1893］　157
渡辺霞亭（朝霞隠士、霞亭主人、黒法師、老霞、無名氏）［1864-1926］　31, 58-9, 65, 75, 78, 82, 93, 96, 108, 110, 115, 250, 262, 282, 300-1, 307-8, 310, 314, 317, 332, 341, 350, 372, 390, 393
渡辺黙禅［1870-1945］　32, 45, 101, 131, 136-7, 139, 144, 147-8, 150, 172, 175-6
渡部乙羽［1869-1901］　99-100

【資料】

初期の新聞小説挿絵画家一覧

身装資料としての挿絵つき主要新聞小説年表（1888 ～ 1945 年）

初期の新聞小説挿絵画家一覧

＊本表は、初期の挿絵つき新聞連載小説の担当画家一覧である。初期の挿絵つき新聞連載小説には、挿絵画家の名はどこにも記されていない。ときおり画中に署名があっても、現代の人には判読しにくい字体がふつうであり、実名でないことも多い。本表では、作者名と並んで画家名が明記されることがふつうとなる1920年代・大正期ころまでの、ある新聞のある年に、だれが挿絵を担当していたかを知る手掛かりを提供するものである。

＊明治から大正のはじめにかけては、挿絵画家はその新聞社に社員として在籍することが多かった。本表は画家の新聞社在籍の記録や、それに関連する情報、および挿絵の署名を主な根拠として作成した。

＊該当年に、挿絵を担当していたと考えられる画家名を記した。死亡、もしくは退社とある場合以外は、原則として次年度以降もおなじ人物が担当していると思われる。空欄の場合は、年を遡って画家名を確かめていただきたい。

1872 （明治5）		『東京日日新聞』 （2月創刊）		『郵便報知新聞』 （6月創刊）			
1873 （明治6）		羽田桂舟					
1874 （明治7）	『朝野新聞』9月創刊				**『読売新聞』** **（11月創刊）**		
1875 （明治8）	『平仮名絵入新聞』の雑報に初めて挿絵が入る 月岡芳年が『郵便報知新聞』で錦絵をはじめる					『平仮名絵入新聞』（4月創刊） 『東京平仮名絵入新聞』（6月改題） 落合芳幾 二代目歌川芳宗 歌川国松 樋口種員	**『仮名読新聞』** **（11月創刊）** **河鍋暁斎、月岡芳年のポンチ**
1876 （明治9）	『中外物価新報』12月創刊（現在の『日本経済新聞』）		**『大阪日報』** **（2月創刊）**			『東京絵入新聞』（3月改題）	
1877 （明治10）	『団団珍聞』3月創刊 絵入新聞の手彩色販売者が現れる						**「鳥追お松の伝」**
1878 （明治11）						落合芳幾（「金之助之話」、最初の挿絵つき連載小説、短編）	
1879 （明治12）	『歌舞伎新報』（旬刊）2月創刊					落合芳幾（「田舎裁縫鯉染衣」、最初の中編。これ以降、各新聞でも中編はじまる）	
1880 （明治13）	山崎年信、新聞小説に初めて挿絵を入れた、との説あり 歌川芳宗没（63歳）						**『かなよみ』として11月廃刊**
1881 （明治14）	独学の名鏡正之助、尾形月耕と名乗って新聞挿絵をはじめる						

＊小説の挿絵だけではなく、人物の似顔絵など一般記事に添えられた挿絵、またポンチ絵のたぐいを担当した画家を含めた場合もある。
＊早い時代には、弟子たちが代筆することや、在籍する以外の新聞社に、ときには匿名で寄稿することなどは、ふつうのことだった。画家の名とその画風との関係については、疑問のある場合が少なくない。
＊該当年に亡くなった画家の没年齢を（　）内に記したが、生年不詳の場合はこのかぎりではない。
＊各新聞の創刊・廃刊年、また改題の変遷を示すことは、本表の目的ではない。詳細については、べつの資料にあたっていただきたい。

				1872 (明治5)
				1873 (明治6)
				1874 (明治7)
				1875 (明治8)
				1876 (明治9)
				1877 (明治10)
『有喜世新聞』 (1月創刊)	『安都満新聞』 (12月創刊) 小林清親			1878 (明治11)
	『いろは新聞』 (12月改題) 小林清親 稲野年恒	『大阪朝日新聞』 (1月創刊)		1879 (明治12)
歌川国松（「翠濃色松島」、最初の挿絵つき連載小説）		山崎年信（「有平糖娘の話」） 武部芳豊 二代目歌川貞広 稲野年恒 武部芳峰	『魁新聞』 (8月創刊) 山崎年信	1880 (明治13)
歌川国松 二代目歌川芳宗 橋本周延	月岡芳年 (匿名) 小林清親 二代目歌川芳宗 落合芳幾 尾形月耕 坂田耕雪 三代目歌川広重 歌川芳延 歌川国松 河鍋暁斎 歌川国峰 稲野年恒	尾形月耕 二代目歌川貞広	(8月廃刊)	1881 (明治14)

		『東京日日新聞』	『大阪日報』	『郵便報知新聞』	『読売新聞』	『東京絵入新聞』	
1882 (明治15)	山崎年信、この頃、『土陽新聞』(高知) に入社		『立憲政党新聞』 (2月改題)				『時事新報』 (3月創刊)
1883 (明治16)	この頃、『絵入自由新聞』は絵で売れる、 との評判						
1884 (明治17)							
1885 (明治18)	山崎年信、歌川国松、『日の出新聞』(京都) に入社						
1886 (明治19)	『改進新聞』、色刷挿絵の試み (11月) 山崎年信没 (29歳)						
1887 (明治20)	小川芋銭、『朝野新聞』に客員として入社						
1888 (明治21)	歌川芳春没 (60歳)		『大阪毎日新聞』 (11月改題) 田口年信、入社 (「乱菊叢談」、最初の挿絵つき連載小説)		小林永濯		

『有喜世新聞』	『いろは新聞』	『大阪朝日新聞』						
歌川豊宣 稲野年恒	淡島椿岳 柴田年人	右田年英 山崎年信		『絵入自由新聞』（9月創刊） 月岡芳年、入社 二代目歌川芳宗、入社	『絵入朝野新聞』（11月創刊、すぐ廃刊）			1882 （明治15）
『開花新聞』（3月改題） 歌川国松 橋本周延（「翠の若松」）	田口年信 小林永濯 鳥居清種 稲野年恒、入社			月岡芳年（「吹雪の花笠」、最初の挿絵つき連載小説） 淡島椿岳 落合芳幾 歌川国松 豊原国周 三代目歌川広重 河鍋暁斎 小林永濯 歌川芳延 信豊 小林幾英 鳥居清種 小林清親 稲野年恒	（1月再刊） 古林年参 歌川国松 歌川豊宣 小林永濯 水野孤芳 二代目歌川芳宗 山崎年信			1883 （明治16）
『改進新聞』（8月改題）	『勉強新聞』（11月改題）	『自由燈』この間→ 不定期的に 水野年方 右田年英 田口年信 歌川国松 公文菊僊 服部年之 橋本周延 小林清親	『自由燈』（5月創刊） 月岡芳年 二代目歌川芳宗（最初はいずれも匿名）	野崎左文 『自由燈』による月岡芳年ひきぬき 代わって稲野年恒、入社	田口年信 安達吟光 尾形月耕	『今日新聞』（9月創刊）		1884 （明治17）
二代目歌川芳宗 歌川国松 歌川豊宣 河鍋暁斎 歌川国峰 右田年英 豊原国周 月岡芳年 守川周重 古林年参 富岡永洗 前野一広	尾形月耕 （2月廃刊）		月岡芳年、退社 稲野年恒		歌川国松、一時京都に去る	尾形月耕 稲野年恒 山崎年信		1885 （明治18）
橋本周延 笠井鳳斎 小林永濯			『燈新聞』（1月改題） 橋本周延 田口年信、入社	二代目歌川芳宗	歌川国松	不定期的に、 二代目歌川芳宗 月岡芳年 歌川国峰 河鍋暁斎 歌川国松 藤原信一 服部年之	『やまと新聞』（10月創刊） 二代目歌川芳宗 水野年方（「何事も金ずく 慾情新話」、最初の挿絵つき連載小説） 落合芳幾 月岡芳年	1886 （明治19）
稲野年恒 二代目歌川芳宗 橋本周延（「緑嚢談」）		二代目歌川貞広 武部芳峰	『めさまし新聞』（4月改題） 歌川国松 二代目歌川芳宗 水野年方 山田年貞			落合芳幾（匿名） 田口年信	公文菊僊	1887 （明治20）
二代目歌川芳宗（「当世小町娘」）		武部芳峰（「花洛の風雪」、最初の挿絵つき連載小説）	右田年英、入社 『東京朝日新聞』（7月改題）	二代目歌川芳宗（「恋の革命」）	歌川国松	落合芳幾（「松のみどり」） 『みやこ新聞』（11月改題）		1888 （明治21）

		『東京日日新聞』	『大阪毎日新聞』	『郵便報知新聞』	『読売新聞』	『東京絵入新聞』	『時事新報』
1889 (明治22)	河鍋暁斎没(58歳)		歌川国峰 林基春			『東西新聞』 (改題)	
1890 (明治23)	小林永濯没(47歳)		赤井恒茂 稲野年恒			(廃刊)	
1891 (明治24)							
1892 (明治25)	『萬朝報』11月創刊、藤原信一、入社 月岡芳年没(53歳) 鳥居清芳没(59歳)		歌川国峰				
1893 (明治26)	『二六新報』10月創刊、挿絵担当は小林清親 『萬朝報』最初の挿絵つき連載小説「輪回」(藤原信一画)						
1894 (明治27)	歌川広重没(52歳)			『報知新聞』 (12月改題)			
1895 (明治28)	松本洗耳、『衣服と流行』(博文館)の挿絵の多くを執筆 落合芳幾、浅草で人形店を営む			鈴木華邨(「旭日桜」、最初の挿絵つき連載小説)	原貫之助/山中古洞/中江とき/武内桂舟(尾崎紅葉作「笛吹川」、最初の挿絵つき連載小説)		
1896 (明治29)	この頃、和田英作、チョーク版(チョークで描いた挿絵)の雑誌挿絵		稲野年恒、この年まで 坂田耕雪 斎藤松洲(「蚤の痕」)		山中古洞、入社		筒井年峰、入社(「馴合婿」、最初の挿絵付き連載小説)
1897 (明治30)	『読売新聞』「恋衣」(山中古洞画)は画家記名のはじまりと。 都新聞社『都の華』刊行はじまる。富岡永洗、口絵の多くを執筆	羽田桂舟			梶田半古 鏑木清方		北沢楽天の風刺漫画はじまる
1898 (明治31)	松本洗耳『東京風俗志』の挿絵を担当						
1899 (明治32)	この頃、竹越三叉の新聞挿絵無用論		坂田耕雪(「己が罪」)		小堀鞆音 梶田半古 山中古洞(「黒百合」)		
1900 (明治33)	『中外商業新報』はじめて講談掲載、挿絵はなし 『朝野新聞』「鬼門借家」(名和永年画) 豊原国周没(65歳)		歌川国峰 多田北嶺		富岡永洗 梶田半古		筒井年峰

『改進新聞』		『大阪朝日新聞』	『東京朝日新聞』	『絵入自由新聞』	『絵入朝野新聞』	『今日新聞』	『やまと新聞』	
			二代目歌川貞広 右田年英	落合芳幾	『江戸新聞』 (5月改題) 水野孤芳 月岡芳年	『都新聞』 (2月改題) 山田年貞		1889 (明治22)
富岡永洗、入社	『国民新聞』 (2月創刊) 久保田米僊、入社 久保田金僊、入社	歌川芳豊 武部芳峰（「掘出娘」） 山内愚仙、入社	河合英忠	『雷新聞』 (6月合併)	山田敬中 歌川国松 『東京中新聞』 (6月改題)	二代目歌川芳宗		1890 (明治23)
橋本周延（「夏虫」）		二代目歌川貞広 武部芳豊			小林習古 武内桂舟 『中央新聞』 (8月改題)			1891 (明治24)
橋本周延 歌川国峰 右田年英 稲野年恒				『絵入自由新聞』 (再刊) 二代目歌川芳宗を中心とする。 小林清親 右田年英 筒井年峰 (廃刊)	安達吟光 尾竹竹坡 東洲勝月 桂恒秀	富岡永洗、入社		1892 (明治25)
橋本周延		稲野年恒、入社	右田年英門人ら		武内桂舟（1910年まで在社）	山田年貞（「清水貞吉」） 藤島華僊	水野年方	1893 (明治26)
『開花新聞』 (8月改題)						山田敬中、入社 富岡永洗（「人鬼」）		1894 (明治27)
橋本周延 二代目歌川芳宗 笠井鳳斎（「義歯」）		後藤芳景						1895 (明治28)
			鈴木華邨			松本洗耳、入社		1896 (明治29)
(廃刊)	久保田米僊 久保田金僊	稲野年恒 歌川芳豊						1897 (明治30)
	久保田米僊 (「可児大尉」、最初の挿絵つき連載小説)	赤井恒茂	坂田耕雪				鏑木清方	1898 (明治31)
								1899 (明治32)
	久保田米僊、この頃、眼疾	二代目歌川貞広 稲野年恒	右田年英				『日出国《やまと》』 (11月改題)	1900 (明治33)

		『東京日日新聞』	『大阪毎日新聞』	『報知新聞』	『読売新聞』	『時事新報』
1901 （明治34）	この頃から約10年、コマ絵全盛 鳥居清貞没（57歳）				田口年信 鏑木清方	
1902 （明治35）	この頃、中村不折、下村為山、『反省雑誌』、『日本』等にさかんにコマ絵を描く			水野年方、入社	中沢弘光	
1903 （明治36）	『平民新聞』11月創刊、小川芋銭 この頃、『二六新報』に長原止水描く 田口年信没（37歳） 林基春没（45歳）	谷洗馬 伊東英泰			岡野栄	
1904 （明治37）	『乳姉妹』の舞台衣裳を久保田米僊、鏑木清方が担当 石井柏亭、『中央新聞』に入社 この頃、『萬朝報』に徳永柳洲描く 落合芳幾没（71歳）	伊東英泰（「日本海」）				渡部審也、入社
1905 （明治38）	『中外商業新報』で、はじめて挿絵入り小説、 武内桂舟担当 富岡永洗没（42歳）	谷洗馬（「母の心」）	「妙な男」で初めて挿絵に写真を用いる			
1906 （明治39）	松本洗耳没（37歳） 久保田米僊没（54歳）				一時、橋本邦助	
1907 （明治40）	稲野年恒没（49歳）	多田北嶺（渋柿園「石川五右衛門」） 『東京日日新聞』『大阪毎日新聞』共載のはじめ			梶田半古、退社 竹久夢二、入社 石井柏亭	
1908 （明治41）	鏑木清方画、田山花袋作の「生」のトラブル 水野年方没（42歳）		坂田耕雪、退社 山本英春（「寒潮」）	鏑木清方（「徳川栄華物語」）	井川洗厓（匿名）	
1909 （明治42）				高橋広湖	梶田半古、再入社	
1910 （明治43）		現代物連載小説の、『東京日日新聞』『大阪毎日新聞』の共載はじまる			伊東静雨	渡部審也
1911 （明治44）	『萬朝報』に鰭崎英朋、入社 この頃、宮川春汀（『二六新報』）、池田輝方（『日本』）、渡辺香涯・山中古洞（『中外商業新報』）、尾竹竹坡・尾竹国観（『中央新聞』）	山本英春	多田北嶺			
1912 （明治45／大正1）	橋本周延没（74歳） この頃、写真版凸版併用 画家名の作家名との併記はじまる。『やまと新聞』「灯」で武内桂舟が担当	山本英春、退社		鰭崎英朋（「水戸黄門記」）	石井滴水	
1913 （大正2）	『大阪毎日新聞』の鏑木清方画「百合子」、写真製版技術と浮世絵の筆法の融合、との評判 連載予告に画家名もはいる			鏑木清方	宮川春汀	
1914 （大正3）		名越国三郎 鏑木清方（菊池幽芳作「小ゆき」）				

	『国民新聞』	『大阪朝日新聞』	『東京朝日新聞』		『都新聞』	『日出国』	
						水野年方、退社 鏑木清方、退社 富岡永洗一門(匿名)	1901 (明治34)
						公文菊僊、入社	1902 (明治35)
	狭南作「乳屋の娘」等には挿絵あり						1903 (明治36)
		二代目歌川貞広、退社 山内愚仙 公文菊僊 赤松麟作、入社			二代目歌川芳宗	『やまと新聞』(12月改題)	1904 (明治37)
		幡恒春(「花夜叉」)				伊藤静雨、入社	1905 (明治38)
					井川洗厓、入社 一時、村上天流		1906 (明治39)
	梶田半古 公文菊僊 渡辺亮輔 川端龍子 平福百穂、入社	右田年英 野田九浦(夏目漱石作「坑夫」、東西朝日で別の挿絵)	名取春仙(夏目漱石作「坑夫」、東西朝日で別の挿絵)				1907 (明治40)
		赤松麟作 野田九浦	河合英忠(「空薫」) 名取春仙、入社				1908 (明治41)
			名取春仙(「煤煙」、カット風挿絵)				1909 (明治42)
	公文菊僊、入社 井川洗厓(匿名)	辻村秋峰(「昔の女」)	名取春仙(「土」)			田代暁舟	1910 (明治43)
						武内桂舟(「春風閣」)	1911 (明治44)
		右田年英	右田年英 渋川玄耳と名取春仙、好コンビといわれる			公文菊僊(匿名) 本間国雄 小川千甕	1912 (明治45／大正1)
					井川洗厓(「大菩薩峠」)		1913 (大正2)
	はじめて画家名を作者名と併記、「まごころ」で武内桂舟				この期間、井川洗厓以外の執筆者に、 寺崎広業 落合芳麿		1914 (大正3)

		『東京日日新聞』『大阪毎日新聞』	『報知新聞』	『読売新聞』	『時事新報』
1915 (大正4)	小林清親没（68歳）	鏑木清方 多田北嶺／鰭崎英朋（柳川春葉作「うき世」）		勝田蕉琴	
1916 (大正5)		星野更園女		近藤浩一路 （「赤ん坊」）	伊東深水 山本英春 近藤浩一路 （「絵絹」） 岡田九郎（「春の海」）
1917 (大正6)	作家名と画家名の併記がふえる 梶田半古没（47歳）	池田輝方／池田蕉園（徳田秋声作「誘惑」）			
1918 (大正7)		伊東深水（菊池幽芳作「女の生命」）	石井滴水		伊東深水
1919 (大正8)	寺崎広業没（53歳） 鈴木華邨没（59歳）	川端龍子（「焔の舞」） 鰭崎英朋	田中良		竹久夢二（作・画「不死鳥」）
1920 (大正9)	尾形月耕没（61歳）	菊池幽芳作「女の行方」を『大阪毎日新聞』は名越国三郎、『東京日日新聞』は水島爾保布 尾竹竹坡	伊東深水		吉田秋光 石井鶴三 田中良
1921 (大正10)	『読売新聞』「潮は満ちて来る」で初めて作家名と画家名の併記。 池田輝方没（38歳） 樋口五葉没（41歳）	このあと当分、純文学作家による中短編のみで、挿絵はない	石井滴水 牛島一水 田中良	森田ひさし （「潮は満ちて来る」） 伊東深水（「銀盤」）	細木原青起 （「赤光」） 田中良
1922 (大正11)	後藤芳景没（64歳）	渡部審也（「火華」）	斎藤五百枝 （「緑の牧場」）	田中良	伊東深水 小村雪岱
1923 (大正12)	木版新聞挿絵の終焉 『都新聞』に竹久夢二の自作自画小説	伊東深水 鰭崎英朋			山村耕花
1924 (大正13)		清水三重三	田中良 水島爾保布 「富士に立つ影」に木村荘八、川端龍子ら4人	清水三重三	大橋月皎 寺島紫明 南山
1925 (大正14)	右田年英没（64歳）	岡本帰一 鰭崎英朋 金森観陽 石井鶴三（「大菩薩峠」）	斎藤五百枝 岡本帰一	浅野薫 竹久夢二	幡恒春 田中良 鰭崎英朋 高畠華宵
1926 (大正15／昭和1)	読売懸賞当選映画小説「大陸の彼方へ」	吉邨二郎 伊藤幾久造 岩田専太郎 林唯一 小杉未醒	田中良 中沢弘光 金森観陽	須藤重 吉邨二郎 関口隆嗣（「彼女の貞操」）	関口隆嗣 松田青風 大橋月皎

〈主な利用資料〉

山中古洞『挿絵節用』芸艸堂、1936年
『書物展望』(特集「挿絵研究」)、1935年10月号
日本浮世絵協会編『原色 浮世絵大百科事典』(第2巻)、大修館、1982年

『国民新聞』	『大阪朝日新聞』	『東京朝日新聞』	『都新聞』	『やまと新聞』	
			稲田吾山 三浦北峡		1915 （大正4）
	北野恒富（「裾野」）	名取春仙（「鬼の面」）			1916 （大正5）
公文菊僊（「天眼通」）	島成園 北野恒富（「朝ゆく道」）			伊東深水	1917 （大正6）
伊東深水（「雛暦」）				石井兄弟柏亭／鶴三（「歩んで来た道」） 石井柏亭、入社 石井鶴三、入社	1918 （大正7）
		池田輝方		桜井紅楓	1919 （大正8）
寺島紫明		渡部審也（「魂の憂い」）		小川治平	1920 （大正9）
	蕗谷虹児（「海の極みまで」）	石井鶴三（「東京」）	石井滴水 井川洗厓 写真小説のはじまり（「梅咲く頃」）		1921 （大正10）
林唯一 伊東深水 尾竹竹坡	森田ひさし 幡恒春				1922 （大正11）
川端龍子、この年まで	古家新	田中良 石井鶴三	竹久夢二（作・画「岬」） 代田収一、入社	小川治平	1923 （大正12）
太田三郎 柳田謙吉 田中良	田中良（谷崎潤一郎作「痴人の愛」） 幡恒春	幡恒春 蕗谷虹児 鰭崎英朋		谷脇素文 石田清	1924 （大正13）
山村耕花	樺島勝一／古家新（「大地は微笑む」、紙上映画） 田中良（菊池寛作「第二の接吻」）		清水三重三		1925 （大正14）
斎藤五百枝 大橋月皎 寺島紫明	小田富弥 小出楢重 柿内青葉 高畠華宵 柴田春光 木下孝則 三宅鳳白			三宅克己	1926 （大正15 ／昭和1）

身装資料としての挿絵つき主要新聞小説年表（1888～1945年）

新聞連載小説の挿絵は、そのほとんどが身装資料に値するとも言うことができるが、本表では、下記の条件のもとに採録した。対象を1888年からとしているのは、1880年代の終わり頃から、新聞小説は世相の現実を描くとともに、登場人物の人間性に重きを置くようになるためである。詳しくは、巻頭の解説「身装資料としての新聞連載小説の挿絵──明治・大正・昭和初期」を参照されたい。

なお本表は、とくに女性の生き方、ならびに職業の推移に注目して作成したので、この観点からの利用も可能である。

〈採録の条件〉

1. 挿絵つき。ただし、原則として、小さな装飾的カット、コマ絵のたぐいは含めない。
2. 原則として60回以上の長編。ただし内容にもよるため例外が多い。
3. ものがたりの推移の大部分が、連載のほぼ同時代。過去に遡る事実譚（明治維新以降）で対象の年代がおおよそわかっているものは、その年代を示した（例：1882年犯行～1887年逮捕）。
4. 外国作品の、あからさまな翻訳・翻案は対象外とした。

＊作家名は、原則として新聞掲載のままとした。ただし、ペンネームなどの場合で、明らかに作家名が判明している場合には、「＝」の後に補足した。
＊挿絵画家は、連載全回にわたって担当する場合、時々描く場合など、さまざまである。連載中一回でも氏名、あるいはその手がかりとなる落款等が認められた場合は、その氏名を記した。また、その当時に各新聞社の専属であったため、描いた可能性の高い画家名は［　］内に記した。
＊作家名および挿絵画家名が記載されておらず、その手がかりもない場合には「—」で示した。
＊あらすじ等はできるかぎり記したが、身装資料として有用な、おおよそのものである。「　」は引用を示す。
＊原則として、1931年以降は映画化の記録を添え、つぎのように表記した。「／映画会社：監督（演出者）：主な出演者。」

	題名	作家	挿絵画家	新聞名 連載期間	あらすじ、背景となる環境、 身装資料として有用な登場人物など
1888 （明治21）	「乱菊叢談」	宮崎三昧	田口年信	大阪毎日新聞 11/20～12/24	下級官吏の叔父を頼って上京した青年。許婚のはずの従妹は叔父の上司の妾になるという。毒害事件。
	「慈善」	—	田口年信	大阪毎日新聞 12/29～12/31	長浜近在の小学校教員が、偶然に関わった不幸な母娘の身の上。夫に見捨てられ、借財のため娘は娼妓に。
	「花洛の風雪」	岡野半牧	武部芳峰	大阪朝日新聞 1/3～3/20	洛北の別宅に腰元たちと暮らす華族の姫君の不審な行状。富裕な時計商一家。小盗っ人。代言人。車夫の若者。
	「雪埋松」	宇田川文海	武部芳峰	大阪朝日新聞 2/3～5/12	国会開設を前に気勢を上げる壮士たち。芸妓。舞妓。キリスト教信者。
	「夕納涼」	宇田川文海	武部芳峰	大阪朝日新聞 7/13～10/25	旧大名家の血筋の美少女と、豊かな育ちだが、被差別民と噂のある若者との出逢い。
	「涙」	斎藤緑雨	右田年英	めさまし新聞→東京朝日新聞 6/27～7/28	維新を跨いでの物語。父親のかたきを逐い求める姉と弟。弟は返り討ちに。
	「樹間《このま》の月」	半痴居士＝宇田川文海	二代目歌川貞広	東京朝日新聞 7/10～9/5	戊申の役に絡まる恩讐。後半のみ同時代。リウマチの病人。
	「虚無僧富士磐梯《こむそうふじいわおのかけはし》」	—	右田年英	東京朝日新聞 7/29～8/31	この年7月の磐梯山噴火が背景。福島の呉服商殺しの裏に、旦那の妾と番頭の結託。
	「緑蓑談《りょくさだん》」	南翠外史＝須藤南翠	橋本周延	改進新聞 1887/11/10～1/22	上流交際社会の人々。新聞社への暴徒。壮士。帝大のボートレース。クリスチャン。多くの洋装女性。
	「うつし絵」	彩幻道人	橋本周延	改進新聞 1/24～2/19	神田辺の下宿屋が舞台。年頃の娘二人の母親である主も、まだ三十代のみずみずしい後家。金回りのよい止宿人たち。
	「当世小町娘」	柳香散史	二代目歌川芳宗	改進新聞 5/2～9/？原紙欠損	那須の開墾地の貧農の養女。じつは亡き陸軍少将の若き日の落としだね。

	題名	作家	挿絵画家	新聞名 連載期間	あらすじ、背景となる環境、 身装資料として有用な登場人物など
	＊この時期の新聞連載小説は、大部分が40回以下の中短編の頻繁な交代。半分が時代物。世話小説（現代物）には外国小説の翻案、あるいは外国を舞台としたものが多い。 ＊大阪毎日新聞の挿絵は主として田口年信、歌川国峰が担当。ほかに稲野年恒、赤井恒茂。大阪朝日新聞では主に二代目歌川貞広が担当し、武部芳峰が一部分助けている。創刊まもない東京朝日新聞は、挿絵はほぼ一貫して右田年英。				
1889 (明治22)	「指環」	—	田口年信	大阪毎日新聞 1/4〜2/12	東京山の手の多情な令嬢をめぐる色恋沙汰。毒殺事件。教師。車夫。幼なじみの若い使用人。
	「実録隼人の風」	渡辺台水／白水散士	田口年信／歌川国峰	大阪毎日新聞 6/1〜8/4	西南の役で死んだ、もと薩摩藩士の遺児兄妹の成長。兄の海外渡航、安南戦争への参加。
	「人情小説 小琅玕《わかたけ》」	半痴居士＝宇田川文海	武部芳峰	大阪朝日新聞 4/2〜6/14	北関東の大地主家。一人娘の教育に執心だった母親の死。腰元に手を出す父親。不審な死を探る法務官。探偵。
	「雲のひとむら」	霞亭主人＝渡辺霞亭	武部芳峰	大阪朝日新聞 10/19〜12/29	若手政治家の謎の失踪をめぐって。残された妻と妹。妹に言い寄る医学士。政治ゴロの壮士たち。
	「写真」	春泉居士	右田年英	東京朝日新聞 2/3〜3/9	偶然手に入った写真の美女との出逢い。その女性の通う女学校への就職。二重露出写真をつかっての偽手紙。
	「えにしの糸」	霞亭主人＝渡辺霞亭	右田年英	東京朝日新聞 2/14〜2/24	公債証書の利子に頼る、細い暮らしの士族の青年。隣家には桃と桜の二人の美女。
	「くされ縁」	桃水痴史＝半井桃水	右田年英	東京朝日新聞 6/16〜8/16	嘉永年間におきた、古着のまがいもの売買にはじまる因果物語。物語の大部分は明治初年。
	「小夜千鳥」	霞亭主人＝渡辺霞亭	右田年英	東京朝日新聞 11/21〜翌1/19	夜中に訪れた謎の美女の言うままに、大金を持ちだして家出する大家の総領。
1890 (明治23)	「新説暗の梅」	加藤紫芳	武部芳峰	大阪朝日新聞 1/3〜2/15	裁判所勤めの若者。その恋人が嫁いだ先は謎の富豪。囚われの恋人の救出。怪盗。
	「堀出娘」	三昧道人＝宮崎三昧	武部芳峰	大阪朝日新聞 1/24〜4/12	場末芝居の囃子方とその女房。老いた車夫の娘と簿記係の若者の恋。大阪の下町風俗。
	「痣聟《あざむこ》」	半牧居士＝岡野半牧	二代目歌川貞広	大阪朝日新聞 9/4〜10/19	ひとを見込んでの娘の婿選びを妨害する親族の奸計。神戸の貿易商の倅。幇間。
	「葉やま繁山」	桃水痴史＝半井桃水	右田年英	東京朝日新聞 7/22〜9/30	前半は維新前。それ以後は明治6、7年。華族の妾。その情夫は外人殺しのやくざ。芸者。
1891 (明治24)	「菊合」	霞亭主人＝渡辺霞亭	二代目歌川貞広	大阪朝日新聞 11/7〜12/22	柳橋の芸者菊次と、大名華族家の不器量な奥様付きの、美しい腰元お菊をめぐるものがたり。
	「胡砂吹く風」	桃水痴史＝半井桃水	右田年英	東京朝日新聞 10/2〜翌4/8	朝鮮王室の争乱に、日本人壮士の義侠。
	「玉簾」	南翠外史＝須藤南翠	富岡永洗／橋本周延	改進新聞 4/1〜4/26	裕福な銀行家一家の恵まれた環境のなかで、二人の娘と長男の縁談が進行。大学理学部の助手勤め。
	「夏虫」	三品藺渓	橋本周延	改進新聞 5/2〜6/17	顔に痣をもつ伯爵令嬢の縁談をめぐる、人々の慾とたくらみ。
	「新橋芸者」	村井弦斎	橋本周延	改進新聞 6/18〜8/14 以後原紙欠損	女学校に進みながら、母親の慾のため芸者になった学問好きの娘。気に染まぬ芸者修行。
	「山時鳥」	菊亭主人	水野年方	やまと新聞 5/1〜6/23	銀行内の毒殺事件。頭取の放蕩に対処しようとする若い書記の冤罪。警察の捜査。
	「記留物《かたみもの》」	笠園主人＝井上笠園	歌川国峰	都新聞 1/21原紙欠損〜3/13	床下から謎の大金を手に入れた一書生。見世物の猛獣使いの女。ごろつき。芸者。ご乱行の華族様。
1892 (明治25)	「探偵お蝶」	渡辺台水	稲野年恒	大阪毎日新聞 4/12〜9/19	若い女性刑事。平生は束髪姿だが、巧みな変装で殺人犯を追う。
	「みだれ髪」	菊池幽芳	稲野年恒	大阪毎日新聞 10/13〜12/15	大阪近郊の豊かな農家の姉妹の、結婚相手と相続をめぐる確執。
	「朧夜」	楽天台水＝渡辺台水	歌川国峰	大阪毎日新聞 10/20〜翌2/20	華族、代言人の後家など、さまざまな身分・立場の人間が絡む相続詐欺。
	「雲霧」	柳香散史	山田年貞	都新聞 5/4〜6/25	身分・貧富の隔たった血縁者間の対立。

	題名	作家	挿絵画家	新聞名 連載期間	あらすじ、背景となる環境、 身装資料として有用な登場人物など
	「家と児」(1〜3回のみ「ぬくめ鳥」)	広津柳浪	山田年貞／公文菊僊	都新聞 10/1〜12/24	娘を喰物にしようとする母親。狂女。東京近在の酌取女。
1893 (明治26)	「小夜嵐」	菊池幽芳	歌川国峰	大阪毎日新聞 3/13〜5/17	寄宿女学校で養われてきた身寄りのない混血少女。彼女を憎む学友の策略と、彼女を支える親友。
	「夏木立」	菊池幽芳	槙岡恒房／稲野年恒	大阪毎日新聞 7/21〜9/18	後妻の連れ子、前夫をめぐる確執。住込み女家庭教師。
	「鬼百合」	欠伸居士 ＝本吉欠伸	二代目歌川貞広	大阪朝日新聞 7/8〜9/3	若き日に芸者に生ませた娘との再会。伯爵夫人。神戸のラシャメン。
	「現世相」	南翠外史 ＝須藤南翠	二代目歌川貞広	大阪朝日新聞 9/6〜12/1	学習院出の女が予備門出の男と結ばれ、不慣れな大阪での所帯の苦労。妻への不満からやがて夫の放蕩。
	「五月闇」	桃水痴史 ＝半井桃水	右田年英	東京朝日新聞 6/24〜8/27	誘拐された姫君の名誉を護るため、死んだ我が娘との入れ替わり。旧主の恩義。殺人事件に複数の自訴者の謎。
	＊都新聞の初期の探偵叢話は作家名なし。				
	「三日月お蓮」	落葉山人	山田年貞	都新聞 2/18〜4/13	額に三日月の向う疵をもつ剪下げ髪の女賊。宇都宮の奉公先から情夫と出奔したのが十五の年。
	「探偵叢話 清水定吉」	—	山田年貞	都新聞 4/14〜7/2	武士崩れの強盗の履歴。
	「探偵叢話 三週間の大探偵」	無名氏	山田年貞	都新聞 7/4〜9/30	1882年の名古屋監獄破獄者の行状。変装して破獄者の足跡を辿る捜査官たちの苦心。
	「探偵叢話 中川吉之助」	—	山田年貞	都新聞 10/1〜翌1/21	1870、80年代。江戸東京を主な根城とした三代続いての凶悪犯。吉之助は13歳で最初の殺人。
	「輪回」	春濤散史 ＝芳川春濤	藤原信一	萬朝報 2/18〜4/5	悪人は滅び、善人は栄え、有為転変も輪回の理に逆らわぬ因果応報の著しきという結末。
1894 (明治27)	「浮世長者」	南翠外史 ＝須藤南翠	二代目歌川貞広	大阪朝日新聞 2/21〜5/23	妻の実家の資産横領に絡む人々。ビジネスもの。軍人。
	「草枕」	島田澄三	右田年英	東京朝日新聞 7/27〜9/13、11/14〜12/27	一著述家の経歴談。明治初年、頼りもなく上京した書生の貧困。政界への野心。
	「探偵叢話 国事探偵」	—	山田年貞	都新聞 1/23〜5/10	1885年の岳南自由党による政府転覆計画、いわゆる静岡事件。剣客の殺害。静岡遊郭。
	「写真術」	村井弦斎	富岡永洗	都新聞 5/13〜6/28	写真店の相続問題に絡んだ弟子の若者。写真技術を学ぶ娘。この時代の写真観。
	「探偵叢話 山田実玄」	—	山田年貞	都新聞 6/5〜8/24	1890年の事件。還俗した僧侶であり、もと警察官でもある男の養母殺し。
	「探偵実話 侠客木曽富五郎」	—	山田年貞	都新聞 10/16〜翌2/24	1882年殺人〜1887年逮捕。悪徳役人と、駿河地方の博徒の義侠。
	「人鬼」	渡辺乙羽	富岡永洗	都新聞 11/23〜12/29	〈参考・時代物〉。歌舞伎女形。商家の後家の役者買い。比丘尼売女。
1895 (明治28)	「結ばぬ縁」	菊池幽芳	歌川国峰／稲野年恒	大阪毎日新聞 4/13〜5/31	愛憎の縺れからの投身に始まる女性の身の変転を追う。赤十字看護婦。
	「殺人罪」	井上笠園	稲野年恒	大阪毎日新聞 6/1〜7/26	やとな（やといおんな）を相手にした中年の銀行員の放蕩。画家。文人たち。
	「玉手匣」	半牧居士 ＝岡野半牧	二代目歌川貞広	大阪朝日新聞 1/3〜2/21	大阪の商家の継嗣問題。両親の厄年に生まれた子の扱い。生まれた子のすり替え。忠義の乳母。
	「優兵士」	南翠外史 ＝須藤南翠	二代目歌川貞広／武部芳豊	大阪朝日新聞 4/7〜6/6	零落した田舎の本家と、大阪で成功した弟の家をめぐる相続問題。放蕩児の戦場での勇戦と負傷。
	「無理心中」	霞亭主人 ＝渡辺霞亭	二代目歌川貞広	大阪朝日新聞 6/7〜7/26	「一口に筋を云えば花婿の秘密とでも申すべき世話物なり」(予告)。大阪から迎える、主人の娘の婿の身元調べに始まる。
	「ぬれぎぬ」	南翠外史 ＝須藤南翠	二代目歌川貞広	大阪朝日新聞 9/22〜11/28	戦没した大佐を慕う元部下たちと、遺された後添いの妻。その娘の縁談をめぐって。

	題名	作家	挿絵画家	新聞名	連載期間	あらすじ、背景となる環境、身装資料として有用な登場人物など
	「玉章《たまずさ》」	渡辺霞亭	二代目歌川貞広／武部芳豊	大阪朝日新聞	10/31～12/29	大臣夫人の不倫。作為的な艶書をめぐるさまざまな疑惑。私立探偵。
	「続 胡砂吹く風」	桃水痴史＝半井桃水	右田年英	東京朝日新聞	1/17～4/25 中断	領域、時代は広範囲にわたる。親の復讐を果たした主人公が、最後には朝鮮国の最高顧問になる。
	「笛吹川」 ※ただしカット風コマ絵	なにがし／紅葉山人＝尾崎紅葉	原貫之助／山中古洞／中江とき／武内桂舟	読売新聞	5/1～7/17	失意の心を抱いて東京落ちした若い医師。甲府の近郷という慣れない環境での経験。
	「闇潮（暗潮）」	川上眉山	—	読売新聞	11/6～12/29	「幻の如く感じたる世の態《さま》のおかしさをば例の口吻《くちぶり》にて綴りたるものなり」（予告）。
	「唐衣」	遅塚麗水	富岡永洗	都新聞	1/5～4/6	日清戦争を舞台に。敵地潜入の日本軍人と中国人、朝鮮人たち。妻たちの篤志看護婦。名誉の戦傷を負った軍人。
	「懸賞美人」	菊酔山人＝羽山菊酔	—	都新聞	2/26～4/21	正腹妾腹の二人娘をめぐるいざこざ。紛失した家宝発見のため、娘の一人を懸賞とする。歌舞伎役者。
	「探偵実話 娘義太夫」	—	富岡永洗	都新聞	4/7～8/23	「海軍軍楽士が娘義太夫竹本某の色香に溺れたあげく、その実母を殺害」。実母殺害の教唆の疑い。芸人の世界。
	「女喰ひ」	欠伸居士＝本吉欠伸	—	都新聞	7/17～9/12	女に貢がれて暮らす法律書生。それも知らずに尼から還俗して妻となった女。
	「探偵実話 法衣屋《ころもや》お熊」	—	富岡永洗	都新聞	9/14～翌2/8	絞首台で処刑された女賊お熊。貧しい枝豆売りの少年が救われて仏門修行に。しかしその師は破戒僧。
	「旭日桜」	弦斎居士＝村井弦斎	鈴木華邨	報知新聞	1/2～5/5	許嫁として、すでに嫁ぐ予定の家で暮らしている女性。日清戦役に従軍した婚約者が戦死。義理の両親は、兄とともに従軍し、無事帰還してきた弟との結婚を当たり前のように決め込んでいる。軍人、高島田の人妻、篤志看護婦。
	「浮寝鳥」	香雨楼主人	水野年方	やまと新聞	1/3～2/20	篤志看護婦たちと清国傷病兵。物語は主として女性たちの身の上。長崎の商家。丸山廓の芸者。米国遊学の兄弟。
	「おこそ頭巾」	中村花痩	水野年方	やまと新聞	2/21～5/10	謎のお高祖頭巾の女。父親を殺害し財産を横領した犯人の毒手からの逃避。住込女家庭教師。
	「義歯」	柳香散史	笠井鳳齋	開花新聞	6/27～7/27	大学勤めの若い医師の不自然な女性関係と金銭問題。高利貸。
1896（明治29）	「小簾《こす》の戸」	菊池幽芳	稲野年恒／坂田耕雪	大阪毎日新聞	5/24～8/7	看護婦資格をもつ美しい村娘と、銃猟に訪れた貴公子との恋。逗子の別宅。子爵家の奥様。
	「黄金窟」	南翠外史＝須藤南翠	武部芳豊／二代目歌川貞広	大阪朝日新聞	1/3～3/18	主人の芸者遊びによって破産に瀕した家業の再建。救われた乞食の母娘。出稼ぎ先のアメリカでの成功。
	「闇夜烏」	南翠外史＝須藤南翠	二代目歌川貞広	大阪朝日新聞	8/28～12/20	紡績工場に働く、いずれも哀れな身の上の女工たち。上役との醜関係。そのための堕落の行方。
	「束髪女」	渡辺霞亭	二代目歌川貞広	大阪朝日新聞	10/7～11/12	生まれは旗本の息女で、美貌の束髪娘。色と欲に眼のない住職。
	「お菰様《こもさま》」	半井桃水	右田年英	東京朝日新聞	2/6～3/18	もと士族の乞食、兄への義理のための縁談。
	「わくら葉」	半井桃水	右田年英	東京朝日新聞	5/29～7/30	芸者買いなど、妻子も捨てて悪事の限りを尽くした男の、死際での親子再会。
	「電気灯」	幸堂得知	—	東京朝日新聞	7/4～8/8	華族の隠居の妾の浮気と駆落、タイトルの電気灯との関係全くなし。
	「当世五人男」（前・後編）	村上浪六	右田年英	東京朝日新聞	8/1～12/27	青雲の志を抱いて地方から出てきた、苦学生たちの行状。
	「多情多恨」（前・後編）	尾崎紅葉	山田敬中他	読売新聞	2/26～12/9	愛妻を亡くした大学教授の悲嘆ぶりと、親友の妻との道ならぬ恋。
	「菅屋お婦美」	—	富岡永洗／松本洗耳	都新聞	1/2～3/19	1875～1883年。お婦美殺害。下町の花柳界。仕込みっ子の成長の過程。
	「探偵実話 侠芸者《だてげいしゃ》」	—	松本洗耳	都新聞	3/20～8/22	1884～1890年。左右の腕に刺青し、任侠をもって事となす芸者。他人に代わって刑に服す甲州の侠客。

	題名	作家	挿絵画家	新聞名 連載期間	あらすじ、背景となる環境、 身装資料として有用な登場人物など
	「太平洋」	遅塚麗水	—	都新聞 7/23～10/16	不幸な身の上の漁師の少年と別荘のお嬢様。海軍の南海進出に絡む武人たちの英雄譚。海賊。
	「大悪僧」	橋本埋木庵	松本洗耳	都新聞 8/23～11/16	幕末に始まり 1872、3年の事件。元武士の破戒僧やならず者たち。
	「探偵実話 蒲鉾屋殺し」	高谷為之	［富岡永洗］	都新聞 10/17～翌2/19	吉原の娼妓に騙され、恋の遺恨より叔母の夫を殺して放火。新網の細民たちの生活。
	「金屏風」	遅塚麗水	松本洗耳	都新聞 11/18～翌々1/20	旧旗本の次男の、身分を隠しての植木職人と、大名華族のお姫様の許されぬ恋。
	「馴合婿」	ふたば	筒井年峰	時事新報 3/18～4/17	主人公の弁護士が馴合婿という不思議な事件を扱うのが話の発端。
	「日の出島」	弦斎居士 ＝村井弦斎	鈴木華邨	報知新聞 7/8～翌々6/12 前編終	未婚の令嬢。書生。学者の世界。俳優の世界。舞台のひとつが箱根。
1897 (明治30)	「珊瑚礁」	霞城 ＝中川重麗	稲野年恒	大阪朝日新聞 3/5～5/7	大名華族の若者の海外漫遊旅行。ジャバ島の中国人たち。留守中の彼をめぐる親族の陰謀。大阪の時計商。
	「人ごころ」	渡辺霞亭	二代目歌川貞広	大阪朝日新聞 3/20～4/12	小金を持つ独り者の因業親爺の、突然死によるいざこざ。あとを託された頼りない甥。株屋。弁護士。
	「いろ鳥」	老霞 ＝渡辺霞亭	稲野年恒	大阪朝日新聞 9/19～11/10	伯爵家の御曹司を狙った銃撃。目撃者の乞食と行商人の食い違う証言。伯爵と次男の厄介な女出入りが絡む。
	「寒筍」	渡辺霞亭	稲野年恒	大阪朝日新聞 11/11～12/31	地方銀行の経営者と、法学士の求職青年の周辺をめぐる事件。巨額の為替詐欺。紙幣偽造団。清元の師匠。
	「初産」	老霞 ＝渡辺霞亭	二代目歌川貞広	大阪朝日新聞 12/12～翌2/2	父親の不名誉な借財に責められる若い病院長。典獄の美しい娘との縁談。監獄医長。
	「玉藻の床」	半井桃水	右田年英	東京朝日新聞 1/1～2/26	預金詐欺事件と、継母と娘をめぐってのいざこざ。
	「当世五人男のうち黒田健次」	村上浪六	右田年英	東京朝日新聞 1/27～3/19 断続的	弁舌を弄して詐欺まがいの世渡りをする若者。五人男のうちのひとり黒田健次もの。
	「松むしり」	半井桃水	—	東京朝日新聞 3/20～5/8	海外長期滞在者の身代り詐欺。華族。頑固な老軍人。
	「水馴棹《みなれざお》」	狗禅	—	東京朝日新聞 5/9～6/26	駆け出しの弁護士と、近所に住むお妾さん。初心の芸者遊び。
	「腕競」	半井桃水	右田年英	東京朝日新聞 9/10～11/9	法学士の刑事探偵と、裕福な子爵家の婿。お妾さん。
	「金色夜叉」	尾崎紅葉	鏑木清方／梶田半古／武内桂舟／久保田米遷／杉田鶴声	読売新聞 1/1～2/23、9/5～11/6	貫一とお宮の婚約。お宮の裏切りのあと、貫一は復讐のために高利貸しになる。熱海の海岸の別れの場面は有名。／1910年代から 1950年代にかけて、何度も映画化される。例として 1954年：大映：島耕二：根上淳、山本富士子。
	「近世実話 岩井松三郎」	橋本埋木庵	富岡永洗	都新聞 1/21～4/11	若手女形と木場の材木問屋の娘。力士。
	「三都走馬燈」	広津柳浪	—	都新聞 2/21～5/9	義兄を頼って大阪に行く騎兵大尉の未亡人。京都の宗匠、遊民たち。茶屋女。
	「探偵実話 笠森団子」	—	松本洗耳	都新聞 4/13～8/17	夫の放蕩を苦に妻子が自殺。茶屋女（娼妓）。莫連女。
	「探偵実話 鼬小僧」	—	富岡永洗	都新聞 8/20～翌2/9	1880年代の強盗犯の履歴。お妾稼業の女と、盗人稼業の男たち。
1898 (明治31)	「香散見草《かざみくさ》」	半井桃水	稲野年恒	大阪朝日新聞 1/1～3/4	愛妾と家従の結託による男爵家のお家騒動。
	「魚釣」	老霞 ＝渡辺霞亭	歌川芳豊／二代目歌川貞広	大阪朝日新聞 7/23～9/27	地方名士の祖父の元に身を寄せている母娘。家名と財産の相続問題。東京から来た工学士。殺人未決犯の男。
	「磯馴乙女《そなれおとめ》」	渡辺霞亭	—	大阪朝日新聞 9/15～11/5	公家華族の娘と北浜の成金の倅を両親として生まれた無垢な娘。許婚の陸軍中尉。軍人社会の名誉と体面。

	題名	作家	挿絵画家	新聞名	連載期間	あらすじ、背景となる環境、身装資料として有用な登場人物など
	「新婚旅行」	半井桃水	右田年英	東京朝日新聞	1/1～2/19	親の思い込みから、腹違いの姉と妹の新婿の取替り。
	「楽屋銀杏」	仰天子	右田年英	東京朝日新聞	2/7～4/12	妾にしようとした女役者が、華族のご落胤とわかる。上流家庭。
	「新高山」	半井桃水	—	東京朝日新聞	3/25～5/6	時代は明治初め。新弟子力士の出世ものがたり。
	「軍事探偵 南京松」	—	—	都新聞	2/16～7/5	日清戦役前夜の密偵秘話。陸軍軍人。馬丁。帰化清人。
	「探偵実話 蝮のお政」	—	［富岡永洗］／松本洗耳	都新聞	7/6～翌1/22	刑事、探偵たちの捜査／探索の苦心。屑屋。僧侶の妾。
	「近世実話 海賊房次郎」	伊原青々園	富岡永洗	都新聞	7/8～11/13	京浜間の水路を荒らした海賊。船頭、馬丁、紳商などに変装。高橋お伝の二代目のような物語。
	「にごり水」	前田曙山	松本洗耳	都新聞	11/15～12/28	役人と御用商人の絡み合い。芸者。歌舞伎役者。
	「可児大尉」	松林伯鶴講演、福井順作速記	久保田米僊	国民新聞	9/1～9/14	日清戦争の回顧。筑前福岡第24連隊の可児中隊長の物語。
1899（明治32）	「心中二つ巴」	広津柳浪	坂田耕雪	大阪毎日新聞	1/16～4/6	兄の借財のための身売り。花魁。
	「己が罪」（前編）	菊池幽芳	坂田耕雪	大阪毎日新聞	8/17～10/21	不良医学生に騙されて妊娠した17歳の女学生。教会での偽りの挙式。
	「内地雑居」	老霞＝渡辺霞亭	稲野年恒	大阪朝日新聞	1/1～2/28	富裕なドイツ人紳士の後妻の座を狙う、怪しい日本女性。キリスト教信者たち。
	「若後家」	渡辺霞亭	稲野年恒	大阪朝日新聞	8/2～10/25	大阪南の豊かな商家の若い未亡人。謀殺の嫌疑での法廷のいきさつからはじまる。
	「蓑虫」	半井桃水	二代目歌川貞広	大阪朝日新聞	10/17～12/31	入獄した男の妻と、その娘を引きとる紳士。無期徒刑から仮出獄の父に必要な金を調達しようとする娘。
	「彗星」	老霞＝渡辺霞亭	稲野年恒	大阪朝日新聞	10/26～12/8	破戒僧とその妾。寺を襲った、義賊と噂される強盗。
	「幽霊婿」	渡辺霞亭	稲野年恒	大阪朝日新聞	12/9～翌2/11	曲馬団から大阪の富家に救われた青年の生い立ち。
	「解衣《ときぎぬ》」	加藤眠柳	—	東京朝日新聞	3/15～5/21	条件付きながら莫大な遺産を相続する大阪娘と、東京から来た銀行員の青年。
	「美人画」	青軒居士＝三宅青軒	右田年英	東京朝日新聞	9/4～10/28	美人音楽家の殺人現場を目撃してしまった、青年画家。
	「戦の人」	加藤眠柳	右田年英	東京朝日新聞	10/29～12/31	継母の意地悪にめげず、職務に精励する小学校長。
	「黒百合」	泉鏡花	山中古洞	読売新聞	6/28～8/28	舞台は富山。子爵家の江戸っ子若様の行状。パリ育ちの令嬢。莫連女。夜店の小商人。
	「近世実話 五寸釘寅吉」	伊原青々園	富岡永洗／［松本洗耳］	都新聞	1/2～7/6	1871～1893年までの物語。差別民として生まれた雪駄直しの若者。洲崎の娼妓。
	「村正勘次」	有髯無髯編	富岡永洗／松本洗耳	都新聞	7/11～？原紙欠損	1886年前後の事件。陸軍の廃馬払い下げをめぐる請負師らの暗闘。
	「探偵実話 後の村正」	有髯無髯	松本洗耳	都新聞	11/2～翌3/3	1891年に主人公処刑。娼家が舞台。
	「白菊御殿」	遅塚麗水	—	都新聞	11/7～翌4/21	伯爵家の令息の遊蕩とお世継ぎ問題。吉原の娼妓。伯爵の妾。

*「本月（八月）十日における東京府下の主なる各新聞の小説は左の如し（……）以上十八種の新聞を概観すれば、小説講談を合わせて二十七種の中、十七種は講談ものなり。講談ものの勢い、尚盛んなりと謂うべし。小説の中にても新作家の作は眉山の青春怨（萬）、春葉の卯花縅（中外）、鏡花の黒百合（読売）、宙外の腐肉団（時事）等あるのみにて、余はいずれも所謂新聞小説家の手に成りたるもののみなり。こは現今（新聞）小説界の趨勢を察する上に於いて、注意すべき点なるべし。」（「新聞小説」『太陽』1899年8月号）

	題名	作家	挿絵画家	新聞名 連載期間	あらすじ、背景となる環境、 身装資料として有用な登場人物など
1900 (明治33)	「己が罪」(後編)	菊池幽芳	坂田耕雪	大阪毎日新聞 1/1～5/20	不良医学生に騙されて妊娠した17歳の女学生。教会での偽りの挙式。
	「現世相」	水谷不倒	坂田耕雪	大阪毎日新聞 5/21～8/8	官吏の職を辞して相場に手をだし失敗、妻を捨てて夜逃げ、車夫に身を落とした男。
	「若き妻」	菊池幽芳	坂田耕雪	大阪毎日新聞 9/28～12/19	パリ帰りの才子。華族社会。淑女教育。
	「嗚呼黄金」	老霞 ＝渡辺霞亭	二代目歌川貞広	大阪朝日新聞 1/1～2/26	ひたすら金だけに憧れる娘の人生。大人しい長女はうす痘痕。
	「生仏」	半井桃水	二代目歌川貞広	大阪朝日新聞 2/27～5/10	外国への炭坑の譲渡をめぐるビジネス陰謀もの。
	「護摩法師」	老霞＝渡辺霞亭	稲野年恒	大阪朝日新聞 4/22～6/21	器量よしの娘を餌に、隣の旧家を横領の企み。紀州ネル改良の研究者。
	「二人女房」	渡辺霞亭	二代目歌川貞広	大阪朝日新聞 5/11～6/11	夫の不貞と家同志の葛藤。結婚式場から行方をくらました夫の探索。女中。
	「蛍火」	河野鶴浦	稲野年恒	大阪朝日新聞 6/22～8/27	孤児ながら裕福な華族の娘の縁談。「潔き愛情と汚れし肉欲との中に立てる佳人」(予告)。
	「浪華名物男」	村上浪六	—	大阪朝日新聞 8/28～12/7	著者の「関西文壇に容れらるゝや否やを試験したし」との希望にもとづく作品。
	「玉葛」	河野鶴浦	稲野年恒	大阪朝日新聞 12/26～翌3/11	洛北の旅館での殺人事件にはじまる探偵もの。京都の富裕な華族のもとにいる二人の美しい姪の、微妙な関係。
	「下闇《くだりやみ》」	加藤眠柳	右田年英	東京朝日新聞 11/10～翌2/1	家運が傾いたために恋を失ったと信じる女の怨み。女学校裁縫教員。
	「夢の夢」	柳川春葉	梶田半古	読売新聞 5/13～8/24	台湾を舞台に、樟脳事業をめぐる横領事件。
	「雲のゆくへ」	徳田秋声	梶田半古	読売新聞 8/28～11/30	遊民子爵の、妾腹の弟との間の女のやりとり。華族。芸者。やくざ。
	「実譚 江戸さくら」	渡辺黙禅	松本洗耳	都新聞 3/6～8/17	秋月、佐賀の乱などの士族蜂起をめぐって。放火殺人犯。勇み肌の江戸っ子など。
	「吉原心中：新比翼塚」	伊原青々園	富岡永洗	都新聞 4/22～12/6	不平警部補と吉原の遊女との恋と心中まで。大盗との腐れ縁。
	「探偵実話 剃刀《あたりや》おきん」	高谷為之	松本洗耳	都新聞 8/19～翌5/15	日本曲芸一座として幼くして西洋に渡った女。1882年帰国。身についた西洋風。洋行芸者。
	「近世実話 閻魔の彦」	橋本埋木庵編、渡辺黙禅閲	[富岡永洗]	都新聞 12/8～翌5/22	生まれは神田の小商人、全国を渡り歩いての凶悪な犯罪。人を殺めた柳橋の芸者の船上自殺。
	「鬼門借家」	青葉山人	名和永年	朝野新聞 7/20～9/15	借家事件。妾の息子を含んでの相続に絡んで、女性の自立問題も含む。束髪の女性。書生。車夫。外国人。
1901 (明治34)	「新学士」	小杉天外	坂田耕雪	大阪毎日新聞 1/1～3/27	卒業前後の帝大の学生たちと、富裕な令嬢たちの絡み。洗濯屋の娘。
	「懸賞小説第一等当選 無花果」	中村春雨	坂田耕雪	大阪毎日新聞 3/28～6/10	アメリカ帰りの牧師と、そのアメリカ人妻。耶蘇嫌いと、白人の妻への嫁いびり。
	「三人兄弟」	村上浪六	右田年英	大阪朝日新聞 3/12～6/3	資産二百万円の富豪の家に生まれた三兄弟。「温厚と熱誠なる二人の兄を戴きし豪放不羈の快男児」(予告)。
	「神楽獅子」	渡辺霞亭	右田年英	東京朝日新聞 1/1～3/19	養母の養女いじめ、「養育の大恩」。キリスト教信者。
	「わか竹」	三品藺渓	右田年英	東京朝日新聞 2/2～3/25	府下の企業家をめぐる陰謀事件。小笠原への移住。村娘。
	「遺物《かたみ》の軸」	半井桃水	右田年英	東京朝日新聞 3/20～5/25	相続人捜し。華族。裁縫学校に通うお妾。唖を装う娘。
	「夫婦池」	渡辺霞亭	右田年英	東京朝日新聞 5/26～8/14	父親には内密の亡妻の子の存在。華族。
	「水彩色《みずさいしき》」	加藤眠柳	右田年英	東京朝日新聞 8/15～10/28	銘酒屋の娘から、洋行・修学して、生まれ変わって帰朝した妻。身分違いの結婚と破綻。華族。

	題名	作家	挿絵画家	新聞名 連載期間	あらすじ、背景となる環境、 身装資料として有用な登場人物など
	「むきみ屋御殿」	半井桃水	右田年英	東京朝日新聞 8/26～11/6	取替子もの。身分違いの嫁。
	「紺暖簾」	山岸荷葉	—	読売新聞 6/1～9/19	東京日本橋の古い商家の家族。下町育ちの女学生。総領息子の放蕩。下町風の付合い。半玉、芸者。
	「後の恋」	徳田秋声	—	読売新聞 10/13～12/31	インテリ未亡人の発展。
	「実譚 堀のお梅」	渡辺黙禅	松本洗耳	都新聞 5/17～翌4/26	1863年にはじまる。相撲あがりの浅草の侠客の女房。政府転覆の国事犯の肩入れ。
	「中山霊験：九寸五分」	伊藤厭花編	［富岡永洗］	都新聞 12/21～翌3/16	旧家の秘宝をめぐって、探索と相続問題。女法華行者。
	「寸善尺魔」	鐵耕	—	時事新報 7/10～8/28	身分違いの結婚。結婚を前にして、思わぬ事故のため障害をもつ身となった娘。
	「回春日記」	林蘭園	—	時事新報 11/20～翌2/9	開業医の一人娘とその婿。医師試験。医業の後継者と家の相続。
1902 (明治35)	「あやめ草」	広津柳浪	坂田耕雪	大阪毎日新聞 6/28～10/5	継子いじめもの。芸者あがりの後添い。ドイツ留学帰朝者。
	「少年立志次郎島」	渡辺霞亭	稲野年恒	大阪朝日新聞 3/1～5/9	かどわかされた妹を探す少年の旅。捕鯨船に乗り組んでの南洋の島々。海難と客船による救助。米人宣教師。
	「花の鈴」	半井桃水	二代目歌川貞広	大阪朝日新聞 3/10～6/10	裁判官の家庭で、妻の妹と夫の密通。
	「青年立志 続次郎島」	渡辺霞亭	稲野年恒	大阪朝日新聞 8/30～11/6	再会した妹とふたりで母親の探索。故捕鯨船長の遺児たち。発見した無人島経営の野心。
	「袖時雨」	河野鶴浦	稲野年恒	大阪朝日新聞 11/7～12/31	急逝した兄の遺言をめぐる疑惑。婚約の解消と、べつの男性との結婚の指示。拉致監禁結婚。放火の疑惑。裁判。
	「新年梅」	渡辺霞亭	右田年英	東京朝日新聞 1/1～3/24	美貌の女学校教師と美しい生徒。その娘を妻にしようとする富裕な商人。
	「鬼薊《おにあざみ》」	三品藺渓	右田年英	東京朝日新聞 8/17～10/16	破戒の行いに苦しむ若い僧侶と莫連女。女の兄の遊び人。旦那衆。
	「萩の下露」	半井桃水	右田年英	東京朝日新聞 9/6～11/3	若き事業家の清楚な美人妻に憧れる、美術学校の学生。破戒僧。
	「三人婿」	渡辺霞亭	右田年英	東京朝日新聞 11/5～翌2/1	親達による婿選び。主要人物の多くが洋行中か洋行帰り。
	「燕丸」	遅塚麗水	富岡永洗	都新聞 3/18～12/17	「玉の如き一男児と天下無双の美男の海賊」（予告）を中心に、珊瑚島の女王など、海上が舞台の猟奇活劇。
	「探偵実話 女警部」	森林黒猿	松本洗耳	都新聞 4/27～翌2/17	女警部と称する女賊。女賊に教唆され悪事を働く堕落僧たち。海賊女王。
	「近世実話 まよひ子」	伊原青々園	富岡永洗	都新聞 12/19～翌9/20	泥棒の手先などにされる誘拐された子ども達。宣教師の手元で教育をうけ成人した娘。出獄人保護事業。
1903 (明治36)	「新夫人」	小杉天外	坂田耕雪	大阪毎日新聞 3/29～7/8	鉄道の利権をめぐる収賄事件。芸者に売られる下宿屋の娘。上流家庭の保母。新橋芸者。
	「家庭小説 乳姉妹」	あきしく＝菊池幽芳	坂田耕雪／多田北嶺	大阪毎日新聞 8/24～12/26	相続をめぐる、実子の入れ替わり相続詐欺。
	「新生涯」	田口掬亭	坂田耕雪	大阪毎日新聞 12/27～翌3/10	華族、免囚保護施設長。名流婦人達。前科者。
	「海中旅行」	渡辺霞亭	稲野年恒	大阪朝日新聞 1/1～3/25	瀬戸内の漁村と大阪にわたる物語。複雑な血縁関係。海軍水兵。
	「金剛盤」	村上浪六	二代目歌川貞広／稲野年恒	大阪朝日新聞 8/20～11/30	一介の書生に入れあげる柳橋芸者。洒落に屑屋をしている大家の若旦那。芸者の強欲な母親。小間物屋。
	「子宝」	半井桃水	右田年英	東京朝日新聞 2/2～4/27	富家に入り込んだ詐欺師。結婚以前に捨てた我が子の行方。
	「樟脳王」	渡辺霞亭	右田年英	東京朝日新聞 4/28～7/31	相続人のすり替わり。偽の相手に対する婚約者の態度。芸者。看護婦。

	題名	作家	挿絵画家	新聞名 連載期間	あらすじ、背景となる環境、 身装資料として有用な登場人物など
	「幻燈」	三品藺渓	右田年英	東京朝日新聞 8/11～10/5	労働災害事件。悪徳経営者の娘が服毒しての諫死。吉原あがりのお妾。
	「倭《やまとかんたん》邯鄲」	武田仰天子	右田年英	東京朝日新聞 10/6～11/25	男女の玉の輿もの。養家の秘密を知ったため離縁される男。女学生、小間使い。
	「魔風恋風」	小杉天外	鏑木清方	読売新聞 2/25～9/16	「而して主人公は誰ぞ。曰く女学生。腐敗か高潔か。堕落か改悔か……」(予告)。
	「想夫憐」	黒法師 ＝渡辺霞亭	田口年信	読売新聞 6/23～9/4	旧家の血統をめぐる悶着。小間使い。
	「毒饅頭」	黒法師 ＝渡辺霞亭	梶田半古	読売新聞 9/8～12/22	一人息子のための、母親の嫁捜し。
	「天うつ浪」	幸田露伴	梶田半古	読売新聞 9/21～翌2/10	貧乏書生の恋愛、結婚。かつての恋人の自殺未遂。書生。美人。
	「結婚難」	徳田秋声	梶田半古	読売新聞 12/27～翌2/26	若い男女の出会い、結婚、浮気、誤解、離婚ざた。
	「実譚 後のお梅」	渡辺黙禅	松本洗耳	都新聞 2/19～11/7	参議暗殺にはじまる陰謀事件に関わる人々。伝馬町の牢獄。吉原の花魁。柳橋の芸者。矢場女。
	「善悪梳分髪」	—	松本洗耳	都新聞 9/22～翌2/27	乞食の子が芸者の仇姿を見て発憤、一時は悪の道に入ったが、その後は孤児救済を一生の職務とした男。侠客。毒婦。
	「実話 悪縁塚」	橋本埋木庵	富岡永洗／松本洗耳	都新聞 11/8～翌4/18	明治初年の旧下級幕臣たちの身の変転。武士たちの心情と風俗の推移。
	「海底の宝庫」	江見水蔭	久保田金僊	国民新聞 9/15～12/3	沈没軍艦の金庫よりも、豊かな鮑こそ海底の宝庫。潜水艇発明のための華族達の援助と思惑。
	「乳屋の娘」	峡南	久保田金僊	国民新聞 12/4～翌3/29	山家の娘が、狩猟の若様に見いだされ、お屋敷勤め。
	「血薔薇」	徳田秋声	筒井年峰	時事新報 11/24～翌2/14	華族家の財政破綻を救うための、成上がり者の娘との結婚。無垢な婚約者は捨てられる。
1904 (明治37)	「新編 千軒長者」	水谷不倒	坂田耕雪	大阪毎日新聞 7/19～10/6	西南戦争当時にはじまる。行方の知れぬ妻の探索。海賊稼業の男たち。
	「妙な男」	菊池幽芳、なにがし	坂田耕雪	大阪毎日新聞 10/10～翌2/19	大阪の古い商家の娘の、親の認めぬ恋から、シベリア渡航。船乗り。
	「日本海」	暮雪楼	伊東英泰	東京日日新聞 2/21～5/31	海軍軍人たち。大恩ある主家の嫁にと望まれた、しかし海軍士官の恋人をもつ娘。
	「夜叉男」	村上浪六	—	東京日日新聞 9/7～12/16	野心だけを身につけた、豪傑型人物の周辺の人々。待合の女将。老車夫。
	「大悪魔」	村上浪六	松本洗耳	東京日日新聞 12/24～翌3/21	山家育ちの美女の変貌。憂鬱症の大名華族の青年。老三太夫。茶の宗匠。
	「金剛盤」(後編)	村上浪六	稲野年恒	大阪朝日新聞 3/17～6/21	恋しい男を追っての柳橋芸者の遍歴。舞台は朝鮮に及ぶ。露探。
	「義兄弟」	玉堂	稲野年恒	大阪朝日新聞 6/23～7/8	裕福な家の、血の繋がりはないが仲のよい兄と弟。見栄えのしない兄とその婚約者。ハイカラな弟。
	「新作 相思怨」	草村北星	河合英忠	東京朝日新聞 1/1～3/31	大学対抗ボートレース。親同士のきめた許嫁。華族。
	「召集令」	渡辺霞亭	右田年英	東京朝日新聞 4/1～7/8	兄弟に対する実母の愛情の差。応召での兄弟の入替りの秘密にはじまる。徴兵制度。出征兵士達。幼稚園の保母。
	「勝軍《かちいくさ》」	黒法師 ＝渡辺霞亭	梶田半古	読売新聞 2/29～6/21	出征兵士の留守、肉親の犠牲となって恋人を捨てる。
	「病恋愛」	徳田秋声	梶田半古	読売新聞 6/22～9/3	やくざな兄の犠牲となる娘。
	「新細君」	黒法師 ＝渡辺霞亭	梶田半古	読売新聞 9/19～11/27	独身主義の才媛が、人の妻となり、人の母となる筋道。「家庭の参考、花嫁の心得として」(予告)。
	「橘秀男」	楓村居士 ＝町田柳塘	梶田半古	読売新聞 12/9～翌3/4	某将軍の知遇に感じた一武人の、特命を帯びての冒険譚。

	題名	作家	挿絵画家	新聞名 連載期間	あらすじ、背景となる環境、身装資料として有用な登場人物など
	濁士《ニコラス》皇帝	伊原青々園	松本洗耳	都新聞 3/2～6/29	ロシア皇太子の祇園での遊興から、津田三蔵の家族、露探、皇太子を守った車夫など。
	「鷹丸」	遅塚麗水	松本洗耳	都新聞 4/20～8/23	北海道拓殖事業を志す旧公家の若者と土地の女侠。岩屋に埋蔵された砂金。零落した大阪の豪商とその娘。海賊。
	「大和撫子」	渡辺黙禅	松本洗耳／二代目歌川芳宗	都新聞 7/1～翌2/19	1858～1868年、横浜でのロシア士官殺害事件をめぐる裏面史。
	「探偵実話 雷巳代治」	―	富岡永洗	都新聞 8/25～12/17	芸者町でおきた強盗事件の探索にはじまる。柔剣道の奥義に達し「電気術にも精通した大賊」。洲崎の娼妓。
	「歌吉心中」	橋本埋木庵	富岡永洗	都新聞 12/20～翌5/22	1869年、1877年、1882年、1883年に吉原で放蕩の小商人と、一中節の師匠の心中。
	「日本男児」	小栗風葉	筒井年峰	時事新報 4/13～8/29	中央アジア探検記。
	「新華族」	加藤眠柳	筒井年峰	時事新報 8/30～12/6	爵位崇拝のため妻を失い、娘を未亡人とした新華族。
	「冷腸熱腸」	徳田秋声	筒井年峰	時事新報 12/7～翌3/2	零落した家の一人娘が上京してからの世渡り。
1905 (明治38)	「岩窟穽」	水谷不倒	坂田耕雪	大阪毎日新聞 2/20～6/7	裕福な新華族の親と子の争い。若様の放蕩。本家に対する分家の不満。
	「夏子・愛と罪」	菊池幽芳	坂田耕雪	大阪毎日新聞 6/9～11/5	女子大出の才媛と財産をめぐる血族の争い。妻の不倫と、生まれた娘の父親についての疑い。
	「麗子夫人」	小栗風葉	坂田耕雪	大阪毎日新聞 11/6～翌3/14	満ち足りた上流階級の妻を襲った、突然の夫の失踪にはじまる。
	「母の心」	柳川春葉	谷洗馬	東京日日新聞 3/22～6/3	後添いの実子と先妻の子の絡み。夫没後の財産問題。海軍軍人。
	「やどり木」	柳川春葉	―	東京日日新聞 7/23～10/13	継子もの。結婚等への近縁者のつよい干渉。華族と平民の身分の違いへの気遣い。病人。（本文と挿絵の食い違いあり。）
	「妾《しょう》の罪」	広津柳浪	―	東京日日新聞 10/14～翌3/7中断	結核の銀行頭取の妻。この妻の小間使いが主人公。小間使いにいいよる妻の兄。殺人事件が絡む。「人情の機微を精細に写し出す」（社告）。
	＊東京日日新聞の連載小説はこれまでほとんど時代小説だった。この後も時代小説中心の期間がつづく。				
	「懸賞当選小説 琵琶歌」	黒風白雨楼＝大倉桃郎	稲野年恒／右田年英	大阪朝日新聞 1/1～2/23	三浦半島の別荘に滞在する子爵家の姫君と、部落出身の兄妹との関わり。
	「人こゝろ」	多和田菱軒	稲野年恒	大阪朝日新聞 5/20～8/1	女性専門の下宿屋での女学生たちの生態。露探の会社員。
	「唯心」	武田仰天子	右田年英	東京朝日新聞 1/1～3/6	肥りすぎの娘と姑が息子を無視して、気に入らぬ嫁を追いだす。
	「間一髪」	須藤南翠	右田年英	東京朝日新聞 3/7～5/17	インテリ華族の子息をめぐる令嬢たち。身分や立場の微妙な違い。「今日の世態人情を尽くす」（予告）。
	「吉丁字」	渡辺霞亭	右田年英	東京朝日新聞 5/18～10/13	一人娘をもつ、船場の商家の相続問題。
	「青春」	小栗風葉	梶田半古	読売新聞 3/5～翌11/12	妊娠中絶。男女大学生。
	「人の心」	楓村居士＝町田柳塘	鏑木清方	読売新聞 9/1～12/20	さまざまな個性の私立大学生たち。海老茶袴への憧れ。芸者。
	「影法師」	伊原青々園	松本洗耳	都新聞 2/21～4/30	1877～1889年、妻殺しの冤罪をうけた父をもつ佳人が、北海の地に母を殺した仇を探る。
	「女船長」	白帆影人	―	国民新聞 9/19～12/31	海上冒険もの。亡父のあとを継いだ女船長。老船頭。「快絶此上やある一人物現に存する真事実なるに於いておや」（予告）。
	「光の子」	加藤眠柳	筒井年峰	時事新報 3/3～6/10	救貧・孤児救済に努力する女性。源氏節の太夫。

	題名	作家	挿絵画家	新聞名 連載期間	あらすじ、背景となる環境、 身装資料として有用な登場人物など
1906 (明治39)	「真澄大尉」	吾妻隼人＝ 山中峯太郎	坂田耕雪	大阪毎日新聞 3/15～5/26	大陸もの。日露戦役直前の、日本将校の軍事探偵。
	「筆子」	菊池幽芳	坂田耕雪	大阪毎日新聞 6/1～12/10	女学校を出たばかりの小学校女教員。教師から看護婦への転身。血筋の謎。
	「月に立つ影」	後藤宙外	—	東京日日新聞 3/11～7/6	鉱山主とその親友の、心に傷を負った遺児をめぐる関係。無理強いの縁談話に悩む娘。坑夫たち。
	「白梅紅梅」	春帆楼主人 ＝渡辺霞亭	幡恒春	大阪朝日新聞 1/28～3/22	大家のお嬢様の温情に救われた乞食娘。
	「人の罪」	鳥海嵩香	稲野年恒	大阪朝日新聞 2/19～5/25	跡継ぎのいないために妾を入れることの可否。中将・子爵の身分の主人。
	「母の面影」	草村北星	幡恒春	大阪朝日新聞 5/26～8/14	実業家の若い妻の抱える秘密。子のない夫婦にとっての将来の問題。
	「当世女」	村上浪六	幡恒春	大阪朝日新聞 8/15～11/4	「数ある多くの中に紛れ込む人間の化け物、いわばお仲間の面汚し（……）女にあるまじき女」(予告)。
	「浪枕」	大江素天	稲野年恒	大阪朝日新聞 8/24～11/8	大阪の富裕な商家の世界。人任せの不本意な結婚にはじまる妻の醒めた結婚生活。夫の放蕩。
	「金色蛇」	渡辺霞亭	右田年英	東京朝日新聞 1/27～5/2	父親の犯した罪（露探）の重荷を負う娘。
	「真帆片帆」	武田仰天子	右田年英	東京朝日新聞 5/3～7/16	千円の債券当選をめぐって。小学校訓導。家庭教師。
	「罪の命」	物集悟水	右田年英	東京朝日新聞 7/19～10/11	芸者に生ませた娘との年経ての再会。芸者。芸者あがりの女。
	「闇のうつつ」	須藤南翠	右田年英	東京朝日新聞 10/12～翌1/27	親のきめた縁談の強制。“養育の恩”。女教師。女性家庭教師。
	「誰の罪業」	剣堂小史	—	読売新聞 1/5～3/14	英国のホール・ケイン作『罪の影』が基になっている。殺人事件の容疑をかけられ、死刑一歩手前で助かる。牧羊者の父、美しい妻と子。
	「写実小説 コブシ」	小杉天外	梶田半古	読売新聞 3/17～11/12	「写真小説であり、恋愛小説である」。学生、国会議員、お嬢様など上流社会の世界。
	「女振《めねじ》男振《おねじ》」	江戸児編	松本洗耳	都新聞 1/29～6/21	地方旧家の相続問題。後添いの妻の立場。「未だ世間に知られぬ工業界の実情を最も写実的に」(予告)。
	「舞扇」	遅塚麗水	—	都新聞 11/21～翌2/22	貧しい家庭から、舞台女優として身を立てるための精進。女優に対する偏見。
	「夫さだめ」	伊原青々園	井川洗厓	都新聞 12/23～翌5/12	「才色二つながらに秀でた佳人が、心に染まぬ良人と家庭とに嫁ぎて、半生を涙のうちに送る」(予告)。
	「新空気」	江見水蔭	—	国民新聞 1/1～4/14	洞窟探検。物語は台湾、マニラにわたる。山塞の怪人。老巫女。海賊。生蕃。秘密結社などの怪奇冒険もの。
	「世間」	広津柳浪	—	国民新聞 4/17～10/17 中断	父親が迎えた、娘と年の近い美しい継母。娘の結婚相手。
	「亡母の記念」	徳田秋声	渡部審也	時事新報 1/9～5/16	後添いの絡む相続問題。フランス帰りの画家。
	「黒風」	みぎは生 ＝田口掬汀	渡部審也	時事新報 5/17～10/16	都落ちの家族。姉妹の恋争い。
	「寒潮暖潮」	江見水蔭	渡部審也	時事新報 10/17～翌1/20	朝鮮満州が舞台のビジネスもの。白人東洋人の混血の主人公。
1907 (明治40)	「懸賞小説第一等当選 嫁ケ淵」	小笠原白也	坂田耕雪	大阪毎日新聞 1/1～3/16	農村もの。山村の小学教員とその妹。遊び人の富農との関わり。
	「不知火」	大倉桃郎	坂田耕雪	大阪毎日新聞 3/17～5/27	息子を戦場で失った将軍と、遺された若い嫁の再婚問題。戦傷で廃兵となった若者。
	「行く雲」	森岡騒外	坂田耕雪	大阪毎日新聞 5/28～8/19	洋画塾の女塾生たちの恋愛模様。今どきの考え方に耳を貸さぬ親。東京の学生遊民。

	題名	作家	挿絵画家	新聞名 連載期間	あらすじ、背景となる環境、 身装資料として有用な登場人物など
	「第二回懸賞一等当選小説 家の人」	米光関月	坂田耕雪	大阪毎日新聞 8/20～11/17	小学校訓導として山村に身を埋める覚悟の青年と、純朴な村娘。青年の環境の激変による舞台の広がり。
	「風雨陣」	なにがし ＝山下雨花	坂田耕雪	大阪毎日新聞 11/18～12/31	父親の強欲で決められた縁談を嫌って家出した娘。旅稼ぎの曲馬団一行。
	「剪綵花《つくりはな》」	村山鳥逕	富田秋香	東京日日新聞 12/4～翌2/14	女学生たちの世界。
	「長恨歌」	渡辺霞亭	赤松麟作	大阪朝日新聞 4/2～6/29	両親の亡き後、連れ子を伴って家に入り込んだ亡き父の妾。29歳になる未婚の長女の強い願望と個性。
	「残雪」	半井桃水	右田年英	東京朝日新聞 1/28～4/15	孤児院の保母が、捨ててきた隠子との再会を果たす。
	「湯島近辺」	武田仰天子	右田年英	東京朝日新聞 6/25～9/5	下宿住まいの男女学生。奪った指輪を種にゆする不良学生。
	「凋落」	徳田秋声	鏑木清方	読売新聞 9/30～翌4/6	東京に数多い、遊民に近いジャーナリストたちの生態。翻訳業。居候。
	「黄橙」	岡田八千代	井川洗厓	都新聞 2/23～6/8	フランス小説の翻案。踊子の出生の謎。流しの芸人。法界屋。尺八、月琴の演奏者。
	「いひなづけ」	橋本十駕	井川洗厓	都新聞 6/9～10/7	事業に失敗してアメリカ行きの夫婦などの人生模様。職人。金貸し。事業家。
	「宝息子」	伊原青々園	井川洗厓	都新聞 10/23～翌3/19	財産家の養子である放蕩息子。取巻きの温泉芸者たちの中から選んだ妻。
	「焔」	徳田秋声	梶田半古	国民新聞 3/15～8/9	女学校の造花教師と、代議士夫人であるその友人。家庭教師。油絵画家。
	「八軒長屋」(後編)	村上浪六	公文菊仙	国民新聞 8/10～翌5/16	本所の場末の、「まだ当分は取り払われる予定はない」古長屋に住む人々。
	「寒熱」	広津柳浪	渡部審也	時事新報 1/21～7/6	女学生。
	「追恨」	みぎは生 ＝田口掬汀	渡部審也	時事新報 6/7～11/12	東京郊外の陸軍病院。戦傷で一時帰国した軍人。上官の娘である女学生。婦人教育者。
	「霧がくれの船」	江見水蔭	渡部審也	時事新報 11/13～翌4/10	海岸の保養地の人々。
	「片割月」	匿名氏 ＝渡辺霞亭	—	報知新聞 1/1～5/10	日露戦争従軍軍人の遺家族にまつわる叢話。年金、勲章をめぐって。
	「疑惑」	匿名氏 ＝渡辺霞亭	—	報知新聞 5/11～10/16	親友同士の三角関係。切髪の女性。尼僧。僧侶。
	「寒牡丹」	無名氏 ＝渡辺霞亭	—	報知新聞 10/17～翌2/29	大企業間の対立・抗争に翻弄される若者たち。ロミオとジュリエット風。
	「婦系図」	泉鏡花	田村暁舟	やまと新聞 1/1～4/28	少年時代スリだった主人公主税《ちから》が、ドイツ文学者酒井のおかげで、参謀本部の翻訳をつとめるドイツ語学者に。主人公の悲恋から物語ははじまり、義理と人情の世界が展開する。学者、書生、芸者、お嬢様。／1934年：松竹：野村芳亭：田中絹代、岡譲二。
1908 (明治41)	「寒潮」	菊池幽芳	坂田耕雪／山本英春	大阪毎日新聞 1/1～4/21	北陸地方の元裁判官の娘。母親と妾の同居。頼りにする婚約者は外国留学から帰国せず。
	「第三回懸賞小説一等当選 黒牡丹」	上田君子	山本英春	大阪毎日新聞 4/22～6/30	湘南の漁村に生まれた画家志望の娘。娘を食い物にしようとする継母と、人がよいだけの漁師の父親。
	「将棋嶋」	斎藤星瀾	山本英春	大阪毎日新聞 7/1～9/24	家がらみの複雑な人間関係。放蕩者の商店主。弁護士。小学校教員と、壮士風気分の書生たちの世界。
	「春潮」	小栗風葉	多田北嶺	大阪毎日新聞 10/6～12/26	京都の気楽な身分の男性が、旅先でたまたま少年の命を救ったことからはじまるロマンス。
	「靫猿」	渡辺霞亭	野田九浦	大阪朝日新聞 2/26～5/6	盲目の老国学者とその娘。家を出て雲水となっている兄。高価な宝石を抱いて放浪する謎の青年。
	「黒胡蝶」	根本吐芳	野田九浦	大阪朝日新聞 8/15～10/23	冷酷な金貸しが遺した莫大な遺産の使いみち。貧児救済と消費組合の設立。遺児の一人娘に言い寄る軽薄華族。

	題名	作家	挿絵画家	新聞名 連載期間	あらすじ、背景となる環境、 身装資料として有用な登場人物など
	「空薫《そらだき》」	大塚楠緒子	河合英忠	東京朝日新聞 4/27～5/31	裕福な五十男の後添いの道を選んだ若き才女。三歳年下の義理の息子は、死んだ恋人によく似ている。
	「回想」	膽駒吉峡	右田年英	東京朝日新聞 9/10～12/2	細菌学者としての立身の周辺。苦学生時代の主人すじの家族との関わり。医家の世界。
	「ねくたれ髪」	半井桃水	右田年英	東京朝日新聞 12/3～翌3/24	若き日にたまたま出逢った男性を、終生想いつづける女。過去と別れるための外国行き。
	「生」	田山花袋	鏑木清方	読売新聞 4/13～7/19	「舞台は中流家庭、人物は親とその子等、事件は家庭の衝突と死」(予告)。
	「長者星」	小杉天外	―	読売新聞 9/10～翌8/8	ビジネスもの。仲買商。西洋鍛冶屋とよばれる鉄工場の経営者。事業破綻。
	「乳屋の娘」	遅塚麗水	井川洗厓	都新聞 1/1～4/6	三角関係の一方の男が、幼くして別れた実の兄と判る。僧侶。水商売あがりの妻。画家。
	「みなし児」	無名氏 ＝渡辺霞亭	井川洗厓	都新聞 4/7～7/15	父の国を訪ねて帰国したイギリス生まれの日本青年の運命。銚子芸者。活動写真興行者。
	「縁の糸」	伊原青々園	井川洗厓	都新聞 8/11～12/2	放蕩者の亭主でも、夫の両親の世話のため別れることができない妻。華族。芸者。人さらいの支那人。
	「明星」	多和田菱仙	井川洗厓	都新聞 10/5～12/25	教育者。その妹の芸者。舞台女優。
	「女馬賊」	江見水蔭	―	国民新聞 5/17～11/30	大陸もの。
	「煩悶病院」	村上浪六	公文菊僊	国民新聞 12/1～翌3/21 中断	人生相談風。
	「多数者」	徳田秋声	渡部審也	時事新報 4/11～6/30	華族の二人妻。
	「二葉草」	田口掬汀	渡部審也	時事新報 7/1～10/9	夫の姦通問題。株屋。女優。
	「星の涙」	池雪蕾	渡部審也	時事新報 10/10～12/30	旧家の夫人におさまっているが暗い過去をもつ女性。海軍士官。
	「女の望」	やなぎ生＝ 柳川春葉	鏑木清方	報知新聞 3/1～6/7	いまは貧しいが育ちのよい娘。小間使いとして住み込んだ一家の、人々の間の反目。
	「義姉妹」	無名氏＝ 渡辺霞亭	鏑木清方	報知新聞 10/5～翌3/8	大阪の裕福な商家での、父親の連れ子いじめ。
1909 (明治42)	「猛火」	田口掬汀	坂田耕雪	大阪毎日新聞 1/1～4/29	東京近郊の豪農。選挙に打って出ようという夫と、それに逆らう妻。
	「鈴江嬢」	徳田秋声	山本英春	大阪毎日新聞 5/1～7/22	小金を持っている大都会のインテリ遊民。夫にも家庭にも醒めた気持ちでいて、小遣いに不自由のない妻の日常。
	「仕合者」	田口掬汀	山本英春	大阪毎日新聞 7/23～11/3	若い従五位の子爵をめぐる人間模様。高利貸。遊び人。昔風に躾けられたお嬢さん。
	「妹」	小笠原白也	山本英春	大阪毎日新聞 11/4～12/31	二組の兄と妹の関係。「巡査を殴打する大臣、大阪の北方を焼き尽くす大火、家柄に悩む姉等」(予告)。
	「同胞三人」	徳田秋声	―	東京日日新聞 2/18～5/13	所帯を持った相手の医学生は郷里の親には内証のまま。女にはほかに身寄りのない弟と妹。
	「紅梅寮」	紫雲楼主人	野田九浦	大阪朝日新聞 3/8～6/2	侯爵家の美貌の令嬢をめぐる人々。海軍士官。俳優。画家。
	「鵜舟」	渡辺霞亭	右田年英	大阪朝日新聞 6/3～8/19	不正の金をめぐる、休職軍人とその息子。共犯者の娘。
	「三十年」	大江素天	野田九浦	大阪朝日新聞 8/21～12/31	「病魔の捕虜となった悲惨な運命の短い一生」(予告)。看護婦。
	「子糠雪」	半井桃水	右田年英	大阪朝日新聞 12/22～翌3/21	東京の上流家庭。叔母に養われた娘。養い子いじめ。
	「煤煙」	森田草平	名取春仙	東京朝日新聞 1/1～5/16	作者と平塚雷鳥の心中事件がモデル。

	題名	作家	挿絵画家	新聞名	連載期間	あらすじ、背景となる環境、身装資料として有用な登場人物など
	「迷獅子」	角兵衛	名取春仙	東京朝日新聞	3/25～5/17	横浜、上海等を舞台に、中国革命を背景にした謎の多い男女。諜報員。刺客。
	「貧富」	半井桃水	右田年英	東京朝日新聞	8/26～11/21	家名を護るため妾腹の弟に家を譲り、万年町で細々生きる老人。屑屋。
	「空中の人」	江見水蔭	池田輝方	東京朝日新聞	11/22～翌3/21	少年軽業師。チンドン屋（女法界屋）。サーカス。
	「落日」	正宗白鳥	—	読売新聞	9/1～11/6	作家、画家などを生業とする男同士の仲間をめぐって描かれる日々の生活情景。「平凡単調の色に満ちているかも知れぬが（……）事実なら仕方ない」という自伝的小説。
	「剣の舞」	遅塚麗水	井川洗厓	都新聞	1/1～3/25	不幸な過去を負う貧しい老人とその娘。軍人。高利貸。生蕃の蜂起。
	「新桂川」	伊原青々園	井川洗厓	都新聞	4/20～8/25	実業家の庇護を受けて立身した主人公をめぐる人々。古い縁の芸者。
	「春次おぼえ帳」	平山蘆江	井川洗厓	都新聞	8/26～11/21	「新橋芸者の一代記を、秘めておいた当人の手箱の中からこっそり出してお目にかけます」（予告）。
	「稲田一作」	村上浪六	公文菊僊	国民新聞	4/1～12/7	放蕩者の生態。芸者。妾。
	「紅梅お色」	緑旋風＝三宅青軒	井川洗厓	国民新聞	12/8～翌5/10	意気盛んな芸者を主人公とする殺人事件。
	「生死」	伊藤銀月	渡部審也	時事新報	1/1～6/23	温泉に逗留する主人公の二郎が、噴火口に行こうするのが話の発端。土方などの仕事をしながら無銭旅行する二郎は鉱山で稼ぐ話に出会う。絵の才能のある知り合いの女性。坑夫。土方。芸者。
	「三日間」	柴田流星	渡部審也	時事新報	6/24～8/18	娘に、自分の過去の男を押し付けようとする継母。
	「優曇華《うどんげ》」	池雪蕾	渡部審也	時事新報	8/19～11/10	死んだ男の遺した財産の謎を追う、親友の娘。
	「むら鵆《ちどり》」	清夢楼	渡部審也	時事新報	11/11～翌2/18	入院した二人の患者の娘の、財産目当てのすり替わり。
	「黄菊白菊」	無名氏＝渡辺霞亭	鏑木清方	報知新聞	9/24～翌4/19	庶出の娘をめぐる葛藤。上流家庭の老婦人。
1910（明治43）	「外相夫人」	田口掬汀	山本英春	大阪毎日新聞	1/1～4/24	上流社会に立交り、ひたすら栄達にあこがれる女性。夫は白人女性との間に子どもをもつ。政治家。華族。
	「疑ひ」	塚原渋柿園	山本英春	東京日日新聞・大阪毎日新聞	4/25～7/14	同居している娘と妾の葛藤。
	「短刀」	小笠原白也	山本英春	大阪毎日新聞	7/15～10/11	父親の思わぬ収監と急死のために生活に窮する一家。「女工に身を落とす」娘。剣道の門弟たち。
	「お小夜」	広津柳浪	山本英春	大阪毎日新聞	10/12～12/31	芸者あがりの女の謎めいた暮らし。入獄しているもとの旦那。過去の生活からつきまとう男など。
	「悲しき恋」	本田美禅	山本英春	大阪朝日新聞	3/22～6/29	ペストに侵された漁村。屍体処理。防疫と研究に従事する若い医師たちと村娘。結核患者の恋。新平民。
	「昔の女」	徳田秋声	辻村秋峰	大阪朝日新聞	6/30～10/10	入婿前の女性関係の秘密。妻の疑惑と、過去を知る親友の存在。開業医。
	「蛬《きりぎりす》」	半井桃水	右田年英	東京朝日新聞	7/10～10/16	鎌倉の数間の貸別荘を舞台に、美しい看護学校生をめぐる人間模様。看護婦の日々。知的障害者。
	「水晶の家」	江見水蔭	右田年英	東京朝日新聞	10/17～翌2/28	避暑先の出水で漁師の娘に助けられた子爵家の姫君。姫君の手引きによる、野生の娘の成長。
	「家」	島崎藤村	長原止水	読売新聞	1/1～5/4	藤村の生家と、姉の婚家のふたつの旧家がモデル。自伝的小説。
	「人と人」	伊原青々園	井川洗厓	都新聞	1/22～6/9	医専の学生と女学生。

	題名	作家	挿絵画家	新聞名	連載期間	あらすじ、背景となる環境、身装資料として有用な登場人物など
	「黛」	遅塚麗水	井川洗厓	都新聞	6/11～9/3	育ちの違う姉妹の死に際の再会。ひとりは女家庭教師。
	「寒菊」	東籬庵	井川洗厓	都新聞	10/29～翌2/13	腹違いの兄弟の反目。男に貢ぐ芸者。
	「馬鹿野郎」	村上浪六	公文菊僊	国民新聞	5/11～9/24	地方の資産家の一人息子の、東京での行状記。
	「女優菊園露子」	緑旋風＝三宅青軒	—	国民新聞	9/27～翌4/23	上流社会と交わりをもつ女優の、出生の謎。
	「花筐」	飛燕	渡部審也	時事新報	2/19～5/30	妾あがりの後添いによる嫁いびり。華族の家庭。植木屋。
	「女優葛子」	東天	渡部審也	時事新報	12/17～翌4/10	女学校出の才能のある女優物語。
	「奇縁」	無名氏＝渡辺霞亭	鏑木清方	報知新聞	4/21～11/24	継子いじめ。取替子。
	「続村雨松風」	無名氏＝渡辺霞亭	鏑木清方	報知新聞	11/25～翌5/8	ふたつの家族に血のつながりをもつ娘の存在。
1911（明治44）	「家の柱」	田口掬汀	山本英春	大阪毎日新聞	1/1～3/30	生活になんの苦労もない夫と妻。それぞれの結婚前からの交際相手をめぐる心の駆引。
	「分家」	伊藤左千夫	—	東京日日新聞	3/15～7/19	家を再興するための、生まれ落ちてからの許嫁。
	「早涼」	白頭巾	野田九浦	大阪朝日新聞	9/8～11/25	夫の破倫、放蕩につづく愛児の放蕩。女の一生。
	「高麗男《こまお》」	江見水蔭	右田年英	東京朝日新聞	6/9～10/2	背景に日韓併合。帰国した半島育ちの日本人少年をめぐる怪しげな人間たち。女スリ。講釈師。イギリス人少女。
	「友」	藤生貞子	名取春仙	東京朝日新聞	10/3～11/25	舞台は漁村。器量よしの娘を食いものにしようとする父の漁師。親のきめた許嫁を嫌うドイツ留学帰朝者。芸者。
	「白桔梗」	若翁子	井川洗厓	都新聞	4/18～7/6	先妻の子の嫁いびり。芸人。
	「影絵」	東籬庵	井川洗厓	都新聞	7/7～10/4	華族。芸者。清元の師匠。
	「火の玉小僧」	伊原青々園	井川洗厓	都新聞	10/5～翌1/23	強盗殺人放火犯人と、その兄弟たちの、逃走と逮捕まで。吉原の娼妓。
	「花地獄」	五竹園	—	国民新聞	11/29～翌5/13	女手ひとつで育てた息子の東京への旅立ちと、華族の家での書生としての生活。華族。書生。妾。腹違いの娘。
1912（明治45／大正1）	「北の国」	田口掬汀	山本英春	大阪毎日新聞	2/13～5/22	「学問に熱して生活を顧みぬ老貴族、我儘な道楽息子、親の為に恋を犠牲にする孝行娘、我執偏見の強い村長」（予告）。
	「三人の母」	小笠原白也	山本英春	大阪毎日新聞	5/23～8/16	三種類の母の存在に翻弄される少年。日陰者扱いのような跡継ぎをめぐる大人たちの思惑。
	「生さぬ仲」	柳川春葉	鰭崎英朋	大阪毎日新聞	8/17～翌4/24	ビジネスもの。引き継いだ事業経営。前経営者の借財。アメリカから莫大な遺産とともに帰国した昔の女。
	「分家」（続編）	伊藤左千夫	名取春仙	東京日日新聞	3/15～7/19	家の再興後、農民として成長した主人公は、農業問題にも取り組み地位を築いていく。農家の暮らし。農民。
	「羹」	谷崎潤一郎	—	東京日日新聞	7/20～11/19	青春物語。谷崎の一高時代の寮生活が物語のモデル。小間使いとの恋愛がもとで、書生としての下宿先を追われて寮生活に。
	＊従来風の挿絵でなく、小さなカット（コマ絵）をつかう連載小説が現れる。東京朝日新聞では夏目漱石「彼岸過迄」「行人」、正宗白鳥「生霊」。東京日日新聞では谷崎潤一郎「羹」など。またこの頃、初回だけに挿絵、あるいはカットをもつ例が多い。					
	「血縁」	徳田秋声	野田九浦	大阪朝日新聞	1/1～5/17	ドイツ帰りの老医師の、妻の不貞から別れた娘との二十年ぶりの再会。夫婦のさまざまな関係。モデル女（絵画）。お妾。
	「残紅」	尾島菊子	野田九浦	大阪朝日新聞	5/18～8/16	結婚に破れ婦人記者として生きる女性。独身女性の交友。男友達の妻。勅任官医学博士夫人の"新しい女"ぶり。

	題名	作家	挿絵画家	新聞名 連載期間	あらすじ、背景となる環境、 身装資料として有用な登場人物など
	「和歌物語」	紀州浪人	野田九浦	大阪朝日新聞 8/17～11/16	「探偵小説を読むが如き風変わりの恋物語」(予告)。地方鉄道工事の電気技師をめぐる女性たち。女乞食。土地の顔役（侠客)。
	「三日の夜」	大江素天	野田九浦	大阪朝日新聞 11/17～12/31	有能なビジネスマンの、妻には知られたくない秘密。芸者あそび。芸者の自殺未遂。看護婦。
	「脱線」	江見水蔭	右田年英	東京朝日新聞 2/14～4/13	犬猫病院に集まる一風変わった連中。華族。獣医。お妾。
	「主義の女」	藤生てい	右田年英	東京朝日新聞 8/12～11/15	じぶんの夢を貫いて生きる女性。お稽古事より英学を志望する少女。女学校経営者。
	「悪縁」	井口迷外	井川洗厓	都新聞 1/24～3/5	夫と子どもを捨てて華族と再婚した女。病身の男手で子どもを育てた画家の父と、それを見守る下谷芸者。
	「めぐる泡」	若翁子	井川洗厓	都新聞 3/22～7/6	新橋芸者の前夫との関わり。書生たち。尺八を吹く老人。
	「黒髪」	遅塚麗水	井川洗厓	都新聞 7/7～11/26	鎌倉の尼寺の美貌の尼僧。尼僧たちのあいだの葛藤と、在家の人々との面倒な関係。
	「笹舟」	倉富砂邱	井川洗厓	都新聞 7/19～9/28	日露戦争従軍兵の家族たち。親族にだまされて辛酸を嘗める姉と弟。芸者。
	「正直屑屋」	富増正蔵作、青々園補	井川洗厓	都新聞 9/29～12/16	底辺世界の人々。
	「吹雪」	寺沢琴風	井川洗厓	都新聞 12/17～翌3/31	病院長の家庭の揉めごと。院長のお妾。院長の妻の不倫。娘の自殺。自動車の利用さかん。
	「伯爵銀次」	渡辺黙禅	―	国民新聞 5/14～12/21	「身を裏店のうちにくらまして為たい放題の侠骨隆々たる風変わりの公達」(予告)。在日外国人。消防夫。
	「怪美人」	小島孤舟	―	国民新聞 12/22～翌5/16	金を撒き散らす素性不明の女。華族。女優。外国帰りの裕福な女。日米野球。女性アンパイア。
	「女一代」	柳川春葉	鏑木清方	報知新聞 7/21～翌2/16	小銀行家の一家。長男の縁談をめぐる悶着。外国帰りの女優。銀行勤めの娘。
1913 (大正2)	「黙従」	小栗風葉	―	東京日日新聞 1/1～4/24	父、夫、二代の女性関係の悩み。
	「百合子」	菊池幽芳	鏑木清方	東京日日新聞・大阪毎日新聞 4/25～11/22	不自然な存在として生をうけた子をめぐる、上流階級の人々の思惑とたくらみ。末期結核患者。
	「かたおもひ」	柳川春葉	鰭崎英朋	東京日日新聞・大阪毎日新聞 11/23～翌10/26	東京府下、傾きかかった旧家の跡取り少年と、冷酷な継母。忠義の乳母。馬子。
	＊菊池幽芳作「百合子」以後、東京日日新聞、大阪毎日新聞は挿絵付き長編連載小説がすべて共載となった。 ＊大阪毎日新聞には純文学作品（森鷗外、芥川龍之介、志賀直哉、水上滝太郎、武者小路実篤、中条百合子、野上弥生子等）の短・中編（30回以下）が次々と登場、これらはタイトルのカット以外の挿絵をもたなかった。				
	「香人形」	五竹園	野田九浦	大阪朝日新聞 2/10～4/29	母親の我がままで入婿の夫を離縁した妻。「夫に生き別れせる婦人の心の淋しみ」(予告)。女性による芸者の身請け。
	「闇の女」	羊公＝田井新一	赤松麟作	大阪朝日新聞 4/30～7/25	不器量な英語教師の娘。盲目の琴の師匠。財産目当てに寄ってくる若者。家名を継ぐことの重さ。
	「渦巻」	渡辺霞亭	右田年英	大阪朝日新聞 7/26～翌2/15	「嫡子に生まれて家を継ぐこと能わざる淑女、卑賤に生まれて百万の富と名を相続する青年」(予告)。
	「裸」	根本吐芳	右田年英	東京朝日新聞 2/15～5/23	九十九里の漁村。立場の違う有力者たちの力関係に繋がれた若い男女。網元。金貸し。銃猟好きの青年。
	「水蜜桃」	江見水蔭	宮川春汀	読売新聞 9/2～12/18	「半島の美少女が都に出てどんな運命に弄ばれるか」(予告)。女優。病人。
	「大将の家」	伊原青々園	井川洗厓	都新聞 3/17～6/30	娘の結婚相手の財産、身分の基準。世間に疎い大学教授。爵位ある将軍。
	「女相場師」	米光関月	井川洗厓	都新聞 7/1～9/11	亡夫の仕事を嗣いだ女相場師。米の買占め騒動。相手方の拉致。若い画家。

	題名	作家	挿絵画家	新聞名 連載期間	あらすじ、背景となる環境、 身装資料として有用な登場人物など
	「青年飛行家」	倉富砂邱	井川洗厓	都新聞 9/7～12/10	飛行機設計者で、飛行家でもある青年。その妾の芸者。友人の新聞記者。
	「若狭屋」	伊原青々園	井川洗厓	都新聞 12/11～翌3/15	博徒の姐御。花柳界。
	「女王国」	伊藤銀月	―	国民新聞 10/29～翌5/15	漁村の人々。女優。
	「赤い絲」	江見水蔭	渡部審也	時事新報 11/15～翌2/25	「海外生まれの財産家を主人公とし、毒婦、偽飛行士、老学士等」(予告)。華族。女探偵。
	「落花帖」	小杉天外	鏑木清方	報知新聞 2/17～12/19	横浜のミッションスクールの、欧米人もまじえた女子寄宿舎。女性伝道師。
	「子守唄」	柳川春葉	―	報知新聞 12/21～翌8/24	薄い縁を頼りに出京した娘に冷たい縁者たち。一方で華族たちの交わり。
1914 (大正3)	「小ゆき」	菊池幽芳	鏑木清方	東京日日新聞・大阪毎日新聞 10/27～翌7/15	華族父子の乱脈な女性関係に翻弄される人々。親族の対立に妨げられる愛。住込みの女家庭教師。
	「忘れがたみ」	大江素天	―	大阪朝日新聞 6/2～9/15	子どもの結婚への母親の強い干渉。遺伝の問題。窮屈な法律。新しい女。
	「勝鬨《かちどき》」	渡辺霞亭	幡恒春／野田九浦	大阪朝日新聞 9/16～翌2/19	「夫の胤でない子供を産んで暖かい畳の上にいる新しい女」(予告)。嫁いびりの結果の破婚。
	「春雨」	田山花袋	勝田蕉琴	読売新聞 1/1～4/8	貧しい少女の色町での人生行路。芸者。芸者屋の女将。お妾。
	「光の巷」	佐藤紅緑	石井滴水	読売新聞 4/3～11/16	「可憐なる女優の運命」(予告)。腹違いの姉妹の確執。子持ちの若い女性の生活苦。
	「鳩の家」	佐藤紅緑	石井滴水	読売新聞 11/26～翌5/30	芸者の生んだ姪への虐待。ミシンの職業。少年少女。女学生。
	「終りまで」	志木生＝秋元巳太郎	井川洗厓	都新聞 2/10～4/10	捨子の養育と親子の再会、少年少女、漁村。
	「大盃」	遅塚麗水	井川洗厓	都新聞 4/12～8/19	田舎に越してきた元聯隊副官未亡人一家と、因業で吝嗇な家主。両家の若者の交わり。埋蔵金の探索。水利工事の人夫。
	「同い年」	寺沢金風	井川洗厓	都新聞 7/7～11/20	製鉄会社内のパワハラ問題。上司と妻の関係の疑惑。新派の役者。酌婦。芸者。
	「役者の妻」	伊原青々園	井川洗厓	都新聞 12/6～翌4/6	田園生活への回帰。天才肌でデカダンな役者が、新加入の女優の刺激によって向上の勇気をもつ。興行師。贔屓客。
	「まごころ」	五竹園主人	武内桂舟	国民新聞 12/24～翌7/18	ハンセン病秘匿の苦しみ。女優。芸者あがりの女。
	「嵐」	佐藤紅緑	渡部審也	時事新報 2/25～8/16	後添いのいる華族の、家庭の葛藤。
	「疑」	柳川春葉	渡部審也	時事新報 8/17～翌1/20	無実の罪に陥った未入籍の妻。画家の夫の疑惑。
	「初舞台」	小杉天外	鏑木清方	報知新聞 8/25～翌5/27	身分を隠して東京に出てきた少年の成長記録。華族家の書生。旅役者。女優。
1915 (大正4)	「うき世」	柳川春葉	鰭崎英朋	東京日日新聞・大阪毎日新聞 7/16～翌4/15	女優蔑視。没落した華族家をめぐる親族の対立。航空機の製造事業。
	「心と心」	徳田秋声	幡恒春	大阪朝日新聞 2/20～5/28	家名のために、生みの父の排除。
	「ふたおもて」	田口掬汀	幡恒春	大阪朝日新聞 5/29～12/18	「現代のどこにでも有り勝ちな家庭の大穴」(予告)。大阪の豪商の相続をめぐる葛藤。新しい女。
	「嵯峨野」	黒法師＝渡辺霞亭	石井滴水	読売新聞 5/31～10/24	複雑な血縁関係をもち、貧富に大きな隔たりのある親族間のいざこざ。家長の位置。
	「虎公」	佐藤紅緑	石井滴水	読売新聞 10/25～翌3/25	紅緑的立志譚。行商人（煮豆売）。

	題名	作家	挿絵画家	新聞名 連載期間	あらすじ、背景となる環境、身装資料として有用な登場人物など
	「花元結」	山岸荷葉	井川洗厓	都新聞 3/22～5/26	貧しい、しかし美貌の娘に降って湧いた、日本最初のマネキンガールの仕事。伯爵家の人々。
	「幽霊屋敷」	小原柳巷	井川洗厓	都新聞 5/27～9/3	海賊と女首領。
	「新椿姫」	伊原青々園	井川洗厓	都新聞 9/4～翌1/13	許嫁の養子と、従兄弟とのあいだで迷う家付き娘。姻戚間のかかわりと義理のややこしさ。華族。芸者。
	「さくら子」	渡辺黙禅	武内桂舟	国民新聞 7/19～翌4/16	血縁の複雑な関係。父親の放蕩の後始末。「海軍将官として令名ある某男爵夫人をモデルとする」(予告)。
	「赤潮」	山崎紫紅	渡部審也	時事新報 1/21～3/29	舞台は横浜。政治家の家族と出入りの髪結いをめぐって。娘の見合いと嫁入り。ゆすり。見晴らしのよい邸宅。帝劇。女髪結い。
	「妹」	岡本綺堂	—	時事新報 4/29～9/15	華族家の家督相続。優しい姉と強い妹。純潔の青年画家。無妻主義の貴公子。
	「鳥籠」	岡本綺堂	—	時事新報 9/16～翌1/13	軍人の夫に捨てられた妻の、放浪と汚辱の人生。
	「銀の鍵」	柳川春葉	鏑木清方	報知新聞 5/29～翌3/17	妻の結婚前の秘密。「優美にして堅実、やわらかくして強き家庭の女は銀の鍵」(予告)。
1916 (大正5)	「妹」	無名氏＝ 渡辺霞亭	星野更園女	東京日日新聞 4/16～7/13	血縁もの。子どもを産んだ過去を偽って嫁いだ女。姉の隠し子を育てる妹。
	「姉と妹」	井田弦声	星野更園女	大阪毎日新聞 4/16～7/13	血縁もの。子どもを産んだ過去を偽って嫁いだ女。姉の隠し子を育てる妹。
	「毒草」	菊池幽芳	鏑木清方	東京日日新聞・大阪毎日新聞 7/14～翌12/10	農村、身体の障害。
	「母と子」	佐藤紅緑	幡恒春	大阪朝日新聞 1/1～5/16	破婚問題。女給。コミックオペラ。クリスチャンたち。
	「虚栄の女」	森田草平	幡恒春	大阪朝日新聞 5/17～8/24	おのれの美貌に驕って周囲の破滅を意に介しない女。発明家。不遇の新派俳優。実業社会。
	「裾野」	佐藤紅緑	幡恒春	大阪朝日新聞 8/25～翌1/5	多くのやや特異なタイプの人間像を描くことにより「小説を以て家庭の教科書となす」(予告)の意図をもつ。
	「鬼の面」	谷崎潤一郎	名取春仙	東京朝日新聞 1/15～5/25	谷崎の書生生活のうちの、小間使いとの恋愛事件がモデル。
	「明暗」	夏目漱石	名取春仙	東京朝日新聞 5/26～12/14中断	平凡な会社員の日常生活をベースとして、夫婦、親子、兄弟、親戚、友人等の人間関係と人間性をめぐる。
	「波の上」	正宗白鳥	名取春仙	東京朝日新聞 12/16～翌3/25	危うい状態の夫婦の周辺の、肉親を交えた模様。
	「日の出る国」	佐藤紅緑	石井滴水	読売新聞 4/26～12/23	女学校の学友のその後の運命、小姑の嫉妬の怖ろしさ。牧師。
	「港の唄」	長田幹彦	石井滴水	読売新聞 12/24～翌6/2	北国の豊かな船問屋に生まれた娘の半生。芸者。酌婦。船員。
	「将軍の娘」	小原柳巷	井川洗厓	都新聞 1/14～5/27	華族。博徒。
	「浮雲」	外ヶ浜人	井川洗厓	都新聞 5/27～10/8	カフェーの女給。育てた娘は不義の子。「四人の若き女と四人の若き男が如何に恋に狂い恋に笑い恋に泣くであろうか」(予告)。
	「みゆき物語」	伊原青々園	井川洗厓	都新聞 10/9～翌1/14	外国人(白人)の遊蕩。芸者。
	「花あかり」	後藤宙外	武内桂舟	国民新聞 4/17～7/25	「現代令嬢かがみ」(予告)。
	「墨染」	岡本綺堂	武内桂舟	国民新聞 7/26～翌2/13	女優。旅役者。
	「春の海」	外ヶ浜人	岡田九郎	時事新報 1/14～7/6	白人との混血児。

	題名	作家	挿絵画家	新聞名 連載期間	あらすじ、背景となる環境、 身装資料として有用な登場人物など
	「絵絹」	岡本綺堂	近藤浩一路	時事新報 7/7～11/8	二人の若い閨秀画家の性格対比。女優。
	「虚栄」	長田幹彦	伊東深水／近藤浩一路／山本英春	時事新報 11/9～翌5/8	華族。白人女性。
	「女の命」	緑園＝渡辺霞亭	鏑木清方	報知新聞 3/18～5/14	悪人の手に落ちて夫に背いた女。酒害を中心にした社会悪。
	「二人静」	柳川春葉	鏑木清方	報知新聞 5/16～翌3/20	芸者。その隠し子。
1917 (大正6)	「誘惑」	徳田秋声	池田輝方／池田蕉園	東京日日新聞・大阪毎日新聞 2/11～7/5	生みの母、育ての母、そして父の妻のもとを転々とした娘。／日活：小口忠（監督）。
	「七色珊瑚」	小杉天外	池田輝方／池田蕉園	東京日日新聞・大阪毎日新聞 7/6～12/29	華族家の相続争い。老伯爵の死後、外遊中の長男の妻の不貞の疑い。次男、家扶らの背任。女優。妾。
	「春の海」	渡辺霞亭	幡恒春／岡田九郎	大阪朝日新聞 1/6～6/20	裏店住まいの貧しい人々。内職する子ども達。捨てた子と、拾った子。
	「孔雀草」	佐藤紅緑	北野恒富	大阪朝日新聞 6/21～11/25	破綻した家業を受継ぐ兄弟の関係。気に入らぬ者は社会主義者め、ときめつける豪商の不器量な娘。女優。
	「年末」	雙松園	島成園	大阪朝日新聞 11/26～12/31	選挙に絡む策略と不正。選挙ゴロ。長男の不正行為のため破綻に瀕した商家。
	「黒水晶」	渡辺霞亭	名取春仙	東京朝日新聞 3/26～11/16	姑の嫁いびりから破婚へ。軍人。
	「残雪」	田山花袋	名取春仙	東京朝日新聞 11/17～翌3/4	すべてを捨てて旅立つ主人公。出金係の目から見た世間。芸者。娼婦。
	「獅子頭」	黒法師＝渡辺霞亭	石井滴水／川瀬巴水	読売新聞 6/3～12/22	富豪の婿を間にした腹違いの姉妹。20年ぶりの親娘の名乗り。女絵師。
	「二人傘」	小杉天外	石井滴水	読売新聞 12/23～翌8/16	火薬工場の経営者とそこに働く人々。傷病者。
	「悪魔の家」	小原柳巷	井川洗厓	都新聞 1/15～5/30	鄭成功の隠し金をめぐる、台湾と周辺島嶼の冒険。華族家の出生の秘密。姫君。偽金使い。コミック手踊り。
	「お葉」	寺沢琴風	井川洗厓	都新聞 6/6～10/24	母親の気に入らない妻との貧しい生活の日々。小学教員。高利貸。
	「人のなさけ」	伊原青々園	井川洗厓	都新聞 11/21～翌3/24	老政治家。博愛主義の医師。企業家。芸者。傷病者。
	「天眼通」	村上浪六	公文菊僊	国民新聞 2/14～11/11	川田は21歳で弁護士の試験にうかった秀才だが、今は実地勉強のために電気会社の職工をしている変わり者。金銭に屈しない当時の男らしい男性像が描かれている。ブルーカラー、インテリ、お嬢様。
	「桜の家」	佐藤紅緑	伊東深水／山本英春	時事新報 5/9～10/23	曲馬団の娘をめぐる、豪家の家庭内の紛糾。
	「路二つ」	佐藤紅緑	伊東深水／山本英春	時事新報 10/24～翌3/18	地方の酌婦。継子いじめと立志譚。
	「春の歌」	小栗風葉	鏑木清方	報知新聞 3/21～10/25	正嫡以外の子ども達をめぐる肉親間の葛藤。少年少女。
	「人の力」	柳川春葉	―	報知新聞 10/26～翌1/6中断	東北海岸の築港建設をめぐる人々。旧領主の子爵。
1918 (大正7)	「片絲」	岡本綺堂	池田輝方	東京日日新聞・大阪毎日新聞 1/1～9/20	妾の身分と、パトロンをもつ生活。タイピスト。
	「女の生命」	菊池幽芳	伊東深水	東京日日新聞・大阪毎日新聞 6/21～翌2/12	神戸女学院の寄宿生。西洋人との交友、金力ある女性の欲望。

	題名	作家	挿絵画家	新聞名 連載期間	あらすじ、背景となる環境、 身装資料として有用な登場人物など
	「懸賞小説一等当選 明ゆく路」	野村愛正	北野恒富／島成園	大阪朝日新聞 1/1～4/13	大洪水に見舞われた地方都市。銀行家の家族の破綻。親のきめた婚約者への嫌悪。
	「不知火」	長田幹彦	北野恒富／島成園	大阪朝日新聞 4/14～9/5	没落した京都の旧家の、一人娘の嫁ぎ先。許嫁の間柄だった夫にも、家族からも無視される妻。
	「宿命」	沖野岩三郎	幡恒春	大阪朝日新聞 9/6～11/22	アメリカ留学帰国者。女家庭教師。クリスチャン。絶対家父長型の家庭。
	「霞七段」	後藤宙外	名取春仙	東京朝日新聞 3/5～8/5	不遇の老画家と幼い孫娘の放浪。にわか流し芸人となっての旅。
	「黒い流れ」	野村愛正	名取春仙	東京朝日新聞 8/6～12/29	医家相続の婿を必要とする娘。家業相続の親の意図に振り回される男女。華族。
	「人形の影」	岡本綺堂	石井滴水	読売新聞 8/17～翌1/15	伊豆の温泉町に近い山村。老発明家の娘と助手。貴族の子弟。純朴な農夫。
	「淡雪」	素浪人	井川洗厓	都新聞 3/25～9/20	公共工事の手段を誤った少将。青年将校。若い画家。別荘番の老夫婦。令嬢と芸者。
	「ひがん華」	武内鶴子	井川洗厓	都新聞 9/21～12/21	芸者。山村が舞台。
	「仮名屋小梅」	伊原青々園	井川洗厓	都新聞 12/22～翌5/24	芸者。
	「夫婦橋」	五竹園主人	公文菊僊	国民新聞 4/22～8/30	罪滅ぼしと称し未亡人を金で釣る男。「私も士族の妻です」(予告)。
	「雛暦」	小杉天外	伊東深水／寺島紫明	国民新聞 8/31～翌5/17	娘と違わない年の女との父親の再婚。新しい妻の複雑な係累。
	「蛍草」	久米正雄	伊東深水／山本英春	時事新報 3/19～9/20	外遊帰国者。
	「路傍の花」	徳田秋声	伊東深水	時事新報 9/21～翌3/13	東京郊外の病院の継嗣問題。跡取り娘。アメリカ遊学からの帰国者。女優。
	「薄雪」	岡本綺堂	鏑木清方	報知新聞 1/10～2/18	大名家のお姫さま寄宿生の行方不明事件。女子教育家。
	「朝富士」	雙松園	鏑木清方	報知新聞 2/19～7/21	舞台は大阪。貰い子を失って発狂した女。少女の誘拐、監禁。
	「若き妻」	長田幹彦	石井滴水	報知新聞 7/22～翌1/17	父の会社の不正事件をめぐって、若夫婦の間に生じた疑惑。
	「歩んで来た道」	田村松魚	石井柏亭／石井鶴三	やまと新聞 4/12～7/5	新しい女の生活の内容は……。
1919 (大正8)	「焔の舞」	真山青果	川端龍子	東京日日新聞・大阪毎日新聞 2/13～8/14	血の繋がりのない姉妹とその父。女旅役者。
	「白鳥の歌」	長田幹彦	鰭崎英朋	東京日日新聞・大阪毎日新聞 8/15～翌3/13	「現社会の階級戦の痛ましさ、若い女の放縦な生活の結果」(予告)。女優。外遊帰朝者。華族。
	「黄金」	佐藤紅緑	北野恒富／島成園	大阪朝日新聞 1/1～7/3	妻と娘を追い出し妾を家に入れる男。
	「金剛荘」	長恨生	幡恒春	大阪朝日新聞 8/29～12/29	子爵家と、隣り合う病院の一家との不和によるロミオとジュリエットもの。フランス帰りの画家。自動車の衝突事故。
	「深淵」	正宗白鳥	名取春仙	東京朝日新聞 1/1～4/15	郷里から呼んだ姪をめぐる人々。女給。
	「白珊瑚」	渡辺霞亭	名取春仙	東京朝日新聞 4/16～8/10	新婚の妻と実弟の間柄への疑惑。
	「新しい芽」	田山花袋	名取春仙	東京朝日新聞 8/11～12/3	郊外生活。田舎芸者。
	「かくれ沼」	中村星湖	池田輝方	東京朝日新聞 10/24～翌1/20	「義理人情のしがらみ」(予告)。結核の肉親の世話と、貸家探し。

	題名	作家	挿絵画家	新聞名 連載期間	あらすじ、背景となる環境、 身装資料として有用な登場人物など
	「雁の翅」	岡本綺堂	石井滴水	読売新聞 11/4～翌4/2	芸人。西洋人。
	「瀧の水」	倉富砂邱	井川洗厓	都新聞 5/25～10/5	発明家の父の破産で、兄妹は別れ別れに。芸者になった妹。兄はアメリカで成功。安全飛行服。軽業師。新聞記者。
	「流るゝ雲」	寺沢琴風	井川洗厓	都新聞 10/6～翌6/15	有能なビジネスマンの失意の都落ち。その婚約者。神楽坂芸者。
	「裏と表」	村上浪六	伊東深水	国民新聞 5/19～12/19	資本家の息子の立場を嫌い職工たちと交わり、薄幸の兄妹を救う青年。
	「新比翼塚」	渡辺霞亭	伊東深水	国民新聞 12/20～翌6/2	女優。
	「明けがた」	長田秀雄	伊東深水	時事新報 3/14～6/11	女優。舞台人。
	「今年竹」	里見弴	伊東深水	時事新報 6/13～10/17 中断	花柳界のあそび。
	「不死鳥」	久米正雄	竹久夢二	時事新報 11/1～翌4/4	家出娘など。若い遊民たちの生態。女優。牧師。
	「乳房」	佐藤紅緑	石井滴水	報知新聞 1/18～10/3	身ごもって捨てられた娘。芸者。女優。正妻の子。妾の子。
	「紅懺悔」	小杉天外	石井滴水	報知新聞 10/4～11/5	放蕩のあげく廃嫡された豪商の息子。父親の隠された過去。腹違いの妹の存在。
	「雲の都」	松居松葉	石井滴水	報知新聞 11/6～翌2/18	子の認知を拒まれた芸者の母子。飛行家。
1920 (大正9)	「真珠夫人」	菊池寛	鰭崎英朋	東京日日新聞・大阪毎日新聞 6/9～12/22	新しい時代の女性の一タイプ。モデル。
	「麝香地獄」	真山青果	尾竹竹坡／木下茂	東京日日新聞・大阪毎日新聞 12/23～翌2/28	舞台女優。
	「地の果まで」	吉屋信子	幡恒春	大阪朝日新聞 1/1～6/3	幼くして孤児となった姉と弟の生い立ち。二人を養育する親族のあいだの確執。救世軍。
	「白露の歌」	篠平＝新見波蔵	北野恒富／島成園	大阪朝日新聞 6/4～9/30	「一般家庭の読物として健全な新しい作」(予告)。
	「女の力」	渡辺霞亭	幡恒春	大阪朝日新聞 10/1～12/31	再度の結婚にふしぎな躓きを経験しながら、引く手あまたの美貌をもつ女性。代議士の兄。少女時代の憧れ。
	「魂の憂ひ」	沖野岩三郎	渡部審也	東京朝日新聞 1/22～6/20	オフィス勤めの女性。外人女性宣教師。親のきめた許嫁。
	「闇と光」	長田幹彦	渡部審也	東京朝日新聞 6/21～翌2/19	満蒙からシベリアに亘る大陸冒険もの。老政治家とその令嬢。華族。女学校。
	「残春」	渡辺霞亭	石井滴水	読売新聞 4/3～9/20	華族。
	「恋草」	田山花袋	石井滴水	読売新聞 9/21～翌2/10	自分の意思にそむいて結婚をした主人公の女性。海岸の温泉地での美しい令嬢との出会い。昔の恋人。
	「女優の娘」	五黄星＝江見水蔭	井川洗厓	都新聞 11/13～翌4/17	日中混血児。女優。
	「断雲」	近松秋江	寺島紫明	国民新聞 1/15～翌2/8	東大の女子聴講生。
	「無遠慮」	村上浪六	寺島紫明	国民新聞 6/4～11/14	家出娘とそれを餌にする男女。ルンペンなど底辺の人々。女優。
	「花道」	上司小剣	石井鶴三	時事新報 4/5～9/11	親族の間の悶着。
	「何処まで」	徳田秋声	田中良	時事新報 10/4～翌3/28	中国人留学生と、彼等を客とする娼婦。

	題名	作家	挿絵画家	新聞名 連載期間	あらすじ、背景となる環境、 身装資料として有用な登場人物など
	「恋ごろも」	長田幹彦	伊東深水	報知新聞 2/19～9/20	事業に失敗した一家の母娘と、娘の姉の放逸破倫の人妻。
	「残紅」	なにがし＝本山荻舟	石井滴水／野田九浦	報知新聞 9/21～翌3/17	華族家の遊民たち。夢想的発明。新橋花柳界。
1921 （大正10）	「青春の夢」	長田幹彦	伊東深水	東京日日新聞・大阪毎日新聞 3/1～9/23	大身代の商家の相続をめぐる、ロミオとジュリエットもの。
	「白蓮紅蓮」	菊池幽芳	伊東深水	東京日日新聞・大阪毎日新聞 9/24～翌3/25	東北地方で生活に新生面を開こうとする青年。ピアニスト、巨額の持参金付きの娘。
	「断崖」	徳田秋声	幡恒春	大阪朝日新聞 1/1～7/9	親のきめた婚約と、その後の両家の環境の変化。
	「東京：愛欲編」	上司小剣	石井鶴三	東京朝日新聞 2/20～7/9	「地方の寒村から、東京に放浪した一青年の手記を中心に、多くの人間が偶然に集合した大都会が背景」（予告）。
	「海の極みまで」	吉屋信子	蕗谷虹児	東京朝日新聞 7/10～12/30	上流階級の家族と使用人たちの日々。書生。女中。東京のヴァガボンド連中。
	「潮は満ち来る」	入江新八	森田ひさし	読売新聞 2/11～7/24	外交官の妻。
	「銀盤」	田山花袋	伊東深水	読売新聞 7/25～翌1/20	有閑階級に育った人間の自立。華族。スポーツ好きの令嬢。
	「空翔る人」	北尾亀男	井川洗厓	都新聞 11/1～翌3/16	富裕な華族未亡人。女優。飛行士。
	「梅咲く頃」	素浪人	石井滴水	都新聞 12/10～翌2/9	写真小説。軍人。芸者。
	「浅い春」	田山花袋	寺島紫明	国民新聞 2/10～7/9	田舎出の少女の、東京での成長ぶり。
	「赤光」	久米正雄	細木原青起	時事新報 3/29～12/1	「一反抗児の生涯、時代の風潮」（予告）。少年と少女。炭坑経営。ロミオとジュリエットもの。
	「幸福へ」	加能作次郎	田中良	時事新報 12/2～翌7/8	文筆家の父親の助手をする娘。
	「大慈大悲」	佐藤紅緑	石井滴水	報知新聞 3/18～11/16	日本の華族と米国女性の間に生まれた姉妹。「蝶々さん」の逆。人種の垣根。軍国主義的老貴族。
	「裸の人」	佐藤紅緑	田中良	報知新聞 11/18～翌5/11	娘や姪を売って金を得る男。映画館の案内嬢。クリスチャン。
1922 （大正11）	「火華」	菊池寛	渡部審也	東京日日新聞・大阪毎日新聞 3/26～8/23	労働争議と階級問題。職工。
	「二つの道」	徳田秋声	渡部審也	東京日日新聞・大阪毎日新聞 8/24～翌2/15	兄の遺した二児の養育。妊娠中絶。女給。女工。
	「新しき生へ」	井手訶六	森田ひさし	東京朝日新聞 1/1～6/22	上流階級の社交生活。外交官令嬢。
	「永遠の謎」	長田幹彦	幡恒春	東京朝日新聞 6/23～12/31	夫と二人の娘を捨てた妻。西洋人との交際。「人間はなんのために生き、なんのために死滅してゆくのであろう」（予告）。
	「悪魔の鞭」	長田幹彦	伊東深水	読売新聞 1/21～8/27	ひ弱な生活力の若い夫婦に恩を売って、その美しい妻を手に入れようとする男。土建業者。華族。
	「荊の冠」	佐藤紅緑	田中良	読売新聞 8/28～翌3/12	成功者だが放蕩者の夫と、不倫の妻。
	「籍なき父」	長谷川生＝長谷川伸	石井滴水	都新聞 2/10～5/5	アメリカへの出稼者。
	「お小夜」	寺沢琴風	井川洗厓	都新聞 3/17～10/19	キリスト教福祉施設。女給。女中。

	題名	作家	挿絵画家	新聞名 連載期間	あらすじ、背景となる環境、 身装資料として有用な登場人物など
	「悪戯」	玉川正人	石井滴水	都新聞 10/11～12/19	朴訥な桶職人と洋食屋の女給との結婚に対する、周囲のちょっかい。
	「自活する女」	伊原青々園	井川洗厓	都新聞 10/20～翌5/8	女性が収入を得、自活できるようになるまでの過程。事務員。女給。女優。芸者屋の女将。
	「兄弟」	水月八天	石井滴水	都新聞 12/20～翌3/24	花売娘。
	「二つの太陽」	小杉天外	伊東深水／寺島紫明／林唯一	国民新聞 1/1～12/7	花嫁の処女性を重視し、5年経って妊娠の兆候がなければ妾を入れると。女給。
	「時代相」	村上浪六	尾竹竹坡	国民新聞 12/10～翌9/1	中産階級の家庭に生じた波紋。夫婦関係の種々相。「あらゆる現代人間の内外表裏を曝け出して一編の小説とする」(予告)。
	「渦潮」	中村武羅夫	伊東深水／田中良	時事新報 7/9～12/25	男性の多情・遊蕩についての一解釈。
	「緑の牧場」	野村愛正	斎藤五百枝	報知新聞 5/12～11/11	山間の牧場。妻を失った若い牧場主の秘密。牧夫と農民の反目。その子ども達。
	「焔の歌を聞く」	須田正二	斎藤五百枝	報知新聞 11/12～翌4/18	強制的な早婚・出産、そして家出。亡命ロシア人。
1923 (大正12)	「女護の島」	上司小剣	伊東深水	東京日日新聞・大阪毎日新聞 2/16～7/26	三人の娘の相続についての、寡婦の母親の奸計。
	「彼女の運命」	菊池幽芳	鰭崎英朋	東京日日新聞・大阪毎日新聞 7/28～翌3/25	女の復讐の絡む入り組んだ財産横領劇。華族。女優。欧米帰朝者。
	「焔の行方」	橘末雄	古家新	大阪朝日新聞 9/15～11/7	企業ゴロの絡むビジネスもの。華族の一人息子（社会運動家）と実業界の大物の一人娘。芸者。
	「晴れゆく空」	辻本和一	幡恒春	大阪朝日新聞 11/8～翌3/19	男性が不純な欲念や優越した力を暴虐に行使する現代。「現代社会の根本的改革は男女両性の間の道徳から（……)」(予告)。
	「肉塊」	谷崎潤一郎	田中良	東京朝日新聞 1/1～4/29	白人憧憬。欧米人女性達。横浜の街。
	「背教者」	小山内薫	田中良	東京朝日新聞 4/30～9/1中断	「世の尊敬を集めた或知名の宗教家━宗教と愛欲とのはげしき渦巻」(予告)。
	「東京：争闘編」	上司小剣	石井鶴三	東京朝日新聞 10/1～12/29	「人間を描くとともに土地を写すのに、非常な力を尽くす」(予告)。主人公は東京。
	「群盲」	中村武羅夫	伊東深水	読売新聞 3/13～翌1/16	労使の紛争。社長の一人息子と従業員（職工）の娘。上流家庭内の血縁関係ゆえの不和。
	「未だ見ぬ父母」	藤島一虎	石井滴水	都新聞 3/26～8/19	写真小説という新趣向の作品のひとつだが、水彩画風の挿絵を用いる。
	「春から夏へ」	寺沢琴風	井川洗厓	都新聞 5/9～9/1中断	父の義理のため、女癖の悪い中年男との結婚を強要される娘。
	「岬」	竹久夢二	竹久夢二	都新聞 8/20～9/1、10/1～12/2	「貞操について三人の女の場合を書いたものです」。モデル娘。人の妻。伯爵夫人。
	「復活の朝」	生田葵	井川洗厓	都新聞 10/21～12/30	天勝のイメージか。マジシャン。舞台俳優たち。
	「灰の中に芽む時代相」	村上浪六	寺島紫明	国民新聞 10/16～翌3/28	大震災のドキュメント小説。
	「貧しき商人」	藤田草之助	斎藤五百枝	報知新聞 4/19～10/11	弟子と駆落する継母。芸者に売られた娘。芸者。稽古屋の師匠。
	「ルツボは沸る」	益田甫	斎藤五百枝	報知新聞 10/12～翌3/16	女性をめぐる兄と弟の争い。バー。癲狂院（精神科の病院）の妻。歌手（クラシック）。
1924 (大正13)	「陸の人魚」	菊池寛	伊東深水	東京日日新聞・大阪毎日新聞 3/26～7/14	「めまぐるしく進みつつある現代の女性」(予告)。軽井沢での、外人を交えての社交生活。

	題名	作家	挿絵画家	新聞名	連載期間	あらすじ、背景となる環境、身装資料として有用な登場人物など
	「陥没」	里見弴	清水三重三	東京日日新聞・大阪毎日新聞	7/15～12/12	関東大震災もの。
	「蘇生」	徳田秋声	伊東深水	東京日日新聞・大阪毎日新聞	12/13～翌6/16	ビジネス（撮影所）もの。芸者の産んだ私生児の宿命。映画女優。
	「痴人の愛」	谷崎潤一郎	田中良	大阪朝日新聞	3/20～6/14 中断	西洋人。女給。
	「炬を翳す人々」	井手訶六	幡恒春	大阪朝日新聞	6/17～12/31	「貴族、実業界の大立者、社会運動家等、新旧の思想を代表する人々」（予告）。十勝の牧場主。女優。舞台関係。
	「魔笛」	吉井勇	幡恒春	東京朝日新聞	1/1～7/19	大酒飲みの主人公の異母妹（女中の子）の、家のための結婚。
	「珠を抛つ」	加藤武雄	蕗谷虹児	東京朝日新聞	7/20～12/31	女性の自立。東京に出て、結局はひとの妾に。
	「樹々の春」	佐藤紅緑	田中良	読売新聞	1/17～12/16	ハイソサエティーの男女の絡み合い。パリ育ちの高級娼婦。
	「月のゆくへ」	上司小剣	清水三重三	読売新聞	12/17～翌5/15	中産家庭の息子・娘の情事をめぐるいざこざ。親子二代の学者。「理性なき平凡な若い女の新婚生活」（予告）。
	「二人毒婦」	南恵三	代田収一	都新聞	1/1～4/9	民間（私立）探偵による情事の探索。小説家。華族。不良外人。不良少女団。黒装束サングラスの女。
	「辻堂伯爵家」	伊原青々園	井川洗厓	都新聞	1/1～6/8	伯爵中心の新政党結成に絡む政争。華族。歌舞伎役者、芸者。
	「紫蜻蛉」	江見水蔭	代田収一	都新聞	4/10～9/9	病身の妹と、複雑な財産問題を抱えて郷里をあとにしたヒロイン。不良少年。外人の保護者。女優。肺結核。
	「輝く都会」	北尾亀男	井川洗厓	都新聞	6/9～12/7	すでに再婚している別れた妻との、偶然の出逢いにはじまる。関東大震災。映画関係者。不良外人。
	「秘薬紫雪」	竹久夢二	竹久夢二	都新聞	9/10～10/28	「絵画小説」という謳い文句。砲兵隊軍人による不貞な妻の射殺。カフェーのウエイトレス。小紋を着た芸者。
	「風のやうに」	竹久夢二	竹久夢二	都新聞	10/29～12/24	女優。女給。
	「奈落」	益田甫	井川洗厓	都新聞	12/8～翌5/3	若気の過ちで捨てた娘と20年ぶりの再会。女優。女給。
	「残されし憂愁」	紅谷壁吉	代田収一	都新聞	12/25～翌3/20	ひとりの男の友人を、お金のために失った男女四人の心情。
	「叛逆」	徳田秋声	田中良	国民新聞	3/29～8/18	別れた男の子どもを、新しい結婚後に生んだ女。カフェーの女給。
	「緑の春」	中村武羅夫	太田三郎	国民新聞	8/19～翌1/11	若者の避暑地（箱根）の生活。ダンス。
	「冷火」	久米正雄	大橋月皎	時事新報	1/1～6/3	「興味中心の探偵小説―家庭小説的で、プロレタリア文学の基調も備え、活動写真めいたところもあり（……）」（予告）。血縁問題。
	「地上の光」	近松秋江	寺島紫明	時事新報	6/4～7/27	海外から帰朝し大臣秘書官。華族。芸者。
	「白鬼」	三上於菟吉	大橋月皎	時事新報	7/28～12/31	大出版社の内紛にはじまる。美貌の若者は詐欺、悪計の天才。支那娘売春宿。
	「美しき水の誘惑」	須田正二	水島爾保布	報知新聞	3/17～8/13	ドイツからの帰国者の見る大震災後の横浜・東京。人々の生活。新聞記者。
	「南洋夜話」	大藤栄一	田中良	報知新聞	8/14～翌1/22	南方セレベス島の、日本人の農地経営者。洋風生活。
1925（大正14）	「小夜子」	菊池幽芳	鰭崎英朋	東京日日新聞・大阪毎日新聞	6/17～12/30	小間使いの結婚に対する主人の干渉。上海育ちの娘。テニスをする若者達。

	題名	作家	挿絵画家	新聞名 連載期間	あらすじ、背景となる環境、 身装資料として有用な登場人物など
	「大地は微笑む」	吉田百助	古家新／樺島勝一	東京朝日新聞 1/1～4/30	「紙上映画」。女優。朝鮮人少女。娘の出生への疑い。／松竹と日活が共に映画化。
	「帰る日」	池田小菊	斎藤五百枝	東京朝日新聞 5/1～7/29	お内裏奥さんへの疑いからはじまる悲劇。
	「第二の接吻」	菊池寛	田中良	大阪朝日新聞・東京朝日新聞 7/30～11/4	養育の恩と、恩人の娘であるモダンガール。一度の接吻の重み。麻雀好きの人々。葉山の海浜の別荘。
	「人間」	鈴木善太郎	—	東京朝日新聞 11/5～12/31	「映画小説」、映画スチール添付。背景は国内各地から遠くハワイに及ぶ、変転きわまりない環境。
	「妖星地に墜つれば」	吉田百助	浅野董	読売新聞 5/16～10/18	「映画小説」。亡兄を迷した美女に対する復讐。華族。／松竹：島津保次郎：鈴木伝明、英百合子。
	「審判」	加藤武雄	竹久夢二	読売新聞 10/19～翌3/14	孤児院育ちの娘の生みの母との再会。キリスト教会の交わり。女給。娼婦（浅草）。
	「地獄の唄」	青木純二	代田収一	都新聞 3/21～6/29	曲馬団への人身売買。アイヌへの育英事業。曲馬団のスター。芸者。
	「恋妻」	吉井勇	井川洗厓	都新聞 5/4～10/20	妻の過去を許せない夫の悩み。財産家の道楽者の一人息子。
	「宿命に泣く人々」	藤島一虎	代田収一	都新聞 6/30～11/19	幼いときに別れた（捨てられた）母親と再会する二人の娘。カフェーの女給。侠客。
	「緑の騎士」	小島政二郎	井川洗厓	都新聞 10/21～翌5/11	慶応の学生を中心にした避暑地の交際。
	「地獄形容」	長谷川伸	清水三重三／川幡正光／代田収一	都新聞 11/20～翌5/26	地方での犯罪捜査ものシリーズ。「一種の英雄行為を演じて死刑に処せられた親分（……）」（予告）。
	「許されぬもの」	原田琴子	山村耕花／太田三郎	国民新聞 1/12～7/22	一人娘の結婚をめぐる親族間の思惑。奴隷道徳。タイピスト。女子大中退者。
	「瑠璃鳥」	中村武羅夫	田中良	国民新聞 7/23～翌1/23	友人達を避暑地の別荘に招いての社交。「肉欲に陥らない恋愛の発展」（予告）。華族。
	「望郷」	池谷信三郎	村山知義／田中良	時事新報 1/1～6/10	ベルリンの日本人。魔窟。
	「晴夜」	久米正雄	高畠華宵	時事新報 6/11～12/12	親がきめた従兄妹同士の許婚。大学生。
	「霊の扉」	斎藤景子	斎藤五百枝	報知新聞 1/23～6/5	夫と女弟子との間にできた長女への憎しみ。結婚の妨害。女子大生。
	「盲鳥の乱舞」	西村清一	岡本帰一	報知新聞 6/6～9/13	危険作業に従事する男女の工場労働者。事故。やくざもの。長唄の師匠と芸人たち。
1926（大正15／昭和1）	「日輪」	三上於菟吉	岩田専太郎	東京日日新聞・大阪毎日新聞 1/1～7/21	「金持ち令嬢からピカピカ光る舞踏服を引っぺがし、本当の女性を描きたい」（予告）。女性雑誌記者。
	「愛経」	今東光	吉邨二郎	東京日日新聞・大阪毎日新聞 7/22～11/25	1917年頃が舞台。
	「炎の空」	三上於菟吉	林唯一	東京日日新聞・大阪毎日新聞 11/26～翌10/29	労働争議。女性家庭教師。
	「奔流」	三宅やす子	高畠華宵	東京朝日新聞 1/1～4/29	上流社会。政界。家庭内パーティーの一例。
	「恋の殿堂」	田山花袋	柿内青葉	東京朝日新聞 5/1～9/23	父親の女たちと、娘。妾の考え方。
	「生きとし生けるもの」	山本有三	木下孝則	東京朝日新聞 9/25～12/7	「若き労働者の生い立ちからはじまり、親子三代に亘る人生闘争」（予告）。テニス。避暑地の交際。
	「一寸法師」	江戸川乱歩	柴田春光	東京朝日新聞 12/8～翌2/20	明智小五郎もの。殺人事件。／松竹：市川哲夫：石井漠。

	題名	作家	挿絵画家	新聞名	連載期間	あらすじ、背景となる環境、身装資料として有用な登場人物など
	「彼女の貞操」	加藤武雄	関口隆嗣	読売新聞	3/17～8/15	養育の恩義。身分意識。男の身勝手さに翻弄される女性。会社社長の跡取り息子。
	「聖火」	岡田三郎	須藤重	読売新聞	8/16～12/21	少女時代の過失が心の傷となって、男性に復讐しようとする女。遊民たち。
	「半人半獣」	佐藤紅緑	須藤重／吉邨二郎	読売新聞	12/22～翌5/17	女優。演劇（新劇）界。
	「悪霊」	吉井勇	井川洗厓	都新聞	5/12～12/1	結婚以前の妻の、男づき合いへの疑惑。救世軍。チャブ屋女。
	「星霜流転」	田中総一郎	代田収一	都新聞	5/27～12/31	女優。
	「女の烙印」	細田源吉	井川洗厓	都新聞	12/4～翌6/14	境遇に恵まれないために女性が陥ってゆく不幸。職業婦人。
	「帰らぬ船」	長田幹彦	寺島紫明	国民新聞	1/24～5/23	地方の公共工事をめぐる策謀。
	「颱風」	三上於菟吉	大橋月皎	国民新聞	5/24～11/22	女優をめぐって、華族の老パトロンと、若いシナリオ・ライター。
	「毒唇」	畑耕一	野村芳亭（撮影監督）	国民新聞	11/20～翌6/22	映画入り小説。海難事故と設計者の責任。造船所の従業員。劇作家。英国帰りの驕慢な女友達。山出しの下女。／1927年：松竹：野村芳亭：岩田祐吉、岡田宇太郎、松井千枝子。
	「静かなる曙」	中村武羅夫	田中良	国民新聞	11/24～翌5/15	避暑地（中禅寺湖畔）の社交。父違いの姉妹の不和。職業婦人。
	「新恋愛行」	貴司山治	大橋月皎	時事新報	1/1～7/5	親子関係が謎のため不倫の疑いに悩む男女。女給。女優。僧侶。大阪の有閑マダム。
	「暁暗」	加藤武雄	関口隆嗣	時事新報	7/6～12/7	悪妻から逃れて海外に行く男を思い続ける女。肉親の絡まない恋愛。労働争議。
	「道尽きず」	徳田秋声	田中良	時事新報	12/8～翌6/7	生き別れだった父伯爵との再会。華族。女優。
	「魔都《まのみやこ》」	宇野浩二	田中良	報知新聞	4/28～11/4	東京の下宿屋暮らし。下宿屋の女中。モデル（美術）。
	「警笛」	佐藤春夫	中沢弘光	報知新聞	11/5～翌3/11	車中の無理心中事件から、一人の女性をめぐる優雅な絡み合い。
1927（昭和2）	「静夜曲」	吉田弦二郎	加藤まさを	東京日日新聞・大阪毎日新聞	10/30～12/31中断	「思想上の破産者なる近代青年、無知にして清浄なる女性」、芸者。白系ロシア人。
	「光は暗《やみ》から」	加藤秀雄	不二木阿古	大阪朝日新聞	8/10～12/12	ロシア革命の思想に覆われた若い人たち。大学生。盲人学生の行くて。
	「霊の審判」	伊藤好市	田中良	大阪朝日新聞	12/13～翌3/24	映画小説。アンドロイドもの。人格転換。先端的な生理学者と外国の政治家。魔性の女、アメリカ帰りの歌手。
	「母と子」	武者小路実篤	伊東深水	東京朝日新聞	2/22～8/9	若くして死んだ才能ある友の妻と遺児に、二十数年ぶりの再会。文学志望者。
	「うるさき人々」	楚人冠	和田英作	東京朝日新聞	8/10～12/7	舞台は山村。地主と小作人達の関係。芸者。
	「こころの珊瑚」	田山花袋	田中良	読売新聞	5/22～9/21	五島沖の海女。深海珊瑚と、心の底の愛との対比。芸者あがりの人妻。
	「愛慾変相図」	近藤経一	富田千秋	読売新聞	9/22～翌3/15	一高生のスポーツ選手達（テニス、陸上）。カフェー女給。
	「湖心の恋」	正木不如丘	代田収一	都新聞	1/1～5/1	諏訪湖畔を訪れた学生と町家の娘。芸者。奇妙な僧侶。
	「出帆」	竹久夢二	竹久夢二	都新聞	5/2～9/12	芸術家のヴァガボンド生活。モデル（美術）。
	「高瀬川」	高倉輝	井川洗厓	都新聞	6/18～12/31	祇園華街。華族。芸者。

	題名	作家	挿絵画家	新聞名 連載期間	あらすじ、背景となる環境、身装資料として有用な登場人物など
	「寂しき愛」	河村菊江	代田収一	都新聞 9/13～10/13	銀座のカフェー女給。舞台女優。
	「泣笑ひ」	平山蘆江	代田収一	都新聞 10/12～12/31	庶民の日常生活を点描。
	「炬火」	加藤武雄	太田三郎	国民新聞 5/16～10/6	舞台は農村。父親の強要する婿取りと、家に対する想い。職工。女子大生。
	「人柱」	戸川貞雄	須藤重	国民新聞 10/8～翌3/17	一緒に育った許嫁とのあいだの亀裂。労働争議。銀行事務員。カフェーの女給。
	「青眉」	久米正雄	平岡権八郎	時事新報 6/8～12/18	若い職業婦人の男性との交際と夜遊び。上司との関係。女優。模擬恋愛。
	「世紀の夜」	尾崎士郎	中川紀元	時事新報 12/19～翌6/23	女優を情人とした作家。舞台。関係者。モダン・ボーイと共産党員。上海。
	「結婚二重奏」	菊池寛	富田千秋	報知新聞 3/13～7/16	男と女のあいだの偶然。接吻。女子大出の作家の助手。新劇女優。作家。
	「蛇咬毒《だこうどく》」	里見弴	結城素明	報知新聞 7/18～12/17	アンソロジー。職業婦人の生きざま。美容師。看護婦。
	「神々の戯れ」	佐藤春夫	片多徳郎／河野通勢	報知新聞 12/18～翌5/4	横浜のチャブ屋。国籍不明の女。日独混血の男。画家。
1928 (昭和3)	「激流」	三上於菟吉	鏑木清方／伊東深水／寺島紫明	東京日日新聞・大阪毎日新聞 1/1～9/21	女性をめぐっての兄弟の対立。娼婦。
	「饗宴」	加藤武雄	林唯一	東京日日新聞・大阪毎日新聞 9/22～翌3/23	階級問題。男の世界と女の世界の対立。ダンサー。
	「蓼食う虫」	谷崎潤一郎	小出楢重	東京日日新聞・大阪毎日新聞 12/4～翌6/18	愛情の冷めた夫婦の生活。白人の娼婦。
	「春泥」	久保田万太郎	石井鶴三	大阪朝日新聞夕刊 1/5～4/4	新劇団の下っ端役者とその周辺の人々。東京の下町や場末。隅田川沿いの情景。
	「黒白」	谷崎潤一郎	中川修造	大阪朝日新聞・東京朝日新聞 3/25～7/19	横浜の娼婦。
	「生ける人形」	片岡鉄兵	中川一政	東京朝日新聞 6/7～7/21	ビジネス社会もの。丸ビル勤めのタイピスト。興信所員(企業ゴロ)。
	「波」	山本有三	田辺至	東京朝日新聞 7/20～11/22	教え子との恋愛・結婚。妻の不倫。子どもをめぐる問題。小学校教師。芸者。親子。尋常小学校。
	「彼女の幻」	関口二郎	足立源一郎	東京朝日新聞夕刊 7/24～9/6	舞台人の世界。
	「蒼白き薔薇」	中村武羅夫	伊東深水	東京朝日新聞 11/23～翌4/20	大磯のホテルのダンスホール。落ち目の政治家の娘。スポーツマンの華族青年。
	「青春狂想曲」	中村武羅夫	吉邨二郎	読売新聞 3/16～8/24	亡き資産家の一人息子の、母の情事の疑惑。女給。
	「大空に描く」	邦枝完二	野崎貞雄	読売新聞 8/25～翌2/18	銀座の不良女性。大学のスポーツ選手。「スピイドだ。愛欲だ。クレインだ。ハンマアだ。争闘だ（……)」。
	「棘の楽園」	畑耕一	野村芳亭(撮影監督)	都新聞 1/1～8/12	映画小説。労働争議。ドイツ留学帰朝者。野球選手。
	「愛厭」	河合哲雄	代田収一	都新聞 8/13～12/30	出生の秘密をめぐって。キリスト教信者たち。「愛と厭とにひきずられつつ迷い惑う人間の姿」。
	「肉体の秋」	岡田三郎	一木淳／須藤重	国民新聞 3/18～9/18	知人に養育されている母子と、その家の娘との関係。女給。
	「女性の復讐」	戸川貞雄	小早川清	国民新聞 9/19～翌4/14	「三人の女性の恋愛受難から、呪うべき男性への復讐」(予告)。ダンサーになった華族の令嬢。画家。入獄者。女優。障害者。

	題名	作家	挿絵画家	新聞名 連載期間	あらすじ、背景となる環境、身装資料として有用な登場人物など
	「毒花」	米沢順子	大橋月皎	時事新報 6/24～11/14	夫婦不和の原因は、旦那取りをしている姉の存在。薬剤師。
	「心の青空」	小島政二郎	岩田専太郎	時事新報 11/15～翌6/30	家事や夫の身の回りに、気のつかない妻。人妻の文学修行。
	「新女性鑑」	菊池寛	田中良	報知新聞 5/5～9/18	銀行の破綻にからむビジネスもの。丸ビルの会社事務員。
	「山ノ手暮色」	里見弴	斎藤五百枝	報知新聞 10/14～翌2/12	仲のよい三兄弟と、その妻たちの展開する日常の憂楽。
1929 (昭和4)	「歌の翼」	上司小剣	山川秀峰	東京日日新聞・大阪毎日新聞 3/24～6/13中断	中年大学教授と女詩人の恋。社会運動家の青年。ホイットマンの好きな少女。女優。モデルあがり。
	「闇を開く窓」	里見弴	小村雪岱	大阪朝日新聞 9/7～12/30	避暑地等での、外人も交えての社交生活。
	「不壊の白珠」	菊池寛	田中良	東京朝日新聞 4/22～9/6	「際どい事件を避け、日常生活のうちに、筋をはこばせたい―純粋な家庭小説」。
	「幽霊犯人」	甲賀三郎	竹中英太郎	東京朝日新聞 7/10～11/9	浜辺の別荘に見る男女一組。妹の家庭教師と姉との男女関係。盗まれる指輪。上流階級が垣間見える。
	「由利旗江」	岸田国士	長谷川昇	東京朝日新聞 9/7～翌1/26	自立の意欲だけ盛んな新しい女。上海。香港旅行。美容師。
	「都会双曲線」	林房雄	中山巍	東京朝日新聞夕刊 10/8～12/10	零細小作人の子の出京後の人生。炭坑の経営と労働争議。カフェーの女給。
	「浅草紅団」	川端康成	太田三郎	東京朝日新聞夕刊 12/12～翌2/16	浅草公園の不良少女たち。
	「河豚クラブ」	関田一喜	井上猛夫	読売新聞 2/19～6/14	「世にも不思議な探偵小説的世界。伝心術を体得した近代的美女。変態生の男」(予告)。男女の私立探偵。
	「情火」	三上於菟吉	竹中英太郎	読売新聞 6/15～11/22	自由を求めて夫と幼子を棄てた女。奔放な美女をめぐる、外人を交えた崇拝者達。
	「輿へられた武器」	内田新八	寺本忠雄	読売新聞 11/23～翌4/20	賤しい育ちの財産家に嫁いだ華族出の妻と、フランス帰りの華族の青年。
	「珠壺」	龍胆寺雄	代田収一	都新聞 1/1～2/15	高級クラブの女給 (ホステス)。
	「放浪街」	尾崎士郎	代田収一	都新聞 2/16～4/5	「インテリゲンチャ没落の必然を痛感した男が、運命に反抗することに依って埋没してゆく姿」。
	「しかも彼等は行く」	下村千秋	代田収一	都新聞 4/6～5/27	タイピスト。カフェー女給。横浜の自由娼婦。
	「失楽園」	戸川貞雄	代田収一	都新聞 7/14～9/3	下宿の娘、女性雑誌記者 (編集の助手)。カメラマン。
	「花火と体温表」	明石鉄也	代田収一	都新聞 9/4～11/13	デカダン一高生らの遊民と、労働者。タイピスト。
	「嘆きの扉」	畑耕一	須藤重	国民新聞 4/15～10/20	炭鉱町のチャブ屋。山の娘。坑内発火事故。デパートの女店員。女中。
	「新恋愛全集」	菊池寛	富田千秋	国民新聞 10/21～翌2/2	長男長女同士の結婚の障碍。絵の勉強に上京した娘。
	「今日の人々」	水谷道彦	斎藤五百枝	時事新報 7/1～8/27	アメリカ風の暮らしかた。白人のガールフレンド。
	「白虹」	加藤武雄	山田喜作	報知新聞 8/12～12/20	才能のあった死んだ友人の妻との再婚。友の才能のトラウマ。小説家。
	「罌粟《けし》はなぜ紅い」	宇野千代	足立源一郎	報知新聞 12/21～翌5/21	妻殺しの父に関わる、親の違う兄妹たちの生き方。
1930 (昭和5)	「この太陽」	牧逸馬	林唯一	東京日日新聞・大阪毎日新聞 1/1～8/9	有閑階級の恋愛の縺れ。実業家令嬢。病院長夫人。外交官。/日活：村田実：入江たか子。

	題名	作家	挿絵画家	新聞名 連載期間	あらすじ、背景となる環境、 身装資料として有用な登場人物など
	「銀河」	加藤武雄	田中良	東京日日新聞・大阪毎日新聞 8/10～12/31	ブルジョワたちに感じられる将来の予感。女中。
	「心驕れる女」	佐藤春夫	有島生馬	大阪朝日新聞 1/1～6/21	朝鮮もの。／帝キネ：豊田四郎：香椎園子、杉狂児。
	「闇を貫く」	沖野岩三郎	幡恒春	東京朝日新聞 6/22～10/25	白人とその愛人たち。女専出の婦人記者。
	「真理の春」	細田民樹	玉村方久斗＝玉村善之助	東京朝日新聞 1/27～6/21	失業者。労働争議。「いまの金融資本主義が、大多数の勤労者をどんなどたんばに導いてゆくか」。
	「風」	山本有三	川端龍子	東京朝日新聞 10/26～翌3/25	派出婦。
	「街の浮浪者《るんぺん》」	下村千秋	大野隆徳	東京朝日新聞夕刊 11/8～12/28	あばずれ女／松竹：池田義信：栗島すみ子、飯田蝶子、突貫小僧。
	「懸賞当選長編小説大地にひらく」	住井すゑ子＝住井すゑ	清水登之	読売新聞 4/21～10/19	モダンガール。
	「東京の女王」	丸木砂土＝秦豊吉	湯浅千穂子	読売新聞 10/21～翌4/20	モデル。飛行家。
	「微風甦る日に」	小島勗	硲伊之助	都新聞 1/1～2/25	労働運動家。労働争議。
	「街頭の風」	北村寿夫	安宅安五郎	都新聞 2/26～4/1	「現実と非現実の交錯したような事件」（予告）。ビジネスもの。タイピスト。
	「黒い花束」	関口次郎	清水多嘉示	都新聞 4/2～5/13	新劇女優。劇団人たち。
	「白色奴隷」	岡田三郎	中村研一	都新聞 5/14～7/1	銀座のバーの生態。バーの女給と、その愛人である白人。
	「百姓の唄」	高倉輝	倉田白羊	都新聞 7/2～9/5	地方の廓の娼婦。製糸女工。
	「をどり」	佐藤丑之助	井川洗厓	都新聞 10/9～翌1/31	「芸者がいかに無智であり、無智であるが故に純真であるか」（作者）。
	「山・山・人間」	木下仙	足立源一郎	都新聞 10/15～12/31	少年少女。女学生。
	「蒼ざめた太陽」	中村武羅夫	硲伊之助	都新聞　夕刊 11/17～翌12/28	『人形の家』のノラ的家出。女優。
	「新三稜鏡」	八木隆一郎	須藤重	国民新聞 2/3～7/10	安アパートでの暮らし。モダンガール。洋裁師。
	「世紀の嵐」	戸川貞雄	寺本忠雄	国民新聞 7/11～翌2/16	政界がらみ。名門の子女と成り上がり財界人の息子。乗馬する女性。民衆のデモ。
	「虹一色」	久米正雄	小寺建吉	時事新報 2/22～8/18	欧州航路の船中。日常を離れた男女。デッキスポーツのような恋愛。
	「緑の反射」	服部直人	小島善太郎	時事新報 8/19～12/12	兄と弟のつきあい相手の白人女性。学生野球の女性ファン。あばずれ女。
	「海に開く」	角田健太郎	林重義	時事新報 12/13～翌5/15	北朝鮮派遣の騎兵将校の恋。海軍航空隊の将官。ヌードモデル。クラシック歌手。洋画家。
	「東京新風景」	中村正常	佐伯米子	時事新報 12/20～翌5/13	短編集。丸ビル。女性探訪記者。ビル暖房の火夫。掃除夫。
	「新結婚哲学」	中村武羅夫	富田千秋	報知新聞 5/23～10/23	ブルジョワ子弟の海岸の別荘での遊び。丸ビルの事務員。
	「有憂華」	菊池寛	寺本忠雄	報知新聞 10/24～翌4/14	慣習を破って生きようとする女性と、慣習の掟に縛られて身を終わる女性。有閑マダムたち。舞台女優。
1931 （昭和6）	「野に叫ぶもの」	佐藤紅緑	吉邨二郎	東京日日新聞・大阪毎日新聞 1/1～6/10	華族。学生野球選手。

	題名	作家	挿絵画家	新聞名 連載期間	あらすじ、背景となる環境、 身装資料として有用な登場人物など
	「七つの海」	牧逸馬	林唯一	東京日日新聞・大阪毎日新聞 6/11～翌2/10	外遊帰朝者。ドライバー。／松竹：清水宏：岡穣二、川崎弘子。
	「恋愛対角線」	佐々木俊郎	鍋井克之	大阪朝日新聞夕刊 10/11～11/14（中断？）	自分の想いを伝えるために、相手の令嬢にピストルをもたせて話を始めるという奇妙な出だし。上流階級の女性への憧れ。別荘、果樹園、カフェーなどモダンな雰囲気。
	「春浅譜」	林芙美子	向井潤吉	東京朝日新聞 1/6～2/25	ダンサー。文中に脇毛を剃る記述がある。
	「この男を見よ」	長与善郎	清水良雄	東京朝日新聞 2/26～4/15	中国人との混血の異腹の妹。養豚家。舞台芸人。
	「白い姉」	大佛次郎	熊岡美彦	東京朝日新聞 3/26～7/24	豊かな遊民の兄姉と貧しい異腹の妹。デパートの女店員。ダンサー。／日活：村田実：小杉勇、田中春男、夏川静江。
	「勝敗」	菊池寛	大久保作次郎	東京朝日新聞 7/25～12/31	華族。ダンサー。ダンスホール。華族家を廃家にしての結婚。／松竹：島津保次郎：川崎弘子、田中絹代。
	「移動する村落」	葉山嘉樹	堀田清治	東京朝日新聞 9/12～翌2/9	山村の発電所工事現場。
	「青春行状記」	直木三十五	小池巌	読売新聞 4/22～11/6	“憎悪すべき男”との結婚を強いる両親。
	「恋の金字塔」	群司次郎正	寺本忠雄	読売新聞 11/7～翌5/9	「混血児的なにおいのする女」（予告）。ダンサー。酒場の女。女子大生。
	「細君解放記」	寺尾幸夫	湯浅千穂子	読売新聞 11/26～翌4/15	家庭婦人の職場進出。女性事務員。／日活：長倉祐孝：田村道美、市川春代。
	「懸賞当選 女獣心理」	野溝七生子	木村荘八	都新聞 1/1～3/14	自己愛がテーマ。同性愛とも異なる憧れ。上流階級。銀座。「白昼の銀座は何か悲しい」。
	「都会の子たち」	春海宏	井川洗厓	都新聞 2/1～3/22	若い女性のアパート暮らし。浮浪児。タイピスト。／日活：木藤茂：大日方伝、滝花久子。
	「銀座復興」	水上瀧太郎	富沢有為男	都新聞 3/15～4/16	関東大震災後の銀座の人間模様。銀座復興につなげる。
	「仕事部屋」	井伏鱒二	矢島堅土	都新聞 4/17～6/10	煙草屋の二階に仕事部屋を借りたが、家主の母娘に振り回される主人公。マージャン。温泉。出戻り。カフェー勤め。
	「青い猿」	室生犀星	恩地孝四郎	都新聞 6/11～8/22	女給。
	「新女性気質」	小林多喜二	大月源二	都新聞 8/23～10/31	北海道の小作争議、組合運動と弾圧。職工。飯屋の女中。「困難な時代をそのままに表現しているような」。
	「踊子のいる断層」	芳野芳雄	井川洗厓	都新聞 10/31～翌1/11	ビジネスもの（金融恐慌）。ダンサー。
	「発端地《ロンバルディア》」	富沢有為男	水谷清	都新聞 11/1～12/31	イタリアのロンバルディアの地名がタイトルとなっているこの物語では、ヨーロッパのハイソサエティーな生活のなかで起こる事件が、日本人の家族、ヨーロッパ人の家族、伯爵夫人などを通して展開する。
	「涙の鉄砲」	北村小松	岩岡とも枝	国民新聞 2/9～4/17	小学校でのいじめにはじまる母親たちの交わり。少年少女。メーデー。
	「鉄の如き恋」	貴司山治	辻村時夫	国民新聞 2/17～4/12中断	労働運動闘士の出獄のあと。シンパたち。労働争議。
	「雪原の少年」	小川未明	岡田なみぢ	国民新聞 4/18～6/6	「雪国で織りなされる情景の中の童心小説」（予告）。雪国の海岸で生まれた少年。女工。
	「愛慾の離合」	池谷信三郎	宮田重雄	国民新聞 6/20～9/30	体制・階級についての父娘の対立。
	「武蔵野少女」	佐藤春夫	野間仁根	時事新報 5/16～11/12	東京近郊で生まれ落ちてすぐ、親の手元を離れた娘の半生。

	題名	作家	挿絵画家	新聞名 連載期間	あらすじ、背景となる環境、 身装資料として有用な登場人物など
	「鞭を鳴らす女」	岸田国士	正宗得三郎	時事新報 11/13～翌3/17	乗馬する女性。貧乏華族たちの生態と危ない世渡り。国際ブローカー。人身売買。男と女の新しい関係。
	「双眸」	久米正雄	山川秀峰	報知新聞 4/16～10/13	階級闘争。東大のラグビー選手。マネキン。／松竹：成瀬巳喜男：岩田祐吉、田中絹代。
	「新たに芽ぐむもの」	佐藤紅緑	吉邨二郎	報知新聞 10/14～翌4/9	戦争の気配のなかでの少年たちの日々。野球。保険勧誘員。
1932 (昭和7)	「限りなき舗道」	北村小松	岩田専太郎	東京日日新聞・大阪毎日新聞 2/11～7/20	「色々な人間の通ってゆく限りなき舗道を（……）」。女優。洋装店の売子。／松竹：成瀬巳喜男：山内光。
	「光・罪と共に」	直木三十五	関口隆嗣	東京日日新聞・大阪毎日新聞 7/21～12/30	女性の求職。／入江プロ：阿部豊：入江たか子、見明凡太郎。
	「海燕」	小島政二郎	中村研一	東京朝日新聞 1/1～5/11	二組の小説家の、破綻状態の夫婦生活の絡みあい。
	「暴風帯」	下村千秋	小磯良平	東京朝日新聞 5/12～10/19	大陸もの。大道芸人。飛行機旅行の女性。／松竹：清水宏：江川宇礼男、田中絹代、伊達里子。
	「化粧と口笛」	川端康成	伊原宇三郎	東京朝日新聞夕刊 9/20～11/10	ステージダンサー。
	「女の一生」	山本有三	中村研一	東京朝日新聞 10/20～翌6/6	働く女性の結婚と職業をテーマに、ひとりの女性の一生を描く。
	「銀座四丁目」	平山蘆江	馬場射地	読売新聞 4/16～6/10	芸者。ダンサー。学生（慶応）。不良青年。芸者置屋の息子。
	「柳はみどり」	池谷信三郎	小池巖	読売新聞 5/10～10/19	箱根、軽井沢など保養地を舞台としたラブアフェアー。
	「狂へる薔薇」	長田幹彦	伊勢良夫	読売新聞 10/20～翌4/16	満州が舞台。欧米帰朝者。
	「海の選手達」	水谷道彦	矢島堅土	都新聞 1/1～3/30	南国の島の学園生活。男女中学性。
	「青空の感情」	三上秀吉	井川洗厓	都新聞 1/12～3/27	結核に冒された一家。サナトリウム。
	「悲劇妖婦」	太田洋子	井川洗厓	都新聞 3/28～6/2	ダンスホールの情景。女流プロレタリア作家。コミュニスト。
	「時を歩む子等」	芹沢光治良	林倭衛	都新聞 3/31～6/16	フランスからの帰朝者。スポーティな令嬢。ダンス。テニス。ドライブ。
	「花のない春」	岡田三郎	鶴田吾郎	都新聞 月曜読物　夕刊 5/30～11/14	銀座裏の女給たちの戦い。
	「くるい花」	寺尾幸夫	井川洗厓	都新聞 6/3～10/1	「ゲイシャガールのダダを描き、近代主義を高調しようと言うのだから（……）」。
	「浅草の娘達」	木下仙	小林徳三郎	都新聞 6/17～8/5	安アパートに住む人々。女給。レビューの踊子。
	「狼」	高倉輝	倉田白羊	都新聞 8/6～11/16	アメリカからの帰国者。フットボール選手。
	「日照雨」	野沢純	井川洗厓	都新聞 10/2～12/15	若い画家。作家などインテリ遊民。銭湯の経営。
	「白い蛇赤い蛇」	舟橋聖一	木村荘八	都新聞 11/17～翌3/17	「猥雑なる現代を、放埒な色絵具で描いてみたい」。マネキン。ダンサー。芸者。
	「決闘前」	楢崎勤	林倭衛	都新聞 月曜読物　夕刊 11/21～12/26	「退廃的な、そして近代的明色のあるレビューガールの横顔」（予告）。
	「一九四〇年の操縦士」	桃井京次	斎藤種臣	国民新聞 2/1～5/26	飛行士。レストランの女給。

	題名	作家	挿絵画家	新聞名	連載期間	あらすじ、背景となる環境、身装資料として有用な登場人物など
	「石の叫ぶ日」	賀川豊彦	斎藤種臣	国民新聞	4/26～7/17	女優。
	「心の一つ灯」	吉川英治	岩田専太郎	国民新聞 夕刊	7/19～翌5/14	デパートの売子。
	「仏蘭西人形」	大佛次郎	河野通勢	時事新報	3/19～8/22	本牧もの。クラブの女給。チャブヤ女。白人との混血青年。満州。／新興：印南弘：荒木忍、桂珠子。
	「人生特急」	久野豊彦	松村亥太郎／貴山邦	時事新報	6/10～10/7	銀行経営者をめぐる“経済小説”。カフェーの女給。白人の娼婦。チャブヤ女。
	「愛慾の舗道」	浅原六朗	岩田専太郎	時事新報	8/23～12/31	キリスト教伝道師。娼婦。
	「花の東京」	菊池寛	富田千秋	報知新聞	4/11～8/25	薄幸の母娘を転落から救う女の、変貌と復讐物語。カフェーの女給。／日活：畑本秋一：夏川静江、小杉勇。
	「青斑猫《あおばんみょう》」	森下雨村	岩田専太郎	報知新聞	4/17～9/11	犯人当て探偵小説。実の親と称する者からの遺産をめぐる謎。女優。
	「孔雀船」	加藤武雄	寺本忠雄	報知新聞	8/26～翌2/10	「波乱を極めた愛恋の歴史─時として尊い霊性の閃きが(……)」(予告)。女給。／松竹：池田義信：栗島すみ子、大日方伝、飯田蝶子。
1933(昭和8)	「新しき天」	牧逸馬	中村大三郎	東京日日新聞・大阪毎日新聞	1/1～7/24	新郎の女性関係を知って、新婚旅行の宿から逃走した花嫁。／入江プロ：阿部豊：入江たか子、岡田時彦。
	「情炎の都市」	北村小松	岩田専太郎	東京日日新聞・大阪毎日新聞	7/25～12/31	ミッション女学校の寄宿舎生活。／松竹：島津保次郎：大日方伝、川崎弘子。
	「信号」	井伏鱒二	太田三郎	東京日日新聞 夕刊	12/14～12/30	釣り人。
	「臈たき花」	中河与一	古家新	東京朝日新聞 夕刊	5/4～7/1	銀座の不良たち。アイススケート。
	「沈丁花」	久米正雄	堂本印象	東京朝日新聞	6/7～11/12	日本画家たち。ピアニスト。芸者。／松竹：野村芳亭：岡譲二、田中絹代、岡田嘉子。
	「三家庭」	菊池寛	宮本三郎	東京朝日新聞	11/13～翌3/22	有閑マダムのマンハンティング。／日活：熊谷久虎：山路ふみ子、市川春代、夏川大二郎。
	「結婚街道」	菊池寛	富永謙太郎	読売新聞	2/12～6/4	スキー場での若い男女の交際、結婚までは清い関係と。／松竹：重宗務：田中絹代、江川宇礼男。
	「夜光珠」	戸川貞雄	富田千秋	読売新聞	4/17～10/10	ボクサー。／新興：田中重雄：森静子、牧秀勝。
	「愛の非常線」	浅原六朗	寺本忠雄	読売新聞	10/11～4/20	ホテルニューグランドのダンスホール。夏の大磯海岸の社交。
	「人生劇場・青春篇」	尾崎士郎	中川一政	都新聞	3/18～8/30	自由奔放な大学生活を通しての青春小説であり、幼年期から壮年期にいたる自伝的小説。／1936年：日活：内田吐夢：小杉勇。
	「愛の王座」	春海宏	井川洗厓	都新聞	6/2～10/7	女給。
	「町中」	久保田万太郎	山下新太郎	都新聞	8/31～10/2	東京下町の情景。職人たち。芸者あがりの女。
	「東京一本道」	川上三太郎	井川洗厓	都新聞	10/8～翌2/10	東京生まれで東京嫌いの男の成長記。テニス。ダンス。
	「晴色」	細田源吉	猪熊弦一郎	都新聞	10/21～翌2/26	家と夫を捨ててからの妻の生き方。「没落者の心情」。
	「颶風圏内」	畑耕一	山田喜作	国民新聞 夕刊	5/16～9/30	「探偵小説であり怪奇小説である」(予告)。ギャング。

	題名	作家	挿絵画家	新聞名	連載期間	あらすじ、背景となる環境、身装資料として有用な登場人物など
	「接吻十字路」	畑耕一	清水七太郎	国民新聞 夕刊	10/14～翌5/17	娘には冷たい、浮気性の後添いの母。女学校の教師。マネキン。／松竹：佐々木恒次郎：岡田嘉子、高杉早苗。
	「幻の愛人」	加藤武雄	吉邨二郎	時事新報	1/1～6/11	女優。
	「青春賛歌」	龍胆寺雄	林唯一	時事新報	6/12～10/11	鉱山の利権をめぐっての陰謀。
	「颱風は呼吸する」	賀川豊彦	平沢定治	時事新報	10/12～翌1/10	上海もの。女給。
	「理想の良人」	吉屋信子	岩田専太郎	報知新聞	2/11～8/11	不動産ブローカーの父親。医師の夫。ダンスとダンスホール。吉原。／松竹：野村昂：藤野秀夫、逢染夢子。
	「風雨強かるべし」	広津和郎	関口隆嗣	報知新聞	8/12～翌3/17	労働運動。恋人との清い関係。ガソリン・ガール。地下運動家。
	「毒環」	大下宇陀児	岩田専太郎	報知新聞	9/29～翌5/12	富豪の殺害事件捜査。洋風化した日常。サーカス。歌舞伎役者。
1934（昭和9）	「街の暴風」	三上於菟吉	林唯一	東京日日新聞・大阪毎日新聞	1/1～7/21	労働運動。タクシー運転手。ガソリン・ガール。／松竹：野村芳亭：岡譲二、田中絹代。
	「貞操問答」	菊池寛	小林秀恒	東京日日新聞・大阪毎日新聞	7/22～翌2/4	女子大生。家庭教師。／新興：鈴木重吉：入江たか子、鈴木伝明、伏見直江。
	「花咲く樹」	小島政二郎	岩田専太郎／宮本三郎	東京朝日新聞	3/23～8/20	「狭い生活範囲から抜けだし広い生きた社会を描く」（予告）。ジャーナリスト。／新興：村田実：島耕二。
	「暁の猟人」	牧逸馬	富永謙太郎	東京朝日新聞	8/21～12/31	従兄弟のアイデアを盗んだ設計図で入賞。銀座の洋服店員、デパートの女店員。
	「銀座八丁」	武田麟太郎	伊東廉	東京朝日新聞 夕刊	8/22～10/20	華族。バーテンダー。女給。
	「花嫁学校」	片岡鉄兵	鈴木千久馬	東京朝日新聞	11/22～翌3/7	素人女性の起業。花嫁学校の生徒と教師。／新興：鈴木重吉：霧立のぼる。
	「絹の泥靴」	佐藤紅緑	富永謙太郎	読売新聞	4/21～10/17	女給。／PCL：矢倉茂雄：滝沢修、竹久千恵子。
	「恋愛人名簿」	小島政二郎	梁川剛一	読売新聞	10/18～翌3/17	女性の求職活動。雑誌記者（兼寄稿家）。
	「お光と軍曹」	亀屋原徳	井川洗厓	都新聞	2/11～6/14	“軍曹”とは、お光の父親のあだ名。弁護士のところに嫁ぐお光と、不釣り合いな父親。娘を思う父親の心情。
	「愛と飢と」	下村千秋	矢島堅土	都新聞	2/27～7/19	新宿駅を中心としたアパート群。東京の遊民たち。パンの行商。混血児。
	「養子は辛い」	辰野九紫	小野佐世男	都新聞	6/15～11/2	大正芸者。
	「わが歌に翼ありせば」	楢崎勤	野口弥太郎	都新聞	7/20～11/20	クラシック音楽の演奏家たち。
	「女人祭」	戸川貞雄	筒井直衛	都新聞	11/3～翌4/13	身分による生活水準の差。デパートの販売店員。ガソリン・ガール。／新興：田中重雄：伏見信子、河津清三郎。
	「続人生劇場・愛欲篇」	尾崎士郎	中川一政	都新聞	11/21～翌5/9	自由奔放な大学生活を通しての青春小説であり、幼年期から壮年期にいたる自伝的小説。／1952年：東映：佐分利信：佐分利信、北林谷栄、舟橋元、高峰三枝子。「青春愛欲篇」として。
	「慾望」	広津和郎	野崎恭助	国民新聞	5/18～12/17	「父子二代の生活の欲望の嵐」（予告）。銀座にたむろする不良青年たち。カフェーの女給。
	「金色の旋風」	名古屋三郎	小林秀恒	国民新聞	12/18～翌9/10	有閑階級のインテリ不良。芸者。
	「大都の春」	吉川英治	吉田貫三郎	時事新報	1/11～7/6	享楽的家族。

	題名	作家	挿絵画家	新聞名 連載期間	あらすじ、背景となる環境、 身装資料として有用な登場人物など
	「仰ぎ見る青空」	北村小松	宮本三郎	時事新報 7/7～翌1/9	東京の遊民たち。ロミオとジュリエットの関係における、父の態度の変化の例。
	「華やかな戦車」	加藤武雄	富永謙太郎	報知新聞 3/18～9/8	シンパ活動のため恋人を失う若者。病父を養うダンサー。ダンスホール。
	「世紀の青空」	野沢純	寺本忠雄	報知新聞 5/13～11/11	映画小説。フランス帰りの男。ハイソサエティー。／新興・高田プロ：牛原虚彦：高田稔、霧立のぼる。
	「愛情の価値」	吉屋信子	伊勢良夫	報知新聞 9/9～翌1/12	洋装店で働くブルジョワ娘。“実はお金持ちのお嬢様”。葵の御印籠式。洋裁を習う望み。
1935 (昭和10)	「龍涎香」	久米正雄	富永謙太郎	東京日日新聞・大阪毎日新聞 2/5～8/8	タクシー運転手。屋台の支那そば屋の娘。芸者。／新興・高田プロ：曽根千春：高田稔、山路ふみ子。
	「家族会議」	横光利一	佐野繁次郎	東京日日新聞・大阪毎日新聞 8/9～12/31	中年の美男実業人の嫁選び。／松竹：島津保次郎：佐分利信、及川道子、高田稔、高杉早苗。
	「懸賞当選長編小説緑の地平線」	横山美智子	宮本三郎	東京朝日新聞 1/1～6/26	演劇の世界。ダンサー。マネキン。女優。／日活：安部豊：岡譲二、星玲子、原節子。
	「感情山脈」	小島政二郎	寺本忠雄	東京朝日新聞 6/27～12/10	女優。パラシューター。／松竹：清水宏：桑野通子、佐分利信。
	「聖処女」	室生犀星	恩地孝四郎	東京朝日新聞夕刊 8/23～12/20	カナダ人宣教師の経営する、不幸な少女達のための寄宿女学校。／新興：勝浦仙太郎：立松晃、高野由美。
	「愛恋無限」	中河与一	岩田専太郎	東京朝日新聞 12/11～翌4/20	家業の負債を弁済するための、意に染まぬ結婚。競馬。ヨット。近代娘。競馬の騎手。
	「愛の航空路」	戸川貞雄	一木淳	読売新聞 3/18～11/16	人妻の浮気。芸者。
	「初化粧」	北村小松	小池巌	読売新聞 11/17～翌4/10	使用人（女中など）に手を出す男たち。レビュー・スター。
	「下界の眺め」	武田麟太郎	内田巌	都新聞 5/10～12/6	オフィスもの。銀座。
	「春箋」	芹沢光治良	硲伊之助	都新聞 9/21～翌3/19	恋愛を罪悪と考える両親。保母。洋裁店員。
	「青春航路」	岡田三郎	小山敬三	都新聞 12/7～翌5/16	発端はパリが舞台。女給。
	「海鏡《つきひがい》」	平山蘆江	小山鵜郎	国民新聞 9/11～翌6/14	冒頭に、女は男のおもちゃか、という議論。ダンサーをめぐる男たち。
	「春の行列」	岡田三郎	中村研一	時事新報 1/10～7/19	左翼活動で警察に追われる兄。デパートの販売店員（玩具)。
	「雌雄」	宇野千代	岩田専太郎	時事新報 7/20～翌3/7	「3S －スピード、スリル、セックスを出来るだけ書きこなす」。芸者。化粧品会社宣伝部長。
	「双心臓」	牧逸馬＝長谷川海太郎	小林秀恒	報知新聞 1/13～6/30	芸者。女優。
	「花嫁設計図」	中野実	田中比左良	報知新聞 6/25～12/22	本人は知らなかった許嫁。女子大出の職業婦人。／新興：曽根純三：山路ふみ子。
	「恋愛三十年」	川口松太郎	富永謙太郎	報知新聞 7/1～12/30	土地争いをめぐるロミオとジュリエットもの。看護婦。
1936 (昭和11)	「新道」	菊池寛	志村立美	東京日日新聞・大阪毎日新聞 1/1～5/18	華族の生き方について母と子の対立。姉妹の母親は高原の療養所。／松竹：五所平之助：上原謙、田中絹代。
	「雙面神」	岸田国士	宮本三郎	東京日日新聞・大阪毎日新聞 5/19～10/5	父親の門下、「自由にものを考え得る者の集まり」というグループの中での人間関係。
	「良人の貞操」	吉屋信子	小林秀恒	東京日日新聞・大阪毎日新聞 10/6～翌4/15	デパートの売り子。会社事務員。モダンガール。／PCL：山本嘉次郎：入江たか子。

	題名	作家	挿絵画家	新聞名	連載期間	あらすじ、背景となる環境、身装資料として有用な登場人物など
	「空想部落」	尾崎士郎	長谷川春子	東京朝日新聞夕刊	1/5～4/25	愛人と別れるために、家族をつれて外国に逃亡が物語の発端。作家たちがモデル。／東宝：千葉泰樹：千田是也、赤木蘭子。
	「朱と緑」	片岡鉄兵	富永謙太郎	東京朝日新聞	4/21～8/23	高額の株券を持ち出して家出する娘。婦人雑誌社長、結婚媒介業者。／松竹：島津保次郎：上原謙、佐分利信。
	「若い季節」	丹羽文雄	田村孝之介	東京朝日新聞夕刊	6/30～9/4	洋裁店のマダム。サラリーマンもの。
	「雪崩」	大佛次郎	猪熊弦一郎	東京朝日新聞	8/24～12/31	親の勧める結婚を嫌って駆落ち。／PCL：成瀬巳喜男：佐伯秀男、霧立のぼる。
	「花粉」	藤沢桓夫	林重義	東京朝日新聞夕刊	11/7～12/31	大阪物語。女優。／東宝：番匠義彰：有馬稲子、志村喬。タイトルは「空かける花嫁」。
	「女の階級」	吉屋信子	須藤重	読売新聞	4/11～9/19	“趣味の店”の経営。転向者である愛人。女学校専攻科卒。／日活：千葉泰樹：江川宇礼男、岡浪江、星玲子。
	「浄婚記」	細田民樹	岩田専太郎	読売新聞	9/20～翌3/25	親友の恋人との関係。娘の交際に割り込もうとする親（継母）。／新興：鈴木重吉：山路ふみ子。
	「巷塵」	徳田秋声	杉山寧	都新聞	3/20～4/7 中断	「ひと頃赤の運動をしていた」兄を持つための問題。商店のレジ係。
	「生々流転」	下村千秋	宮本三郎	都新聞	4/18～10/7	洋裁技術を持つ女性。
	「続々人生劇場」	尾崎士郎	中川一政	都新聞	5/17～12/31	自由奔放な大学生活を通しての青春小説であり、幼年期から壮年期にいたる自伝的小説。
	「秋箋」	芹沢光治良	硲伊之助	都新聞	10/8～4/11	暴行によって産まされた子を育てる妻。昔の女性との交渉。フランス帰りの女。助産所。
	「人間大安売り」	乾信一郎	吉田貫三郎	国民新聞	2/14～8/18	カフェーの女給。
	「三色菫」	高見順	小川倩葭	国民新聞	6/15～12/19	「生活の現実に破れた恋愛の行方」（予告）。カフェーの女給。女優。／大都：吉村操：琴糸路、水島道太郎。
	「衣裳花嫁」	林房雄	金沢秀之助／吉邨二郎	時事新報	3/8～8/20	美貌の姉妹はダンサーとピアニスト。二人をめぐる実業家。婦人服商。／松竹：佐々木啓祐：沢田清、梅村蓉子。
	「新しき聖書」	中野実	富永謙太郎	時事新報	8/21～12/20	芸者。
	「薔薇ならば」	小島政二郎	小林秀恒	報知新聞	1/1～6/21	銀座の花売娘と学生。新橋の芸者。女優。米国からの成金帰朝者。／新興：田中重雄：伏見信子、河津清三郎。
	「聖女の群」	佐藤紅緑	岩田専太郎	報知新聞	6/22～12/10	工場労働者。身分違いの男女の間の確執。
	「悦ちゃん」	獅子文六＝岩田豊雄	田中比左良	報知新聞	7/19～翌1/15	外人妻に先立たれた男と、母を失った少女。芸能界。／日活：倉田文人：江川宇礼男、悦ちゃん。
	「女性開眼」	川端康成	宮本三郎	報知新聞	12/11～翌7/23	芸者。芸者あがりの女。異腹の姉妹の間がら。／新興：沼波功雄：清水将夫、高山広子。
1937 （昭和12）	「浅草の灯」	浜本浩	長谷川春子	東京日日新聞夕刊	2/24～4/13	震災前の浅草オペラの座員たち。ペラゴロ（オペラごろつき）の画家。／松竹：島津保次郎：高峰三枝子、上原謙。
	「旅愁」	横光利一	藤田嗣治	東京日日新聞・大阪毎日新聞夕刊	4/14～8/6	フランスからの帰国者。
	「美しき鷹」	菊池寛	高木清	東京日日新聞・大阪毎日新聞	4/16～9/12	華族である叔父の元に寄寓している美貌で奔放な女性。舞台は軽井沢。海水浴場。
	「賭ける女」	三好十郎	太田三郎	東京日日新聞	8/8～10/28	カフェーの女給。

	題名	作家	挿絵画家	新聞名 連載期間	あらすじ、背景となる環境、身装資料として有用な登場人物など
	「半処女」	小島政二郎	小林秀恒	東京日日新聞 大阪毎日新聞 9/13～翌2/21	社長秘書から社長代理に。芸者。来日米人夫妻。／松竹：佐々木啓祐：佐分利信、三宅邦子。
	「迷彩列車」	吉川英治	川端龍子	東京日日新聞 大阪毎日新聞 夕刊 9/21～12/8	中国戦記。
	「路傍の石」	山本有三	和田三造	東京朝日新聞 1/1～6/18	貧困を強いられた優秀な少年は生活苦に負けることなく、学問の道をきわめる。／日活・文部省：田阪具隆：小杉勇、片山明彦。
	「墨東綺譚」	永井荷風	木村荘八	東京朝日新聞 夕刊 4/16～6/15	私娼窟玉の井が舞台。主人公の大江は永井自身。／1960年：東宝：豊田四郎：山本富士子、芥川比呂志、新玉三千代。
	「鎌倉夫人」	深田久弥	内田巌	東京朝日新聞 夕刊 6/17～8/11	少年少女たち。母親。鎌倉の小学校。
	「風速五十米」	武田麟太郎	志村立美	東京朝日新聞 6/19～10/9	主家の息子の嫁にと、一方的にきめられた小間使い。小学校訓導。
	「大陸の琴」	室生犀星	宮本三郎	東京朝日新聞 10/10～12/10	日本と大陸のあいだを行き来する人々。
	「炎の詩」	片岡鉄兵	寺内万治郎	東京朝日新聞 12/11～翌4/18	化粧品会社のサービスステーション勤務。／松竹：佐々木康：桑野通子、夏川大二郎。
	「時代の霧」	竹田敏彦	富永謙太郎	読売新聞 3/26～11/7	保険勧誘員の若者。穢されて自棄になっている娘。桃色結社。／日活：清洲英次郎：井染四郎、花柳小菊。
	「人妻真珠」	戸川貞雄	岩田専太郎	読売新聞 11/8～翌5/20	女性雑誌記者。銀座の貴金属店の売子。／新興：伊奈清一：逢初夢子、上山草人。
	「真実」	藤森成吉	中村研一	都新聞 1/1～5/20	女優。
	「雌蕊雄蕊」	小島政二郎	小早川清	都新聞 2/16～7/18	保険会社の事務員。
	「薔薇合戦」	丹羽文雄	小磯良平	都新聞 5/30～12/31	化粧品会社の事務員。洋裁店員。
	「幸福の森」	岸田国士	吉岡堅二	都新聞 7/19～11/5	女癖の悪い大学教授、後添いを嫌って女を囲う。社会事業に身を入れるクリスチャン青年。
	「愛情の蔭」	芹沢光治良	田口省吾	都新聞 11/6～翌5/6	帝大教授と大銀行の重役の絡む出生の秘密。養父の恩。婚約者の出征。
	「貿易風」	富沢有為男	能勢亀太郎	国民新聞 7/22～翌1/19	事変以前の香港。レビューのスター。映画女優。外地（シンガポール）の娼婦たち。
	「新しき翅」	片岡鉄兵	岩田専太郎	報知新聞 7/24～12/10	縁談を嫌い家出した娘。持出した金をめぐる友人との確執。カフェーの女給。／松竹：佐々木啓祐：夏川大二郎、川崎弘子。
	「ロマンス特急」	宇野千代	宮本三郎	報知新聞 12/11～翌6/10	伯父から押付けられた婿を嫌っての家出。映画女優。銀座の帽子店売子。
1938 （昭和13）	「家庭日記」	吉屋信子	嶺田弘	東京日日新聞・大阪毎日新聞 2/22～7/19	過去へのこだわりが執拗に現在に絡む。もと女給の美容師。アパート暮らし。／東宝：山本薩夫：大日向伝、千葉佐智子。
	「沙羅乙女」	獅子文六＝岩田豊雄	小林秀恒	東京日日新聞・大阪毎日新聞 7/20～12/31	レストラン内のタバコ屋。フランス帰りのフラッパーの画家。コック。／東宝：佐藤武：千葉早智子、藤原釜足。
	「暖流」	岸田国士	岩田専太郎	東京朝日新聞 4/19～9/19	傾きかけた大病院の再建。看護婦と医師。／松竹：吉村公三郎：佐分利信、高峰三枝子、水戸光子。
	「家に子供あり」	坪田譲治	伊東廉	東京朝日新聞 9/20～12/22	「風の中の子供」の次の作品。「善太と三平両君の活躍によって、始終、明朗に、健康に（……）この物語は進められて行きます」（社告）という、典型的な家庭小説。
	「花と兵隊」	火野葦平	中村研一	東京朝日新聞 12/20～翌6/24	兵隊三部作のひとつ。スパイ容疑で憲兵隊に捉えられた一中国人と、日本の兵隊との心の交流。

	題名	作家	挿絵画家	新聞名 連載期間	あらすじ、背景となる環境、身装資料として有用な登場人物など
	「波濤」	林芙美子	小磯良平	東京朝日新聞 12/23～翌5/18	娘の意志を全く無視して縁談をすすめる親。営業部事務員。家庭教師。／松竹：原研吉：桑野通子、木暮美千代。
	「虹の秘密」	片岡鉄兵	宮本三郎	読売新聞 5/21～9/19	大恩人である伯父の押付ける嫁は、一度結婚して子供も産んでいる。洋品店の売子。呉服店員。
	「大陸の花嫁」	林房雄	志村立美	読売新聞 9/20～翌2/20	青年結社の大陸進出。北満の匪賊。ロミオとジュリエットもの。／松竹：蛭川伊勢夫：坂本武、三浦光子。
	「子供の四季」	坪田譲治	小穴隆一	都新聞 1/1～6/16	老人と子ども。／松竹：清水宏：河村黎吉、坂本武。
	「花の座」	中野実	小林秀恒	都新聞 5/7～6/25中断	救世軍。芸者。
	「街」	阿部知二	脇田和	都新聞 6/17～11/29	上京して、小さな薬局で働く青年と、その家の娘。／東宝：山本薩夫：大日方伝、霧立のぼる、原節子。
	「地階の処女」	広津和郎	矢島堅士	都新聞 6/28～翌1/22	大陸に将来を賭ける若い女性。婦人服地の行商人。音楽家たち。スタンドバー。
	「現代の英雄」	間宮茂輔	野口弥太郎	都新聞 11/30～翌5/22	外人スパイ。
	「華は日に咲く」	山中峯太郎	伊勢良夫	国民新聞 1/20～9/18	外人スパイとその手先の日本人女スパイ。彼等を追う官憲。事変直前の東京が舞台。
	「花ひらく亜細亜」	北林透馬	高木清	国民新聞 9/19～翌3/18	大陸（天津フランス租界）もの。国際スパイ戦。白人との混血青年。
	「制服の街」	竹田敏彦	富永謙太郎	報知新聞 6/11～翌1/21	恩師の遺児の姉妹と純情な二青年。国家と肉親の板挟み。／日活：春原政久：山本嘉一、轟夕起子、片山明彦。
1939 （昭和14）	「女の教室」	吉屋信子	岩田専太郎	東京日日新聞・大阪毎日新聞 1/1～8/2	芸者。／東宝：阿部豊：千葉早智子、霧立のぼる、原節子。
	「白蘭の歌」	久米正雄	小林秀恒	東京日日新聞・大阪毎日新聞 8/3～翌1/9	大陸もの。／東宝：渡辺邦男：長谷川一夫、李香蘭、霧立のぼる。
	「光と影」	阿部知二	岩田専太郎	東京朝日新聞 5/19～10/6	芸者。／東宝：島津保次郎：大日方伝、原節子。
	「泉」	岸田国士	松野一夫	東京朝日新聞 10/7～翌3/11	土地開発をめぐる対立。伯爵の秘書。美容師の修業。
	「青春学校」	竹田敏彦	富永謙太郎	読売新聞 2/21～4/16中断	亡き夫が女中に生ませた隠子と、相続問題。女給。
	「郷愁」	大佛次郎	松野一夫	読売新聞 4/26～7/10	混血の男性。モデル（美術）。
	「女は泣かず」	竹田敏彦	富永謙太郎	読売新聞 7/11～翌3/20	「父を知らない日蔭の娘」。異腹の姉妹。洋裁学校生。被服廠の女工。／日活：田口哲：中田弘二、風見章子。
	「風のやうに」	片岡鉄兵	樋口富麻呂	都新聞 1/23～6/12	巨万の富を持つ青年実業家。洋裁店技術者。病身の製糸女工。国防婦人会活動。
	「人生劇場・風雲篇」	尾崎士郎	中川一政	都新聞 5/23～12/18	自由奔放な大学生活を通しての青春小説であり、幼年期から壮年期にいたる自伝的小説。／1953年：東映：佐分利信：佐分利信、北林谷栄、舟橋元、高峰三枝子。「残侠風雲篇」として。
	「家庭の秘密」	丹羽文雄	志村立美	都新聞 6/13～翌2/11	忍従型と現代娘型の対比。喫茶店のレジ。／新興：田中重雄：真山くみ子。
	「氷の階段」	大佛次郎	宮本三郎	都新聞 12/19～翌6/18	レコード歌手。
	「江見家手帖」	乾信一郎	清水崑	国民新聞 3/19～7/10	不甲斐ない夫に不満の妻。洋裁店員。／東宝：矢倉茂雄：徳川夢声、英百合子。
	「愛にほふ」	寺崎浩	川瀬成一郎	国民新聞 7/11～12/30	女が家庭を捨てること。製薬会社の研究所の翻訳係、社長秘書、満州からの帰国者。

	題名	作家	挿絵画家	新聞名	連載期間	あらすじ、背景となる環境、身装資料として有用な登場人物など
	「東京の女性」	丹羽文雄	小池巌	報知新聞	1/22～6/16	オフィスもの。女性セールスマン。タイピスト。／東宝：伏水修：原節子、江波知子。
	「青春散華」	戸川貞雄	高木清	報知新聞	6/17～11/26	「新劇壇の花形女優をめぐって展開する青春図絵」。興行界の内幕。
1940（昭和15）	「女性本願」	菊池寛	志村立美	東京日日新聞・大阪毎日新聞	1/10～6/10	戦傷による盲目の画家との結婚。傷病兵。／新興：田中重雄：黒田記代。
	「母系家族」	石川達三	高岡徳太郎	東京日日新聞・大阪毎日新聞	6/11～11/8	弁護士と女性の依頼人。恋愛の破綻と結婚問題のもつれ。未婚の母。女性の生き方。／日活：清瀬英治郎：中田弘二、宮城千賀子。
	「花」	吉屋信子	田代光	東京日日新聞・大阪毎日新聞	11/9～翌4/21	女学校生活。生花の師範。／松竹：吉村公三郎：田中絹代、原保美。
	「桜の国」	太田洋子	古沢岩美	東京朝日新聞	3/12～7/12	大陸もの。／松竹：渋谷実：高峰三枝子、上原謙。
	「闘魚」	丹羽文雄	志村立美	東京朝日新聞	7/13～12/5	二百円の入院費捻出のための転職。商店（美術工芸品）員、アイススケーター。／東宝：島津保次郎：池部良、灰田勝彦。
	「美しき地図」	火野葦平	向井潤吉	朝日新聞	12/6～5/21	芸者。傷痍軍人。鉄工所の女工と事務員。
	「光に立つ」	戸川貞雄	田代光	読売新聞	3/21～8/15	「われらの矜持たる銃後の国民生活―新しい恋愛を美しく完成し、正しい生活を強く創造」。
	「脂粉追放」	竹田敏彦	富永謙太郎	読売新聞	8/16～翌4/14	国策に沿った夏季商店員道場。女店員。「あらゆる生活の虚飾を抛って本来の人間に立還る」。
	「濡れた舗道」	高田保	岩田専太郎	都新聞	2/12～7/7	転向したタクシー運転手。銀座のバーのマダム。家庭教師。
	「春扇」	榊山潤	硲伊之助／大月源二	都新聞	6/19～12/19	芸者。雑誌記者。傷痍軍人。
	「花は偽らず」	藤沢桓夫	志村立美	都新聞	7/8～翌2/10	オフィスもの。タイピスト。
	「道」	阿部知二	脇田和	都新聞	12/20～翌6/27	商店街を中心にした東京下町風俗。傷痍軍人。化粧品会社社長秘書。
	「鉄か肉か」	山中峯太郎	今村嘉吉	国民新聞	1/1～6/15	ノモンハン事変を背景に。
	「街の神話」	南川潤	今村恒美	国民新聞	6/16～12/31	ビジネスもの。銀座の洋裁店員。タイピスト。
	「風の街」	武田麟太郎	岩田専太郎	報知新聞	2/1～9/11	興行界の内幕。舞台女優。秘書。
	「彩る野」	片岡鉄兵	高井貞二	報知新聞	9/12～翌3/14	人手不足時代の女性の仕事と役割。本人任せの結婚。職業婦人。
1941（昭和16）	「純情」	藤森成吉	岩田専太郎	東京日日新聞・大阪毎日新聞	4/22～8/31	日本人による中国開発事業。中国での事業経営者の助手。
	「風樹」	石川達三	小磯良平	東京日日新聞・大阪毎日新聞	9/1～12/10	自己の判断で生きる女性の実体験の重さ。女子大家政科批判。雑誌記者。
	「男」	舟橋聖一	志村立美	東京日日新聞・大阪毎日新聞	12/11～翌4/16	「現代に於けるもっとも魅力的な、日本の男を書いてみたい」。万葉を学ぶ女性歌人。／東宝：渡辺邦男。
	「南の風」	獅子文六＝岩田豊雄	宮本三郎	朝日新聞	5/22～11/23	南方への憧れ。銀座裏でおでん屋をやっている女。／松竹：吉村公三郎：佐分利信、笠智衆、高峰三枝子。
	「新雪」	藤沢桓夫	田村孝之介	朝日新聞	11/24～翌4/28	女医（眼科）。小学校訓導。「職業をもつ女」の章あり。／大映：五所平之助：水島道太郎、月丘夢路。
	「妻なれば」	角田喜久雄	志村立美	読売新聞	4/15～9/25	離婚後、心を入れ替えて軍需工場に勤める女。自由結婚観。グライダーのり。

	題名	作家	挿絵画家	新聞名 連載期間	あらすじ、背景となる環境、 身装資料として有用な登場人物など
	「明日の愛情」	中野実	岩田専太郎	読売新聞 9/26～翌3/16	大陸もの。私生児として生まれた悩み。日中混血児。日中戦争時の生活を描きながら、「新時代に進むべき若き男女の道標をうちたてんとする……」(社告)。
	「川歌」	林芙美子	松野一夫	都新聞 2/11～9/1	職探しをする女中。芸者。
	「縮図」	徳田秋声	内田巖	都新聞 6/28～9/1中断	花柳界。
	「虎彦龍彦」	坪田譲治	小穴隆一／中川一政	都新聞 9/16～翌2/3	出征兵士の子どもと村人たち。／東宝：佐藤武：轟夕起子。
	「我ら共に」	寺崎浩	霜野一二彦	国民新聞 1/1～5/16	大陸もの。
	「噂の女」	真杉静枝	長谷川毬子	国民新聞 5/17～11/7	後半は中国が舞台。少女歌劇のスター。セッツルメントづとめ。
	「青春突破」	鹿島孝二	田中比左良	国民新聞 12/21～翌2/5	外地にも渉る。
	「青春紀聞」	尾崎士郎	鈴木信太郎	報知新聞 3/15～9/7	「一人の平凡なる人間が情熱の作用によって非凡なる魂に生きる不可思議な時間の動きを描く」。
	「この響き」	丹羽文雄	高木清	報知新聞 9/11～翌3/22	いろいろなタイプの女性がモデル。結婚前の女性、嫁いだ女性、絵のモデル、店員などの職業を持つ女性。画家やサラリーマンの男性。アトリエ、洋裁店。
1942 (昭和17)	「新しき日」	吉屋信子	中西利雄	東京日日新聞・大阪毎日新聞 4/18～8/16	更生寮の指導係、キリスト教系施設での不良少女の更生。
	「花の街」	井伏鱒二	野間仁根	東京日日新聞・大阪毎日新聞 8/17～10/7	南方もの（シンガポール）。
	「我が家の風」	堤千代	嶺田弘	東京日日新聞・大阪毎日新聞 12/18～翌4/18	イギリス生まれの白人妻。／大映：田中重雄：月丘夢路、宇佐見淳。
	「熱風」	里村欣三	栗原信	朝日新聞 4/29～6/30	マレー戦線。
	「海軍」	岩田豊雄	中村直人	朝日新聞 7/1～12/24	真珠湾攻撃で戦死した九軍神のひとりである横山正治が主人公の作品。／松竹：田阪具隆：山内明、風見章子。
	「運河」	片岡鉄兵	田村孝之介	朝日新聞 12/25～翌5/10	大陸もの。日系新聞社に勤める中国女性通信員。
	「南海夫人」	竹田敏彦	志村立美	読売報知新聞 3/17～12/31	南方を舞台とする、国策に沿った冒険もの。「わが民族のこの偉大なロマンチシズムの雄飛に添って（……）」。
	「密林」	中山義秀	中川紀元	都新聞 2/4～6/8	裕福ではない、もと女学生久紀子と恩師。結婚を世話しようとする恩師。九紀子が初恋だという結核の男性との縁談。九紀子と恩師の物語。
	「赤道南下」	海野十三	脇田和	都新聞 6/9～8/22	南方海軍基地の日々。報道特派員。現地の人々。
	「新しき神話」	岡田三郎	木俣清史	国民新聞 2/6～3/21	雑誌編集助手。
	「出発」	鶴田知也	成瀬一富	国民新聞 3/22～5/28	戦時下の日常の暮らしから、南方開拓へ。
	「美しき素顔」	丸岡明	田代光	国民新聞 5/29～9/29未完	満州からの一時帰国者の見た戦時下の内地。
	「青人草」	貴司山治	田代光	報知新聞 3/23～8/4	製図工。芸者に生ませた隠し子と、その姉妹の関係。
1943 (昭和18)	「水焔」	丹羽文雄	有岡一郎	毎日新聞 4/19～8/28	女子徴用工員。造船所。
	「日常の戦ひ」	石川達三	福田豊四郎	毎日新聞 8/31～翌1/12	夫婦の関係と家庭の戦時体制。家政科批判。／東宝：島津保次郎：藤田進、轟夕起子。

	題名	作家	挿絵画家	新聞名 連載期間	あらすじ、背景となる環境、身装資料として有用な登場人物など
	「陸軍」	火野葦平	榎倉省吾	朝日新聞 5/11～翌4/25	陸軍の要請に応じてできた戦意高揚の小説。／松竹：木下恵介：笠智衆、杉村春子、田中絹代。映画のラストシーンは原作とは異なっている。
	「巌」	舟橋聖一	内田巌	読売報知新聞 3/3～7/30	「嘗てない耐乏生活の中にこそ、巌のような闘志と持久力を養おう」。徴用工員たち。
	「航空部隊」	榊山潤	高井貞二	読売報知新聞 7/31～12/31	海軍の世界が舞台。軍隊。戦死。
	「海員」	浜本浩	村上松次郎	読売報知新聞夕刊 11/9～翌7/24	南太平洋の最前線に従軍した作者の体験談と、戦地での人間模様。
	「人生劇場・遠征篇」	尾崎士郎	猪熊弦一郎／鈴木栄二郎	東京新聞 5/6～10/28	自由奔放な大学生活を通しての青春小説であり、幼年期から壮年期にいたる自伝的小説。
1944 (昭和19)	「道は近し」	摂津茂和	岩田専太郎	毎日新聞 1/14～4/21	「まだ日本の全労力が結集されていない」。学生。女子挺身隊員。
	「人間鉱脈」	中野実	小磯良平	毎日新聞 4/22～8/18	戦争時の兵隊、和尚、学者、工場で働く女性などの人間模様。高原。馬と女性。
	「剣と詩」	林房雄	伊勢正義	毎日新聞 8/21～翌2/13	南方もの（シンガポール、インドシナ）。
	「大本営」	木村毅	石井柏亭	朝日新聞夕刊 1/4～3/4	大東亜戦争の三年目にあたる1944年。大本営の歴史等を描く。
	「翼」	藤沢桓夫	宮田重雄	朝日新聞 4/26～10/24	飛行機好きの中学生兄弟が見上げる飛行機の故障が最初の場面。時を経ての男女のもつれ。物語の背景は、言うまでもなく戦時期。
	「今日菊」	丹羽文雄	林唯一	読売報知新聞 1/1～3/5中断	女子大生と、その姉の教授（国文学）。
	「春又秋」	尾崎士郎	中村直人	読売報知新聞 7/26～12/2	「所謂小説を書くつもりはない（……）本心をさらけだしてものをいうことがいかに大切であるかということを知らせるだけでも作者の仕事は足りる」という涙と笑いの物語。
1945 (昭和20)	「成瀬南平の行状」	石川達三	向井潤吉	毎日新聞 7/14～7/28	エリート官僚が故郷の知事になった。幼友達の成瀬との関わり。
	「彼女は答へる」	藤沢桓夫	志村立美	読売報知新聞 11/1～12/31中断	終戦後の、関西の若い中学教師と校長の娘を中心として物語が展開。

著者紹介

大丸　弘［だいまる・ひろし、1933〜2017］

横浜生まれ。国立民族学博物館・総合研究大学院大学名誉教授。

東京大学文学部美学・美術史学科卒。関西女子美術短期大学、大阪樟蔭女子大学を経て、1979年より国立民族学博物館に勤務し助教授、教授を経て、1996年に定年退職。1979 〜 1995年度まで国立民族学博物館大丸研究室にて、現〈服装・身装文化資料デジタルアーカイブ〉をMCDプロジェクト代表として構築、公開。

主著に、「西欧人のキモノ認識」(『国立民族学博物館研究報告』8巻4号、1983年)、『国立民族学博物館研究報告 別冊4号　西欧型服装の形成――和服論の観点から』(1987年)、『服飾関連図書目録　明治元年〜昭和23年』(共編、日外アソシエーツ株式会社、1995年)、『日本人のすがたと暮らし――明治・大正・昭和前期の身装』(共著、三元社、2016年)、など多数。

高橋晴子［たかはし・はるこ、1948〜］

神戸生まれ。国立民族学博物館外来研究員およびMCDプロジェクト代表。

神戸親和女子大学文学部英文学科卒。大阪大学大学院文学研究科博士後期課程文化表現論修了。大阪樟蔭女子大学衣料情報室にて服装・ファッション情報サービス活動に従事し、国立民族学博物館大丸弘研究室(1996年〜久保正敏研究室が引き継ぐ)とともに〈服装・身装文化資料デジタルアーカイブ〉を構築・公開し現在に至る。2001年より大阪樟蔭女子大学学芸学部講師、助教授、教授、国立民族学博物館文化資源研究センター客員研究員、大阪大学コミュニケーションデザイン・センター招聘教授を経て、現職。

主著に『服飾関連図書目録　明治元年〜昭和23年』(共編、日外アソシエーツ株式会社、1995年)、『近代日本の身装文化――身体と装いの文化変容』(三元社、2005年)、『年表　近代日本の身装文化』(三元社、2007年)、『日本人のすがたと暮らし――明治・大正・昭和前期の身装』(共著、三元社、2016年)など多数。

新聞連載小説の
挿絵でみる
近代日本の身装《しんそう》文化

発行日　二〇一九年一二月二〇日　初版第一刷
著　者　大丸弘　高橋晴子
発行所　株式会社 三元社
〒一一三－〇〇三三
東京都文京区本郷一－二八－三六鳳明ビル
電話　〇三－五八〇三－四一五五
ファックス　〇三－五八〇三－四一五六
印　刷
製　本　モリモト印刷 株式会社

ISBN978-4-88303-500-7
http://www.sangensha.co.jp